A HISTORY OF 第二版

柬埔寨史
CAMBODIA

陳鴻瑜 著

初版序

　　對於大多數的台灣人而言，柬埔寨是一個遙遠的陌生的國度，除了曾前往吳哥窟遊覽的遊客外，對於柬埔寨是不熟悉的。柬埔寨出現在我們的媒體較多次數的是在 1970 年代印度支那戰爭時，有許多新聞媒體報導有關柬埔寨的新聞，而這些新聞都跟波布政權殺害眾多人民、戰爭、難民、飢荒、政治動亂等有關，因此，對於柬埔寨大都持負面印象。其實柬埔寨擁有悠久的歷史和文化，是印度支那半島上的文明古國。

　　關於柬埔寨的早期歷史，中國古書略有記載，然多偏重向中國朝貢的經過，對於其國情、民情風俗、種族之記載則較為簡略。儘管如此，中文記載補足了柬埔寨早期文獻不足之處。因為柬埔寨經常陷於戰亂，留下的史料有限，多賴西方學者透過石碑和殘簡，才能拼出其早期歷史輪廓。

　　本書之材料，大都參考英文文獻，包括書籍、期刊論文、報紙和網路資源。最感到困難的是有關人名、地名、事件等，英文拼音並沒有統一，以致於每本英文著作各有拼音。其次，各種著作對於歷史事件的記載，常會有出入。造成此一問題的原因是柬埔寨缺乏公開的官方文獻，譬如像中國的二十五史或實錄，或類似年鑑的文獻。柬埔寨提供的網站資源不足，亦很難透過網站取得相關的資料。

　　筆者以數十年教授東南亞史之經驗，將柬埔寨歷史之研究心得整理完成此書，本書偏重政治史，專列文化一章，對於經濟、外交歷史僅約略述及。

　　本書如有疏漏之處，敬請博雅讀者諸君不吝賜教。

陳鴻瑜　謹誌

2015 年 1 月 29 日

第二版序

　　柬埔寨是一個古國，從第十八世紀後開始衰落，第十九世紀初成為越南和暹羅的朝貢國，失去主權獨立地位。二十世紀七十年代，陷入左右派政治鬥爭，導致龍諾發動政變，廢君主制，改行共和制。又遭紅色高棉推翻，因實施極左政策路線，荼毒人民，招引越南軍隊入侵。國家又分裂為四個派系，各自援引國際勢力，彼此纏鬥 12 年，才在聯合國及東協集團、中國和越南的協調下，由聯合國監督選舉民主政府，1993 年才恢復獨立地位。

　　柬埔寨近代人物中，應以施亞努對柬國政局影響最大，他在 19 歲獲得法國人青睞，立為國王。他是法國培養的國王人選，擅長於西方人的政治權術，終而以和平手段贏得柬埔寨的獨立，其功闕偉。然而，他過度熱中政治，甚至辭去國王，出任首相，在左右派間周旋，數度擔任首相。在國際政治路線上，除了親近中國外，又暗中與北越勾結，允許越共在柬國東境紮營駐兵，成為南越越共避難地。此舉引發美國不滿，支持龍諾發動政變，推翻君主制。施亞努流亡北京和平壤。1975 年 4 月，赤色高棉推翻龍諾政府，施亞努返回金邊，出任傀儡元首。不久遭軟禁在暹粒。1979 年 1 月，越南軍隊入侵金邊，施亞努再度流亡北京。直至 1993 年在聯合國監督下成立柬埔寨王國，施亞努才再度恢復其王位。施亞努之一生，宦海浮沉，其在任期間，柬國政局動盪，國事凌夷，無豐功偉績可言。

　　柬國第二個重要政治人物是洪森，出生貧農，投效赤色高棉，赤棉執政後，改投靠越南。1978 年底隨越南軍隊重返金邊，出任外長，1985 年出任總理。在其統治下的金邊政府跟隨越南之後，採行改革開放政策。

以後與東協集團周旋，在 1993 年組成聯合政府，因為其領導的人民黨得票率不及奉辛比克黨，所以他出任第二首相。1997 年發動政變，驅逐第一首相雷納里德，以後一直執掌政權。2018 年大選，他領導的人民黨贏得國會所有 125 席。洪森擁有過人的耐性及政治權術，不輸給施亞努，更有超過之處，在其治下柬國經濟欣欣向榮，人民收入增加。世界銀行在 2016 年 7 月 1 日宣布，柬埔寨正式脫離最不發達國家（LDC），晉升為「中等偏下收入國家」。

　　洪森成為柬國的強人，亦是東南亞國家中執政最久的政府領導人，其將繼續影響柬國未來政局。在其主政下，柬國亦將繼續成為中國在印度支那的重要盟友。

陳鴻瑜

2019 年 1 月 30 日

目次

圖目次

表目次

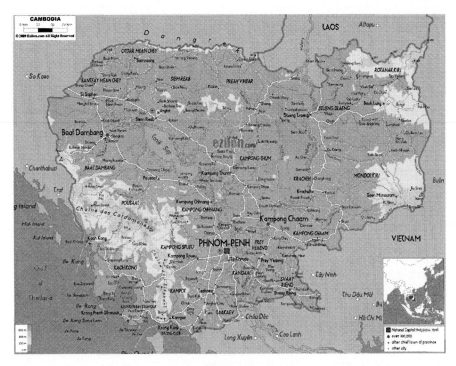

柬埔寨全圖

資料來源：http://www.ezilon.com/maps/asia/cambodia-physical-maps.html　2014 年 5 月 24 日下載。

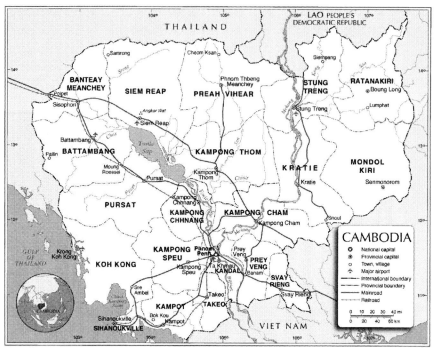

資料來源:http://www.ezmapfinder.com/en/map-79988.html 2014 年 5 月 24 日下載。

第一章
緒論

第一節　自然環境與種族

　　柬埔寨（Cambodia）位在湄公河下游和洞里薩河（Donle Sap river）
交會的地區，往東是越南，北方是寮國，西邊是泰國，南邊是暹羅灣。
由洞里薩湖所形成的平原地帶，是主要人口集中地區，也是主要的產稻
米地區。北邊是山脈地區，不適合耕種。西部柬、泰邊境，也是山地和
叢林。但從第 5 世紀或第 6 世紀起，就有通道可以通到泰國中部，而形
成柬埔寨的廣大領地。在西南部的扶南奧拉爾山（Phnom Aural）是柬國
最高峰，海拔約 1,810 公尺。

　　湄公河從北邊寮國西部往南流入柬國東境，在柬國境內約長 500 公
里，形成河流流域沖積平原。從洞里薩湖（Tonle Sap）（又稱大湖）有一
條洞里薩河往東流，在金邊（Phnom Penh）與湄公河交會。當每年 5 月
中旬到 10 月雨季時，湄公河上游雨量增強，洪水從上游往下游流動，湄
公河漲水時，過多的河水會流入洞里薩湖，洞里薩湖成為調節湄公河水
量的大水庫。水量最大時，洞里薩湖的面積會擴大到占柬國領土的七分
之一，湖水深度 14 公尺。乾季時，洞里薩湖的水就會流出洞里薩河，湖
水面積縮小，湖水深度只有 2 公尺。洞里薩湖提供了環湖地區的水稻種
植用水，也提供了魚蝦等蛋白質來源。[1]

　　洞里薩湖孕育當地豐富的魚產以及農業生產，對當地經濟發展非常
重要。但有時水量過大，也常造成水災。從 11 月起到隔年 4 月為乾季，
需開挖許多蓄水池，柬埔寨語稱為「巴瑞斯」（barays），作為灌溉之用。

---

[1]　Robert Green, *Cambodia*, Lucent Books, Farmington Hills, MI, USA, 2003, p.14.

雨季時無法播種，所以通常是在 1 月播種，利用蓄水池的水灌溉。吳哥窟有設計精良的灌溉系統，可能就是為了播種需要。湄公河三角洲開闢許多運河，也是為了灌溉稻田需要。

　　據 2018 年的估計，柬埔寨國人口有 16,366,179 人，[2]高棉族（Khmer）佔 90%，說孟高棉語（Mon-Khmer）。另外有華人（4%）、越南人（5%）、其他少數民族（4%）。[3]其他少數民族包括：信仰伊斯蘭教的占族（Cham）以及東北部的山地少數民族高棉羅烏族（Khmer Loeu）。華人由 5 大方言群組成，潮州人約佔 60%，廣東人占 20%，福建人占 7%，客家人和海南人各占 4%。越南人分佈在東南部，主要集中在金邊、康達（Kandal）、波羅勉（Prey Veng）、磅占（Kompong Cham）等省。占族可分為兩支，一支分佈在金邊和烏東（Oudong）以及茶膠（Takeo）省和卡帕特（Kapot）省一帶，約佔占族的三分之一。另外的三分之二分佈在馬德望省（Battambang）、磅同（Kompong Thom）、磅占和菩薩（Pursat）。占族大都信仰伊斯蘭教。他們約在 1720 年代因為不願接受越南的統治，而從越南中部遷移到柬埔寨境內，主要居住在磅占省，該省之名稱即以占族為名。[4]羅烏族群又稱高地高棉人（Upland Khmer），包括庫伊（Kuy）、普農（Phnong）、布勞（Brao）、嘉萊（Jarai）和瑞德（Rade）等小族群。庫伊族約有 16 萬人，分佈在東國北部和泰國邊境地帶。[5]

2　"Cambodia population(2018)," *Worldometers, population*, http://www.worldometers.info/world-population/cambodia-population/　2019 年 1 月 3 日瀏覽。

3　http://www.embassyofcambodia.org.nz/cambodia.htm　2014 年 3 月 15 日瀏覽。另外據柬埔寨星洲日報的說法，東國華人約有 40 萬到 60 萬人之間，如以 50 萬來算，約佔總人口的 2.6%。參見 http://news.sinchew-i.com/cam/special/camchinese/　2005 年 3 月 15 日瀏覽。

4　Robert Green, *op.cit.*, p.29.

5　http://www.cambodiazone.com/cambodia/culture/cambodia-ethnic.htm　2005 年 3 月 15 日瀏覽。

第二節　早期歷史

柬埔寨的梵文名字是 Kambujadesa 或 Kambuja，英文翻譯是 Cambodia，1975 年波布（Pol Pot）政權上台後，改為 Kampuchea。Kambuja 一詞，意指「柬埔（Kambu）的後裔」，國家稱為柬埔寨迪沙（Kambujadesa），是指柬埔寨之土地（land of the Kambuja），簡稱柬埔寨（Kambuja）。[6]

在第 2 世紀時，中國稱呼柬埔寨為扶南，第 7 世紀稱呼為真臘。在第 16 世紀，稱呼為柬埔寨，[7]或甘破蔗、甘孛智、澉浦只、干不昔、甘不察、甘坡寨。「明神宗萬曆八年（1580 年）八月壬戌，柬埔寨酋鄭青捕逆賊楊四並金書牙蠟來獻。」[8]柬埔寨一名，首見於此一正史。對其種族稱為高棉（Khmer），或譯稱吉蔑。占城語為 Kvir，阿拉伯語為 Kamar 和 Kimer。[9]

依據柬埔寨的傳說，濕婆神（Siva）安排一位隱士柬埔（Kambu）和一位半神半人的美女美拉（Mera）結婚，而 Khmer 一詞就是 Kambu 和 Mera 的混合語。以後該兩人繁衍的後代就是高棉族。[10]

關於柬埔寨早期歷史，所知有限，其住民從何時開始，並無確切的資料。目前可以稍知的，在柬埔寨地方最早有人類居住的地方是約在 6 千年前（西元前 4,200 年），在馬德望省的羅恩司拼（Loang Spean），該

---

[6]　Lawrence Palmer Briggs, *The Ancient Khmer Empire*, The American Philosophical Society, Philadelphia, 1951, p.11.

[7]　「永樂 7 年（西元 1409 年），柬埔寨奉金鏤表，貢馴象及方物。」（〔明〕張燮，東西洋考，卷三，柬埔寨條。）

[8]　〔明〕温體仁等纂修，明實錄（神宗顯皇帝實錄），中央研究院歷史語言研究所校勘，台北市，1984 年，卷一百三，頁 4。

[9]　Ian Mabbett and David Chandler, *The Khmers*, Blackwell Publishers Led., UK, 1996, p.3.

[10]　Robert Green, *op.cit.*, p.22.

地穴居的人類已知使用磨削的石器、繩紋陶器、以及切割器具。在磅占省的普拉丟克斯（Bas-Plateaux）亦發現公元前第 2 世紀的器物，該地的人過著團體居住生活。第三個遺址在柬埔寨中部的山隆生（Samrong Sen），其時間為公元前 1,500 年。[11]

上述諸地發現的人類不知源自何地，有些學者認為他們大概在公元前 4 千多年從湄公河上游遷移到下游地區，以農業為生。約在公元前 1,500 年到 1,000 年，可能從中國學習使用銅和錫的混合金屬器具。約在公元前 500 年，他們進入鐵器時代。在蒙河河谷（Mun Valley）的農烏洛克（Noen U-Loke）發現一處約公元前 400-300 年的墓葬，一名婦女戴有鐵器項圈和手鐲。一名男性攜帶鐵製的矛或短劍和一支鋤。[12]可知當時柬埔寨已使用鐵作為裝飾物、打戰工具和農具。

在戈漢（Go Hang）地方發現公元前 1,000 年的玻璃、瑪瑙、瑪瑙珠。在農烏洛克也發現公元前 54 年到公元後 130 年的玻璃、瑪瑙、瑪瑙珠等物。在能昭（Nen Chua）發現一個長寬為 25.7 x 16.3 公尺的石頭和磚塊的長方形結構，裡頭有林伽（Linga）（男性生殖器）和黃金飾物，顯示是宗教活動之場所。[13]

若干出土的碑文，亦片段的記載一些事蹟。例如在戈薩普（Go Thap）出土的一塊石頭碑文，記載一個叫賈（Ja）的人打敗了國王偉拉（Vira），賈可能是賈亞瓦曼（Jayavarman）。在梵文裡，瓦曼（varman）意即盾或保護者。賈建立了許多神廟，祭祀毗濕奴神。第二塊碑文是在那克塔單邦迪克（Nak Ta Dambang Dek），碑文記載賈亞瓦曼及其兒子魯德拉瓦曼（Rudravarman），賈亞瓦曼任命一名婆羅門（祭司）的兒子為其財產的督察官。第三塊碑文記載賈亞瓦曼戰爭勝利、隱士的生活、蓄水池、王

---

[11] Dawn F. Rooney, *Angkor, An Introduction to the Temples*, Airphoto International Ltd., Hong Kong, 2002, p.20.

[12] Charles Higham, *The Civilization of Angkor*, Phoenix, UK, 2001, p.144.

[13] Charles Higham, *The Civilization of Angkor*, p.29.

后的居室和家族。在吳哥波瑞（Angkor Borei）附近發現的碑文記載吳哥波瑞是扶南魯德拉瓦曼的首都。在帕拉庫哈魯恩（Prah Kuha Luon）發現的碑文，記載 674 年魯德拉瓦曼統治的地方事務。[14]

在中國和印度之間的貿易來往中，柬埔寨成為重要的中間補給和休息站，柬埔寨人亦隨著商人前往中國。在中國文獻中，最早有關柬埔寨的記載是：「漢章帝肅宗元和元年（84 年）正月，日南徼外蠻夷究不事人邑蒙，獻生犀、白雉。」[15]究不事即是今天的柬埔寨。[16]該記錄雖然對於柬埔寨的國情無所記載，但可確知第一世紀時柬埔寨已有國家存在，且與中國有來往。

約在第 2 和第 3 世紀，靠近暹羅灣的歐奇歐（Oc-Eo, Oc-èo）成為重要的城市。距離港口迪石（Rach Gia）約 10 公里的歐奇歐，考古發現了中國和羅馬帝國安東尼（Antoninus Pius, A.d. 138-161）王時期的錢幣、印度珠寶和佛教器物，顯示該地是一個東西方貿易的地點。該地也發現有四條運河溝通歐奇歐至茶膠（Ta Keo）、達諾伊（Da Noi）和吳哥波瑞城，吳哥波瑞城應是扶南的政治中心。[17]吳哥波瑞城位在現在柬埔寨首都金邊以南的茶膠省。

從歐奇歐到吳哥波瑞有運河相連接。吳哥波瑞位在湄公河三角洲北端以北約 90 公里，是一個有城牆的城市，周圍面積 300 公頃。考古研究城牆寬 2.4 公尺，高 4.5 公尺，護城河有 22 公尺寬。城內有數座土墩，可能是房屋的基座。有一座神廟供奉石製的毗濕奴神（Vishnu），時間約在第 7 世紀。[18]

---

[14] Charles Higham, *The Civilization of Angkor*, p.32.

[15] 〔宋〕王欽若、楊億等奉敕撰，冊府元龜，卷 968，外臣部十三，朝貢第一。

[16] 蘇繼卿，南海鉤沈錄，台灣商務印書館，台北市，民國 78 年，頁 102-103；蘇繼頃，「後漢書究不事人考」，南洋學報，新加坡南洋學會出版，第六卷，第一輯，1950 年 8 月，頁 17-19。

[17] Charles Higham, *The Archaeology of Mainland Southeast Asia*, Cambridge University Press, Cambridge, New York, 1989, p.252.

[18] Charles Higham, *The Civilization of Angkor*, pp.28-29.

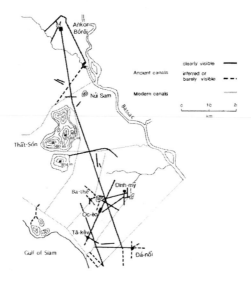

圖 1-1　歐奇歐位置圖

資料來源：www.ianblanchard.com/Golden_Khersonese/Text-4.PDF　2014 年 6 月 2 日
　　　　瀏覽。

　　在第 5 世紀，從中國到印度的航海船隻和技術有更大的進步，船隻
已可從越南的南部直接越過南海到達爪哇，因此無須再繞道歐奇歐，以
致於歐奇歐在第 6 世紀或第 7 世紀趨於沒落。[19]

第三節　扶南王國

　　關於扶南國出現之時間，中文和西文的文獻記載有所不同。根據伯
希和（Paul Pelliot）之說法，印度的混填征服柳葉的國家之時間約在西

---

[19] Charles Higham, *The Civilization of Angko*r, p.34.

元第 1 世紀末。[20]但在中文文獻，最早提及扶南一詞，約在第 3 世紀。「孫權黃武四年（225 年），扶南諸外國來獻琉璃。」[21]

扶南應是高棉文 Bnam 或 Phnom 的音譯，指「山」的意思。

根據高棉的傳說，其祖先是卡穆（Kamu），至普里松（Preah Thong），因與其國王父親不和而離開印度，航行到柬埔寨，在河邊見到國王的女兒納吉妮（Nagini），後來納佳斯（Nagas）的國王將國土讓給其女婿，國名稱為柬埔寨（Kambuja）。[22]

此一說法和中文文獻之記載很類似，根據[唐]姚思廉撰梁書之記載：「扶南國俗本裸，文身、被髮，不制衣裳，以女人為王，號曰柳葉，年少壯健，有似男子，其南有徼國，有事鬼神者，字混填，夢神賜之弓，乘賈人舶入海。混填晨起，即詣廟，於神樹下得弓，便依夢乘船入海，遂入扶南外邑。柳葉人眾見舶至，欲取之，混填即張弓射其舶，穿度一面矢及侍者，柳葉大懼，舉眾降混填，混填乃教柳葉穿布貫頭，形不復露，遂治其國，納柳葉為妻，生子分王七邑。」[23]關於混填之人名，房玄齡等撰之晉書寫為混潰，「扶南王本是女子，字葉柳。時有外國人混潰者，先事神，夢神賜之弓，又教載舶入海。」[24]

該文所記載的混填，可能係來自印度的婆羅門（Brahman）（居於統治地位的祭司）。柬埔寨的歷史也說其祖先普里松係來自印度，搭船航行至柬埔寨，與當地公主結婚，繁衍後代。[25]混填登陸柬埔寨的科克特洛克（Kok Tlok）。柬埔寨歷史稱柳葉為松瑪（Soma）。[26]

---

[20] Lawrence Palmer Briggs, *The Ancient Khmer Empire*, p.17.

[21] 〔唐〕歐陽詢撰，藝文類聚，卷八四，寶玉部下，瑠璃，收錄在欽定四庫全書，頁 19。

[22] Dawn F. Rooney, *Angkor, An Introduction to the Temples*, Airphoto International Ltd., Hongkong, 2002, p.22.

[23] 〔唐〕姚思廉撰，梁書，卷五十四，列傳第四十八，海南諸國，扶南條，頁 6-7。

[24] 〔唐〕房玄齡等撰，晉書，卷九十七，列傳第六十七，四夷，林邑國條，頁 20-21。

[25] Dawn F. Rooney, *op.cit*, pp.21-22.

[26] https://www.youtube.com/watch?v=B-M6BGZ32do　2014 年 4 月 30 日瀏覽。

　　另據沙斯翠（K. A. Nilakanta Sastri）的說法，早期占婆（Campa）
的梵文碑文上亦有類似的記載，「混填（Kaundinya）是一位婆羅門，他
從朵納（Drona）神的兒子取得一把標槍，把它投擲在他未來的國度裡，
他後來娶了納佳斯國王的女兒，繁延該國後代。」[27]
　　中文文獻對於扶南國的方位記載如下：「扶南國，日南郡之南，海西
大灣中。去日南可七千里，在林邑西南三千餘里，城去海五百里，有大
江，廣十里，從西流東入海，其國廣輪三千餘里。土地洿下而平博。氣
候風俗大較與林邑同。」[28]該文所講的大江就是湄公河，它在柬埔寨境
內是從西往東流。

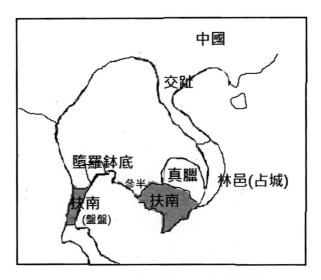

圖 1-2　第二到第六世紀扶南和真臘位置

資料來源：筆者自繪
說　　明：真臘在 550 年南侵扶南，扶南成為其藩屬國。627 年，滅扶南。墮羅鉢底
　　　　　國是在第六世紀出現的國家。盤盤國是在第四世紀出現的國家，在宋文帝
　　　　　元嘉（424-453 年），遣使中國貢獻。盤盤國為扶南的屬國。

[27] K. A. Nilakanta Sastri, *History of Sri Vijaya*, University of Madras, India, 1949, pp.19-20.
[28] 〔唐〕李延壽撰，南史，卷七十八，列傳第六十八，夷貊上，扶南國條，頁 5。

　　法國學者柯迪斯（George Coedès）認為扶南一字係來自巴扶南（Ba Phnom），意即扶南山。而當時扶南的首都在瓦德哈普拉（Vyādhapura）（意即獵人之城），它位在扶南山和巴南（Banam）村附近。[29]布里格斯（Lawrence Palmer Briggs）根據上述柯迪斯的看法，認為根據古碑文之記載，扶南山或吳哥波瑞城都被認為是瓦德哈普拉，是扶南的首都所在地。[30]

　　據倫尼（Dawn F. Rooney）之說法：「吳哥波瑞城位在[柬埔寨首都]金邊以南的茶膠省，距越南邊境約十公里，是迄今所發現吳哥時期以前最古老的城市。在中國古籍中稱該城為『扶南』（Funan），在第 1 世紀和第 6 世紀之間為一活躍的國家。有一城牆和護城河圍繞該古城，城內發現有至少十座傾毀的廟以及不少碑銘。」[31]誠如該書所述，吳哥波瑞城應在今天的茶膠市或附近地區，茶膠市位在由西向東流的茶膠河旁，該河流入湄公河。此與南史的記載相符。

　　泰國學者沙拉雅（Dhida Saraya）認為現在的歐奇歐是扶南文化在湄南河流域盆地最重要的中心地點，而其首都名為瓦德哈普拉，意即「狩獵國王的僕人」。[32]歐奇歐距離迪石約十公里，而迪石為面臨暹羅灣的重要港口，可能是漢朝時的都元國。

　　關於扶南國之風俗，南史之記載頗為詳細，如下：

　　「扶南國俗本裸，文身被髮，不制衣裳，以女人為王，號曰柳葉。年少壯健，有似男子。其南有激國，有事鬼神者字混填。夢神賜之弓，乘賈人舶入海。混填晨起即詣廟，於神樹下得弓，便依夢乘舶入海，遂至扶南外邑。柳葉人眾見舶至，欲劫取之。混填即張弓射其舶，穿度一

---

[29] Walter F. Vella, (ed.), *The Indianized States of Southeast Asia by George Coedès*, An East-West Center Book, the University Press of Hawaii, Honolulu, 1968, p.37.

[30] Lawrence Palmer Briggs, *The Ancient Khmer Empire*, p.13.

[31] Dawn F. Rooney, *op.cit.*, p.5.

[32] Dhida Saraya, *(Sri)Dvaravati, The Initial Phase of Siam's History*, Muang Boran Publishing House, Bangkok, 1999, pp.87,89.

面，矢及侍者。柳葉大懼，舉眾降混塡，塡乃教柳葉穿布貫頭，形不復露，遂君其國，納柳葉為妻，生子分王七邑。其後王混盤況以詐力間諸邑，令相疑阻，因舉兵攻並之。乃選子孫中分居諸邑，號曰小王。盤況年九十餘乃死，立中子盤盤，以國事委其大將范蔓。盤盤立三年死，國人共舉蔓為王。蔓勇健有權略，復以兵威攻伐旁國，咸服屬之，自號扶南大王。乃作大船窮漲海，開國十餘，闊地五六千里。次當伐金鄰國，蔓遇疾，遣太子金生代行。蔓姊子旃因篡蔓自立，遣人詐金生而殺之。蔓死時有乳下兒名長在人間，至年二十，乃結國中壯士，襲殺旃。旃大將范尋又攻殺長而代立。更繕國內，起觀閣遊戲之，朝旦中晡三四見客。百姓以蕉、蔗、龜、鳥為禮。

國法，無牢獄，有訟者，先齋三日，乃燒斧極赤，令訟者捧行七步。又以金鐶、雞卵投沸湯中，令探取之，若無實者手即爛，有理者則不。又於城溝中養鱷魚，門外圈猛獸，有罪者輒以餧猛獸及鱷魚，魚獸不食為無罪，三日乃放之。鱷大者長三丈餘，狀似鼉，有四足，喙長六七尺，兩邊有齒利如刀劍，常食魚，遇得獐鹿及人亦噉之，蒼梧以南及外國皆有之。

吳時，遣中郎康泰、宣化從事朱應使於尋（按指范尋）國，國人猶裸，唯婦人著貫頭。泰、應謂曰：『國中實佳，但人褻露可怪耳。』尋始令國內男子著橫幅。橫幅，今幹漫也。大家乃截錦為之，貧者乃用布。」[33]

梁朝時蕭子顯撰的南齊書亦有關於扶南風俗之記載：「扶南人黠惠知巧，攻略傍邑不賓之民為奴婢，貨易金銀彩帛。大家男子截錦為橫幅，女為貫頭，貧者以布自蔽，鍛金環鑲銀食器。伐木起屋，國王居重閣，以木柵為城。海邊生大箬葉，長八九尺，編其葉以覆屋。人民亦為閣居。為船八九丈，廣裁六七尺，頭尾似魚。國王行乘象，婦人亦能乘象。鬥

---

[33] 〔唐〕李延壽撰，南史，卷七十八，列傳第六十八，夷貊上，扶南國條，頁7。

雞及犬希為樂。無牢獄,有訟者,則以金指環若雞子投沸湯中,令探之,又燒鎖令赤,著手上捧行七步,有罪者手皆燋爛,無罪者不傷。又令沒水,直者入即不沈,不直者即沈也。有甘蔗、諸蔗、安石榴及橘,多檳榔,鳥獸如中國。人性善,不便戰,常為林邑所侵擊,不得與交州通,故其使罕至。」[34]

　　扶南最早遣使至中國的時間在 225 年,「孫權黃武 4 年（225 年）,扶南諸外國來獻琉璃。」[35]第二年孫權遣使到扶南、林邑、堂明等國,這些國家乃遣使中國。

　　「魏文帝黃初 7 年（226 年）（孫權黃武 5 年）,呂岱既定交州,復進討九真,斬獲以萬數。又遣從事南宣國化,暨徼外扶南、林邑、堂明[36]諸王,各遣使奉貢。[孫]權嘉其功,進拜鎮南將軍。」[37]

　　從中文文獻可知,混填（Kaundinya）死後,由其子混盤況繼任,分化地方諸侯,以兵力統合各地,分封子弟統治各地,號曰小王。盤況活到九十餘歲,由次子盤盤繼位,另選大將范蔓攝政。盤盤在位三年即去世,國人共舉范蔓為王。范蔓勇健有權略,征服鄰近國家,自號扶南大王。他製造大船,航行南海,開疆闢土,國土擴大五六千里。他也出兵征伐暹羅灣的金鄰國[38]。後來范蔓生病,派遣太子范金生代行職務。[39]范

---

[34] 〔梁〕蕭子顯撰,南齊書,卷五十八,列傳第三十九,南夷,扶南國條。

[35] 〔唐〕歐陽詢撰,藝文類聚,卷八四,寶玉部下,琉璃。

[36] 堂明,或作道明,在今寮國中部或北部一帶。也有指單馬令、曇陵或嘽楊的同名異譯。（陳佳榮、謝方、陸峻嶺編,古代南海地名匯釋,中華書局,北京,1986 年,頁 696。）蘇繼卿則認為堂明為頓遜的一個港口名,而頓遜在馬來半島上。（蘇繼卿(蘇繼頤),南海鈎沈錄,台灣商務印書館,台北市,民國 78 年,頁 24-27。）陳顯泗等人認為堂明位在寮國中部至泰國東北部一帶。（陳顯泗、許肇琳、趙和曼、詹方瑤、張萬生編,中國古籍中柬埔寨史料,河南人民出版社,中國河南,1985 年,頁 2,註 4。）

[37] 〔晉〕陳壽撰,三國志,卷六十,吳書,賀全昌周鍾離傳第十五。

[38] 陳佳榮等人認為金鄰位在泰國佛統（Nakhon Pathom）一帶,（參考陳佳榮、謝方和陸峻嶺等編,古代南海地名匯釋,北京市:中華書局,1986,金鄰條,頁 524。）可能還包括泰國灣的夜功（Samut Songkram）到佛丕（Phetburi）一帶。佛統剛好位在暹羅

蔓的姊姊的兒子范旃篡奪范蔓的王位，自立為王，遣人將范金生騙回，
然後將他殺害。范蔓死時，有幼兒范長在民間扶養，至年二十歲，乃結
合國中壯士，襲殺范旃。范旃的大將范尋又攻殺范長而代立。上述文獻
沒有指出時間，吳哥網站（Angkor.net）說，在 225 年，范金生繼承其父
范蔓為王。范蔓之姊姊的兒子范旃篡位，殺了范金生，自立為王。[40]

布里格斯認為范尋成為扶南國王的時間在 240 年。[41]東吳派遣康泰
和朱應前往扶南，當時的國王是范尋。

「吳時（229-280），遣中郎康泰、宣化從事朱應，使於扶南。扶南
國人猶裸，唯婦人著貫頭。泰、應謂曰：『國中實佳，但人褻露，可怪耳。』
尋始令國內男子著橫幅。橫幅，今干漫也。大家乃截錦為之，貧者乃用
布。」[42]

在第 3 世紀時，扶南的國土範圍可能包括今天東邊的湄公河下游地
區、西邊到泰南半島，梁書中天竺條記載：「唯吳時扶南王范旃遣親人蘇
物使其國（按指中天竺），從扶南發投拘利口，循海大灣中，正西北入，
歷灣邊數國，可一年餘，到天竺江口，逆水行七千里，乃至焉。」當時
扶南控制的範圍可能到泰國南部，故扶南使節從扶南出發，經過泰國南
部，越過陸地到西岸的拘利口，即從帕克昌（Pakchan）河口出發，沿著
孟加拉灣海岸航行，經一年餘才到達恆河口。但泰國的拉查尼（Janjirayu
Rachanee）卻認為塔可拉（Takkola，Tacola）（高吧）位在泰國南部的萬
崙（Ban Don）。[43]筆者認為這種說法是錯誤的，因為在以後根據托勒密

灣的西北端，而暹羅灣被稱為金鄰大灣，可能因此佛統被稱為金鄰國。
[39] 「（扶南王范蔓勇健有權略，復以兵威攻伐旁國，咸服屬之，自號扶南大王。乃治作大
船，窮漲海，攻屈都昆、九稚（即拘利，約在克拉地峽一帶）、典孫（在坦那沙林
Tenasserim）等十餘國，開地五六千里。次當伐金鄰國，蔓遇疾，遣太子金生代行。）
（〔唐〕姚思廉，梁書，卷五四，中華書局，1973 年，第 788 頁。）
[40] "Pre-Angkor Era," in http://theangkor.net/pre-angkor-era　2014 年 7 月 18 日瀏覽。
[41] Lawrence Palmer Briggs, *The Ancient Khmer Empire*, p.21.
[42] 〔唐〕李延壽撰，南史，卷七十八，列傳第六十八，夷貊上，扶南國條，頁7。
[43] Mom Chao Chand Chirayu Rajani, *Sri-vijaya in Chaiya*, Madsray Printling, Bangkoknoi,

（Klaudios Ptolemy）在西元 150 年的著作地理導覽（*Guide to Geographia*）[44]
一書所繪的世界地圖上標示的塔可拉是一個大港口和商業城市，是在馬
來半島的西邊而非東邊。

在第 4 世紀時，扶南王再度由印度婆羅門竺旃檀擔任，「晉穆帝升平
元年（357 年），[扶南]王竺旃檀奉表獻馴象，詔曰：『此物勞費不少，駐
令勿送。』其後王憍陳如，本天竺婆羅門也，有神語曰：『應王扶南。』
憍陳如心悅，南至盤盤[45]。扶南人聞之，舉國欣戴，迎而立焉。復改制
度，用天竺法。憍陳如死後，王持梨陀跋摩宋文帝世奉表，獻方物。」[46]
從該段話可知，扶南王憍陳如是從印度經過盤盤再到扶南的，盤盤可能
也是扶南統轄之地。憍陳如本來是印度的婆羅門，因此早期扶南人信仰
的是婆羅門教。他開始引進印度的婆羅門教，特別是對濕婆-林伽
（Siva-Linga）神祇的崇拜，採用印度梵文做為宮廷語文。柬埔寨後來轉
向佛教信仰，而將南印度的巴利（Pali）[47]文字加以改良，開始有自己的

Bangkok, 1999, p.9.)（該書原文為泰文。）

[44] 托勒密是第一個使用經緯度繪製世界地圖的人，他在埃及的 Alexandria 城的圖書館工
作，當時埃及法老王(Pharoahs)下令沒收來往旅客所攜帶的書籍，托勒密乃得以利用這
些書籍及當時來往的商人和旅客提供的資料，寫成地理導覽一書並繪製成世界地圖。
當羅馬帝國崩潰後，托勒密的書籍喪失，不過當時他的著作已譯成阿拉伯文，故能保
存下來。惟至 12 世紀阿拉伯文本才面世，以後譯成希臘文。1400 年，一位住在義大
利的 Byzantine 的學者 Emanuel Chrysolaras 獲得該希臘文本，將之譯成拉丁文，最後
由他的學生 Jacopo d'Angelo 在 1406 年完成翻譯工作。Angelo 的譯本就成為 15 世紀許
多譯本的範本，並據該書繪製當年的世界地圖。關於此，引起若干爭論，因為後來繪
製的地圖是否就是第二世紀托勒密所瞭解的世界模樣，有不同的看法。參見 "The
Development of the Printed Atlas, Part 2: Ptolemaic Atlases," http://www.mapforum.com/
02/ptolemy1.htm　2014 年 8 月 15 日瀏覽。

[45] 泰國學者黎道綱認為盤盤在今泰國蘇叻他尼（Surat Thani）。〔泰〕黎道綱，泰國古代
史地叢考，中華書局，北京市，2000 年，頁 126。

[46] 〔唐〕姚思廉撰，梁書，卷五十四，海南諸國條，頁 8。

[47] 巴利文是一種對佛教經典做註釋評論的文字，而且認為他們的註釋文本才是正本佛經
的用語，這是由在瓦晉（Vajiian）的和尚開其端。巴利文是位在印度比哈爾邦（Bihar）
的摩揭陀國（Magadh）使用的語文，錫蘭國王瓦他迦瑪尼（King Vaṭṭagāmaṇi Abhaya，
29-17 BC）召開第四屆佛教大會，決議將佛陀的口語訓諭使用巴利文加以紀錄註釋，
也就是確立了以巴利文撰寫小乘佛教的經文。Bimala Churn Law, *A History of Pali*

文字，另外亦自印度引進印度西北部流行的賽迦曆（Śāka）、法律體系、文學和君主制度，使用瓦曼（varman）[48]一詞稱呼國王。從賈亞瓦曼一世（Jayavarman I）開始就使用「瓦曼」一詞，賈亞（Jaya）是勝利之意，賈亞瓦曼就是「勝利之保護者」之意思。

　　為何印度人竺旃檀會成為扶南國王？柯迪斯根據李威（Sylvain Levi）的觀點，認為竺旃檀的印度梵文是昌達納（Chandana），而昌丹（Chandan）是印度庫山斯（Kushāns）的穆蠻達（Murunda）王朝的王室頭銜，竺旃檀之所以從印度前往扶南，應是扶南王范旃遣親人蘇物到印度請來的，而竺旃檀可能遭到昌德拉古普塔（Chandragupta）驅逐，然後前往扶南試試運氣。[49]

　　420 年，室利多帕諾（Shih-li-t'o-pa-no）擔任扶南國王，一直到 479 年。

　　421 年，扶南王子當根純進攻林邑國，殺其國王，成為林邑國王，並遣使中國朝貢。「〔林邑國王〕須達死，子敵真立，其弟敵鎧攜母出奔。敵真追恨不能容其母弟，舍國而之天竺，禪位於其甥。國相藏驎固諫不從。其甥立而殺藏驎，藏驎子又攻殺之，而立敵鎧同母異父弟曰文敵。文敵復為扶南王子當根純所殺，大臣范諸農平其亂，自立為王。諸農死，子陽邁立。陽邁初在孕，其母夢生兒，有人以金席藉之，其色光麗。夷人謂金之精者為陽邁，若中國雲紫磨者，因以為名。宋永初二年，遣使貢獻，以陽邁為林邑王。陽邁死，子咄立，慕其父復曰陽邁。」[50]「宋武帝永初 2 年（421 年），林邑王遣使貢獻，以陽邁為林邑王。」[51]林邑國大臣范諸農推翻當根純而自立為王，恢復林邑國。

　　Literature, Rekha Printers Pvt. Ltd., New Delhi, India, 1933, reprinted in 2000, pp.18-21.

[48] Varman 一詞，梵文意指「武器」，後來延伸為「保護者」。參見 Lawrence Palmer Briggs, *The Ancient Khmer Empire*, p.26.

[49] Lawrence Palmer Briggs, *The Ancient Khmer Empire*, p.23.

[50] 〔唐〕李延壽撰，南史，卷七十八，列傳第六十八，頁 3。

[51] 〔唐〕姚思廉撰，梁書，卷五十四，海南諸國條，頁 3；〔唐〕李延壽撰，南史，卷七十八，列傳第六十八，頁 3。

「陽邁子孫相傳為王，未有位號。夷人范當根純攻奪其國，篡立為王。齊武帝永明 9 年（491 年），林邑遣使貢獻金簨等物。詔曰：『林邑雖介在遐外，世服王化。當根純乃誠款到，率其僚職，遠續克宜，良有可嘉。宜沾爵號，以弘休澤。可持節、都督緣海諸軍事、安南將軍、林邑王。』范陽邁子孫范諸農率種人攻當根純，復得本國。」[52]

431 年，中國和林邑國（位在越南中部）發生戰爭，林邑還想利用扶南兵攻擊交州，但未被扶南接受。「宋文帝元嘉 8 年（431 年），[林邑國]又遣樓船百餘寇九德，入四會浦口，交州刺史阮彌之，遣隊主相道生三千人赴討，攻區粟城，不剋，引還。林邑欲伐交州，借兵於扶南王，扶南不從。」[53]區粟城，鄂盧梭認為在今之越南中部的順化（Hue）。[54]

484 年，扶南國王的名字是闍耶跋摩，他派遣印度僧人到中國控訴其叛臣在林邑擔任國王，希望中國出兵將其逮捕，他也會同時協同中國出兵。南齊書記載如下：

「齊武帝永明 2 年（484 年）。宋末（477 年），扶南王姓憍陳如，名闍耶跋摩，遣商貨至廣州。天竺道人那伽仙附載欲歸國，遭風至林邑，掠其財物皆盡。那伽仙間道得達扶南，具說中國有聖主受命。永明 2（484）年，扶南闍耶跋摩遣天竺道人釋那伽仙上表稱，扶南國王臣憍陳如闍耶跋摩叩頭啟曰：『天化撫育，感動靈祇，四氣調適。伏願聖主尊體起居康御（豫），皇太子萬福，六宮清休，諸王妃主內外朝臣普同和睦，鄰境士庶萬國歸心，五穀豐熟，災害不生，土清民泰，一切安穩。臣及人民，國土豐樂，四氣調和，道俗濟濟，並蒙陛下光化所被，咸荷安泰。』又曰：『臣前遣使齎雜物行廣州貨易，天竺道人釋那伽仙於廣州因附臣舶欲來扶南，海中風漂到林邑，國王奪臣貨易，並那伽仙私財。具陳其從中國來此，仰序陛下聖德仁治，詳議風化，佛法興顯，眾僧殷集，法事日盛，王威嚴整，

[52]　〔梁〕蕭子顯撰，南齊書，卷五十八，列傳第三十九，東南夷，林邑條。
[53]　〔梁〕沈約撰，宋書，卷九十七，列傳第五十七，夷蠻條，頁 1。
[54]　鄂盧梭著，馮承鈞譯，秦代初平南越考，台灣商議印書館，台北市，民國 60 年，頁 102。

朝望國軌，慈愍蒼生，八方六合，莫不歸伏。如聽其說，則化鄰諸天，非可為喻。臣聞之，下情踊悅，若暫奉見尊足，仰慕慈恩，澤流小國，天垂所感，率土之民，並得皆蒙恩祐。是以臣今遣此道人釋那伽仙為使，上表問訊奉貢，微獻呈臣等赤心，並別陳下情。但所獻輕陋，愧懼唯深。伏願天慈曲照，鑒其丹款，賜不垂責。』又曰：『臣有奴名鳩酬羅，委臣逸走，別在餘處，構結凶逆，遂破林邑，仍自立王。永不恭從，違恩負義，叛主之響，天不容載。伏尋林邑昔為檀和之所破，久已歸化。天威所被，四海彌伏，而今鳩酬羅守執奴凶，自專很彊。且林邑、扶南鄰界相接，親又是臣奴，猶尚逆去，朝廷遙遠，豈復遵奉。此國屬陛下，故謹拒上啟。伏聞林邑頃年表獻簡絕，便欲永隔朝廷，豈有師子坐而安大鼠。伏願遣軍將伐凶逆，臣亦自效微誠，助朝廷剪撲，使邊海諸國，一時歸伏。陛下若欲別立餘人為彼王者，伏聽勑旨。脫未欲灼然興兵伐林邑者，伏願特賜勑在所，隨宜以少軍助臣，乘天之威，殄滅小賊，伐惡從善。平蕩之日，上表獻金五婆羅。今輕此使送臣丹誠，表所陳啟，不盡下情。謹附那伽仙並其伴口具啟聞。伏願愍所啟，並獻金鏤龍王坐像一軀、白檀像一軀、牙塔二軀、古貝二雙、琉璃蘇鉝二口，瑇瑁檳榔柈一枚。』」[55]

484 年，賈亞瓦曼的大臣鳩酬羅在政變失敗後逃到林邑，並取得林邑王位，賈亞瓦曼請求中國皇帝將其逮捕，並加以懲罰，遭中國皇帝婉拒。[56]

布里格斯認為在 484 年扶南是信仰大乘佛教，當時可能也信仰菩薩神。[57]

至第 6 世紀，扶南已成為一個佛教盛行的國家。「梁武帝天監 2 年（503 年），跋摩復遣使送珊瑚佛像，並獻方物。詔曰：扶南王憍陳如闍

---

[55] 〔梁〕蕭子顯撰，南齊書，卷五十八，列傳第三十九，東南夷，扶南條。
[56] "Pre-Angkor Era," in http://theangkor.net/pre-angkor-era 該網站說叛賊是賈亞瓦曼的兒子，時間是在 491 年。此與中文文獻的記載不同。
[57] Lawrence Palmer Briggs, *The Ancient Khmer Empire*, p.227.

邪跋摩，介居海表，世纂南服，厥誠遠著，重譯獻琛。宜蒙酬納，班以榮號，可安南將軍、扶南王。」[58]闍邪跋摩，即賈亞瓦曼。「梁武帝大同 5 年（539 年），[扶南]復遣使獻生犀。又言其國有佛，髮長一丈二尺，詔遣沙門釋雲寶隨使往迎之。」[59]

　　514 年，賈亞瓦曼一世去世，由其兒子繼位，但遭其同父異母兄魯德拉瓦曼（Rudravarman）所殺，魯德拉瓦曼為賈亞瓦曼一世之妾所生。[60]

　　魯德拉瓦曼國王大約統治到 539 年，他在該年遣使到中國朝貢。柯迪斯認為他是扶南最後一任國王。[61]

　　泰國學者沙拉雅認為公元第 1 世紀出現的扶南重要港口即在迪石，扶南的首都在距海岸 10 公里的內陸的歐奇歐。[62]但米克希克（John N. Miksic）認為歐奇歐距離海岸 25 公里，它不是扶南的政治中心，而是商業經濟中心，人口稠密。扶南的首都在吳哥波瑞城。[63]吳哥波瑞城位在柬埔寨首都金邊以南的茶膠省。倫尼認為從第 6 世紀到第 8 世紀，真臘的首都在山勃普瑞庫克（Sambor Prei Kuk）（在磅同省）。[64]

　　關於扶南的首都，它搬遷過數次，包括：瓦德哈普拉（Vyadhapura）、伊奢那城（Isanapura）、雅梭德哈拉普拉（Yasodharapura）、吳哥波瑞、吳哥通（大吳哥）（Angkor Thom）、哈里哈拉拉雅（Hariharalaya）、龍哥維克（Longvek）、烏東、金邊等地。

---

[58] 〔唐〕姚思廉撰，梁書，卷五四，列傳第四八，諸夷，頁 8。

[59] 〔唐〕姚思廉撰，梁書，卷五四，海南諸國條，頁 9。

[60] "Pre-Angkor Era," in http://theangkor.net/pre-angkor-era　2014 年 7 月 18 日瀏覽。

[61] George Coedès, *The Making of Southeast Asia*, translated by H. M. Wright, University of California Press, Berkeley and Los Angeles, 1969, p.88.

[62] Dhida Saraya, *(Sri)Dvaravati, The Initial Phase of Siam's History*, Muang Boran Publishing House, Bangkok, 1999, pp.87,89.

[63] John N. Miksic, "Heterogenetic Cities in Premodern Southeast Asia," *World Archaeology*, Vol.32, No.1, June 2000, pp.106-120.

[64] 參考 Dawn F. Rooney, *Angkor, An Introduction to the Temples*, Airphoto International Ltd., Hong Kong, 2002, p. Preface 5.

表 1-1　扶南歷任國王

姓名	首都	紀念物	簡述
混塡（Hun-t'ien） 1st Century AD ហ៊ុន ទាង កោណ្ឌញ្ញ	Vyadhapura	Angkor Borei	混塡（Kaundinya）-柳葉（Liu-yeh， Soma） Vyadhapura 城可能位在扶南山的波 羅勉地區，或更往南的吳哥波瑞。
混盤況 （Hun P'an-huang） ហ៊ុន ប៉ាងហ៊ុង			洪盤皇死時年高 90 歲。
盤盤（P'an-P'an） ប៉ាន់ ប៉ាន់			對范蔓或范師蔓將軍負責。登基三年後 去世。
范師蔓 （Fan Shih-man） 205-225 ហ្វាន់ ចេ ម៉ាន់ ហ្វាន់ ម៉ាន់			范蔓或范師蔓。 不太受人民和地方當局的支持。 城市稱為 To-Mo。 盤盤的大將軍。 扶南的偉大國王。
范金生 （(Fan) Chin-Sheng） ពិន ចេង			繼承范師蔓之王位。
范旃（(Fan) Chan） 5th king 240? ហ្វាន់ ចាន់			為范師蔓姊姊的兒子，殺其表兄范金 生，自任為王。
范長（Fan-Ch'ang） 6th king ហ្វាន់ ចាង			自其父范師蔓死後，幼時生長於民間， 20 歲殺了范旃，成為國王。
范尋（Fan-Hsun） 7th king 285 ហ្វាន់ ស៊ីយុន			是范旃的大將軍，殺了范長，成為國王。
朱章丹 （Chu-chan-tan） 8th king 357			朱章丹又名昌達納（Chandana）。 遣使至東晉（317-420）。
趙裘如 （Chiao-cheu-ju） 9th king ការិវេយ កោណ្ឌញ្ញទី២			趙裘如又名光迪尼亞二世 （Kaundiniya II）。 是來自印度的佛教徒。
室利多帕諾 （Shih-li-t'o-pa-no） 10th king 420-79 ស្រីត ត្រវ្រ៉ង			室利多帕諾又名室利因德拉瓦曼（Sri Indravarman 或 Srutaravarman）。

姓名	首都	紀念物	簡述
釋業帕諾 （She-yeh-pa-no） 11th king 483-93 ច្យេយប៉ាម៉ូ កោណ្ឌញ្ញជ័យវរ្ម័ន			釋業帕諾又名光迪尼亞·賈亞瓦曼 （Kaundiniya Jayavarman）。[65] 派遣印度佛教和尚那伽仙（Nagasena） 到中國 釋業帕諾死於514年。
魯德拉瓦曼 （Rudravarman 12th king）514-40 រុទ្រវរ្ម័ន			魯德拉瓦曼是吳哥波瑞的光迪尼亞·賈 亞瓦曼（Kaundiniya Jayavarman）的 妾生的兒子。他殺了光迪尼亞·賈亞瓦 曼王后生的兒子，合法王位繼承人，即 是他的弟弟，奪得王位。 在吳哥波瑞的聖山發現該一時期第一 個高棉石雕，是屬於扶南達（Phnom Da）形態。 他似乎是扶南最後一位國王 他任命布拉瑪達塔（Brahmadatta） 和布拉瑪辛哈（Brahmasimha）兩兄 弟為御醫。阿迪亞普拉（Adhyapura） 的家族的鍾尼克（Ang Chumnik）作 了四任國王的大臣

資料來源：http://angkoriansociety.com/joomla/index.php?option=com_content&task=view&
id=181　2011年2月14日瀏覽。

第四節　真臘王國

　　第5世紀末，在寮國東南部出現真臘國家，當時真臘是扶南的屬國，真臘何時成為扶南的屬國，沒有清楚的記載。「真臘一曰吉蔑，本扶南屬國。」[66]吉蔑，即種族名Khmer的音譯。

65　中文扶南王姓憍陳如，名闍耶跋摩。〔梁〕蕭子顯撰，南齊書，卷五十八，列傳第三十
　　九，東南夷，扶南條。
66　〔明〕陳循等撰，寰宇通志（九），國立中央圖書館出版，台北市，民國74年重印，
　　卷118，頁2-18-391。

在中文文獻中，真臘國的方位記載如下：「真臘國，在林邑西北，本扶南之屬國，崑崙之類。在京師南二萬七百里，北至愛州六十日行。」[67]「真臘國，在林邑西南，本扶南之屬國也。去日南郡舟行六十日而至。南接車渠國，西有硃江國。」[68]有關真臘國之方位，隋書和北史之記載較舊唐書為正確，它應位在今天寮國南部的占巴寨（Champasak）。

關於真臘國的國情，宋朝王溥撰的唐會要之記載如下：

「真臘國，在林邑之西南，本扶南之屬國也。南接車渠，西接硃江國。其王姓剎利氏，其俗東向開門，國以東為上，有戰象五千頭。梁大同中，始併扶南而有其國，都伊奢那城，風俗與林邑同。」[69]然而，扶南在唐高祖武德貞觀（618-649 年）時還有入朝中國的記載。

古今圖書集成的記載更為詳細：「按隋書・煬帝本紀不載。按真臘本傳：真臘國，在林邑西南，本扶南之屬國也。去日南郡舟行六十日，而南接車渠國，西有硃江國。其王姓剎利氏，名質多斯那。自其祖漸已強盛，至質多斯那，遂兼扶南而有之。死，子伊奢那先代立。居伊奢那城，郭下二萬家。城中有一大堂，是王聽政之所。總大城三十，城有數千家，各有部帥，官名與林邑同。其王三日一聽朝，坐五香七寶床，上施寶帳。其帳以文木為竿，象牙、金鈿為壁，狀如小屋，懸金光焰，有同于赤土。前有金香爐，二人侍側。王著朝霞古貝，縵絡腰腹，下垂至脛，頭戴金寶花冠，被真珠瓔珞，足履革屣，耳懸金璫。常服白㲲，以象牙為屩。若露髮，則不加瓔珞。臣人服製，大抵相類。有五大臣，一曰孤落支，二曰高相憑，三曰婆何多陵，四曰舍摩陵，五曰髵多婁，及諸小臣。朝於王者，輒以階下三稽首。王喚上階，則跪，以兩手抱膊，遶王環坐。議政事訖，跪伏而去。階庭門閣，侍衛有千餘人，被甲持仗。

67 〔五代後晉〕劉昫等撰，舊唐書，卷一百九十七，列傳，第一百四十七，真臘國條，頁 3。
68 〔唐〕魏徵撰，隋書，卷八十二，列傳第四十七，真臘國條，頁 6；〔唐〕李延壽撰，北史，卷九十五，列傳第八十三，真臘國條，頁 14。
69 〔宋〕王溥撰，唐會要，卷九十八，真臘國條。

其國與參半[70]、硃江二國和親，數與林邑、陀洹二國戰爭。其人行止皆持甲仗，若有征伐，因而用之。其俗非王正妻子，不得為嗣。王初立之日，所有兄弟並刑殘之，或去一指，或劓其鼻，別處供給，不得仕進。人形小而色黑。婦人亦有白者。悉拳髮垂耳，性氣捷勁。居處器物，頗類赤土。以右手為淨，左手為穢。每旦澡洗，以楊枝淨齒，讀誦經咒。又澡灑乃食，食罷還用楊枝淨齒，又讀經咒。飲食多蘇酪、沙糖、秔粟、米餅。欲食之時，先取雜肉羹與餅相和，手攦而食。娶妻，唯送衣一具，擇日遣媒人迎婦。男女二家各八日不出，晝夜燃燈不息。男婚禮畢，即與父母分財別居。父母死，如有未婚者，以餘財與之。若婚畢，財物入官。其喪葬，兒女皆七日不食，剔髮而哭，僧尼、道士、親故皆來聚會，音樂送之。以五香木燒屍，收灰以金銀瓶盛，送于大水之內。貧者或用瓦，而以彩色畫之。亦有不焚，送屍山中，任野獸食者。其國北多山阜，南有水澤，地氣尤熱，無霜雪，饒瘴癘毒蠱。土宜稻粱，少黍粟，果菜與日南、九真相類。異者有婆那娑樹，無花，葉似柿，實似冬瓜；菴羅樹，花葉似棗，實似李；毗野樹，花似木瓜，葉似杏，實似楮；婆田羅樹，花葉實並似棗而小異；歌畢佗樹，花似林檎，葉似榆而厚大，實似李，其大如升。自餘多同九真。海中有魚名建同，四足，無鱗，其鼻如象，吸水上噴，高五六十尺。有浮胡魚，其形似，觜如鸚鵡，有八足。多大魚，半身出水，望之如山。每五六月中，毒氣流行，即以白豬、白牛、白羊於城西門外祠之。不然者，五穀不登，六畜多死，人眾疾疫。近都有陵伽缽婆山，上有神祠，每以兵五千人守衛之。城東有神名婆多

---

[70] 泰國學者黎道綱認為參半國可能在今天泰國東北（古真臘文單）部西北角的室貼古城。（〔泰〕黎道綱，前引書，頁29。）Lawrence Palmer Briggs 認為參半國位在柬埔寨西部的馬德望（Battambang）。(Lawrence Palmer Briggs, "The Khmer Empire and the Malay Peninsula," pp.256-305.) 景振國認為參半位在泰北清邁北部，第 7 世紀已著名，第 8 世紀強盛，753 年在清邁建立庸那伽國（Yonnaka）。北部為車里，南部為參半，其地在今中國、寮國、緬甸和泰國之交界處。（參見景振國主編，中國古籍中有關老撾資料匯編，河南人民出版社，中國河南，1985，頁 31，註 57。）

利，祭用人肉。其王年別殺人，以夜祀禱，亦有守衛者千人。其敬鬼如此。多奉佛法，尤信道士，佛及道士並立像于館。大業十三年，遣使貢獻，帝禮之甚厚，其後亦絕。」[71]

真臘第一個國王是司魯塔瓦曼（Shrutavarman, 435-95 年），其首都在司里斯沙普拉（Shreshthapura），位在今天寮國東南部，湄公河流域的巴寨（Basak, Bassac），以及在瓦富（Wat Phu）山脈的山腳下，蒙河河口以南，該地有時又稱為占巴寨（Champasak），人民信仰濕婆教。

司魯塔瓦曼在 495 年傳位給其兒子司里士撒瓦曼（Shresthavarman, 495-530 年），司里士撒瓦曼在 530 年去世後由其子質多斯那（Citrasena）繼位，擴張勢力進入泰國東部孔坑（Khon Kaen）。550 年，由其弟弟巴瓦瓦曼（Bhavavarman）繼位。巴瓦瓦曼是扶南的魯德拉瓦曼（Rudravarman）的外甥，由於與扶南有親戚關係，所以獲得有名的婆羅門阿迪亞普拉（Adyapura）的服務和支持，他住在巴瓦普拉（Bhavapura），靠近山勃普瑞庫克地區，位在今天的磅同，開始進行反扶南的戰爭。他的王國總共統治約 30 個城市。其統治地區在洞里薩湖東北部的森河（Sen River）谷地。統治地點為因德拉普拉（Indrapura）。他逝於 598 年，由其弟弟質多斯那〔統治王號為馬亨德拉瓦曼（Mahendravarman）〕繼位。[72]

但布里格斯說巴瓦瓦曼不是魯德拉瓦曼的兒子或兄弟，而是維拉瓦曼（Viravarman）國王的兒子，維拉（Vira）是扶南的一個小朝貢國。巴瓦瓦曼娶了司里士撒瓦曼之母親一系的拉克斯米女王（Queen Lakshmi），因為婚姻而取得真臘的王位。魯德拉瓦曼去世後，出現王位爭奪，巴瓦瓦曼以其母親的血統關係，亦主張繼承扶南的王位，最後在 550 年依賴其弟弟質多斯那的軍隊征服扶南。[73]巴瓦瓦曼，意指「受濕婆

[71] 〔清〕陳夢雷，古今圖書集成（電子版），曆象彙編乾象典，真臘部，彙考，煬帝大業，乾象典，第 101 卷，第 217 冊，第 56 頁之 2。

[72] http://angkoriansociety.com/joomla/index2.php?option=com_content&do_pdf=1&id=183 2011 年 2 月 14 日瀏覽。

[73] Lawrence Palmer Briggs, *The Ancient Khmer Empire*, pp.40-41.

神保護之人」（protégé of Siva），[74]是一位偉大的戰士，征服鄰近的部落，擴張國家版圖。泰國學者隆恩（Rong Syamananda）說扶南屬國真臘在 550 年併吞扶南。[75]這些論述符合中文文獻所說的：「自其祖漸已強盛，至質多斯那，遂兼扶南而有之。」[76]艾蒙尼爾（Étienne Aymonier）認為真臘和扶南僅是中文對相同國家的不同稱呼，根本沒有真臘征服扶南一事，而只是巴瓦瓦曼篡奪王位而已。[77]

568 年，巴瓦瓦曼國王遣使至中國朝貢。巴瓦瓦曼國王的弟弟瑪亨德拉瓦曼（Mahendravarman, 590-610）（即質多斯那）在 590 年成為真臘國王。瑪亨德拉瓦曼，意即「受偉大的因德拉保護之人」（Protégé of the Great Indra）。[78]瑪亨德拉瓦曼出兵佔領湄公河流域的蒙河，向西擴張到蒙河上游。[79]甚至延伸進入今天泰國東部的柯叻（Korat）高原。[80]

608 年，扶南以前的屬國墮和羅（墮羅鉢底）（Dvaravati）遣使至中國朝貢。611 年，瑪亨德拉瓦曼的兒子伊奢那瓦曼一世（Ishanavarman I, 611/616-635）繼位，號稱「受濕婆神保護之人」，中國稱為伊奢那先（Isanasena），他的首都在伊奢那城（在今磅同市以北 12 英里處）。[81]他軍事武功高強，派遣其兒子統治西境的吉斯沙普拉（Jyesthapura）。坦拉普拉（Tamrapura）的統治者向伊奢那瓦曼一世納貢，成為其蕃屬國。[82]在洞里薩湖西南部有參半國（T'san-pan），在其北邊，位在今天寮國南部有僧高國（Sang

[74] Lawrence Palmer Briggs, *The Ancient Khmer Empire*, p.41.
[75] Rong Syamananda, *A History of Thailand*, Thai Watana Panich Co., Ltd., Bangkok, Thailand, 1973, p.16.
[76] 〔清〕陳夢雷，古今圖書集成（電子版），曆象彙編乾象典，真臘部，彙考，煬帝大業，乾象典，第 101 卷，第 217 冊，第 56 頁之 2。
[77] 參見 Lawrence Palmer Briggs, *The Ancient Khmer Empire*, p.41.
[78] Lawrence Palmer Briggs, *The Ancient Khmer Empire*, p.45.
[79] Charles Higham, *The Civilization of Angkor*, p.149.
[80] G. Coedés, *op.cit.*, p.90.
[81] 景振國主編，前引書，頁 32，註 65。
[82] Charles Higham, *The Civilization of Angkor*, p.149.

Kao），[83]在其西邊，蒙河河谷中部，有硃江國。這些國家可能維持半獨立地位。伊奢那瓦曼一世征服扶南，將山勃普瑞庫克改名為伊奢那城，擴增城市建築，建築長方形護城河，由磚頭和石頭構築。此時真臘的疆域西邊到尖竹汶（Chantaburi）（在今天泰國東部），北邊到寮國南部。

在中文文獻中，真臘初次遣使前往中國朝貢的時間在 616 年，「煬帝大業 12 年（西元 616 年）2 月，真臘國、婆利國並遣使貢方物。」[84]「隋煬帝大業 12 年（616 年）2 月己未，真臘遣使貢方物。」[85]當時真臘的國王是伊奢那瓦曼一世。

620 年，普拉沙特托克石碑（Inscription of Prasat Toc）記載了伊奢那瓦曼一世的統治。624 年，普拉沙特巴揚石碑（Inscription of Prasat Bayang）記載了伊奢那瓦曼一世的統治。625 年，扶南以前的屬國參半遣使至中國朝貢。626 年，瓦卻克瑞特石碑（Inscription of Vat Chakret）記載了伊奢那瓦曼一世的統治。

在巴瓦瓦曼和瑪亨德拉瓦曼時期，雖然控制了扶南，不過，扶南只是成為藩屬國，首都尚在特牧城（Tö-mu，可能在 Ba Phnom），「治特牧城，俄為真臘所並〔併〕，益南徙那弗那城。」[86]627 年，伊奢那瓦曼一世兼併扶南，其領土被併入真臘。「其王剎利伊金那，貞觀初並扶南有其地。」「水真臘，地八百里，王居婆羅提拔城。」[87]扶南被真臘併吞後，國王南遷至那弗那城居住。

根據布里格斯的說法，在伊奢那瓦曼一世統治時真臘主要信奉濕婆教，因為有不少石碑記載當時曾建立林伽廟。他又說當時的婆羅門教（筆

---

[83] 泰國黎道綱認為僧高（Sengkao）可能位在泰國東北部的商卡補羅國（Sangkapura）。（〔泰〕黎道綱，前引書，頁 68。）
[84] 〔宋〕王欽若、楊億等撰，冊府元龜，卷九七零，外臣部，朝貢 3。
[85] 〔唐〕魏徵撰，隋書，卷四，帝紀第四，煬帝下；〔唐〕李延壽撰，北史，卷十二，隋本紀下第十二。
[86] 〔宋〕歐陽修、宋祁撰，新唐書，卷二二二下，列傳第一四七下，南蠻下，扶南條。
[87] 〔宋〕歐陽修、宋祁撰，新唐書，卷二二二下，列傳第一四七下，南蠻下，真臘條。

者按：應是印度教）採取特別的表現形式，例如祭拜毗濕奴和濕婆兩神
祇合而為一的哈里哈拉神（Harihara）。他也說佛教已幾乎消失。[88]不過，
根據舊唐書之記載：「〔真臘〕國尚佛道及天神，天神為大，佛道次
之。」[89]天神，應該是前述的哈里哈拉神，而佛教應該還是有人信仰的。

　　638 年，由巴瓦瓦曼二世（Bhavavarman II, 638-656）統治。巴瓦瓦
曼二世不是伊奢那瓦曼一世的兒子，他是何種身份及如何繼承王位，史
料不全。他自稱是月亮王國的後代，他是第一個死後諡號的國王，其諡
號為濕婆洛克（Shivaloka）。此時真臘分裂為數個小國。[90]

　　638 年，扶南以前的屬國僧高，遣使至中國朝貢。644 年和 647 年，
扶南以前的屬國陀洹國（T'o-yuan），[91]為孟族（Mon），遣使至中國朝
貢。653 年，伊奢那瓦曼國王的孫子普拉卡沙哈瑪（Prakasadharma）出
任占城的國王，王號為維克蘭塔瓦曼（Vikrantavarman）。

　　根據唐書之記載，真臘約在 650-655 年之間併吞靠近泰國東北部的
僧高。「唐太宗貞觀 12 年（638 年），僧高、武令、迦乍、鳩密四國使者
朝貢。僧高，直水真臘西北，與環王同俗。其後，鳩密王尸利鳩摩又與
富那王尸利提婆跋摩等遣使來貢。僧高等國，永徽（650-655 年）後為
真臘所并。」[92]泰國學者黎道綱認為僧高可能位在泰國東北部的商卡補
羅國（Sangkapura）。[93]

---

[88] Lawrence Palmer Briggs, *The Ancient Khmer Empire*, pp.50-51.

[89] 〔五代後晉〕劉昫等撰，舊唐書，卷一九七，列傳第一四七：南蠻 西南蠻，真臘國條。

[90] http://angkoriansociety.com/joomla/index2.php?option=com_content&do_pdf=1&id=183
2011 年 4 月 15 日瀏覽。

[91] 許雲樵認為陀洹國在今緬甸南部靠近馬來半島北部的土瓦(Tavoy)。此地原屬暹羅所
有，在拉瑪一世時（即 1782 年後）為緬甸所佔領。(許雲樵，「墮羅鉢底考」，南洋學
報，新加坡南洋學會出版，第四卷，第一輯，1947 年 3 月，頁 1-7。)

[92] 〔宋〕歐陽修、宋祁撰，新唐書，卷二百二十二下，列傳第一百四十七下，環王條，
頁 3。

[93] 〔泰〕黎道綱，前引書，頁 68。

657年，賈亞瓦曼一世（Jayavarman I, 635-81）繼位為王，賈亞瓦曼之意義為「受勝利保護之人」（Protégé of Victory），其如何登上王位，文獻記載不清楚。他致力於統一真臘，在他任內，大致收復了伊奢那瓦曼時期的領土。但在他死後，真臘又告分裂。賈亞瓦曼一世的首都可能不在吳哥波瑞，而是在班替普瑞諾科（Banteay Prei Nokor）。[94]

海安姆（Charles Higham）認為賈亞瓦曼一世是伊奢那瓦曼一世的孫子，統治地區北至洞里薩湖北部、西至馬德望省的農業地區，東至湄公河的下游地區，其首都可能在普蘭達拉普拉（Purandarapura）。[95]賈亞瓦曼一世強化中央權力，加強法治，在普拉庫哈魯恩（Prah Kuha Luon）的洞穴發現的674年碑文，上面記載賈亞瓦曼一世下令草地、家畜、水牛、奴隸和花園屬於苦行者所有，而非私人所有。它下令懲罰犯罪者，那些扣押年稅者、奪取牛車、船、奴隸、家畜、水牛、違反國王命令者，應受到懲罰。[96]

賈亞瓦曼一世在681年去世，由其妻子賈亞維迪（Jayavedi）執政至713年為止。在賈亞維迪女王統治時期，真臘內部分裂為水真臘和陸真臘。

從第6世紀到第8世紀真臘的首都在山勃普瑞庫克，據倫尼之說法：「山勃普瑞庫克位在金邊以北的磅同省，是從第6世紀到第8世紀真臘的首都。」山柏普瑞庫克又稱為伊奢那城。[97]

布里格斯認為真臘的主要活動地區在蒙河流入湄公河河口以下，寮國東南部湄公河沿岸的巴寨。[98]巴寨，應是現在所稱的占巴寨（Cham Passac）。

---

[94] Lawrence Palmer Briggs, *The Ancient Khmer Empire*, p.56.
[95] Charles Higham, *The Civilization of Angkor*, p.40.
[96] Charles Higham, *The Civilization of Angkor*, pp.40-41.
[97] Dawn F. Rooney, *Angkor, An Introduction to the Temples*, Airphoto International Ltd., Hongkong, 2002, pp.5,22.
[98] Lawrence Palmer Briggs, *The Ancient Khmer Empire*, The American Philosophical Society, Philadelphia, 1951, p.37.

在 705-706 年間，真臘分為水真臘和陸真臘兩國。唐會要之記載如下：

「唐太宗貞觀 2 年（628 年）11 月，真臘國又與林邑國俱來朝貢。太宗嘉之，賜賚甚厚。今南方人謂真臘國為吉蔑國，自神龍以後，真臘分為二半，以南近海多陂澤處，今謂之水真臘半。以北多山阜處，今謂之陸真臘，亦謂之文單國。貞觀中，累遣使朝貢。」[99]新唐書亦記載說：「神龍後分為二半：北多山阜，號陸真臘半；南際海，饒陂澤，號水真臘半。水真臘，地八百里，王居婆羅提拔城。陸真臘或曰文單，曰婆鏤，地七百里，王號『屈』。」[100]

泰國學者隆恩認為真臘在 706 年分裂為水真臘和陸真臘兩國。水真臘位在湄公河下游河谷和交趾支那（位在越南南部），其首都在山布普拉（Sambhupura）或山勃（Sambor）。陸真臘位在湄公河上游河谷，首都可能在他曲（Thakhaek）。[101]至 857 年，水真臘和陸真臘透過通婚而合併，開啟了高棉帝國。[102]不過，以後中國文獻仍稱真臘。新唐書的記載說，水真臘國王居住的城市叫婆羅提拔城，陸真臘又叫文單或婆鏤。[103]

在中文文獻中，第一次提到文單國的時間約在 625 年，唐書曾記載：

「唐高祖武德 8 年（625 年），文單西北屬國曰參半，使者來。道明者亦屬國，無衣服，見衣服者，共笑之，無鹽鐵，以竹弩射鳥獸自給。」[104]

關於文單之地點所在有不同說法，有謂之在寮國南部的萬象（永珍）。[105]王頲認為是位在泰國東部穆達漢（Mukdahan）府南面附近。[106]

[99] 〔宋〕王溥撰，唐會要，卷九十八，真臘國條。
[100] 〔宋〕歐陽修、宋祁撰，新唐書，卷二二二下，列傳第一四七下，南蠻下，真臘條。
[101] Rong Syamananda, *A History of Thailand*, Thai Watana Panich Co., Ltd., Bangkok, Thailand, 1973, p.16
[102] Rong Syamananda, *A History of Thailand*, p.16
[103] 〔宋〕歐陽修、宋祁撰，新唐書，卷二二二下，列傳第一四七下，南蠻下，扶南條。
[104] 〔宋〕歐陽修、宋祁撰，新唐書，卷二百二十二下，列傳第一百四十七下，南蠻條，頁 5。
[105] 參見景振國主編，前引書，頁 32，註 67。
[106] 王頲，「徑行半月：文單國新探及真臘疆域問題」，載於王頲著，西域南海史地研究，上海古籍出版社，上海，2005 年，頁 129-146。

宋朝王溥認為文單即陸真臘。[107]文單國在下述年代遣使至中國朝貢：

(1)「唐開元天寶時（713-755 年），陸真臘（或曰文單，曰婆鏤，地七百里，王號笪屈），王子率其屬二十六來朝，拜果毅都尉。」[108]

(2)「唐玄宗開元 5 年（717 年）5 月，真臘、文單遣使來朝，並獻方物。」[109]

(3)「唐玄宗天寶 12 年（753 年）9 月，文單國王子率其屬二十六人來朝。」[110]

(4)「唐代宗大曆 6 年（771 年）11 月己亥，文單國王婆彌來朝獻馴象一十一。十二月庚午，制以文單王婆彌為開府儀同三司、試殿中監。」[111]

　　「唐代宗大曆中（766-779 年），陸真臘副王婆彌及妻來朝，獻馴象十一，擢婆彌試殿中監，賜名賓漢。」[112]上兩則記載，文單和陸真臘應是指同一個國家。

(5)「唐代宗大曆 14 年（779 年）閏 5 月丁亥，詔文單國所獻舞象三十二，令放荊山之陽。」[113]荊山，在今陝西富平西南。

(6)「唐德宗貞元 14 年（西元 798 年）正月壬辰，以文單國朝貢使李頭及為中郎將，放回蕃。」[114]

　　清朝徐延旭的越南輯略一書說，農耐，即是水真臘所在地，阮福映利用農耐地方的軍人，滅阮光平父子，遂得國。阮福映將所併水真臘之

---

[107] 〔宋〕王溥撰，唐會要，卷九十八，真臘國條。
[108] 〔宋〕歐陽修、宋祁撰，新唐書，卷二百二十二下，列傳第一百四十七下，南蠻條，頁 5。
[109] 〔宋〕王欽若、楊億等奉敕撰，冊府元龜，卷九七一，外臣部一十六，朝貢第四。
[110] 〔宋〕王欽若、楊億等奉敕撰，冊府元龜，卷九七一，外臣部一十六，朝貢第四。
[111] 〔五代後晉〕劉昫等撰，舊唐書，卷十一，本紀第十一，代宗。
[112] 〔宋〕歐陽修、宋祁撰，新唐書，卷二百二十二下，列傳第一百四十七下，南蠻條，頁 5。
[113] 〔五代後晉〕劉昫等撰，舊唐書，卷十二，德宗紀上。
[114] 〔宋〕王欽若、楊億等奉敕撰，冊府元龜，卷九七六，外臣部，褒異 3。

地改為嘉定、安江、河仙三省。另將陸真臘改為高蠻國，壞地褊小，屬
於越南。[115]高蠻國即是高棉國的異譯。

　　「水真臘國者，其境東西南北，約皆八百里，東至奔陀浪洲，西
至墮羅鉢底國，南至小海，北至陸真臘國。其王所處城，號娑羅提拔
城，國之東有小城，皆謂之國，其國甚多象，餘所出物產及言語，與
真臘同。」[116]

　　716 年，在湄公河的山布普拉出現普司卡拉克沙（Pushkaraksha），
起來挑戰賈亞瓦曼一世王朝，自稱為柬埔寨的國王。此外，稱王者還
有瓦德哈普拉（Vyadhapura）、波羅勉的騷特（Souht of Prei Veng）和
巴瓦普拉（Bhavapura）。普司卡拉克沙的兒子山布瓦曼（Sambhuvarman）
娶了瓦德哈普拉的公主，控制了水真臘和湄公河三角洲區域的大部
分地區。山布瓦曼（Sambhuvarman）的兒子拉仁德拉瓦曼一世
（Rajendravarman I）可能被俘往爪哇而被砍頭。[117]

　　722 年，陸真臘參加反抗中國交州刺史的戰爭。安南的宜安
（Nghe-an）土酋起來反抗中國，該土酋獲得占城和陸真臘的協助，打敗
中國，而自稱為黑帝。「唐玄宗開元初（713-721 年），安南蠻渠帥梅叔
鸞叛，號黑帝，舉三十二州之眾，外結林邑、真臘、金鄰等國，據海南
眾號四十萬。」[118]

　　750 年，南詔國王閣羅鳳（Kolofong）入侵中國，下數城。754 年，
中國出兵進攻南詔，陸真臘的王儲協助中國，亦被擊敗。[119]

---

[115] 〔清〕徐延旭，越南輯略，越南吞併各國，光緒三年，無出版地和出版公司，頁 71。
[116] 〔宋〕王溥撰，唐會要，卷九十八，真臘國條。
[117] http://angkoriansociety.com/joomla/index2.php?option=com_content&do_pdf=1&id=183
　　 2011 年 2 月 14 日瀏覽。
[118] 〔宋〕歐陽修、宋祁撰，新唐書，卷二０七，宦者傳。
[119] Lawrence Palmer Briggs, *The Ancient Khmer Empire*, pp.59-60.

表 1-2　真臘王朝歷任國王（550-802 年）

國王王號	名字	統治期間
巴瓦瓦曼一世（Bhavavarman I）	巴瓦瓦曼（Bhavavarman）	550-600
摩亨德拉瓦曼（Mohendravarman）	乍特生（Chet Sen）	600-616
伊奢那瓦曼一世（Isanavarman I）	伊奢那瓦曼（Isanavarman）	616-635
巴瓦瓦曼二世（Bhavavarman II）	巴瓦瓦曼（Bhavavarman）	639-657
賈亞瓦曼一世（Jayavarman I）	賈亞瓦曼（Jayavarman）	657-681
女王賈亞維迪（Jayavedi）	賈亞維迪（Jayavedi）	681-713
兩個真臘王朝：陸真臘和水真臘：706-802 年		
爪哇入侵：774-802 年		

資料來源："List of heads of state of Cambodia," *Wikipedia*, http://en.wikipedia.org/wiki/Ruler_of_Cambodia　2014 年 4 月 28 日瀏覽。

第二章
吳哥王朝

第一節　王朝建基

　　吳哥（Angkor）一詞源自梵文 nagara，是指聖城（holy city, Nāgara）之意，是米魯山（Mount Meru）在地球上的代表，是神的所在地。泰文寫為 nakhon，柬埔寨文為 nokor 或 ongkor。吳哥是位在金邊以北 320 公里的古代政治中心。暹粒（Siemreap）（意為打敗暹羅）位在吳哥寺（Angkor Wat）以南 6 公里。

　　吳哥寺是當時重要的結合佛教和印度教色彩之建築。「Wat」意即寺廟。任何人進入該米魯山，表示他離開塵世，進入天堂。它最早的名字緣起於國王雅梭瓦曼（King Yaśovarman, 889-910）時期，他建立第一個首都，城市的中心地點的名字是雅梭德哈拉普拉（Yaśodharapura），即是吳哥城。吳哥建築群包括廟宇、陵墓、宮殿、蓄水池等。吳哥的創建者是賈亞瓦曼二世（Jayavarman II）。他建立了中央皇室崇拜，把國王視為神。所以為了崇敬國王，建了建築物，舉行崇拜的儀式，對死者進行土葬，把統治者神化。統治者的本質是以林伽（Linga）（男性陽具）來代表，他成為濕婆神的化身。因此，賈亞瓦曼的林伽稱為賈耶士瓦拉（Jayeśvara）。他死後安放在廟宇--陵墓內。每一位統治者有其自己的陵廟。[1]

　　吳哥時期，不僅流行佛教，也有濕婆教和毗濕奴教，最重要的，當時人們還有祖先崇拜。[2]在吳哥地區，留存有 1,200 塊石碑，分別使用梵文、

---

[1] Charles Higham, *The Archaeology of Mainland Southeast Asia*, Cambridge University Press, New York, 1989, pp.321-322.

[2] Charles Higham, *The Archaeology of Mainland Southeast Asia*, p.324.

東埔寨文和第 13 世紀的巴利文記載當時的事跡。梵文記載的是佛教徒的信仰、國王的世系、統治家族、婆羅門祭司、軍事和人民日常生活的活動。[3]

在第 8 世紀末，約在 767 年到 787 年之間，位在印尼中爪哇的賽連德拉（Sailendra）王朝派兵跨海進攻真臘，俘擄年輕的國王拉仁德拉瓦曼一世（Rajendravarman I），並將之砍頭，[4]賈亞瓦曼二世被俘至爪哇，真臘成為賽連德拉的屬國。賽連德拉軍隊在扶植傀儡的真臘國王後，就返回爪哇，拉仁德拉瓦曼一世的頭顱被帶回爪哇，賽連德拉國王在上朝時展示此一頭顱，向其大臣說明他出征真臘的原因和經過。然後將頭顱防腐處理後送回真臘，用以警告真臘。[5]

賈亞瓦曼二世在爪哇見到被神化的爪哇國王，擁有神聖的朝廷中心。海安姆（Charles Higham）認為賈亞瓦曼二世大概在 770 年左右回到真臘。但倫尼認為賈亞瓦曼二世回到真臘的時間在 790 年左右。[6]布里格斯亦認為 790 年較合理，因為他生於 770 年，返回真臘時已是 20 歲。布里格斯還認為賈亞瓦曼二世可能依據賽連德拉國王的指示，由真臘的大臣們推舉他為國王。賈亞瓦曼二世不是拉仁德拉瓦曼一世的親族，而是阿寧迪塔普拉（Aninditapura）國王的長孫，其父則歷史記載闕如。他的住地可能在山布普拉（Sambhupura）。[7]

賈亞瓦曼二世在返回東埔寨後在英德拉普拉（Indrapura）建立第一個首都，其地點接近班替波瑞諾克（Banteay Prei Nokor）。[8]當賈亞瓦曼

[3]　John Tully, *A Short History of Cambodia, From Empire to Survival*, Allen & Unwin, Australia, 2005, p.19.

[4]　馬司培羅（Georges Maspero）和柯迪斯（George Coedès）認為是拉仁德拉瓦曼一世被砍頭，但布里格斯認為被砍頭的是 Mahipativarman，理由是拉仁德拉瓦曼一世在第 8 世紀中葉擔任國王，不可能是一個魯莽的年輕人以致於被處死。此外，石碑上記載拉仁德拉瓦曼一世的兒子已出任國王。Lawrence Palmer Briggs, *The Ancient Khmer Empire*, p.69.

[5]　Lawrence Palmer Briggs, *The Ancient Khmer Empire*, p.68.

[6]　Dawn F. Rooney, *op.cit.*, p.24.

[7]　Lawrence Palmer Briggs, *The Ancient Khmer Empire*, pp.81-82.

[8]　Charles Higham, *The Archaeology of Mainland Southeast Asia*, p.324.

二世控制洞里薩湖以南地區後，他將首都搬到該湖以北的地區，開始時選在哈里哈拉拉雅（Hariharālaya）〔今天的羅諾士（Roluos）〕，再搬到阿瑪仁德拉普拉（Amarendrapura），再北遷到庫連（Kulen）高地，他建立一個完全新的建築群落，稱為馬亨德拉帕瓦塔（Mahendraparvata）（今天的扶南庫連 Phnom Kulen）〔又稱為馬亨德拉山（Mount Mahendra）〕，在吳哥通（Angkor Thom）東北方 40 公里。他所建立的像金字塔狀的寺廟，目的在存放皇室林伽，稱為隆占（Rong Chen）。此時大概在 802 年，他在扶南庫連舉行婆羅門教儀式，宣布國王為宇宙的統治者，如同神一樣，應獲得人民的崇拜。他重新統一真臘，宣布脫離爪哇而獨立。在他統治的末期，他又將首都遷回哈里哈拉拉雅。[9]他宣布自己是柬埔寨（Kambuja）的國王，此應是該名詞首度被使用。他死於 850 年，被諡號為「偉大的國王」（Parameśvara, Supreme Lord），[10]由賈亞瓦曼三世（Jayavarman III）繼位，但有關其事蹟所知有限。

賈亞瓦曼二世建立了一個特殊的信仰，自稱其權力來自神，稱為「神君」（devaraja, God King, King of the Gods）。該儀式將國王和濕婆神結合起來。而且該儀式可能早在數年前已在吳哥東南方的扶南山（Ba Phnom）舉行過。[11]他所建立的吳哥建築群落的樣式和提升國王地位到「神君」，很可能受到他流亡爪哇之經驗的影響，當時賽連德拉王朝可能已開始建造婆羅浮屠（Borobudur），該神廟象徵著王權和神權的結合。他將爪哇所見帶回柬埔寨，建造屬於柬埔寨風格的吳哥寺。

賈亞瓦曼二世在建立新政權後，曾派遣使節李摩那至中國表示友好。當時他所建立的國家的疆域東至奔陀浪州（又稱賓同龍，在越南東

---

[9] Charles Higham, *The Archaeology of Mainland Southeast Asia*, p.325; Dawn F. Rooney, *op.cit.*, pp.24-25.布里格斯認為從 802 年起，開啟吳哥王朝，而結束真臘時期。參見 Lawrence Palmer Briggs, *The Ancient Khmer Empire*, p.11.

[10] Lawrence Palmer Briggs, *The Ancient Khmer Empire*, p.94.

[11] David P. Chandler, *A History of Cambodia*, Silkworm Books, Chiang Mai, Thailand, 1993, p.34.

南部的潘朗一帶），西至墮羅鉢底國，南至小海，北即陸真臘。其王所居城號婆羅提拔。

「水真臘國，其境東西南北約員八百里，東至奔陀浪州，西至墮羅鉢底國，南至小海，北即陸真臘。其王所居城號婆羅提拔。國之東界有小城，皆謂之國。其國多象。元和八年（813年），遣李摩那等來朝。」[12]

水真臘在839年派遣王子出兵攻擊環王國，就是位在越南中部的占城（占婆），安南出兵前往驩州協防。「唐文宗開成4年（839年）8月甲辰，安南奏得驩州狀申，水真臘國差王子領兵馬攻伐環王國，今差兵士赴驩州防遏。」[13]驩州在今天越南中北部的義安（宜安）。

賈亞瓦曼三世逝於877年，被謚號為「毗濕奴洛卡」（Vishnuloka），顯示他是毗濕奴神信仰者，也是真臘國王中少數信仰毗濕奴神者。[14]隨後由英德拉瓦曼（Indravarman）繼位（877-889年）。英德拉瓦曼的最大貢獻是建設蓄水池和水利灌溉工程的面積比以前大150倍，包含1千萬立方公尺的水。在該陵廟以北，有一個「英德拉瓦曼水池」（Indratatāka, Pond of Indravarman），呈長方形，此一水池是一個重要的水利工程建設，除了供應城內人民使用外，亦用於灌溉周圍的稻田。

英德拉瓦曼的陵廟，稱為巴肯寺（Bakong），在881年完成，其規模亦是比前幾代大。該陵廟包含數個小神殿，供奉皇室祖先，其中央有一個神祠（baray），供奉皇室林伽英德里司瓦拉（Indreśvara）。陵廟是由石頭建造而非磚塊，建築材料比以前多100倍。[15]陵廟的護城河周圍有650公尺乘於800公尺的範圍，總共有52萬平方公尺。護城河兩旁的欄杆有蛇（naga）石雕，此一神秘的蛇護衛著塵世的財富（也代表彩虹），

[12] 〔五代後晉〕劉昫等撰，舊唐書，卷一百九十七，列傳 第一百四十七，真臘條，頁4。
[13] 〔宋〕王欽若、楊億等奉敕撰，冊府元龜，卷995，外臣部，交侵。
[14] Lawrence Palmer Briggs, *The Ancient Khmer Empire*, p.97.
[15] Charles Higham, *The Archaeology of Mainland Southeast Asia*, pp.325-326.

用以溝通世俗世界和神界。蛇護衛著橋樑，也就是看管著從世俗進入神聖界的入口。[16]

英德拉瓦曼一世逝於 889 年，由其兒子雅梭瓦曼一世（Yaśovarman I, 889-900 年）繼位。雅梭瓦曼一世是吳哥、巴揚（Bayong）、大吳哥的城牆和城門的建造者。他在西邊建立新的首都，稱為巴克亨（Bakheng），意指全能祖先的山（Mount Mighty Ancestor），位在一個小山坡上，表示米魯山所在地。雅梭瓦曼一世在該山坡建造他的陵廟。該巴克亨有 200 公尺寬的護城河，包含的土地面積有 1,600 公頃。在中央廟塔的周邊，有 108 個小塔。中央廟塔有七層，代表七重天。108 個小塔分置在正方形，劃分為四個區，每區有 27 個小塔。每個塔代表曆年循環移動的階段。雅梭瓦曼一世將將首都遷到雅梭德哈拉普拉（Yasodharapura），就是通稱的吳哥。該新首都是一個長方形的建築，每一邊約長 2.5 英里。其中心是扶南巴克亨（Phnom Bakheng），在其上層建造皇室林伽廟，稱為雅梭哈里斯瓦拉（Yashodhareshvara）。[17]換言之，吳哥的建立年代在第 10 世紀初。雅梭瓦曼一世在巴克亨的東部建設一個大規模的神祠，稱為雅梭哈拉塔塔卡（Yasodharatataka）或東巴瑞（East Baray）。[18]該城市的東北部亦建有一個長約 4 英里、寬 1 英里的蓄水池，規模可容納 5 千萬立方公尺的水量，並有一條運河與暹粒河（Siem Reap River）連接。該水池的水來自扶南庫連山。[19]

在雅梭瓦曼一世統治時期，除了仍信奉「神君」之神外，亦容忍婆羅門教和大乘佛教，新建的廟大都是濕婆神廟，但扶南山的是毗濕奴廟。雅梭瓦曼一世在 910 年左右去世，被謚號為帕拉瑪西瓦落卡（Paramaśivaloka）。隨後由其兒子哈沙瓦曼一世（Harshavarman I）繼位。歷史上對於哈沙瓦

[16] Charles Higham, *The Civilization of Angkor*, p.63.
[17] G. Coedés, *op.cit.*, p.98.
[18] Dawn F. Rooney, *op.cit.*, p.25.
[19] Charles Higham, *The Civilization of Angkor*, p.65; G. Coedés, *op.cit.*, p.98.

曼一世的事蹟所知不多，他大概在 925 年去世，被謚號為魯得拉洛卡（Rudraloka）。繼位的是伊沙那瓦曼二世（Isanavarman II），在 928 年去世，被謚號為帕拉瑪魯得拉洛卡（Paramarudraloka）。[20]

　　賈亞瓦曼四世（Jayavarman IV, 928-941）在 928 年篡位，在吳哥東北部的科克爾（Koh Ker, Chok Gargyar）建立新首都，而與吳哥形成競爭。他建立普拉沙特通（Prasat Thom）的陵廟，其規模僅次於後來的吳哥寺。他也建立灌溉工程，面積有 1,200 公尺乘於 560 公尺的範圍，總共有 13 萬 2 千平方公尺。[21]

　　941 年，賈亞瓦曼四世由其兒子哈沙瓦曼二世（Harshavarman II）繼位。944 年，王位又為賈亞瓦曼四世的外甥拉仁德拉瓦曼二世（Rājendravarman II, 944-968）所篡，在科克爾建都的插曲宣告結束，拉仁德拉瓦曼二世將首都遷回吳哥。拉仁德拉瓦曼二世與雅梭瓦曼一世（Yaśovarman I）和賈亞瓦曼四世有血緣關連，他沒有擴大蓄水池的規模，而是恢復舊建築以及增建新建築，包括在東巴瑞（Eastern Baray）的中心的島上興建他的金字塔型態的東美崩寺（Eastern Mebon）。[22]中心的廟宇是林伽廟，稱為雅梭德哈拉塔塔卡（Yashodharatataka）。四周有四個輔助廟，奉祀國王之祖先的雕像。[23]他亦出兵攻擊占城，破壞占城的首都，強奪波納嘎（Po Nagar）廟中供奉的黃金做的巴嘎瓦惕（Bhagavati）神像。最後被擊敗，退回吳哥。結果占城在 965 年另以石製神像取代。[24]

　　根據馬司培羅（Georges Maspero）的看法，拉仁德拉瓦曼二世統治時期，吳哥王朝在 960 年（中國宋朝起始年）的疆域範圍，東到安南山派，北到中國雲南邊境的西雙版納、西到緬甸的薩爾溫江（Salwein River），南到泰南萬崙灣（Bay of Bandon）的格拉希州（State of Grahi），

[20] Lawrence Palmer Briggs, *The Ancient Khmer Empire*, p.116.

[21] Charles Higham, *The Archaeology of Mainland Southeast Asia*, p.329.

[22] Charles Higham, *The Archaeology of Mainland Southeast Asia*, p.329.

[23] Charles Higham, *The Civilization of Angkor*, p.75.

[24] Lawrence Palmer Briggs, *The Ancient Khmer Empire*, p.126.

朝貢國有寮國北部的約那卡那嘎邦德胡（Yonāka Nāgabandhu）、西雙
版納的阿拉偉拉司特拉（Alavirāshtra）、緬甸東部的景棟（Keng Tung）
的高棉拉司特拉（Khmerrāshtra）、暹羅西北部的約那卡拉司特拉
（Yonakarāshtra）、泰國北部的素可泰（Sukhothai）、泰國的羅斛（Louvo）
和真里富[25]。但布里格斯認為高棉拉司特拉和約那卡拉司特拉並不在當
時的吳哥王朝的疆域範圍內，而且真里富也不是當時的用語。[26]

　　968 年，拉仁德拉瓦曼二世由其兒子賈亞瓦曼五世（Jayavarman V）
繼位，他建立班替司瑞（Banteay Srei）廟和茶膠的陵廟。首都仍在吳哥。
班替司瑞廟位在賈延德拉那加里（Jayendranagari）（指勝利之城）東北
部 25 公里處。

　　關於此時的王國的詳細體系，史載闕如，約略從碑文記載可知，在
國王之下有拉加庫拉瑪哈曼特里（Rajakulamahamantri）和偉拉古魯
（Vrah Guru）等官職。在哈沙瓦曼一世時期，即設有拉加庫拉瑪哈曼特
里，他負責對宗教機構給予免稅及對加入宗教基金給予許可，亦負責對
違反敕令者給予懲罰。偉拉古魯則負責儀式和民事工作，例如舉行祈雨
儀式，將國王敕令交給各種組織。此外，還有管理王室倉庫、丈量土地

---

[25] 泰國學者黎道綱認為真里富位在今天泰國佛統和夜功一帶的叻武里，波斯蘭位在泰國
暹羅灣東側的春武里，登流眉位在泰國南部碧武里（Phet Buri）（六坤，Ligor）一帶。
（參見〔泰〕黎道綱，泰國古代史地叢考，中華書局，北京市，2000 年，頁 132、140。）
蘇繼頃認為真里富在泰國東部的尖竹汶（Chantaburi），而波斯蘭可能位在暹羅灣口。
（蘇繼頃，南海鈎沈錄，台灣商務印書館，台北市，民國 78 年，頁 106。）Lawrence
Palmer Briggs 亦認為真里富在尖竹汶一帶。（Lawrence Palmer Briggs, "The Khmer Empire
and The Malay Peninsula," *The Far Eastern Quarterly*, Vol.3, No.3, May 1950, pp.256-305.）
方國瑜引述法國馬司培羅的「宋初越南半島諸國考」一文說：「宋史謂真臘西南隅之真
里富，余擬依位置於 Pexaburi 一帶，蓋真臘南境即抵加羅希，若不於此處求真里富，
似無他地可以位置也。」方國瑜即同意該說，認為真里富位在六坤南與北大年北之間。
（方國瑜，「宋代入貢之真里富國」，南洋學報，新加坡南洋學會出版，第四卷，第二
輯，1947 年 12 月，頁 9-11。）
雅特（David K. Wyatt）認為真里富位在今天碧武里（Phetburi）。（David K. Wyatt, *Thailand:
A Short History*, Yale University Press, Thai Watana Panich Co., Ltd., 1984, p.52.）
[26] Lawrence Palmer Briggs, *The Ancient Khmer Empire*, p.133.

疆界的官員（khlon visaya），奉承及服務國王的廷臣，例如執扇者、執蒼蠅拍者、寢宮之侍者、醫生。中央派駐地方省級的官員塔瑪瓦（tamrvac），村長是克隆司魯克（khlon sruk）。人民需繳納稅款，以維持王朝的需要。當時黃金和銀可作為交易媒介，但可能還沒有發展出貨幣做為交易媒介，所以繳稅是以收成物或其他實物繳納。[27]

賈亞瓦曼五世逝於 1000 年，以後爆發王位爭奪戰，巫達雅迪特亞瓦曼一世（Udayadityavarman I）和賈亞維拉瓦曼（Jayaviravarman）兩人爭奪王位。巫達雅迪特亞瓦曼一世的母親是賈亞瓦曼五世的妻妹。賈亞維拉瓦曼是副王。巫達雅迪特亞瓦曼一世統治時，國內叛亂烽起，最後是由賈亞維拉瓦曼勝出。

蘇亞瓦曼一世（Sūryavarman I, 1006-1050 年）的根據地在吳哥的東部和東北部，以後勢力漸強。1006 年，蘇亞瓦曼一世攻入吳哥，登基為王。1007 年，高棉帝國兼併在今天泰國華富里（Lopburi, Louvo）一帶的墮羅鉢底國領土。[28]1011 年，蘇亞瓦曼一世召集群臣宣誓效忠，獲得許多官員的效忠。[29]蘇亞瓦曼一世自稱擁有泰南單馬令（Nakon Si Thammarat）家族的血統，他在 1025 年左右透過武力手段征服泰國南部暹羅灣、泰國中部和南部的孟族王國，在控制華富里後，將之建立成真臘統治中心，將其勢力延伸入泰國中部的湄南河（Menam）流域。[30]泰國學者彭斯（Hans Penth）說，羅斛在 1005-1022 年成為柬埔寨的屬國。以後羅斛與南奔國（Lamphūn）（在清邁）陷入長期戰爭。直至 1115 年，羅斛脫離柬埔寨取得獨立地位，才派遣使者前往中國。[31]

[27] Charles Higham, *The Civilization of Angkor*, pp.85-87.
[28] Rong Syamananda, *A History of Thailand*, Thai Watana Panich Co., Ltd., Bangkok, Thailand, 1973, p.16.
[29] Charles Higham, *The Civilization of Angkor*, pp.91-94.
[30] Dawn F. Rooney, *op.cit.*, pp.27-28.
[31] Hans Penth, *A Brief History of Lan Na, Civilizations of North Thailand*, Silkworm Books, Bangkok, 2000, pp.25-28.

　　蘇亞瓦曼一世出身自單馬令，所以他的勢力包含泰南的單馬令，直至 1220 年柬埔寨的勢力才撤出單馬令。[32]由於蘇亞瓦曼一世跟單馬令的關係，所以他信奉佛教，他應是柬埔寨帝國第一個佛教國王。他信奉的是大乘佛教，而羅斛是小乘佛教，他並未干預當時柬埔寨民間流行的印度教或小乘佛教。[33]

　　蘇亞瓦曼一世在吳哥以東 75 公里的斯衛村（Kompong Svay）的寶劍（Preah Khan）（聖劍之意）建造大規模的神廟，稱寶劍寺，範圍約有 5 公里長寬。在吳哥的中心神廟稱為空中宮殿（Phimeanakas）。柬埔寨國王建設中心神廟有其特殊目的，因德拉瓦曼一世建設巴肯寺、雅梭瓦曼一世建設巴克亨、賈亞瓦曼四世建設像金字塔的大普拉沙特廟（Prasat Thom），當這些國王死後，這些建築物都成為儲放骨灰的陵廟。空中宮殿成為賈亞瓦曼五世的陵廟。蘇亞瓦曼一世也建設吳哥最大的蓄水池，位在西巴瑞（Western Baray）；以及在柬、泰邊境的柏威夏廟（Preah Vihear）的一部份。

　　蘇亞瓦曼一世逝於 1050 年，由其親戚烏達亞迪替亞瓦曼（Udayādityavarman）繼位，關於兩人的親屬關係，史料闕如。烏達亞迪替亞瓦曼重新恢復濕婆教的信仰，此與蘇亞瓦曼一世的佛教信仰不同，此可能是其統治末期爆發叛亂的原因之一。1066 年，首都的軍人康武（Kamvau）發動叛亂，原因是首都西北部的吳哥省發生林伽神像崩壞，引發宗教的反動，康武自認受神啟發應統治世界，結果叛軍遭到鎮壓而告失敗。[34]烏達亞迪替亞瓦曼建造了一座巨型的金字塔型皇室林伽，稱為巴普昂寺（Baphuon），它位在城市中央，大小如同現在的大吳哥。在城市西邊亦建有長約 5 英里、寬約 1 英里面積的蓄水池，稱為西湖（Western Baray）。[35]

---

[32] Lawrence Palmer Briggs, *The Ancient Khmer Empire*, p.139.

[33] Lawrence Palmer Briggs, *The Ancient Khmer Empire*, p.139.

[34] Lawrence Palmer Briggs, *The Ancient Khmer Empire*, pp.174-175.

[35] G. Coedés, *op.cit.*, p.100.

哈沙瓦曼三世（Harshavarman III）在 1066 年繼承其哥哥為王。[36]1067
年，發生斯路雅特（Sluat）的叛亂，亦遭鎮壓。

1080 年，賈亞瓦曼六世（Jayavarman VI）登基為王，據稱賈亞瓦曼
六世為扁擔山脈（Dangkrek Mounts）北方的屬國的王子，其地靠近皮麥
（Phimai）的蒙河河谷地。賈亞瓦曼六世繼續修建柏威夏廟。賈亞瓦曼
六世逝於 1108 年，由其哥哥達蘭寧德拉瓦曼一世（Dharanindravarman I）
繼位，在位 5 年。達蘭寧德拉瓦曼一世的侄子蘇亞瓦曼二世（Sūryavarman
II）叛變，殺了達蘭寧德拉瓦曼一世而篡位，在位期間是 1113-1150 年。
在蘇亞瓦曼二世任內開始建造偉大的吳哥寺，在他死後才完成，他可能
是毗濕奴教者，而非濕婆教者。吳哥寺的中央結構面積有 365.37 公頃，
相當宏偉。他派遣使節前往中國宋朝，建立貿易關係。在宋史中，他的
名字是金裒賓深，「建炎 3 年（西元 1129 年），以郊恩授其〔真臘〕王金
裒賓深檢校司徒，加食邑，遂定為常制。」[37]

1144 年，蘇亞瓦曼二世率軍進攻占城，掠奪其首都闍盤（Vijaya,
Chaban）（勝利之城）（今歸仁），占城國王英德拉瓦曼三世（Jaya
Indravarman III）戰死。占城人在攀杜蘭加（Panduranga）另推舉魯德拉
瓦曼（Rudravarman）為王。魯德拉瓦曼逝於 1147 年，由其子賈亞哈里
瓦曼一世（Jaya Harivarman I）繼位。蘇亞瓦曼二世派兵攻擊賈亞哈里瓦
曼一世，遭到失敗，乃派其表弟哈里迪瓦（Harideva）出任占城國王。
1149 年，賈亞哈里瓦曼一世擊敗哈里迪瓦，哈里迪瓦戰死，賈亞哈里瓦
曼一世奪回闍盤城。柬埔寨在隔年再度出兵占城，結果失敗。[38]

蘇亞瓦曼二世統治期間，毗濕奴教流行，濕婆神教亦是重要信仰，
佛教則日漸衰弱。在該時期，毗濕奴教、濕婆神教與佛教有趨於融合之
趨勢，此成為柬埔寨宗教的一大特色。他開始建造吳哥寺，所謂吳哥寺

---

[36] Charles Higham, *The Civilization of Angkor*, p.106.
[37] 〔元〕脫脫撰，宋史，卷四八九，列傳二四八，外國五，真臘傳。
[38] Lawrence Palmer Briggs, *The Ancient Khmer Empire*, pp.192-193.

是指「首都的佛廟」(Pagoda of the Capital),是敬拜毗濕奴神。[39]吳哥寺的範圍長寬為 187 公尺乘於 215 公尺,護城河的範圍有 1,300 公尺乘於 1,500 公尺,將近 1 英里長方形,呈東西走向,護城河寬度為 200 公尺,進口處在西邊,有一條約 15 公尺寬的石頭橋跨過護城河,進入寺廟主體,石頭橋兩旁有蛇頭形雕像。寺廟主體分三進,各呈方形,第二進和第三進的四周角落各有一座塔,第三進的中央有一座大塔,形狀和其他塔一樣。該大塔形如金字塔型,意指米魯山,是天神的居所。整體建築是由其大臣迪瓦卡拉潘迪塔(Divākarapandita)所設計,直至蘇亞瓦曼二世死後,該建築還沒有完成。[40]

吳哥寺是何種性質的建物?可從不同的理論探討該一問題。有謂最早是王宮,國王居住在內。有謂是國王陵墓,理由有三:第一,吳哥寺位在大吳哥的東南邊,而當地習俗墳墓是位在東南邊;其次,活人不可能與死人同時在一個地方居住;第三,吳哥寺入口處是在西邊,是太陽下山之處,表示人死後走的方向。周達觀的真臘風土記曾記載吳哥寺有魯班墓,即指國王的陵墓。亦有採折衷的看法,認為吳哥寺的基座浮雕是毗濕奴教色彩,蘇亞瓦曼二世在世時開始建造,所以該地是毗濕奴神廟,但在他死後,他就葬於此,此地又成為其陵墓。[41]張德樂(David P. Chandler)認為該寺廟面朝西,應是指死後葬身之地,所以是陵廟。柯迪斯認為該寺廟是吳哥時期唯一的敬奉毗濕奴的神廟。[42]二者觀點不同,不過有一種可能,當蘇亞瓦曼二世在世時,吳哥寺是他前往祭拜的神廟,可能他也住在裡面,他死後,就葬於此。下一位國王就到別處興建神廟。

[39] David P. Chandler, *op.cit.*, p.51.
[40] Lawrence Palmer Briggs, *The Ancient Khmer Empire*, pp.196-198.
[41] Lawrence Palmer Briggs, *The Ancient Khmer Empire*, pp.202-204.
[42] David P. Chandler, *op.cit.*, p.50.

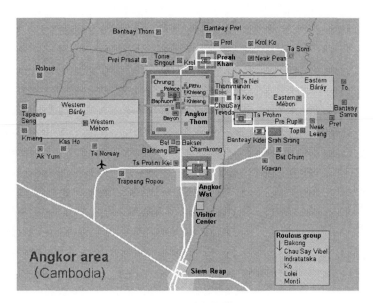

圖 2-1　吳哥寺位置圖

資料來源：”Angkor,” Wikipedia, http://en.wikipedia.org/wiki/Angkor　2019 年 1 月 4 日
　　　　瀏覽。

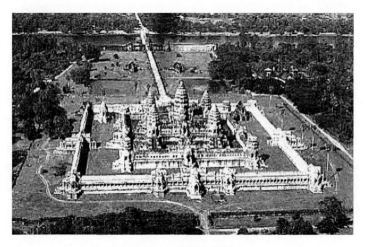

圖 2-2　吳哥寺鳥瞰

資料來源：http://www.taxivantha.com/1_Cambodia/1501_angkor_wat.htm　2007 年 7 月
　　　　16 日瀏覽。

圖 2-3　吳哥寺的護城灌溉系統

資料來源：”Angkor Wat moat drying 'could affect foundations',” The Phnom Penh Post,
April 1, 2019.

圖 2-4　吳哥寺正面

資料來源：http://www.orientalarchitecture.com/cambodia/angkor/angkorwat_gallery.php?p
=angkorwat12.jpg　2014 年 7 月 16 日瀏覽。

圖 2-5　吳哥時期女神圖

http://www.orientalarchitecture.com/cambodia/angkor/angkorwat_gallery.php?p=angkorw
at29.jpg　2014 年 7 月 29 日瀏覽。

圖 2-6　真臘戰士出征浮雕

資料來源：”Elephants and warriors marching to war(west to east),” Dharma Records blog,
　　　　http://www.photodharma.net/Cambodia/02-Bayon-Walls/East-Wall-02.htm
　　　　2019 年 1 月 4 日瀏覽。

圖 2-7　戰士使用弓弩

資料來源：” Facts And Maybes About The Bayon's Sculpture At Angkor Thom,” Brian Holihan, http://brianholihan.com/southeast-asian-cultures/cambodia-southeast-asia-buddhist-art-facts-and-maybes-about-the-bayons-sculpture-at-angkor-thom/ 2019 年 1 月 4 日瀏覽。

圖 2-8　真臘和占城兩國海軍在洞里薩湖作戰浮雕

資料來源：“Naval battle scene, Angkor War,” *Redbubble*, http://www.redbubble.com/people/docnaus/works/9647161-naval-battle-scene-angkor-wat　2019 年 1 月 4 日瀏覽。

圖 2-9　兩軍對仗落水者遭鱷魚咬食

資料來源：”Crocodiles and conservation: how evolution gets it right,” *Fauna & Flora International*,　http://www.fauna-flora.org/crocodiles-and-conservation-how-evolution-gets-it-right/　2019 年 1 月 4 日瀏覽。

　　1150 年，蘇亞瓦曼二世去世，以後有 40 年發生王位繼承鬥爭。雅梭瓦曼二世（Yashovarman II）繼蘇亞瓦曼二世出任國王，特里胡瓦那迪替亞瓦曼（Tribhuvanadityavarman）又殺害雅梭瓦曼二世，因為王位爭奪而削弱中央權力，引起占城於 1167 年入侵，1170 年再度入侵，雙方戰鬥不分勝負，恰好有中國福建人航至占城，教其國王使用騎馬射箭之法，占城國王遂遣人到海南島吉陽軍（今三亞市）購買馬匹，遂得以擊敗真臘。

　　「宋孝宗乾道 7 年（1171 年），閩人有浮海之吉陽軍者，風泊其舟抵占城。其國方與真臘戰，皆乘大象，勝負不能決。閩人教其王當習騎射以勝之，王大悅，具舟送之吉陽，市得馬數十匹歸，戰大捷。明年復來，瓊州拒之，憤怒大掠而歸。」[43]

　　占城國王賈亞‧英德拉瓦曼（Jaya Indravarman）率海軍在 1177 年 5 月沿著湄公河進入洞里薩湖，然後攻擊吳哥，殺了國王特里胡瓦那迪替亞瓦曼，放火燒城，以後占城統治吳哥 4 年。

---

[43] 〔元〕脫脫等撰，宋史，卷四百八十九，列傳第二百四十八，外國五，占城傳。

「淳熙四年（1177），占城以舟師襲真臘，傳其國都。」[44]

「宋孝宗淳熙四年（1177 年）五月，[占城]以舟師襲真臘，請和不許，殺之，遂為大讎。」[45]

蘇亞瓦曼二世第二個表弟賈亞瓦曼七世（Jayavarman VII）在 1181 年驅逐占城人，登基為王，恢復馬希達拉普拉（Mahīdharapura）一系的權力。賈亞瓦曼七世（1181-1220）是柬國的名君，他是大乘佛教徒、軍人、全真臘國王，也是紀念物最積極的建造者。在他執政期間，吳哥的建築達到最高峰，建了許多道路、橋樑和賓館。其石雕最有名的是位在大吳哥。當時柬埔寨有 838 個村子，人口有 81,640 人。[46]巴揚廟位在吳哥城中心，在廟塔上有一個巨型的佛陀的人頭。

賈亞瓦曼七世在經過秘密準備後，於 1190 年首度遣使至大越國，致送禮物，以尋求大越國的諒解，然後大舉進攻占城，佔領其首都闍盤，俘擄其國王至柬埔寨，並任命其表弟蘇亞賈亞瓦瑪迪瓦（王子殷）（Suryajayavarmadeva, Prince In）為占城國王。此外，毗多難陀那（Sri Vidyanandana）佔領賓童龍（位在越南東南部的藩朗或藩籠（Phanrang））[47]為王，王號為蘇利耶跋摩（Sri Suryavarmadeva），都羅闍補羅。占婆遂被分為兩個國家。[48]1191 年，占城王子拉蘇帕替（Rashupati）起來推翻柬埔寨的統治，登基後王號為賈亞·因德拉瓦瑪迪瓦或賈亞·因德拉瓦曼五世（Jaya Indravarmadeva，Jaya Indravarman V）。1192 年，柬埔寨再度協助毗多難陀那佔領占城，殺賈亞·因德拉瓦曼五世。後來賈亞·因德拉瓦曼四世逃離柬埔寨人的控制，在阿瑪拉瓦惕（Amārāvati）號召占城人進攻闍盤，失敗戰死。

[44] 〔元〕脫脫等撰，宋史，卷四百八十九，列傳第二百四十八，外國五，占城傳。

[45] 〔清〕徐松，宋會要輯稿，第一百九十七冊，蕃夷四，占城條。

[46] Charles Higham, *The Archaeology of Mainland Southeast Asia*, p.340.

[47] 參見伯希和撰，馮承鈞譯，「中國載籍中之賓童龍」，馮承鈞編譯，西域南海史地考證譯叢，乙集，台灣商務印書館，民國 61 年，頁 85-89；〔明〕黃省曾著，謝方校注，西洋朝貢點錄校注，中華書局，北京市，2000 年，頁 9；費瑯著，馮承鈞譯，崑崙及南海古代航行考，台灣商務印書館，台北市，民國 51 年，頁 108。

[48] 馬司培羅著，馮承鈞譯，占婆史，台灣商務印書館，台北市，民國 62 年，頁 79。

　　但蘇亞賈亞瓦瑪迪瓦背叛賈亞瓦曼七世，賈亞瓦曼七世在 1193 年派兵進攻占城，敗歸。隔年，再派更大軍隊，還是失敗。蘇亞賈亞瓦瑪迪瓦在 1194 年向大越國朝貢。1197 年，賈亞瓦曼七世率軍進攻占城，俘虜其國王至吳哥，真臘佔領占城後，國名改為占臘。「在淳熙中，占城以舟師襲真臘，入其國都。慶元 5 年（1197 年），真臘大舉復仇，俘其主以歸，國遂亡，其地悉歸真臘，因名占臘。其後國王或曰真臘人，或又謂占城恢復云。」[49]

　　柬埔寨兼併占城後，其領土疆域包括東到占城海岸，西到緬甸蒲甘王朝以東，北到寮國永珍，南到泰南半島，國勢達到頂峰。「真臘國亦名占臘，其國在占城之南，西接蒲甘，南抵加羅希。其縣鎮風俗同占城，地方七千餘里。有銅台，列銅塔二十有四、銅象八以鎮其上，象各重四千斤。其國有戰象兒二十萬，馬多而小。」[50]蒲甘位在緬甸，加羅希（Grahi）位在泰國南部的猜耶（Chaiya）。[51]

　　蘇亞瓦曼二世信奉毗濕奴神，賈亞瓦曼七世則是大乘佛教徒，大乘佛教大肆流行。[52]賈亞瓦曼七世建造了偉大的城市大吳哥的外圍建築，此包括在護城河內的圍牆，護城河有 100 公尺寬，長約 13.2 公里，有五座石頭橋，進入五個門。這些石頭橋有 15 公尺寬，橋兩旁的欄杆每排有 54 個扇形雕刻，每個扇形雕刻上有七頭蛇。圍牆為紅土做的，高約 7 公尺，長和寬各為 3.3 公里。四個角落各有一座小廟，即普拉沙特朱倫（Prasats Chrung），上面刻有銘文。大吳哥城內範圍頗大，是國王居所、也是官員、軍人和有錢人居住的地方。一般老百姓則住在城郊及沿著暹粒河兩岸。[53]

　　賈亞瓦曼七世在擔任國王不久，就將自己視為活佛陀，即是佛陀國王（Buddharaja）。在 1186 年的塔普羅恩（Ta Prohm）的碑文就將他的母

---

[49] 〔明〕柯邵忞撰，新元史，卷之二百五十三，列傳第一百五十，占城條。

[50] 〔元〕宋史，卷四八九，真臘國條。

[51] O. W. Wolters, "Tāmbralinga," *Bulletin of the School of Orient and African Studies*, University of London, Vol.21, Issue 1/3(1958), pp.587-607, at pp.588-589.

[52] Charles Higham, *The Archaeology of Mainland Southeast Asia*, p.353.

[53] Lawrence Palmer Briggs, *The Ancient Khmer Empire*, p.219.

親比擬為佛陀之母。在 1191 年的寶劍寺的碑文將他自己視為佛陀。雖然大乘佛教流行，但濕婆教和毗濕奴教並未消失，有融合的趨勢。這些宗教是朝廷和知識份子的信仰，一般平民仍信仰拜物教和祖先崇拜，跟其他東南亞國家一樣。[54]

根據塔普羅恩碑文之記載，在賈亞瓦曼七世統治時，有 102 家醫院，這些醫院有些是在他統治前就設立的。與佛教教義有關，醫院是對所有階層的人開放。[55]當時亦建有公路，有一條西北方向的公路，是從吳哥到皮麥（Phimai, Bhimapura），長度有 225 公里。另一條是往西到詩梳風（Sisophon）。往東的方向是從吳哥到磅柴（Kompong Svay）的寶劍寺，該條馬路可通到占城的首都闍槃城，全長約 750 公里。往東南方向的公路，沿著洞里薩湖邊緣通到磅同，全長約 150 公里。在到達磅同之前，有一條朝東北方向的岔路到古城山勃普瑞庫克，約有 10 公里路程。[56]

由於吳哥建有偉大的神廟，為了方便各地朝聖者居住的需要，在磅柴的尼擇賓埔里康（Neaj Pean Preah Khan）、皮麥等城市建有休息會館，總數約有 121 家，其中從大吳哥到占城的路上約有 57 家，吳哥到皮麥的路上有 17 家，從吳哥到梭亞帕瓦塔（Suryaparvata）的路上有 44 家。在梭亞帕瓦塔有 1 家，另有 2 家不可考。[57]

在賈亞瓦曼七世統治時期，柬埔寨疆域達到最大的範圍，東到南海，控制占城，北與南詔接壤，西與孟族的哈里奔猜（Haripunjai）〔在泰國北部的南奔（Lamphun）城〕為界，南到泰南半島，柬埔寨的屬國羅斛的勢力延伸入泰南，與加羅希（今天的猜耶 Chaiya）為界。當時加羅希是印尼蘇門答臘的室利佛逝（Sri-Vijaya）王朝的屬國。而單馬令是柬埔寨的屬國，由於陸路交通被加羅希截斷，所以它與柬埔寨的交通依賴海路。[58]

[54] Lawrence Palmer Briggs, *The Ancient Khmer Empire*, p.229.

[55] Lawrence Palmer Briggs, *The Ancient Khmer Empire*, p.233.

[56] Lawrence Palmer Briggs, *The Ancient Khmer Empire*, p.233

[57] Lawrence Palmer Briggs, *The Ancient Khmer Empire*, p.235.

[58] Lawrence Palmer Briggs, *The Ancient Khmer Empire*, pp.237-238.

　　賈亞瓦曼七世可能逝於 1219 年或 1220 年，由英德拉瓦曼二世
（Indravarman II）繼位。1220 年，英德拉瓦曼二世決定從占城撤兵。1222
年，安沙拉惹（Ansaraja）成為占城國王，王號為帕拉米司瓦拉五世（Jaya
Paramesvara IV）。柬埔寨與占城的長期戰爭告一段落，以後變成占城與大
越國之間的戰爭。1225 年，趙汝适的諸蕃志一書提到三佛齊（即室利佛逝）
的屬國包括加羅希和單馬令，可見此時單馬令已脫離柬埔寨，成為室利佛
逝的屬地。另據猜耶發現的一塊 1230 年的印度梵文碑文之記載，帕德瑪萬
沙（Padmavamsa）王朝的昌德拉漢奴（Sri Dharmaraja Chandrabhanu）國王
統治單馬令。1256 年，泰國素可泰國王室利印陀羅提耶（Sri Indraditya）征
服該地。[59]

　　英德拉瓦曼二世是佛教徒，逝於 1243 年。由賈亞瓦曼八世（Jayavarman
VIII）繼位，他信奉濕婆神，也是偶像破壞者，他破壞或修改了許多佛
陀造型。在巴揚的許多小佛廟被拆除，改為濕婆神廟。在寶劍寺的壁龕
中的佛陀像被拆除，被改為禁慾苦修者的造型。在尼克披恩（Neak Pean）
的佛陀像被改為林伽像。位在大吳哥角落的四間廟被改成林伽廟。他在
1295 年在大吳哥建了一座新廟曼格拉塔寺（Mangalartha），由濕婆教學
者賈亞曼格拉塔（Jayammangalartha）住持。[60]

　　英德拉瓦曼三世（Indravarman III,1295-1307）是賈亞瓦曼八世的女
婿，在 1295 年發動政變取得政權。在他執政時期，小乘佛教成為真臘的
國家宗教。[61]

　　元世祖時派遣周達觀在 1296 年 8 月抵達吳哥，在大吳哥停留約 11
個月，1297 年 8 月返回中國。「成宗元貞 1 年（1295 年）6 月，聖天子
遣使招諭真臘，俾余從行。以次年丙申二月離明州，二十日自溫州港口
開洋，3 月 15 日抵占城。中途逆風不利。秋 7 月始至，遂得臣服。至大

[59] Lawrence Palmer Briggs, *The Ancient Khmer Empire*, pp.238-240.
[60] Charles Higham, *The Civilization of Angko*r, p.133.
[61] Dawn F. Rooney, *op.cit.*, p.29.

德丁酉（1297 年）6 月回舟，8 月 12 日抵四明泊岸。」[62]此次遣使招諭
從 1295 年出發到 1297 年返國，在元史中沒有記載。直至清朝曾廉撰的
元書才有記載，令人疑惑。其次，該書最大疑點為，周達觀係隨從，但
書中未提及正使為何人，此不符合中國史書之規範，按中國史書皆會記
載歷朝出使正使和副使的名字，何獨周達觀不記載正使之名字？復次，
周達觀在書中僅記載真臘國王風采，但身為使節之隨從，卻未記載會見
真臘國王之過程，亦令人不解和疑惑。以真臘風土記記載相當多當時真
臘的民情風俗，卻獨漏有關會見真臘國王的經過，誠有難以解答的隱晦
之處。因此，周達觀若非使節，那他是何身份呢？當時元世祖忽必烈控
制中國，急欲周邊國家向他朝貢，以彰顯它的東方霸主地位。元世祖曾
遣使至日本、爪哇、安南、占城、真臘、暹羅和緬甸招諭，要求他們的
國王親自前往中國朝貢。元朝對於真臘的國情不熟悉，很可能周達觀是
元朝派遣的間諜，前往探查真臘的虛實。而該書應是周達觀所寫的考察
報告。由於他的身份屬於秘密性質，所以無法說出使節的名字，亦無觀
見國王的記載。以他的身份，稱之為特使亦不為過。

　　周達觀描述的吳哥城為四方形，周圍有 20 里，有五門，門各有兩重，
城外有護城河。河上有通行橋，橋欄杆為石造，上雕刻七頭蛇像。城門之上
有大石佛頭三，面向西方。城牆是石造，高二丈。城四周各有石塔一座，中
央有金塔一座。旁有石塔二十餘座，石屋百餘間。金塔以北二里許，有國王
之廬，就是御苑，有國王之寢宮以及大臣的官舍。國王及大臣的官舍上面蓋
的是瓦片，一般百姓的房屋僅能使用草蓋屋頂。在南門外一里有魯班墓，它
周圍有十里。中央金塔即巴揚廟，銅塔即為巴普昂寺（Baphuon），金塔包
圍的皇宮為皮米那卡司（Phimeanakas），城外的魯班墓，即為吳哥寺。[63]

---

[62]　〔元〕周達觀，真臘風土記，總敘，參見金榮華校注，真臘風土記校注，正中書局，
　　　台北市，民國 65 年。真臘風土記在 1819 年被譯為法文出版。參見 Charles Higham, *The
　　　Civilization of Angkor*, p.141.

[63]　Charles Higham, *The Archaeology of Mainland Southeast Asia*, p.340. 金榮華校注，前引
　　　書，頁 17-35。

賈亞瓦曼七世在 1180 年派遣其兒子塔馬林達（Tamalinda）到錫蘭學習佛法，同時在錫蘭遇見同樣去學習佛法的來自緬甸和暹羅的青年人。1190 年，塔馬林達在返國時順道前往緬甸，可能也訪問了暹羅。他將小乘佛教帶回真臘，以後真臘一直都是信奉小乘佛教。[64]緬甸和暹羅也許都是在同一個時候開始信奉小乘佛教。

英德拉瓦曼三世逝於 1307 年，由英德拉賈亞瓦曼（Indrajayavarman）繼位，統治 19 年。1327 年，賈亞瓦瑪帕拉美斯瓦拉（Jayavarmaparamesvara）繼位為王，他是一位濕婆教者。

暹羅國王拉瑪狄菩提一世（Ramathibodi I）於 1352 年派遣其兒子拉梅軒（Ramesuen）率 5 千名軍隊遠征柬埔寨。開始時受挫，後來暹羅增派援兵，由波羅瑪拉惹王子（Prince Boromaraja, P'angoa）領軍馳援，經過一年的包圍戰，才佔領柬埔寨首都，柬埔寨國王蘭朋沙拉惹（Boroma Lamp'ongsaraja）戰死，由其子帕沙特（P'asat）繼位，柬埔寨成為暹羅的屬國。

1393 年，柬埔寨國王柯東波昂（Kodom Bong）襲擊暹羅的春武里（Chonburi, Jolburi）和尖竹汶，擄走 6 千多人口。拉梅軒派軍反攻柬埔寨，佔領其首都吳哥通，柯東波昂逃逸無蹤，逮捕其兒子帕汪（Sri Suriyo P'awong），立為傀儡國王，派遣那隆（P'ya Jai Narong）將軍率領 5 千名軍隊駐守吳哥通以監國。暹羅俘虜柬埔寨人民 9 萬人，移居暹羅境內。

根據柬埔寨國王編年史，1404 年以後國王名字如下：

山塔克（Samtac Chao Phaya Phing-ya(Nippean-bat)）（1405-1409）

藍朋（Lampong, or Lampang Paramaraja）（1409-1416）

梭里卓凡（Sorijovong, Sorijong, or Lambang）（1416-1425）

巴龍拉恰（Barom Racha, or Gamkhat Ramadhapati）（1425-1429）

---

[64] Kenneth Perry Landon, *Southeast Asia, Crossroad of Religions*, University of Chicago Press, Chicago, 1969, p.89. "Buddhism in Cambodia- decline of Angkor," in http://en.wikipedia.org/wiki/Buddhism_in_Cambodia#Decline_of_Angkor_.26_the_Emergence_of_a_Theravada_Kingdom 2014 年 6 月 27 日瀏覽。

坦馬沙克（Thommo-Soccorach, or Dharmasoka）（1429-1431）

旁哈雅特（Ponha Yat, or Gam Yat）（1432- ）[65]

「永樂三年（1405 年）七月己酉（十六日），真臘國遣使奈昧等來朝貢方物，且告其國王參烈婆毘牙卒。賜奈昧等鈔幣有差。辛亥（十八），遣序班王孜祭故真臘國王參烈婆毘牙。命給事中畢進、內使王琮賚詔封故真臘國王長子恭烈昭平牙為真臘國王。仍賜之鈔幣等物，遣其使奈昧等還。」[66]

在國朝典彙一書，將參烈婆毘牙寫為：「永樂三年（1405）七月，內使王琮、給事中畢進，封故真臘國王長子參烈昭平牙為王。」[67]在明大政纂要則寫為參烈昭平牙：「永樂三年（1405）七月，遣內臣王琮、給事中畢進，封故真臘國王長子參烈昭平牙為王。此內臣封夷王之始。」[68]而參烈婆毘牙應就是山塔克。

圖 2-10　天使圖（Devatas）

資料來源：http://www.culturefocus.com/cambodia-angkor.htm　2014 年 3 月 29 日瀏覽。

[65] Lawrence Palmer Briggs, *The Ancient Khmer Empire*, p.256.
[66] 〔明〕楊士奇等纂修，明實錄（太宗文皇帝實錄），卷之三十六，中央研究院歷史語言研究所校勘，台北市，1984 年，頁五上、頁六上。
[67] 〔明〕徐學聚編，國朝典彙，卷七十，吏部三十七，冊使，頁 7。
[68] 〔明〕譚希思撰，明大政纂要（二），卷之十四，頁 6。

第二節　王朝崩潰

　　暹羅國王婆羅瑪拉惹二世（Boromaraja II, King Paramaraja）於 1430
年出兵侵略柬埔寨，包圍其首都吳哥通 7 個月。隔年，柬埔寨國王坦馬
沙克（Tammasok, Dharmasoka）戰死，暹羅立其子印塔武里（Prince of Pra
Intaburi）為柬埔寨國王。暹羅退兵後，俘虜眾多柬人及大量藝術品，包
括銅製動物雕塑品、佛像。[69]印塔武里統治不久即病死，[70]由柬埔寨王子
繼位為王，號婆羅瑪拉惹・狄拉特・拉瑪・狄菩提（Boromaraja Tirat Rama
Tibodi）。1432 年，為避免遭暹羅攻擊，將首都東遷至湄公河東岸的斯里
山梭（Srei Santhor）省的巴山（Basan）。1434 年，再遷至金邊。後來又
遷至金邊以北 30 公里的祿兀（Lovek）。19 世紀又遷回金邊。

　　柬埔寨人為何放棄吳哥通城作為首都？除了因為被戰火毀滅外，尚有其
他不同的說法，例如，第一，吳哥通距離暹羅太近，很容易遭到暹羅的攻擊；
第二，吳哥通本來是國王居住的宮殿，但每位有豐功偉績的國王在去世後都
會建其陵廟，如巴普昂寺、吳哥寺、巴揚等，亦建有祖廟，如寶劍寺、塔普
羅恩寺、班提色瑪寺（Banteay Chhmar），其他為了紀念重要大臣和大宗教家
族而建的墳墓，為了照顧這些建築物，用了許多奴隸和村民。所以吳哥變成
一個廣大的墳墓區，並不適合居住。大多數奴隸和村民是信奉小乘佛教，而
這些建築物有些是濕婆教或毗濕奴教，所以利用暹羅入侵的機會逃離吳哥。

---

[69] 1569 年，緬甸滅阿瑜陀耶，將這批吳哥的佛陀像帶回勃固（Pegu）。1734 年，又被帶
　　至曼德勒（Mandalay）。Charles Higham, *The Civilization of Angko*r, p.140.

[70] Rong Syamananda, *A History of Thailand*, Thai Watana Panich Co., Ltd., Bangkok,
　　Thailand, 1973, p.36. 但 John Tully 的說法不同，他說暹羅王子 Indrapath 在柬埔寨登基
　　後，遭柬人暗殺。參見 John Tully, *A Short History of Cambodia*, p.57.

布里格斯更質疑是否因為發生傳染病,所以才會導致皇室貴族和人民逃離該偉大的榮耀的城市?不過,並無任何碑文或歷史記載曾發生傳染病。[71]

　　柬埔寨人放棄吳哥通城作為首都,遷移到東部的金邊。但吳哥寺並未被放棄使用,1570 年代還一度被使用為首都。此外,它保存的佛陀像包括 15 世紀到 19 世紀都有,其牆上的碑文最晚到 1747 年。[72]法國人在 1850 年代發現該遺址,可知其被廢棄的時間可能不會超過 1 百年。另據杜里(John Tully)之說法,柬埔寨國王安贊(Ang Chan)在 1510 年重新控制吳哥。50 年後,柬、暹羅兩國持續戰爭不已。安贊的兒子拉契一世(Barom Rachea I)以吳哥為據點進攻暹羅。拉契一世的兒子沙薩(Satha)在 1576 年登基。葡萄牙的托鉢僧嘎伯里爾(Gabriel de Quiroga)在 1570 年訪問吳哥,發現該城市人口眾多。大吳哥似乎在 1629 年被廢棄,而城市其他部分在 1747 年龐希梭國王(King Ponhea Sor)統治時重新修葺過。[73]

圖 2-11　吳哥寺具婆羅門教色彩建物

資料來源:http://www.orientalarchitecture.com/angkor/angkorwatindex.htm　2014 年 6 月　16 日瀏覽。

[71] Lawrence Palmer Briggs, *The Ancient Khmer Empire*, p.261.

[72] David P. Chandler, *op.cit.,* p.29.

[73] John Tully, *A Short History of Cambodia*, pp.49,57-58.

圖 2-12　產婦生子圖

資料來源：”The Bayou,” *Tien Chiu*, http://www.tienchiu.com/travels/cambodia/the-ruins
　　　　　-of-angkor/the-bayon/　2019 年 1 月 4 日瀏覽。
說　　　明：右起第二人躺著的是產婦。

圖 2-13 佛陀或賈亞瓦曼七世頭像

資料來源：http://www.culturefocus.com/cambodia-angkor.htm 2014 年 3 月 29 日瀏覽。
說　　明：該石雕看似佛陀的頭像，但亦可能是當時建造者國王賈亞瓦曼七世，他
　　　　　自視為活佛陀。

資料來源："Angkor Thom: the great city of the Khmer Empire with Bayon and Ta Phnom,"
　　　　　Treasures of Cambodia, http://treasuresofcambodia.blogspot.tw/2013/03/angkor-
　　　　　thom-great-city-of-khmer-empire.html 2019 年 1 月 4 日瀏覽。

圖 2-14　柬埔寨人民日常生活

資料來源：”Angkor Thom: the great city of the Khmer Empire with Bayon and Ta Phnom,” *Treasures of Cambodia*, http://treasuresofcambodia.blogspot.tw/2013/03/angkor-thom-great-city-of-khmer-empire.html　2019 年 1 月 4 日瀏覽。

圖 2-15　殺豬慶宴

資料來源：” Facts And Maybes About The Bayon's Sculpture At Angkor Thom,” Brian Holihan, http://brianholihan.com/southeast-asian-cultures/cambodia-southeast-asia-buddhist-art-facts-and-maybes-about-the-bayons-sculpture-at-angkor-thom/ 2019 年 1 月 4 日瀏覽。

圖 2-16　吳哥寺鬥豬浮雕

資料來源：”The Bayou,” *Tien Chiu,* http://www.tienchiu.com/travels/cambodia/the-ruins-of-angkor/the-bayon/ 2019 年 1 月 4 日瀏覽。說明：在歐陽修和宋祁所撰的新唐書曾記載：「扶南人喜鬥雞及豬。」[74]

圖 2-17　鬥雞浮雕

資料來源：” Facts And Maybes About The Bayon's Sculpture At Angkor Thom,” Brian Holihan, http://brianholihan.com/southeast-asian-cultures/cambodia-southeast-asia-buddhist-art-facts-and-maybes-about-the-bayons-sculpture-at-angkor-thom/ 2019 年 1 月 4 日瀏覽。

說　　明：右起第三人蹲者手中抱著一隻雞和左邊蹲者手中抱著雞兩人正作勢放雞相鬥。

---

[74] 〔宋〕歐陽修、宋祁撰，新唐書，卷二二二下，列傳第一四七下，南蠻下，扶南條。

　　法國自然學家毛哈特（Henri Mouhot）在 1860 年 2-4 月到吳哥寺進行測量神廟，並記錄毀損的情況。不幸地，他在 1861 年 11 月得熱病死於寮國琅勃拉邦（Luang Prabang），年僅 35 歲。他的僕人將他的筆記帶到曼谷，再送給住在澤西（Jersey）的他的太太和兄弟，然後在 1864 年出版他的日記筆記。[75]

婆羅浮屠和吳哥寺之比較

　　婆羅浮屠和吳哥寺都是世界重要遺產，前者為佛教建物，後者為佛教和印度教的混合建築物，而且在歷史淵源有關連性，並非孤立的兩個建築群，因此，加以比較可以給我們更清楚的輪廓。

第一，婆羅浮屠大概在 760-790 年之間開始建造，真臘的賈亞瓦曼二世在該段時間被俘至中爪哇，他可能看到婆羅浮屠的建造情形。於是在他回到真臘後，即模仿婆羅浮屠的建築風格興建吳哥神廟。婆羅浮屠建造的前後時間可能不會超過 1 百年，但吳哥地區的神廟群則從第 9 世紀到第 12 世紀一直在興建。

第二，婆羅浮屠初建時國王是印度教徒，第一層完成時，信仰印度教之國王去世，新國王是佛教徒，續建該廟，使得該廟變成為純粹佛教教義的神廟。而吳哥寺群落初建時國王是婆羅門教徒，以後國王有的信仰佛教，有的信仰印度教，彼此興建的神廟性質遂有別，使得吳哥神廟群落展現婆羅門教、佛教和印度教混合的建築群。無輪如何，二者都是建造在所謂的米魯山上，表示賽連德拉王朝和真臘王朝都是崇拜山的民族。

[75] Dawn F. Rooney, *op.cit.*, p.34.

第三，婆羅浮屠先是以印度教濕婆神教義興建，後改為佛教形式。吳哥寺先是以婆羅門教義興建，後改為佛教形式。吳哥寺正殿的三座建築物，造型類似玉黍蜀，這是婆羅門教的建築風格，可見於早期占城統治的中越地區。在印尼普蘭巴南（Prambanan）的印度教神廟亦可見到類似的建築物。占城在雍熙 2 年（西元 985 年）遣婆羅門至中國獻方物，[76]尤見占城還信奉婆羅門教。在 192～758 年期間占城的首都在廣南省的特拉基攸（Tra Kieu）。婆羅浮屠的建築風格沒有婆羅門教色彩，它帶有印尼地方密教的色彩，濕婆教和密教密不可分，甚至與佛教也密不可分，有時濕婆神是以佛陀的面孔出現。以後成為印尼佛教和印度教混合的特色。在第 13 世紀流行小乘佛教以前，真臘也呈現佛教和印度教混合的特色。

第四，婆羅浮屠是一個大面積的單一建築物，與附近的普蘭巴南印度教神廟是分別的兩個建築群。吳哥寺本身也是一個大面積的單一建築物，但跟它有關的神廟建築物則是散布附近廣大區域，分佈在洞里薩湖以北一帶。

第五，婆羅浮屠的建築將佛教的教義融入建築內，象徵慾望界、形象界、無形界，隱含深層的佛教哲理。它應僅是神的家，不是國王的家。但吳哥寺似乎沒有如此建築哲理，它將神廟、佛塔、皇宮、陵墓和水利灌溉等併同考慮，應是代表王權所在，它是神的家，也是國王的家，國王是與神共同治理國家。

第六，婆羅浮屠和吳哥寺都是使用石塊堆砌建造佛塔，此點在東南亞是唯二的例子。信奉佛教的泰國、緬甸和寮國也無類

---

[76]〔元〕脫脫撰，宋史，卷四百八十九，列傳第二百四十八，占城條，頁 4。

似的建築。其與阿富汗和敦煌石窟的建築風格亦不同，阿富汗和敦煌石窟的佛像是在一整塊岩石上雕刻，並非岩塊堆砌後在上面雕刻。婆羅浮屠的覆鐘型建築，類似印度的沙那施（Sarnath）在第 6 世紀建的達美克佛塔（Dharmekh Stupa）。[77]印度的馬哈巴里普蘭（Mahabalipuram）在第 7 世紀亦建有「阿朱納的懺悔基座浮雕」（Arjuna's Penance Bas Relief），它是在整塊石頭上雕刻當時人的生活景象、動物、濕婆神下凡。在整塊岩石中開鑿洞穴，在裡面還有雕刻，像敦煌石窟。[78]其建築式樣，明顯與婆羅浮屠和吳哥寺不同。

第七，婆羅浮屠是一單純的神廟，而吳哥寺有精細的水利工程，其蓄水池和水道灌溉建設，是當時重要的農業工程，也是為了養活大量人口而特別設計的。

第八，婆羅浮屠和吳哥寺的石雕都極為精美，不過，吳哥寺的更為細膩，人物表情神韻更為栩栩生動。

第九，婆羅浮屠可能因為戰爭、火山爆發、疫病或發展海洋貿易等原因而被廢棄。以後又因為在第 16 世紀馬塔蘭（Mataram）王朝信奉伊斯蘭教，不重視該佛教神廟，以致於長期被雜草泥塵淹沒覆蓋。吳哥寺因泰國於 1431 年入侵而被迫棄城。兩國在遷都後，都沒有在新首都重建該類建築物。是否代表新政權對山不再如此重視？東爪哇的新柯沙里王朝（Singashari）朝向海洋香料貿易發展。金邊的真臘新政權朝向湄公河流域到下游出海發展。二者都是面向海洋發展，而逐漸忽視內陸以山為崇拜的文化形式。

---

[77] http://www.orientalarchitecture.com/bagan/shwezigonindex.htm　2014 年 7 月 20 日瀏覽。
[78] http://www.orientalarchitecture.com/bagan/shwezigonindex.htm　2014 年 7 月 20 日瀏覽。

第三節　王朝疆域和風俗習慣

至第 11 和第 12 世紀，吳哥王朝的勢力達到頂峰，除了領有現今柬埔寨領土外，西邊到緬甸和泰國邊境、北邊到泰北的素可泰，南邊到泰國南部克拉（Kra）地峽一帶，東邊到今天越南南部湄公河三角洲。

圖 2-18　第九到第十一世紀真臘疆域圖

資料來源：筆者自繪。

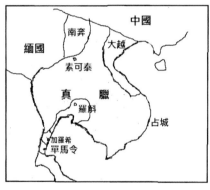

圖 2-19　第十一到第十三世紀真臘疆域圖

資料來源：筆者自繪。

說　　明：真臘在 1197-1120 年間佔領占城，國名改為占臘。真臘疆域南邊到泰南的羅斛的邊境。羅斛在 1005-1022 年成為真臘的屬國，在 1115-1349 年脫離真臘成為獨立國家，其疆域從羅斛城到加羅希邊境。加羅希為室利佛逝之屬國。單馬令在 1011 年成為真臘之屬國。1256 年，素可泰王朝征服單馬令。

從第 13 世紀起，吳哥王朝面臨泰族從北方南下的威脅，在 1238 年泰族在素可泰建立泰族政權，迫使吳哥勢力退至羅斛一帶。暹羅繼之在 1431 年出兵吳哥，迫使吳哥將首都遷到東邊的祿兀和金邊。此後有很長的時間，暹羅和柬埔寨陷入頻繁的戰爭，吳哥因為靠近暹羅，易遭攻擊，不再成為首都，所以在戰爭之陰影下，居民他遷，逐漸被熱帶叢林蔓草掩沒。

另一股威脅勢力是來自東邊的占城，占城曾出兵攻佔吳哥，柬埔寨後來也出兵報復，雙方時有戰爭，占城還南下佔領賓童龍（今越南藩朗），勢力進入柬埔寨人活動區。大越國在 1471 年出兵滅了占城，占城成為大越國的小朝貢國，至 1693 年大越國完全滅絕占城，大越國成為柬埔寨東境的安全威脅。第 17 世紀後，大越國勢力進入湄公河三角洲，柬埔寨逐步從該三角洲往內陸撤退。

關於吳哥王朝時期的風俗習慣，以真臘風土記之記載最為詳細。茲擇要介紹如下。

穿著服飾方面。由於地屬熱帶，從國王以下，男女都是椎髻、不穿上衣，腰間繫一條沙龍。國王頭上有時戴金冠或鮮花冠，頸上戴大珠牌三五片。手和足皆戴金鐲指環。出則手持金劍。

宗教方面。國中流行婆羅門教、佛教和印度教。佛僧吃魚和肉，但不飲酒。供佛亦用魚肉。主要是當時可能流行小乘佛教，所以允許吃葷。所念佛經是用貝多葉所寫成，貝多葉即是棕櫚葉，使用刀子在葉面上刻字，然後用煤灰抹上，使之變成黑字。該國沒有尼姑，大概女性不出家。佛寺亦扮演學校的角色，小兒從小在佛廟讀書，長大後再還俗。

「二形人」是人妖之來源。今天泰國觀光業中最重要景觀之一就是人妖，關於其起源，有各種說法，筆者讀到真臘風土記一書，發現其中有「二形人」之記載，此可能是最早有關「人妖」的紀錄。該書說：「國中多有二形人，每日以十數成群，行於墟場間：常有招徠唐人之意，反

有厚饒，可醜可惡。」[79]此「二形人」應就是男扮女裝，在市場上招徠客人，他們的行業應是淫業。

人民休閒活動有鬥雞、鬥豬、鬥象。民間爭訟，雖小事亦必上聞國主。爭訟若不能決，則訴請神明裁判，例如，令兩造坐在石塔內，二日或三日不出，先離開者，即為敗訴；或身上生瘡、咳嗽發熱者，為理屈者。

人死不用棺廓，而用草席或布裹屍，棄置在荒郊野外，任由鷹、狗、其他畜類來吃，若很快吃完屍體，謂父母有福，才得此報。父母死，沒有穿喪服，男子則髡髮，女子則於頂門剪髮似錢大，以此為孝也。

當地人上完廁所後，必到水池或河中以左手洗淨屁股，右手則用以拿飯。當地人見到華人使用紙張擦屁股，笑其不潔。當地人樂以水洗澡，一天數回，男女同浴，無所避忌。[80]這些風俗習慣跟印度和東南亞其他國家相近。

表 2-1　吳哥王朝國王世系

在位期間	國王姓名	首都	備註
802-835	Jayavarman II	Mahendraparvata, Hariharalaya	宣布柬埔寨脫離爪哇獨立，在 Phnom Kulen 經由神聖印度儀式宣布為 Chakravartinand，開啟柬埔寨神君（Devaraja）之信仰。
835-877	Jayavarman III	Hariharalaya	Jayavarman II 之子。
877-889	Indravarman I	Hariharalaya	Jayavarman II 之侄子。建立 Preah Ko，以獻給 Jayavarman II 以及其父和祖父。建立寺廟山 Bakong。
889-910	Yasovarman I	Hariharalaya, Yaśodharapura	Indravarman I 之子，建立 Indratataka Baray 和 Lolei。將首都遷至 Yaśodharapura，中心為 Phnom Bakheng，也建立 Yashodharatataka。

---

[79] 金榮華校注，前引書，頁 49。
[80] 以上所引各段，請參見真臘風土記一書。

在位期間	國王姓名	首都	備註
910-923	Harshavarman I	Yaśodharapura	Son of Yasovarman I 之子。捲入與其母舅 Jayavarman IV 之權力鬥爭。建立 Baksei Chamkrong。
923-928	Ishanavarman II	Yaśodharapura	Yasovarman I 之子，Harshavarman I 之弟。捲入與其母舅 Jayavarman IV 之權力鬥爭。建立 Prasat Kravan。
928-941	Jayavarman IV	Koh Ker	King Indravarman I 女兒的兒子。Mahendradevi 與 Yasovarman I 的妹妹結婚，經由母系而繼承王位。從 Koh Ker 開始統治。
941-944	Harshavarman II	Koh Ker	Jayavarman IV 之子。
944-968	Rajendravarman II	吾哥的 Yaśodharapura	是 Harshavarman II 的叔叔和大表兄，從其手中奪取權位。將首都遷回吾哥，建設 Pre Rup 和 East Mebon。946 年與占婆戰爭。
968-1001	Jayavarman V	吾哥的 Jayendranagari	是 Son of Rajendravarman II 之子。建設新首都 Jayendranagari 及都市中心的 Ta Keo。
1001-1006	Udayadityavarman I, Jayaviravarman, Suryavarman I	Angkor	混亂的時代，同時有三位國王統治，彼此爭戰。
1006-1050	Suryavarman I	Angkor	篡奪王位。與注輦（Chola），對抗 Tambralinga 王國。建立 Preah Khan Kompong Svay。國王信奉大乘佛教。
1050-1066	Udayadityavarman II	Yaśodharapura II (Angkor)	攫奪 Yasovarman I 的配偶一系的王位，建立 Baphuon、West Baray 和 West Mebon、Sdok Kok Thom。
1066-1080	Harshavarman III	Yaśodharapura II (Angkor)	從其長兄 Udayadityavarman II 繼位，首都在 Baphuon。占婆在 1074 年和 1080 年入侵。
1090-1107	Jayavarman VI	Angkor	從 Vimayapura 手中篡位，建立 Phimai。
1107-1113	Dharanindravarman I	Angkor	繼承其弟弟 Jayavarman VI 的王位。
1113-1145	Suryavarman II	Angkor	篡弒和殺害其大叔叔，建立 Angkor Wat、Banteay Samre、Thommanon、Chau Say Tevoda 和 Beng Mealea。入侵大越國和占婆。
1150-1160	Dharanindravarman II	Angkor	由其表弟 Suryavarman II 繼位。

在位期間	國王姓名	首都	備註
1160-1167	Yasovarman II	Angkor	為部長 Tribhuvanadityavarman 所推翻。
1167-1177	Tribhuvanadityavarman	Angkor	占婆國王 Jaya Indravarman IV 在 1177 年和 1178 年入侵柬埔寨，擄掠吾哥。
1178-1181	占婆國王 Jaya Indravarman IV 出兵佔領柬埔寨。		
1181-1218	Jayavarman VII	Yaśodharapura (Angkor)	領軍隊抗占婆入侵，解放柬埔寨。征服占婆（1190-1191），建設基本設施、醫院、旅館、水庫、寺廟，包括 Ta Prohm、Preah Khan，在吾哥通的 Bayon 和 Neak Pean。
1219-1243	Indravarman II	Angkor	Son of Jayavarman VII 之子，失去對占婆的控制，失去西部土地給素可泰王朝。
1243-1295	Jayavarman VIII	Angkor	蒙古忽必烈於 1283 年與素可泰戰爭。建立 Mangalartha。醉心於濕婆教。Jayavarman VIII 剷除佛教的影響。
1295-1308	Indravarman III	Angkor	推翻其岳父 Jayavarman VIII。以小乘佛教為國教。元使周達觀至柬埔寨（1296-1297）。
1308-1327	Indrajayavarman	Angkor	
1327-1336	Jayavarmadiparamesvara (Jayavarman IX)	Angkor	最後一塊梵文石碑（1327）.
1336-1340	Trosok Peam	Angkor	
1340-1346	Nippean Bat	Angkor	
1346-1351	Lompong Racha	Angkor	
1352-1357	暹羅 Uthong 入侵		
1357-1363	Soryavong	Angkor	
1363-1373	Borom Reachea I	Angkor	
1373-1393	Thomma Saok	Angkor	
1393	暹羅 Ramesuan 入侵		
1394-1421	In Reachea	Angkor	
1405-1431	Barom Reachea II	Oudong	放棄吾哥（1431）。

資料來源："Khmer Empire," *Wikipedia*, https://en.wikipedia.org/wiki/Khmer_Empire 2019 年 1 月 4 日瀏覽。

第三章
第十五到十九世紀的柬埔寨

第一節　東西兩面受越、泰包夾

　　在真臘風土記一書中曾記載華人已在吳哥從事商業活動，當首都遷到金邊後，華人亦跟著遷移到金邊，據估計在 1540 年代，金邊華人有 3 千人。華人可能與柬埔寨上層階層通婚，以強化雙方的關係。[1]

　　當 1549 年暹羅首都阿瑜陀耶遭到緬軍包圍時，柬埔寨趁機入侵巴真（Prachim）。暹羅在 1551 年和 1556 年攻擊柬埔寨，結果遭到失敗。東國國王安贊（Ang Chan, 1516-1566）將首都從金邊遷至祿兀（位在金邊和洞里薩湖之間）。當時的祿兀是個物產豐富的城市，來自各地的商人，包括中國人、印尼群島的人、馬來人、日本人、阿拉伯人、西班牙人、葡萄牙人，以及後來的英國人和荷蘭人，他們前往該城市購買寶石、金屬、絲織品和棉花、香、漆、象牙和犀角等。[2]

　　1569 年 7 月，柬埔寨國王婆羅瑪拉惹（King Boromaraja）再度利用暹羅亡國之機會出兵 2 萬入侵暹羅，[3]結果失算，暹羅強力反擊，柬埔寨受創嚴重只好退兵。

[1] David P. Chandler, *A History of Cambodia*, O. S. Printing House, Bangkok, Thailand, 1993, p.80.

[2] Wikipedians(ed.), "History of Cambodia," in *Cambodia*, Pedia Press, no date of publication, p.57. https://books.google.com.tw/books?id=5oGnZRd4GKwC&printsec=frontcover&hl=zh-TW#v=onepage&q&f=false　2019 年 1 月 3 日瀏覽。

[3] 關於戰爭的時間，吳迪的著作說是 1570 年，而中文文獻記載是 1569 年 7 月。參見「明神宗萬曆 3 年（1575 年）9 月，暹羅國王招華宋頃遣使握坤哪朵思灣等奉金葉表貢方物。先是有東牛國與暹羅鄰，因求婚王女不諧，遂擁眾攻暹羅國，陷其城，王普喇照普啞先自盡。擄其世子哪渤喇照為質，時隆慶 3 年 7 月也。」（〔明〕佚名撰，四夷館

　　依據明實錄之記載，暹羅在這次柬埔寨之攻擊下，中國冊封暹羅之印信遭焚燬，而於 1573 年遣使到中國，請求中國補發印信。暹羅之目的在獲取中國承認其獨立地位。

　　「明神宗萬曆元年（1573 年）2 月甲申（初三），兩廣提督侍郎殷正茂奏：暹羅國王華抬朱差夷使進貢方物，稱原給印信勘合，國東牛國攻破城池燒毀，乞行補給，下禮部議。」[4]文中提及的暹羅國王華抬朱，應即是坦瑪拉惹（Maha Tammaraja）。牛國，應是緬甸東吁（Toungoo）王朝。

　　1575 年和 1578 年，暹羅遭逢柬埔寨數次入侵，黑王子納里軒（Prince Naresuen）抗敵英勇，展現其軍事才能，擊退柬埔寨軍隊。1580 年，柬埔寨入侵暹羅，佔領碧武里（或佛丕），擄走大部分人口。1582 年，又入侵暹羅東部。

　　1586 年 4 月，暹羅納里軒攻擊清邁，柬埔寨國王派遣王子斯里素攀瑪（Prince Srisupanma）協助暹羅攻擊清邁王子，此為首次柬埔寨和暹羅合作。但當兩軍班師回阿瑜陀耶（Ayudhya）時，黑王子認為斯里素攀瑪對他不敬，於是將被砍下來的寮族俘虜的頭用矛刺著指向斯里素攀瑪的船，作為報復。柬埔寨國王沙塔（Satta, Satha）乃決定今後不再跟暹羅合作。

　　當暹羅遭緬軍包圍時，柬埔寨再度於 1587 年 1 月入侵暹羅領土，佔領巴真。等緬軍退去後，納里軒立即出兵懲罰柬埔寨，除了奪回巴真外，亦進兵到柬埔寨境內，佔領馬德望、菩薩（Pursat），進抵首都祿兀，因缺乏後援，所以退兵。此後，納里軒認為柬埔寨國王沙塔視兩國於 1585 年簽的條約為廢紙，背信棄義，應給予相當的懲罰。

　　暹羅納里軒待與緬甸的戰爭告一段落，在 1593 年 5 月派遣 10 萬軍隊進攻柬埔寨（柬國文獻說暹羅軍隊有 5 萬人）。戰事持續到 1594 年 7 月始佔領祿兀，雙方損失慘重。柬埔寨沙塔國王致函西班牙駐菲律賓總

考，卷之下，暹羅館，東方學會印本，廣文書局，台北市，民國 61 年重印，頁 21。）
[4]　[明]溫體仁等纂修，明實錄（神宗顯皇帝實錄），中央研究院歷史語言研究所校勘，台北市，1984 年，卷之十，頁 15 上。

督，請求援助，且表示一旦獲得援助，他將改信天主教。[5]在西班牙援助未到之前，柬埔寨沙塔國王與其兩個兒子和女眷逃到柬國北方和寮國南部，隔年，又退入琅勃拉邦（Luang Prabang）的領土。1596 年，沙塔在琅勃拉邦去世。西班牙曾派遣 120 人小股軍隊協助柬埔寨，但抵達前，柬埔寨已遭暹羅滅國。1597 年，西班牙軍隊擁立沙塔的兒子為國王。兩年後，西班牙軍隊遭到暹羅的馬來雇傭兵的屠殺，而使得西班牙想在柬埔寨建立殖民地的希望落空。[6]1603 年，暹羅控制柬埔寨，擄獲斯里素攀瑪王子（Prince Srisupanma）及其家屬至阿瑜陀耶，並帶回許多過去被柬國俘虜的暹羅人，同時派遣軍事總督駐守祿兀，立梭里約波（Soriyopor）為柬埔寨國王，暹羅成為柬埔寨的宗主國。[7]

　　1618 年，梭里約波的兒子繼位，真臘脫離暹羅獨立，國名改為甘孛智（甘破蔗），即柬埔寨。柬埔寨為了與越南結好，梭里約波的兒子賈耶吉塔二世（Jayajetta II）在 1620 年娶了順化阮主[8]的公主，但付出了代價，即同意順化阮主在湄公河下游的普瑞諾科（Prey Nokor）（西貢）鎮設立收稅站。該下游地帶原是高棉人居住的地方，因為距離過遠，鞭長莫及，所以才允許阮主設站收稅。這些地方被稱為「下柬埔寨」（Lower Cambodia 或 Kampuchea Krom）。以後越南人遷入日增，高棉人變成少數，至 20 世紀時，高棉人只有 40 萬人，而越南人增加到 400 多萬人。該少數高棉人，在 20 世紀時，出了幾位重要人物，例如宋申（Son Sen）、英薩利（Ieng Sary）、宋國誠（Son Ngoc Thanh）。[9]

---

[5]　David P. Chandler, *op.cit.*, p.84.

[6]　Wikipedians(ed.), *op.cit.*, pp.57-58.

[7]　Lawrence Palmer Briggs, "The Treaty Of March 23, 1907 Between France and Siam and the Return of Battambang and Angkor to Cambodia," *The Far Eastern Quarterly*, Vol. 5, No. 4 (Aug., 1946), pp. 439-454, at p.441.

[8]　阮主是指控制順化的阮潢的家族，當時阮主與控制河內的黎朝國王相對立，形成南北對抗局面。阮潢家族未稱王，故史家以阮主稱之。

[9]　David P. Chandler, *op.cit.*, p.82.

　　1622 年，暹羅國王宋檀（Songt'am）從陸路和水路進攻柬埔寨，由於水軍在柬埔寨河流受到阻礙，而提前返回暹羅；陸軍遭到柬埔寨的堅強抵抗，結果失敗，大象被俘 250 頭。

　　17 世紀的越南國名是大越國（Đại Ngu 或 Đại Việt），其勢力包括北越和中越。順化地區是由阮主掌控，稱為廣南（Quâng Nam）。阮主阮福源（Nguyên Phuóc Nguyên, Chúa Sãi）於 1623 年在西貢[10]和邊義（Bên Nghê）設立兩個收稅站。收稅站是針對越南人前往柬埔寨之航運線而設立的，以後這些收稅站變成人口集中的港埠和村莊。[11]阮主控制西貢，在該處設立收稅關卡。此一措施迫使柬埔寨勢力從湄公河下游日漸退縮回內陸。1626 年，順化阮主控制越南南方，而與北方黎朝國王分裂。

　　真臘在清順治 6 年（1649）冬 11 月遣其臣屋牙瀝多施那至順化向阮主「進香」，[12]即是弔唁阮主阮神宗（阮福瀾）之去世。

　　1658 年，真臘國王駕崩，叔侄爭奪王位，請求阮主援助。阮主派遣 3,000 名軍隊俘虜國王匿蜍禎，關押在廣平，後釋放，令其向阮主朝貢。根據越南的大南實錄之記載，「1658 年 9 月，真臘國王匿蜍禎入侵鎮邊營，阮福瀕命鎮邊副將尊室燕率兵 3 千至興福城（屬邊和省福正縣），擒匿蜍禎。阮福瀕赦免其罪，護送其回國，令為藩臣，歲貢阮主。」[13]真臘國成為廣南國的朝貢國。

---

[10] 西貢以前屬於柬埔寨王國統治下的省城，稱為 Prey Nokor。參見 Justus M. van der Kroef, "Cambodia: From 'Democratic Kampuchea' to 'People's Republic'," *Asian Survey*, Vol.19, No.8, August 1979, pp.731-750, at p.745.

[11] Nguyen Dinh Dau, *From Saigon to Hochiminh City, 300 Year History*, Land Service, Science and Technics Publishing House, Ho Chi Minh City, 1998, p.9. 該書提及早期的西貢，但避談該地曾是柬埔寨人居住地區。

[12] 〔越〕張登桂等纂，大南定錄，第一冊，前編，卷六，慶應義塾大學語學研究所重印，東京，1961，頁 89。

[13] 〔越〕張登桂等纂，大南定錄，第一冊，前編，卷四，頁 22-23。但 David P. Chandler 的書說：「1640 年代初，柬埔寨國王娶了一位馬來姑娘，而改信伊斯蘭教。1642 年，荷蘭海軍攻擊金邊，以報復一名荷蘭人在金邊遭到暗殺，結果被擊退。1650 年代，有王子叛變，尋求越南的軍事協助，以推翻柬埔寨的信仰伊斯蘭教的國王，越南軍隊進攻金邊，伊斯

　　1674 年，真臘人匿烏苔求援於暹羅，出兵攻匿嫩。匿嫩逃至泰康營（今慶和）求救，阮主派兵協助，破柴棍（西貢），立匿秋為國王，規定其每年向阮主朝貢。[14]

　　依據大南寔錄之記載：「甲寅 26 年（1674 年），黎德元元年，清康熙 13 年，春 2 月，命泰康營芽莊道該奇阮楊林將兵救真臘。先是真臘匿烏苔謀反，作浮橋鐵鎖，築南榮城（今金邊），猶畏其主匿嫩，未敢動。乃陰求於暹羅，聲言暹羅發步兵二萬、水兵二千、象馬一千來問匿嫩拒命之罪，匿嫩大懼，奔泰康營。臣以聞。上曰：『匿嫩藩臣有急，不可不救。』乃命楊林為統兵，將臣吏首合，阮延派為參謀，文崇為視戰，將兵討之。楊林等分兵二道，夜襲破柴棍（今西貢）、碧堆諸壘，斷其浮橋鐵鎖，直進圍南榮城，匿烏苔惶懼走死。匿秋詣軍門降，捷聞。朝議以匿秋嫡派封為正國王，涖龍澳城，匿嫩為二國王，涖柴棍城，同理國政，歲奉朝貢，真臘遂平。」[15]

　　以後真臘有兩位國王，正國王是匿秋、二國王是匿嫩，二國王就是副王。

　　1679 年，阮主阮福漱（Nguyên Phuóc Tãn）同意中國明朝的逃難將領高雷廉總兵陳上川、龍門總兵楊彥迪率領的 3 千多人、戰船 50 餘艘前往湄公河下游開發，楊彥迪在美萩（My Tho）；陳上川在邊和和西貢等沼澤地帶建設城市，這些地方原屬於真臘東浦（嘉定別名），[16]同時拓展商業關係網絡，以後發展成華人聚集的堤岸（Cholon）。

　　蘭教國王被逮捕，擄往越南，後被殺害或因病去世。」（David P. Chandler, *op.cit.*, p.88. ）

[14] 〔越〕陳重金著，戴可來譯，越南通史，商務印書館，北京，1992，頁 241。該書將人名寫為匿螉苔和匿螉嫩，本書從大南寔錄前編所記載之人名。

[15] 〔越〕張登桂等纂，前引書，第一冊，前編，卷五，頁 80。

[16] Nguyên Dinh Dâu, *From Saigon to Ho Chi Minh City 300 Year History*, Land Service Science and Technics Publishing House, Ho Chi Minh City, 1998, pp.9-12. 〔越〕張登桂等纂，大南寔錄，第一冊，前編，卷五，頁 82。

　　1689 年 6 月,「龍門副將黃進殺其主將楊彥迪,於美湫海口自稱奮勇武威將軍,統龍門餘眾,移屯難溪(今屬定祥建和縣)。真臘正國王趁機脫離阮主,拒絕朝貢,二國王向阮主密告,阮主遂遣萬龍為總兵,黃進為先鋒攻擊真臘,同時偵察黃進是否忠於阮主。萬龍數次召黃進率所部到軍前,皆遭拒絕。萬龍設計劫殺黃進,黃進從海口遁去,其妻被殺害。萬龍派遣陳上川為先鋒,進攻匿秋,不勝。」[17]

　　1697 年,柬埔寨國王沙迪特(King Sadet)贈送暹羅國王一頭母白象,表示向暹羅臣服。

　　1698 年,阮主阮福凋(Nguyên Phuóc Chu, Chúa Minh)派遣阮友欽(Nguyên Hūu Kinh)到湄公河下游調查土地,設立嘉定縣以及福隆縣(Phuóc Long)和承平縣(Tân Binh)(現在已納入胡志明市內)。設置鎮邊營(即邊和)和藩鎮營(即嘉定),派官治理,鼓勵越族從廣南、廣義和歸仁移入湄公河三角洲地區,同時允許他們自由取得土地。[18]居住在鎮邊營的華人,則立為「清河社」,居住在藩鎮營的華人則立為「明鄉社」。越南在該年將普瑞諾科鎮改名為柴棍(西貢)。

　　另一支明朝軍隊由鄭玖率領4百多人於1671年前往越南西南部河仙開發,開設賭局,以所得的錢招募流民,建立七社。1703 年,鄭玖請求臣屬於阮主,阮主授以總兵之職,令其鎮守河仙,使得西南地區(包括富國島(Phu Quoc))也隨之納入阮主控制。由於這些地區原先的住民是高棉族,主要從事農耕和漁業為生,華人加入後,商業日漸發達,故吸引中部和北部的越族移入,其人數日漸超過原住民高棉族,甚至將高棉族驅趕至內陸地區,使高棉族退回至今天柬埔寨領土本部。

　　1699 年,真臘國王匿秋起兵反阮主,阮主派阮有鏡討伐,進攻南榮城,匿秋敗逃。匿嫩之子匿淹開城門出降。1701 年 4 月匿秋亦降,願按舊例朝貢,阮主軍隊遂撤退。

---

[17] 〔越〕張登桂等編,前引文,第一冊,前編,卷六,頁 89-94。

[18] Nguyên Dinh Dâu, *op.cit.*, p.12.

　　1701 年 4 月，「匿秋詣軍門降，乞修職貢，阮有鏡以捷聞，退兵屯於牢堆，經理邊事。」[19]

　　1705 年 7 月，匿深懷疑匿淹有造反之意，乃夥同暹羅軍隊出兵進攻匿淹。匿淹逃到嘉定求救。「命正統該奇阮久雲伐真臘，送匿淹還國。淹匿嫩之子也，先是匿嫩死，匿秋封淹為參的詫膠錘，以其女妻之。後秋以年老傳位於其子匿深，深疑淹有異志，構兵相攻。又援暹羅為助，淹奔嘉定，請援于朝。上乃命雲領嘉定水步兵進攻匿深。雲至岑溪，遇暹兵，大破之。深與其弟匿新奔于暹，匿淹復歸羅壁城（即祿兀）。時藩鎮舍差司枚公香為漕運，後至，為賊奇兵要截，漕兵驚走，香乃鑿船沈糧，投江而死，賊無所得。……真臘既平，雲因墾田於虯澳（屬定祥省），為軍民倡。又以賊兵常出此地擾我軍，乃起築長壘，以固備禦焉。」[20]

　　1711 年 10 月，「真臘匿深自暹還，與屋牙、高羅歆謀害匿淹。匿淹使哀牢人匿吹盆梓馳報。鎮邊、藩鎮二營請兵赴援。副將阮久雲、總兵陳上川以聞。」[21]

　　1713 年 1 月，「真臘匿秋謀反，諜得其狀以聞。」阮主以函勸慰，才取消謀反之念。[22]

　　1714 年，年輕的斯里坦瑪拉惹（Sri T'ammaraja）繼任為柬埔寨國王，他的叔叔已退位的國王基歐法（King Keo Fa）對年輕的國王宣戰，號召交趾支那的軍隊協助他復位，斯里坦瑪拉惹被推翻，夥同其弟弟逃到暹羅的阿瑜陀耶求援。暹羅嘗試以和平方式解決問題，結果失敗，遂派遣兩支軍隊攻打柬埔寨，大軍由卻克里（P'ya Chakri）指揮，路經暹粒（Siemreap），另一支小軍由華人柯沙狄菩提（P'ya Kosa T'ibodi）指揮，沿海岸前進，佔領班替密斯（Bantéay M'eas）（位在柬埔寨南部，靠近越

19　〔越〕張登桂等纂，前引文，第一冊，前編，卷七，頁 104。
20　〔越〕張登桂等纂，前引文，第一冊，前編，卷七，頁 108-109。
21　〔越〕張登桂等纂，前引文，第一冊，前編，卷八，頁 115。
22　〔越〕張登桂等纂，前引文，第一冊，前編，卷八，頁 117。

南邊境），並燒城。但在該處遭到柬埔寨和大越阮主聯軍的攻擊，後勤補給不足，士兵吃隨軍動物，而且生病，最後失敗而歸。在北方的卻克里軍隊則進展順利，攻進首都烏東（Udong），基歐法致送「金銀花」，以示臣服。不過，暹羅仍允許基歐法在位，並未恢復斯里坦瑪拉惹的王位。[23]

另據陳重金的著作，他說匿深軍隊攻擊匿淹，匿淹派人到嘉定求救。阮主派遣藩鎮營都督陳上川和鎮邊營副將阮久富出兵，圍匿秋和匿深於羅壁城（即祿兀），匿秋和匿深棄城逃至暹羅。陳上川乃立匿淹為真臘國王。[24]

1714 年 10 月，「真臘匿深與其臣高羅歆興兵圍匿淹甚急，匿淹求吹、盆梓應接。吹、盆梓選所屬兵二千人回陸道。時匿深兵四萬，匿淹與吹、盆梓兵不滿萬，匿淹慮其兵少，求援于藩鎮。鎮邊二營藩鎮都督陳上川發兵過柴棍。鎮邊副將阮久雲發兵駐雷䑞、水軍駐美湫，遙為聲援，使人具事以聞。」[25]1715 年 1 月，平定匿秋和匿深之亂，該兩人放火燒毀羅壁城，逃至暹羅。阮主封匿淹（一名矯菢）為真臘國王。[26] 2 月，匿深引暹羅兵進攻河仙，河仙總兵鄭玖未及準備，退至隴棋，匿深掠奪財物而去。鄭玖重回河仙，築土堡以自衛。4 月，暹羅遣使致書真臘，責匿淹起釁，欲派兵攻擊。阮主派兵防備暹羅來攻。[27]

阮主勢力往南滲透，於 1731 年迫使柬埔寨割讓梅薩和隆奧爾兩省，阮主將之改名為美湫和永隆。

1736 年 10 月，匿淹去世，其子匿他請立，阮主封其為真臘國王。[28]隔年 10 月，真臘向阮主朝貢。

---

[23] W.A.R. Wood, *op.cit.*, pp.227-228.

[24] 〔越〕陳重金著，前引書，頁 243。

[25] 〔越〕張登桂等纂，前引文，第一冊，前編，卷八，頁 119。

[26] 〔越〕張登桂等纂，前引文，第一冊，前編，卷八，頁 120。

[27] 〔越〕張登桂等纂，前引文，第一冊，前編，卷八，頁 121。

[28] 〔越〕張登桂等纂，前引文，第一冊，前編，卷九，頁 132。

河仙總兵鄚玖娶越女裴氏稟，生鄚天賜。1736 年 2 月鄚玖去世後，由其子鄚天賜繼任，獲阮主承認。1739 年 1 月，真臘匿盆攻擊河仙，鄚天賜將之逐退，保住河仙。[29]

1748 年 1 月，「匿深自暹羅回，舉兵攻擊匿他，匿他逃到嘉定，匿深控制其地。匿深死，其三個兒子：匿敦、匿軒、匿厭，相互爭立。其臣�досلي連速煽動攻美湫。阮主派阮有允驅逐刻連速，並送匿他回國。6 月，匿深第二子匿原與高羅歆夥同暹羅兵攻匿他，匿他又避至嘉定，後病死。匿原遂取得真臘王位。」[30]

1750 年，「阮主武王阮福闊遣使持書至暹羅，譴責暹羅慫恿真臘逆臣作亂。1751 年，匿原常欺凌居住在柬埔寨的占族人（越南稱為昆蠻），並與北方鄭主通使，圖謀合攻阮主，阮主遂命阮居貞討伐匿原。1755 年，匿原戰敗，逃往河仙，投靠鄚天賜。次年，鄚天賜上書阮主，謂匿原請獻尋奔（今馬德望）、雷礨二府之地以贖罪，並懇求許其返國。阮主同意此請。1759 年，匿原死，其叔匿潤監理國事，不久為其婿匿馨所殺，而奪取王位。阮主派張福猷進攻匿馨，匿馨敗逃，為其部下所殺。當時匿潤之子匿尊投奔河仙鄚天賜。鄚天賜上書請立匿尊為真臘國王。阮主允其所請，並命鄚天賜護送匿尊返國。匿尊獻尋楓龍給阮主。阮主遂命張福猷和阮居貞遷龍湖營于尋泡處，即今之永隆省會。並置三道：東口道在沙瀝，新洲道在前江，朱篤道在後江。此外，匿尊又獻香澳、芹渤、真森、柴末和靈坰五府之地給鄚天賜，鄚天賜將這五府改送阮主，阮主以之歸屬河仙鎮管轄。」[31]

暹羅鄭信在 1768 年 8 月登基為王，向柬埔寨國王匿尊要求貢象，匿尊以他並非暹羅王朝世系，故不納。[32]

---

[29]　〔越〕張登桂等纂，前引文，第一冊，前編，卷十，頁 134。
[30]　〔越〕張登桂等纂，前引文，第一冊，前編，卷十，頁 141。
[31]　〔越〕陳重金著，戴可來譯，越南通史，商務印書館，北京，1992，頁 243-244。
[32]　〔越〕張登桂等纂，大南寔錄，第一冊，前編，卷十一，頁 7-8。

　　原先暹羅大城王朝最後一任國王之孫詔翠在城破後逃至河仙，受到鄭天賜之保護，鄭信知道此一訊息後，為絕後患，於 1771 年 10 月派兵船圍攻河仙，總兵鄭天賜不能守，棄城而逃。暹羅派陳聯駐守河仙。

　　1770 年初，柬埔寨那萊國王（匿尊）又利用暹羅出兵清邁時派軍偷襲尖竹汶和特拉特（Trat），鄭信遂在 1772 年派軍 1 萬 5 千人，船隻 200 艘，很快就佔領班替密斯、金邊、馬德望、波里汶（Boribun），以及金邊東北方 5 英里的首都班替披趣（Bantéay Pech）（即烏東）。那萊國王（匿尊）逃走，鄭信另立拉瑪狄菩提（匿嫩）為王，[33]柬埔寨成為暹羅的藩屬國，暹羅控制南榮府。後來那萊國王投降，鄭信封其為副王（Maha Upayorat, Vice-King）。這次征服柬埔寨的將軍獲得昭披耶卻克里（Chao P'ya Chakri）的頭銜，其弟弟則獲得昭披耶蘇拉辛（Chao P'ya Surasin）頭銜。

　　1772 年 6 月，廣南阮主派遣總帥阮久潭率軍攻暹羅軍隊，進至南榮，暹羅國王鄭信退回至河仙，派人與鄭天賜議和，遭拒絕。鄭信遂留陳聯守河仙，率軍及將鄭天賜子女和詔翠擄往暹羅。翌年，鄭天賜遣人至暹羅議和，暹羅乃釋放鄭天賜子女，昭翠則被殺害。鄭天賜仍統治河仙。[34]

　　至 1775 年，阮主已控制越南南部交趾支那一帶。18 世紀中葉以後，湄公河下游地區乃逐漸納入順化阮主的版圖。

　　柬埔寨國王匿尊為其兄弟所迫，將權力分為三人共享，1776 年 10 月，匿榮為第一國王，匿尊為第二國王，匿深為第三國王。不久，匿榮殺害匿尊和匿深。時阮福映駐守在嘉定，派杜清仁前往討伐匿榮，匿榮請降，阮福映立匿尊之子匿印〔即安恩王子（Prince Ong Eng, Ang Eng）〕為王。[35]當時匿印只有八歲，阮福映派遣胡文璘留下保護匿印。後來阮福映退出嘉定，遂失去對真臘的保護權。真臘改歸暹羅。[36]

---

[33]　〔越〕張登桂等纂，大南寔錄，第一冊，前編，卷十一，頁 14。
[34]　〔越〕陳重金著，前引書，頁 246。
[35]　〔越〕張登桂等纂，前引書，第一冊，前編，卷十二，頁 170。
[36]　〔越〕陳重金著，前引書，頁 308。

　　阮主扶植安恩王子出任國王，塔勒哈王子（Prince Talaha）為攝政。柬埔寨出現反暹羅的新政權，引起鄭信不快。暹羅在 1781 年初派遣昭披耶卻克里和昭披耶蘇拉辛率兵 2 萬遠征柬埔寨，王子殷披塔克王子（In P'itak）同行，當暹羅軍隊佔領首都班替披趣（烏東）後，殷披塔克王子被立為柬埔寨國王。塔勒哈逃到西貢，請求阮主之協助。

　　暹羅鄭信國王在 1782 年被處死，昭披耶卻克里成為暹羅新國王。柬埔寨在 1783 年發生內亂，年僅 9 歲的國王安恩及其隨從逃至曼谷，由大臣巴恩（Baen）擔任攝政，統治烏東。1795 年，暹羅拉瑪一世（Rama I）冊封安恩為柬埔寨國王，然後送至柬埔寨出任國王。安恩受到一位暹羅官員的監督。暹羅在烏東任命一名以前的柬埔寨官員巴恩為攝政（ta-la-ha），巴恩立即招募軍隊對抗在柬國境內的越南西山（Tay Son）軍隊。

　　1795 年，暹羅出兵佔領柬埔寨的蒙哥比里、詩梳風。1796 年，安恩國王派遣朝貢使到曼谷。他在 1797 年初去世，其子王子安贊（Ang Chan）（匡禛）[37]僅有 4 歲，未能繼位。此後十年，柬埔寨沒有新立國王，而由攝政掌理政務。1797 年，暹羅又佔領馬德望和暹粒。

　　暹羅在 1806 年為安贊加冕登基為柬埔寨國王。柬埔寨王室分為親暹羅和親越南兩派，柬國國王選擇越南保護，但同時向暹羅進貢。1807 年 9 月，安贊（匡禛）遣使向越南朝貢，定三年一貢，貢品有雄象二匹、犀角二座、象牙二枝、烏漆二十瓶、豆蔻、砂仁、黃臘、紫蟻、陳黃各五十斤。越南派遣兵部參知吳仁靜為正使、永清記錄陳公檀為副使，齎敕印（銀印鍍金駝鈕），封安贊為高棉國王。[38]

　　1809 年，暹羅國王拉瑪一世去世後，柬埔寨倒向越南更為明顯。國王安贊拒絕參加拉瑪一世的火葬禮。代表安贊國王到曼谷參加葬禮的兩位柬國官員，露出傾向暹羅的態度，在他們返國後未經審判的情況下就被安

---

[37] 陳重金稱為安恩為匡印，安贊為匡禛。〔越〕陳重金著，前引書，頁 308。
[38] 〔越〕張登桂等纂，大南寔錄，第三冊，正篇第一紀，卷三十三，頁 749。

贊國王處死。[39]在 1811-1812 年間，柬國境內的暹羅軍隊和越南軍隊爆發衝突。暹羅支持國王安贊的一位兄弟，越南支持國王安贊，派兵保護其在首都烏東的王宮。國王安贊的三位弟弟逃到曼谷。國王安贊為表示對越南的效忠，每月兩次穿著順化阮主所贈送的越南官服，他本人和隨從亦前往金邊附近的越南廟進香，向上頭寫有越南國王名字的名牌鞠躬。柬埔寨在 1812 年將首都從烏東遷至金邊。1812 年，安贊國王的弟弟安司恩古恩（Ang Snguon）要求出任副王，並控制一部份領土。此一要求遭到安贊拒絕，安司恩古恩遂請暹羅國王拉瑪二世派軍進入柬埔寨，控制首都金邊。安贊國王在戰敗後逃至交趾支那的西貢。[40]1813 年，安贊在越南之支持下，重回金邊。1814 年，暹羅重又出兵佔領柬埔寨大部分領土。

　　1815 年，安贊國王獲得越南的支持，越南國王嘉隆王率軍進佔柬埔寨首都金邊，在金邊駐軍，柬國成為越南之屬國。此時越南控制柬埔寨東部，而暹羅控制柬埔寨西部。暹羅將安司恩古恩和安贊的兩個弟弟安恩（Ang Im）和安敦（Ang Duang）（匿敦）帶至曼谷。

　　1816 年，有大臣領導柬國軍隊起來驅逐越南軍隊，結果失敗。也許是出於安撫暹羅，或僅因為此次行動失敗，在金邊的越南當局要求國王安贊懲罰那些領導反對越南軍隊的大臣，將他們帶至西貢給予懲罰，面對越南的壓力，國王安贊無能為力，只好屈服。越南在柬埔寨開鑿文德運河（Vinh Te Canal），因虐待高棉人而引發暴動，高棉人反越情緒高漲。1817 年，在西貢的越南官員招募數千名越南人和一千名高棉人開鑿一條從暹羅灣到昭多克（Chaudoc）的長約 40 公里的運河，因為高棉人遭到鞭打而引發暴動。[41]越南從 1815-1820 年徵調大量柬人開鑿一條從湄公河到河仙的運河，長 53 公里，稱河仙運河。

[39] David P. Chandler, *op.cit.*, p.119.
[40] Henry Kamm, *Cambodia, Report from a Stricken Land*, Arcade Publishing, New York, 1998, p.24.
[41] David P. Chandler, *op.cit.*, p.120.

　　1831 年，暹羅再度出兵柬埔寨金邊，安贊國王逃離金邊，他獲得越南明命王出兵協助，得以擊退暹羅軍隊而重回金邊。

　　暹羅拉瑪三世在 1833 年捲入與越南之衝突。該年 7 月，交趾支那的柬人叛軍請求暹羅給予軍事援助，暹羅在該年底派遣波丁迪查（Chaophraya Bodindecha）率領 4 萬軍隊進入柬埔寨，另由寮國軍隊沿湄公河而下進入柬埔寨，以及由帕拉克郎（Chaophraya Phrakhlang）率領一支艦隊佔領哈定（Ha Tien）港口及附近島嶼。暹羅軍隊在柬埔寨境內沒有遭到強烈的抵抗，越軍夥同國王安贊退入越南境內，暹羅軍隊於 1834 年 1 月兵臨西貢，但因為帕拉克郎的軍隊未能及時趕到，以致波丁迪查的孤軍未能抵擋越南軍隊，失敗退回暹羅。越南將軍張明講（Truong Minh Giang）率領越南軍隊趁機佔領柬埔寨，統治 7 年。1835 年初，國王安贊因病去世，得年 44 歲，他總共統治柬國 40 年。

　　柬國國王安贊無子，而長女巴恩（Baen）公主又親暹羅，所以越南迫使柬國立二公主安眉（Ang Mei, Ang Mey）為郡主，稱玉雲公主，其在位期間從 1835-1841 年，並將她幽囚宮中，不允過問朝政。越南從西貢派遣張明講將軍統治柬埔寨，實施越南化政策，強迫柬人穿越南服裝、講越南話、結越南式頭髮，並在柬國境內派駐軍隊，任用越南人出任政府官員，改為越南人的度量衡。最為特別的是，張明講在金邊建造一座議政堂，令安眉郡主姊妹面向北面坐著，面對越南國王冊封她的誥書，而張明講及其他越南官員則坐北朝南，猶如越南順化王宮的議政堂模式。[42]越南將金邊改為鎮西城，高棉分為 32 府和 2 縣，設置一將軍、一參贊大臣、一提督、一協贊和四正副領兵，以管理軍民諸事。在各要害之處，又設宣撫、安撫之職，以防禦之。[43]

　　1837-1839 年間，柬境爆發反越動亂，起因是反對越南化措施。

---

[42]　David P. Chandler, *op.cit.*, p.125.
[43]　〔越〕陳重金著，前引書，頁 340。

　　越南在 1836 年派遣特使到曼谷，密會安敦，請其到金邊會商他的前途。安敦加以拒絕，但暹羅國王拉瑪三世懷疑他的忠貞，遂將他逮捕下獄。安恩王子自其兄弟被囚在獄後，在馬德望獲得暹羅之保護，卻在 1839 年 12 月叛離暹羅，率領數千人進入金邊，他誤以為越南會立他為柬埔寨國王，反被越南將軍張明講逮捕，被擄送至西貢和順化。為預備佔領柬埔寨，暹羅在 1840 年初派軍駐守馬德望。波丁迪查前往馬德望，調查安恩王子叛離的原因，發現在 300 名柬埔寨官員中，約有 200 名官員逃走。他遂延後進攻柬國的計畫，因為無法確實知道能否獲得當地柬埔寨人的支持。

　　柬埔寨人反抗越南日趨嚴重，導致越南無法在柬境收稅及取得充足的糧食，其在柬境的軍隊無法自行維持需要。越南明命王遂在 1840 年 6 月將安眉郡主貶為美林郡主，後將其與妹妹副王安浦流放西貢，柬埔寨之王者權杖遂為越南所控制。越南同時逮捕六名大臣，包括茶龍、羅堅，將這些大臣、大批柬國官員和人民流放順化，指控他們虛造統計資料，隱匿應該從事軍役和強制勞動責任的 1 萬 5 千人的資料。越南將這些流放西貢的柬人予以秘密處死，再加上越南人輕蔑柬埔寨的佛教、語言、文化和制度，促致該年 9 月柬埔寨爆發反越運動。亂事先在湄公河東岸爆發，然後擴散到海岸地帶，例如里畝（Ream）、貢布（Kampot）及南越地區的高棉人居住區。明命王要求在越南的柬埔寨高級官員寫信給其在柬埔寨的親戚和朋友投降，也派遣和尚和懂法術者前往金邊，以瓦解柬人的士氣。[44]

　　1840 年底，暹羅的波丁迪查在馬德望調集 35,000 名軍隊，擊敗在菩薩的越南軍隊，由於後勤支援不足，而退回馬德望。在他包圍菩薩期間，柬埔寨有 18 名高級官員寫信給他，請求暹羅將安敦釋放返回柬國，柬人將支持暹羅。波丁迪查將該信轉呈暹羅國王拉瑪三世，並建

---

[44] David P. Chandler, *op.cit.*, pp.129-132.

議釋放安敦。1841 年 1 月，暹羅釋放安敦返回馬德望，由暹羅和柬埔寨顧問陪同，他配戴王室勳章和服飾。波丁迪查利用安敦號召柬人團結以對抗越南。

　　安敦為安贊之弟弟，流亡在柬、泰邊境的馬德望多年，1837 年被暹羅軍隊逮捕，送至曼谷，受到暹羅的保護。1841 年 12 月 18 日，暹羅軍隊護送安敦進入金邊，扶植安敦登基為王。張明講復派軍進攻金邊，企圖立安恩王子為傀儡國王。他以自己的名義發出政令，未獲廣大柬國人民之支持，所以將安恩、公主和約 6,000 名平民撤往越南。他致函順化王朝，報告柬埔寨情況，越南國王明命王譴責他丟失柬埔寨，他遂服毒自殺。[45]波丁迪查雖然控制柬埔寨，但情況對他不利。1844 年，有許多柬埔寨當地人民逃入森林，沒有提供暹羅軍隊必須的給養，暹羅士兵因糧食不足導致死亡約 1 千人，所以暹羅軍隊只好放棄金邊，安敦隨暹羅軍隊退回暹羅。越南立即重新回到金邊，立安眉公主為柬埔寨女王。越軍進攻集結在烏東的暹羅軍隊，1845 年一年的戰爭，雙方沒有勝負。最後越南和暹羅進行談判，越南代表阮知方、尹蘊和暹羅代表質知約在 1845 年 11 月進行議和談判，在雙方代表談判時，安敦跪在旁邊，阮知方要求安敦以文書請罪，最後暹羅與越南雙方簽訂和平協議。次日，安敦派人送請罪文書給阮知方。[46]和平協議主要內容如下：[47]

　　(1) 暹羅和越南均承認安敦為柬埔寨國王。

　　(2) 越南釋放被扣押在越南的柬埔寨親王、公主和官吏。

[45] David P. Chandler, *A History of Cambodia*, O. S. Printing House, Bangkok, Thailand, 1993, p.133. 陳重金說是得疾而卒。參見陳重金著，前引書，頁 346。另據大南寔錄的記載，張明講在兵敗後，越南國王擬予以嚴辦，「不謂大兵纔回，遽已病逝。」但「剝奪其將軍職銜，另加恩焰協辦銜，給恤，免其追議。再奪其子明詩原支七品俸。」(〔越〕高春育等纂，大南寔錄，第二十冊，大南正編列傳二集，卷二十，頁 7821。)

[46] 〔越〕陳踐誠等纂，大南寔錄，第十四冊，正編第三紀，越南國家圖書館，河內，1844 年，卷五十二，頁 5418-5420。

[47] George Cœdès, translated by H.M. Wright, *The Making of Southeast Asia*, University of California Press, California, 1966, p.200.

(3) 暹羅同意越南併吞交趾支那。越南則同意暹羅保留近 50 年來在
　　柬埔寨奪得的領土。

(4) 暹羅和柬埔寨釋放越南戰俘。

(5) 曼谷和順化的代表將出席於 1847 年底舉行的安敦加冕禮。

　　此後，柬埔寨以暹羅和越南為宗主國，對暹羅每年一貢，對越南三年一貢。

　　由於越南控制了柬埔寨的王者權杖，使得安敦無法順利登基。越南為保留面子，要求柬埔寨在 1846 年 3 月遣使到順化朝貢，宣布柬埔寨形式上臣屬於越南。陳重金說，在 1847 年 2 月，越南封匿蟟（即安敦）為高棉國王，並封美林（安眉）郡主為高棉郡主。[48]但張德樂（David P. Chandler）的說法不同，他說：「當柬埔寨使節於 1847 年 6 月返回金邊時，越南將王者權杖歸還給柬埔寨及釋放數名皇室官員。隨後從柬埔寨撤兵回安江，這是自 1811 年以來柬埔寨境內沒有越南軍隊。以後安敦從暹羅重回到柬埔寨首都金邊，在 1848 年 4 月登上王位，其背後獲得暹羅之支持。安敦的兒子留在曼谷當人質，使其安份不背叛暹羅。此外，有少許暹羅顧問住在金邊，監視其行動。他在位期間進行語文改革、公共建設、頒佈禁止奢侈法令、新的皇室頭銜法令、編纂法律和歷史。」[49]

　　從 1803 年到 1851 年，柬埔寨和越南維持朝貢關係，以下是從越南史料整理出的柬埔寨遣使越南朝貢的紀錄，可以瞭解在將近半個世紀中，柬埔寨成為越南的朝貢國，其國王登基需獲得越南的冊封：

　　嘉隆 2 年（1803），「聖駕北巡，高蠻國遣使隨詣北城朝貢。」[50]「高蠻國使部進貢方物象牙二十二枝、犀角六座、黃蠟二檯、白布三百段、

---

[48] 陳重金著，前引書，頁 346。

[49] David P. Chandler, *op.cit*, pp.134-135.

[50] 欽定大南會典事例（一），禮部柔遠，卷一百三十三，Bo Van-Hoa Giao-Duc, Sai-gon, 1965, 頁 132。

烏漆七十瓶、雄象四匹、紫蟻十五樓，其貢品由嘉定鎮照收。」[51]越南
史料所講的高蠻國，就是高棉的音譯。北城，指河內。

　　嘉隆6年（1807），高蠻國遣使詣京。[52]「議准高蠻國貢例以茲年丁
卯為始，三年一次。據已申、亥寅為限，屆年四月到嘉定鎮。又覆準來
年高蠻國奉有進謝恩禮，其使部亦準以四月到嘉定鎮，仍許併將己巳年
例貢一體並進。」[53]「高蠻國使部籲請恩封。」[54]

　　嘉隆6年（1807），「高蠻國長匿嗡禛歸附。敕封為高蠻國王，頒給
鍍金銀印一、獅鈕、朱漆、泥匣一，用銅製。制誥、敕書各一道，用描
金龍藤紙膳寫，遣使齎遞前往該國錫封。」[55]

　　嘉隆7年（1808），「奏准高蠻貢使抵京，例賞加賞，並與六年同。」

　　嘉隆10年（1811），高蠻國遣使詣京。

　　嘉隆11年（1812），高蠻國遣使恭上進香禮。「高蠻國遣使恭進謝恩
表，並請色服。」

　　嘉隆14年（1815），高蠻國遣使恭上進香禮。

　　嘉隆15年（1816），高蠻國籲請歲遣藩僚來朝一次。越南同意其請。[56]
「高蠻國遣使齎遞方物、表文，詣京慶賀皇太子冊立大禮。」[57]

[51] 欽定大南會典事例（二），禮部柔遠，卷一百三十四，Bo Van-Hoa Giao-Duc, Sai-gon, 1965, 頁86。
[52] 欽定大南會典事例（一），禮部柔遠，卷一百三十三，Bo Van-Hoa Giao-Duc, Sai-gon, 1965, 頁134。
[53] 欽定大南會典事例（二），禮部柔遠，卷一百三十四，Bo Van-Hoa Giao-Duc, Sai-gon, 1965, 頁58。
[54] 欽定大南會典事例（二），禮部柔遠，卷一百三十四，Bo Van-Hoa Giao-Duc, Sai-gon, 1965, 頁88。
[55] 欽定大南會典事例（二），禮部柔遠，卷一百三十四，Bo Van-Hoa Giao-Duc, Sai-gon, 1965, 頁8。
[56] 欽定大南會典事例（二），禮部柔遠，卷一百三十四，Bo Van-Hoa Giao-Duc, Sai-gon, 1965, 頁58。
[57] 欽定大南會典事例（二），禮部柔遠，卷一百三十四，Bo Van-Hoa Giao-Duc, Sai-gon, 1965, 頁96。

　　嘉隆 16 年（1817），高蠻國遣使詣京恭謝年前蒙賜該國藩僚品服。奉進謝恩禮象牙二枝、犀角二座、荳蔻、砂仁、黃蠟、陳黃、紫梗各五十斤，附重各五今、烏漆二十瓶。」[58]「又例准高蠻國每年一次常貢，照三年正貢，品儀數內省，減烏漆十瓶、雄象二匹，餘與正貢同。」[59]

　　嘉隆 17 年（1818），「奏准是年高蠻國正貢、常貢相值，其二禮品儀，准其並遞。」[60]

　　明命 1 年（1820），高蠻國遣使詣京。[61]

　　明命 2 年（1821），高蠻國委使恭齎歲貢，並慶賀慈壽宮禮品。[62]

　　明命 3 年（1822），高蠻國貢使抵京。[63]

　　明命 5 年（1824），高蠻國遣使奉貢。[64]

　　明命 6 年（1825），高蠻國貢使抵嘉定城，奉諭此次使部著加恩免其進京。[65]

　　明命 8 年（1827），高蠻國遣使奉貢，恭遇順天高皇后六旬大慶節，屬國貢蠻均備禮品稱慶。[66]

---

[58] 欽定大南會典事例（二），禮部柔遠，卷一百三十四，Bo Van-Hoa Giao-Duc, Sai-gon, 1965, 頁 98。

[59] 欽定大南會典事例（二），禮部柔遠，卷一百三十四，Bo Van-Hoa Giao-Duc, Sai-gon, 1965, 頁 98。

[60] 欽定大南會典事例（二），禮部柔遠，卷一百三十四，Bo Van-Hoa Giao-Duc, Sai-gon, 1965, 頁 98-100。

[61] 欽定大南會典事例（一），禮部柔遠，卷一百三十三，Bo Van-Hoa Giao-Duc, Sai-gon, 1965, 頁 146。

[62] 欽定大南會典事例（一），禮部柔遠，卷一百三十三，Bo Van-Hoa Giao-Duc, Sai-gon, 1965, 頁 152。

[63] 欽定大南會典事例（一），禮部柔遠，卷一百三十三，Bo Van-Hoa Giao-Duc, Sai-gon, 1965, 頁 156。

[64] 欽定大南會典事例（一），禮部柔遠，卷一百三十三，Bo Van-Hoa Giao-Duc, Sai-gon, 1965, 頁 158。

[65] 欽定大南會典事例（一），禮部柔遠，卷一百三十三，Bo Van-Hoa Giao-Duc, Sai-gon, 1965, 頁 160。

[66] 欽定大南會典事例（一），禮部柔遠，卷一百三十三，Bo Van-Hoa Giao-Duc, Sai-gon, 1965, 頁 160-161。

明命 9 年（1828），高蠻國貢使抵嘉定城，奉諭此次使部著加恩免其進京。[67]

明命 11 年（1830），高蠻國王匡嗡禎之弟匡嗡源援以暹兵，謀占該國撫標處，匡嗡禎恐懼，率眷屬部落投依嘉定城，懇乞救援。[68]「高蠻國恭進慶賀方物象牙二枝、犀角二座、荳蔻、砂仁、紫蟻各百斤。」[69]

明命 12 年（1831），越南派嘉定總鎮黎文悅、協鎮吳仁靜率軍一萬三千餘人護送匡嗡禎返國。越南又築南榮城，留 1 千多人守南榮，兼保護高蠻國。[70]

明命 13 年（1832），「高蠻國遣使詣嘉定，懇請來京奉貢。奉諭，此次陪臣免其進京。」[71]

明命 14 年（1833），「高蠻國遣使詣京朝貢，並瞻拜萬嘉慶節。」[72]

明命 16 年（1835），高蠻國王匡嗡禎病故。[73]宣封郡主玉雲。[74]「高蠻國藩僚表言，該國王禎無嗣，請立該次女代理家事。奉諭，準（按：應為准）安江署布政張福崗充欽使，宣封該故王第二女玉雲為高蠻郡主，

---

[67] 欽定大南會典事例（一），禮部柔遠，卷一百三十三，Bo Van-Hoa Giao-Duc, Sai-gon, 1965，頁 168。

[68] 欽定大南會典事例（一），禮部柔遠，卷一百三十二，Bo Van-Hoa Giao-Duc, Sai-gon, 1965，頁 74。

[69] 欽定大南會典事例（二），禮部柔遠，卷一百三十四，Bo Van-Hoa Giao-Duc, Sai-gon, 1965，頁 106。

[70] 欽定大南會典事例（一），禮部柔遠，卷一百三十二，Bo Van-Hoa Giao-Duc, Sai-gon, 1965，頁 76-77。

[71] 欽定大南會典事例（一），禮部柔遠，卷一百三十三，Bo Van-Hoa Giao-Duc, Sai-gon, 1965，頁 180。

[72] 欽定大南會典事例（一），禮部柔遠，卷一百三十三，Bo Van-Hoa Giao-Duc, Sai-gon, 1965，頁 180。

[73] 欽定大南會典事例（一），禮部柔遠，卷一百三十二，Bo Van-Hoa Giao-Duc, Sai-gon, 1965，頁 70。

[74] 欽定大南會典事例（一），禮部柔遠，卷一百三十三，Bo Van-Hoa Giao-Duc, Sai-gon, 1965，頁 188。

權理事務。長女玉卞、三女玉秋、第四女玉原各為縣君。」[75]「諭高蠻國朝貢定例三年正貢一次，長年遣使來朝。」[76]

明命 21 年（1840），「諭准此次改封郡主玉雲為美林郡主、縣君玉卞為閭安縣君、玉秋為輸忠縣君，玉原為輯寧縣君，著派出署。寧太御史黃敏建充欽使，齎捧誥敕，由驛前往宣封。」[77]

紹治 7 年（1847），高蠻國遣使奉貢。恩賞該國詫蝪蝡。又遣使宣封恩賞詫蝪蝡。[78]「又議准宣封詫蝪蝡，欽差正使一、布政副使一、郎中宣讀二、護誥印二、隨使管衛奇二、率隊十、兵丁五百，前往烏東城，錫封奉給鍍金駝鈕銀印一（面刻高蠻國王之印六篆字），象牙鈐蓋一（面刻高蠻二字），並誥敕、敕諭、敕書各一。」[79]「議準高蠻國貢期每三年遣使詣京朝貢一次，嗣以寅巳、申亥等年定為貢期，其該國使准以二月上旬抵安江省，四月上旬現已抵京。」[80]嗣德元年（1848 年）1 月，暹羅頭目丕雅碧位搓帶率暹人百餘人，在烏東封詫蝪蝡為高蠻國王。詫蝪蝡遣使向越南進香、慶賀、歲貢等禮。[81]

嗣德 4 年（1851），高蠻國遣使奉貢。[82]

[75] 欽定大南會典事例（二），禮部柔遠，卷一百三十四，Bo Van-Hoa Giao-Duc, Sai-gon, 1965, 頁 18。
[76] 欽定大南會典事例（二），禮部柔遠，卷一百三十四，Bo Van-Hoa Giao-Duc, Sai-gon, 1965, 頁 70。
[77] 欽定大南會典事例（二），禮部柔遠，卷一百三十四，Bo Van-Hoa Giao-Duc, Sai-gon, 1965, 頁 24。
[78] 欽定大南會典事例（一），禮部柔遠，卷一百三十三，Bo Van-Hoa Giao-Duc, Sai-gon, 1965, 頁 214,218-219。
[79] 欽定大南會典事例（二），禮部柔遠，卷一百三十四，Bo Van-Hoa Giao-Duc, Sai-gon, 1965, 頁 30-32。
[80] 欽定大南會典事例（二），禮部柔遠，卷一百三十四，Bo Van-Hoa Giao-Duc, Sai-gon, 1965, 頁 76-78。
[81] 〔越〕阮仲和等纂修，大南寔錄，第十五冊，正編第四紀──翼宗寔錄，卷二，頁 4-6。
[82] 欽定大南會典事例（一），禮部柔遠，卷一百三十三，Bo Van-Hoa Giao-Duc, Sai-gon, 1965, 頁 222。

　　從上述越南史料可知，越南有意貶抑柬埔寨的地位，視其為野蠻國家，故意將其國名譯為「高蠻」，將國王名字譯為有蟲字旁的匿螉、詫蝓螉。

第二節　法國入侵

　　1853 年，安敦透過法國駐新加坡領事致送禮物和以謙卑屬臣地位尋求法國皇帝拿破崙三世（Napoleon III）給予柬埔寨保護。他也可能是透過在烏東的法國傳教士傳達他的意思。他致送的禮物包括四隻象牙、兩隻犀牛角和為數不少的糖和白胡椒。但這些禮物中途遺失，並沒有送抵法國。1855 年 11 月，法國駐中國上海領事蒙替格尼（M. de Montigny）前往曼谷訪問，順道前往柬埔寨和越南。安敦不知道拿破崙三世沒有收到他的禮物，因此下令蒙替格尼從暹羅到越南時到柬埔寨首都金邊，解釋此事。[83]

　　暹羅國王請求蒙替格尼允許九名柬埔寨人搭乘他的船到柬埔寨，當蒙替格尼的船抵達柬埔寨時，他發現這九名柬埔寨人中有一位是暹羅人，他是由暹羅國王的弟弟派的間諜，目的在監視蒙替格尼。蒙替格尼在柬埔寨港口貢布受到法國丹沙拉（Dansara）主教麥克（Monseigneur Miche）（也是柬埔寨代理主教）的迎接，本來柬埔寨國王想到港口見他，但後來托病沒有前往，實則他受到暹羅國王的威脅，才沒有前往。安敦派遣官員到貢布，邀請蒙替格尼到金邊，並授權麥克以他之名義進行談判，可簽訂任何協議。惟蒙替格尼起草了總數十四條的商業條約草案，分繕兩份法文文本和兩份柬埔寨文文本，然後將草約交給麥克。由於麥

---

[83]　R. Stanley Thomson, "Establishment of the French Protectorate Over Cambodia," *The Far Eastern Quarterly*, Vol. 4, No. 4 (Aug., 1945), pp. 313-340, at p.315.

克想與蒙替格尼一起到越南，所以將條約草案交給年輕傳教士西司特里士特（Abbe Hestrest）。蒙替格尼另外又附加一份條約草案，規定將科多（Koh-doo）島割讓給法國。[84]1856 年，蒙替格尼攜帶一份友好條約草案，想前往金邊，但遭到暹羅顧問的阻止，結果未能見到安敦。暹羅仍控制著安敦的行動。[85]

1856 年 11 月，安敦第二次致函法國國王拿破崙三世，主張被越南侵佔的數個省分屬於柬埔寨所有，希望獲得法國的協助。[86]

法國在 1859 年控制西貢，安敦企圖與法國副海軍上將李高特（Vice-Admiral Rigault de Genouilly）結盟，對抗越南，以奪回從西貢到哈定（Cancao, Hatien）的交趾支那數省的領土。此時暹羅正與越南在柬埔寨境內打仗，暹羅外長汪沙王子（Prince Wongsa）將此一訊息通知法國，同時表示柬埔寨是暹羅的藩屬國。[87]

安敦死於 1860 年，其三個兒子安武迪（Ang Vodey）、西梭瓦特（Sisowath）、西瓦塔（Si Votha）爭奪王位，此時金邊又爆發占族叛亂，柬埔寨陷入內戰。安敦指定其兒子諾羅敦（Norodom）繼位，諾羅敦在安敦還活著時幾乎控制了金邊，但他在東部地區並未普受支持。諾羅敦是安贊的侄子，在年輕時曾在曼谷擔任人質。1861 年，諾羅敦無法統治柬埔寨，遭到他的弟弟西瓦塔的反對，遂逃往暹羅控制的馬德望，隔年底，由諾羅敦另一個弟弟西梭瓦特在法國一艘炮艇的支持下弭平叛亂，諾羅敦在暹羅的支持下重回柬埔寨，法國則將西梭瓦特帶至西貢。[88]惟暹羅將柬埔寨國王的權杖留在曼谷，以致於諾羅敦無法在柬埔寨登基加

[84]　R. Stanley Thomson, *op.cit.*, pp.317-318.

[85]　David P. Chandler, *op.cit*, pp.135-136.

[86]　Marie Alexandrine Martin, *Cambodia: A Shattered Society*, University of California Press, California, 1994, p.30.

[87]　R. Stanley Thomson, *op.cit.*, p.318.

[88]　Lawrence Palmer Briggs, "The Treaty of March 23, 1907 Between France and Siam and the Return of Battambang and Angkor to Cambodia," p.443.

冕，他對於暹羅之干預感到不滿，對於法國之示好，表示興趣，遂與法
國進行秘密談判。

　　法國控制西貢的指揮官查納（Admiral Charner）於 1861 年 3 月致函
諾羅敦表示友誼。1862 年秋天，柬埔寨發生叛亂活動，叛軍領袖沙農斯
（Sanongs）逃到交趾支那躲藏。依據該年 6 月法國和越南簽訂的西貢條
約，法國取得嘉定、邊和和定祥三省的土地，沙農斯變成由法國管轄。
暹羅根據 1856 年暹羅和法國簽署的條約的引渡條款，向法國要求引渡沙
農斯。法國以技術理由認為 1856 年條約沒有規定政治難民的引渡，而拒
絕了暹羅的要求。但法國同意解除沙農斯叛軍的武裝，而且禁止以交趾
支那作為攻擊柬埔寨的基地。[89]

　　1863 年 8 月，一位法國海軍上尉拉格里（Captain Doudart de Lagrée）
率領一艘砲艇「哈契（Hache）號」抵達烏東，他支持諾羅敦成為柬埔
寨國王，並由法國給予保護。1863 年 8 月 11 日，諾羅敦與法國駐交
趾支那總督格蘭狄累（Admiral De la Grandière）簽訂條約（法國國王
拿破崙三世於 1864 年 4 月 17 日批准該約），該約規定由法國負責柬埔
寨之外交，法國在金邊派駐一名總駐紮官（Resident Superior, Resident-
General），由法國海外殖民部（Ministry of Marine and Colonies）直接任
命，受交趾支那總督指揮。法國在馬德望、烏東、暹粒、菩薩等省派駐
駐紮官，形同省長，管理省級事務。由法國派駐柬埔寨的總駐紮官負責
保護柬埔寨，總駐紮官駐守在金邊，而柬埔寨給予法國木材和礦物開採
權。法國有權在柬埔寨的金邊〔法國稱金邊為 Quatre Bras，意指四隻手
臂（Four Arms），因為金邊位在湄公河和洞里薩河交會處，然後再分流
為湄公河和巴寨河（Bassac）向東流入南海〕駐紮軍艦和軍隊，法國人
可在柬埔寨自由傳教、自由貿易。柬埔寨可在西貢派駐一名代表。柬埔

---

[89]　R. Stanley Thomson, op.cit., pp.323-324.

寨人可與法國人自由貿易。法國保證佛教為柬埔寨國教。[90]該約使得柬埔寨成為法國的保護國。柬埔寨也因此擺脫了向越南朝貢的地位，惟尚未解除向暹羅朝貢的關係。

　　諾羅敦與法國簽訂的密約保密數月後，才被暹羅顧問發覺，諾羅敦立即重申依賴暹羅的保護，他願意對暹羅國王服務直至他去世為止。惟暹羅為了穩固控制柬埔寨，在該年 12 月 1 日與柬埔寨簽署秘密條約，由暹羅保護柬埔寨，暹羅擁有暹粒省和馬德望省以及其他暹羅所已控制的柬埔寨土地；柬埔寨需向暹羅朝貢。[91]

　　暹羅決定在 1864 年 2 月 3 日為柬埔寨國王加冕的日期，然後邀請法國的交趾支那總督格蘭狄累出席加冕禮。格蘭狄累派遣狄斯毛林斯（Commandant Désmoulins）代表他出席。暹羅因此未派人出席加冕禮，也未送去王冠。法國鼓勵諾羅敦如期舉行儀式，但沒有行加冕禮，而另舉行登基禮（Svet Trachha）節慶，此一儀式猶如加冕禮一樣有效力。諾羅敦計畫前往曼谷，以取回其王冠，格蘭狄累對此有點困擾。諾羅敦向法國駐越南嘉定（Gia-Din）司令拉格里（Doudart de Lagrée）表明，暹羅國王希望他前往貢布，祈求神的祝福。諾羅敦解釋他為何如此做的原因如下：當他流亡曼谷時，暹羅國王給他佛教和尚的袈裟，他因此成為暹羅國王的教子，暹羅和柬埔寨具有緊密的關係。諾羅敦很想前往貢布，但拉格里勸阻他，暹羅代表數次要他前往貢布。他表示受制於法國官員，所以未能成行。最後諾羅敦不顧法國的反對，決定於 3 月 3 日前往曼谷，在離開烏東之前，他寫信給格蘭狄累，表示暹羅國王希望在曼谷舉行盛大的加冕禮。他這次前往曼谷來回路程需 30-40 天。諾羅敦的顧問有人反對他前往曼谷，海軍大臣要求拉格里出面勸阻，拉格里拒絕將諾羅敦的信轉交給格蘭狄累，並警告諾羅敦，他在曼谷之所為若沒有法國參加，

[90] John Tully, *A Short History of Cambodia*, p.83.
[91] Ronald Bruce St. John, Clive H. Schofield, *The Land Boundaries of Indochina: Cambodia, Laos and Vietnam*, International Boundaries Research Unit, University of Michigan, 1998, p.9.

則法國將不會給予承認。拉格里還警告諾羅敦說，你若去曼谷，暹羅可能就無法讓你返回烏東，壓迫你反對法國，以及中斷法國和柬埔寨之關係。諾羅敦不顧拉格里的警告，在 3 月 3 日動身前往曼谷。當他離開烏東的第八天，船隻抵達崩里特洛斯（Prea Bonleatros）時，諾羅敦收到他的大臣的一封信，載明拉格里收到其上級的命令反對諾羅敦前往曼谷。拉格里要求諾羅敦的船隊返回烏東。信中又說法軍 50 人及 3 門砲在 3 月 6 日進入烏東，升上法國國旗，拉格里並對該法國國旗行 21 響禮炮禮。拉格里向柬埔寨官員警告稱，若諾羅敦繼續前往曼谷，則格蘭狄累將率兩艘軍艦前往貢布，阻止諾羅敦返回烏東，所有官員將被關入獄，柬埔寨將成為法國屬地。[92]

「外國傳教士協會」（Society of Foreign Mission）嘉寧神父（Father Janin）亦介入協調。嘉寧神父從貢布搭船趕上諾羅敦的船隊，他勸諾羅敦勿因為其王位而與法國決裂。3 月 10 日，諾羅敦航抵特拉平汀（Trapeang-tim）時，致函拉格里，表示他正返回烏東。4 月 14 日，由狄斯毛林斯代表格蘭狄累，將柬埔寨與法國條約批准書換文送抵烏東。

諾羅敦的哥哥傅康布（Phou-Kambo）聽說他父親去世，以及諾羅敦登基為王，獲得華人的支持，於是發動叛亂，他獲得暹羅人和寮國國王的支持，奪占烏東，並將之焚燬。諾羅敦則在法國協助下，逮捕傅康布、華人領袖和官員，皆予以砍頭處死。諾羅敦將首都暫時遷到農雷恩（Nuoum-Rhein）。柬埔寨因為財政困難，無力恢復重建烏東。[93]

4 月，暹羅和法國簽署草約，暹羅承認法國對柬埔寨的保護，並宣稱 1863 年 12 月暹羅與柬埔寨條約無效；暹羅和法國承認柬埔寨是一個自由獨立的國家，不屬於任何宗主國；法國承認現行的吳哥和馬德望以

---

[92] R. Stanley Thomson, *op.cit.*, p.338.

[93] J. G. G. D'Abain, "Report to the American Geographical Society of New York on the Kingdom of Cambodia, the Ruins of Angkor and the Kingdom of Siam," *Journal of American Geographical Society of New York*, Vol.7, 1875, pp.333-356, at p.334.

及寮邦（Laotian states）為暹羅的邊境省分。由於該草約遭到法國各界的批評，主要是該條約將一部份土地割讓給暹羅，而換來暹羅承認法國對柬埔寨的保護，以致於法國政府沒有批准該約。[94]吳哥和馬德望兩省都是柬埔寨人居住，從 1795 年以來成為暹羅的封地，都是由暹羅派遣的柬埔寨官員統治，實施柬埔寨法律和習慣。位在柬埔寨東北部的美羅普瑞（Melouprey, Mlu Prey or Mlo Prei）、洞里里曝（Tonlé Repu）、斯東特巒（Stung Treng）、巴寨等地自其總督於 1810-1815 年叛亂後被暹羅佔領，該地原是高棉人居住，後來從北方有不少寮族人南下，而成為暹羅的寮邦（Siamese Laos）。[95]

　　法國為了控制柬埔寨，排除暹羅的干預，需與暹羅進行談判，乃在 1865 年上半年派遣新任駐曼谷領事歐巴雷特（Captain I. N. Aubaret）前往曼谷，他威脅說，假如暹羅不同意與法國聯合共管柬埔寨，則法國將對暹羅採取懲罰行動。他向暹羅首相克拉拉宏（Kralahome）建議與暹羅共同對柬埔寨國王行加冕禮。他表示法國不否認暹羅對柬埔寨的傳統的權利，不反對柬埔寨繼續對暹羅致送貢物。依據柬埔寨和法國條約，柬埔寨將維持與法國和暹羅之間的平衡地位。克拉拉宏接受暹羅和法國共同給柬埔寨國王行加冕禮的建議。克拉拉宏被暹羅國王任命為加冕禮的特使，他率 4 名官員和 50 名僕人先前往西貢，與格蘭狄累商量加冕禮細節，他建議加冕禮在 5 月 18、23、或 25 日擇一日舉行。狄斯毛林斯代表格蘭狄累，將加冕禮日期訂在 6 月 3 日。在加冕禮上，暹羅特使代表暹羅國王致送諾羅敦一條細長金葉，上鑴刻諾羅敦的名字，放在一個金銀盒內。然後將王冠交給狄斯毛林斯，狄斯毛林斯將王冠交給諾羅敦的手裡，諾羅敦自行將王冠戴在頭上。法國大砲齊發，向這位新加冕國王致敬。然後由法國駐紮官亨尼卡特博士（Dr. Hennecart）代表狄斯毛林斯向諾羅敦宣讀講稿，講詞

---

[94] Ronald Bruce St. John, Clive H. Schofield, *op.cit.*, p.9.
[95] Ronald Bruce St. John, Clive H. Schofield, *op.cit.*, p.10.

先用法文宣讀，再用柬埔寨文。該講詞事先讓暹羅特使看過。接著暹羅特使致詞。[96]該一加冕禮顯示法國和暹羅都是柬埔寨的宗主國，因為是由諾羅敦自行加冕，故沒有一方可以為柬埔寨國王加冕。

暹羅受到法國之威脅，迫使其轉向英國求援。英國領事於 6 月秘密與暹羅接觸，他建議暹羅無須做過多讓步，因為該法國領事之要求遠超過法國中央政府對他的指示。英國領事甚至為暹羅草擬答覆文，堅持柬埔寨為暹羅的藩屬國。歐巴雷特將暹羅之覆文帶回巴黎，巴黎不滿意，要求重新談判。1866 年底，歐巴雷特再度到曼谷談判，他與暹羅談判代表蘇里亞旺（Somdech Chaopraya Borom Maha See Suriyawong，或寫為 Sisuriyawong）會談，發生爭執，後者堅持不願讓步，歐巴雷特要求暹羅國王蒙庫特（Mongkut）撤換蘇里亞旺，而由蒙庫特國王直接參與談判。由於歐巴雷特與蒙庫特國王之談判出現許多爭論，蒙庫特國王威脅將致函法國國王述說歐巴雷特的行為舉止，歐巴雷特回應說，法國政府充分支持他的行為。[97]

1866 年，在法國之壓力下，諾羅敦將首都從烏東遷移到金邊，因為距離西貢較近，且有利於法國在湄公河流域的商業活動。而從該年起，諾羅敦面臨反叛活動，反對他與法國合作。10 月，一位自稱是安恩國王後代的阿梭亞（Assoa），反對諾羅敦國王，越南將之逮捕後送交法國處理。

暹羅於 1867 年 7 月 15 日與法國在巴黎達成協議簽署條約，暹羅同意柬埔寨成為法國的保護國；宣布 1863 年 8 月 11 日法國和柬埔寨簽訂的條約無效；法國同意不將柬埔寨王國併入交趾支那殖民地；將吳哥和馬德望兩省割讓給暹羅。吳哥、馬德望和詩梳風（Sisophon）三省直至 1907 年才被法國兼併。當蒙庫特國王於 1868 年去世後，暹羅對於柬埔寨的控制就愈來愈弱。

---

[96]　R. Stanley Thomson, *op.cit.*, p.339.

[97]　B. J. Terwiel, *Thailand's Political History from the Fall of Ayutthaya in 1767 to Recent Times*, River Books Co.,Ltd., Bangkok, 2005, p.155.

　　諾羅敦的同父異母弟西瓦塔（Siwotha）在 1877 年反抗他，在法國之壓力下，諾羅敦進行一連串的改革，包括減少皇家擁有土地數量、實施土地私有制、減少高級官員人數、合理稅收、廢除奴隸。1884 年，法國成功的迫使諾羅敦以徵收出口關稅的錢來支付給法國的行政費。在過去，柬埔寨之土地皆屬於國王所有，沒有私有制的觀念，國王的財產和國家的財產沒有區分。法國認為這是進步的障礙。1880 年代，柬埔寨總人口有 90 萬人，其中 15 萬人是奴隸。奴隸包括世襲奴隸和債務奴隸。另亦有王宮和佛廟的奴隸。[98]長期以來奴隸已成為柬人生活的一部份，要廢除奴隸，將面臨諸多困難。

　　法國亦推動柬埔寨行政改革，當時柬國分為 57 省，每省由王室成員或高官負責，中央和省的職權有諸多重疊，財政劃分不清楚。政府亦無教育、社會福利、衛生健康等機構，法律體系簡陋、不公平。城鎮殘破，只有少數磚造房子，大部分為茅草房。

　　1884 年，諾羅敦致送一封電報給法國總統，抗議法國的壓迫，卻遭到法國駐交趾支那總督湯姆森（Charles Thomson）之斥責。湯姆森曾與西梭瓦特密談，假如諾羅敦拒絕改革，則將由他取代諾羅敦。[99]6 月，湯姆森乘法國炮艦從西貢抵達金邊，在衛隊護衛下前往會見諾羅敦，迫使諾羅敦簽下條約，條約第二條規定：「柬埔寨國王陛下接受所有行政、司法、財政和商業改革，未來將由法國做出判斷，以使得法國的保護成功。」[100]法國同時要求柬埔寨廢除奴隸制、允許私有土地，法國在柬埔寨派駐總駐紮官（Résident Supérieur），負責柬埔寨的行政權，在各省則派駐駐紮官（Résident）。柬埔寨國王只扮演儀式性角色，柬埔寨的地位從保護國的地位降至法國殖民地。[101]

---

[98] John Tully, *A Short History of Cambodia*, p.86.
[99] David P. Chandler, *op.cit*, p.143.
[100] David P. Chandler, *op.cit*, p.144.
[101] Henry Kamm, *op.cit*., p.26.

圖 3-1　諾羅敦國王

資料來源：“Norodom of Cambodia,” http://en.wikipedia.org/wiki/Norodom_of_Cambodia
　　　　2019 年 1 月 5 日瀏覽。

　　柬埔寨人對於法國之壓迫感到不滿，1885 年初，爆發全國反法運
動，持續一年半，法國出兵 4 千多人鎮壓，死亡 1 萬人，有不少人逃至
馬德望和暹羅避難或森林躲藏。[102]法國不信任諾羅敦，懷疑他在背後支
持反法運動，因此法國另支持西梭瓦特，同意其任命親法官員，逐漸削
弱諾羅敦的權力。1886 年 7 月，諾羅敦宣布假如反法份子能放下武器，
則法國將會尊重柬埔寨的法律和習慣。反法份子警告法國勿干涉柬埔寨
內政，強調柬埔寨政府合理化、控制政府的經濟。此後法國在諾羅敦周
圍安插親法的柬埔寨顧問，這些顧問是出身自 1870 年代在法國受訓的翻
譯人員，其中最有名的是高棉和中國混血兒刁恩（Tiounn），他在柬埔寨
政治扮演重要角色約半個世紀。他曾任財政部長、王室事務部長和藝術
部長。他的數名孫子後來成為柬埔寨共黨的要角。[103]

---

[102] John Tully, *A Short History of Cambodia*, p.90.

[103] David P. Chandler, *op.cit*, pp.145,162.

　　1887 年 10 月 17 日，法國成立印度支那聯邦（Indochina Union），將安南、交阯支那、東京和柬埔寨納入該一聯邦內，將柬埔寨總駐紮官置於法國駐印度支那總督管轄之下，由法國海外部任免。1889 年 5 月 9 日，法國重新改組其在柬埔寨的高層官員之組織，將總駐紮官之名稱改為高級駐紮官（Resident Superior）。

　　在法國的控制下，柬埔寨在 1892 年實施直接稅，在各省派駐法國官員。法國支持西梭瓦特一系的王族出任國王，而非諾羅敦的兒子，因為後者具有較強的獨立性。1893 年，法國將諾羅敦的一個兒子放逐到阿爾及利亞（Algeria），因為煽動主張反殖民主義。諾羅敦另一位兒子余康梭王子（Prince Yukanthor），僱請一位法國記者公開在柬埔寨的法國官員的惡形惡狀。巴黎的法國官員以電報請諾羅敦要求其兒子道歉。余康梭王子沒有道歉，流亡曼谷，最後逝於 1934 年。

　　1893 年 4 月，暹羅外長狄瓦旺西（Prince Devawongse）王子意圖將與法國的邊界問題提交國際仲裁，遭法國拒絕，要求暹羅立即讓步。法國原先在湄南河口駐守有「進出口」（Lutin）號軍艦，此時又增派軍艦「慧星」（Cométe）號。暹羅警告法國軍艦不得溯流湄南河而上，且加強在北欖（Paknam）砲台的軍備。暹羅再度請求英國干預及派特使到美國華府求援。5 月，暹羅軍與法軍在今天泰國和柬埔寨交界的湄公河中的孔（Khong）島發生衝突，數名法軍官被殺，一名高階官員被俘。隨後在湄公河左岸發生一連串的衝突，暹羅動員眾多軍隊，戰爭一觸即發。7 月 13 日晚，法軍不顧暹羅軍隊的警告，溯流湄南河而上，暹羅軍隊對法軍艦開火，雙方爆發戰爭，法軍數名被殺死，法軍艦突破砲火，溯流上航。英國出面調停，遭法軍拒絕。法國在 7 月 20 日提出最後通牒，要求暹羅在 24 小時內從湄公河以東撤軍、懲兇、賠償 200 萬法郎、由暹羅提出 300 萬法郎作為保證金，若暹羅不提出該一保證金，則由法國收取馬德望和暹粒兩省的關稅。假如暹羅在 24 小時內沒有應允，則法軍將以海軍軍艦封鎖曼谷港。法軍見暹羅沒有回應，於是封鎖曼谷直至 7 月 29

日，暹羅不僅同意法國所提出的原先的條件，次日又同意法軍臨時佔領尖竹汶，暹羅從馬德望和暹粒撤軍，及從湄公河西岸 25 公里地區撤軍（該一地帶成為非軍事區）。10 月 3 日，暹羅和法國簽訂和平條約（Treaty of Peace and Convention between France and Siam），主要內容為：(1)暹羅割讓湄公河左岸地區以及河中的島嶼，即琅勃拉邦一部份土地給法國。(2)暹羅政府同意不在湄公河右岸建設軍事據點和設施（成立 25 公里寬非軍事區）。(3)暹羅政府同意法國認為在適合地點設立領事館，可能的地點在拉傑西馬（Nakorn Rajseema）和南城。(4)暹羅向法國賠償 3 百萬法郎。此外，還簽署一項協議，規定暹羅軍隊從湄公河左岸撤退、懲罰暹羅有罪的官員，法國臨時佔領尖竹汶，直至暹羅履行法、暹條約的規定。[104]琅勃拉邦的其他土地亦在 1907 年割讓給法國。法國在 1893 年併吞寮國後，亦將寮國併入印度支那聯邦。

英國和法國為了劃分它們在印支半島的勢力範圍，乃在倫敦談判，1896 年 1 月 15 日簽署「英國和法國關於暹羅王國和其他問題宣言」（Declaration between Great Britain and France with regard to the Kingdom of Siam and Other Matters），主要內容如下：(1)雙方保證不出兵湄南河盆地，要求暹羅不得在湄公河右岸 25 公里內駐軍。(2)雙方同意維護暹羅的獨立，任何一方不得與第三國簽署協議利用本條約所規定的限制措施。(3)雙方承認湄公河是兩國勢力範圍的分界線。[105]據此協議，英國和法國承認暹羅的中立地位。

換言之，在英、法之保證下，暹羅才得以維持獨立地位。而英國獲得馬來半島、法國取得暹羅東北部湄公河流域以及柬埔寨西部的控制權，英國和法國在 1897 年達成秘密諒解，排除第三國在泰南半島活動，

---

[104] Prachoom Chomchai, *Chulalongkorn The Great*, Sobunsha, Co., Ltd., Tokyo, Japan, 1965, p.137.
[105] Prachoom Chomchai, *op.cit.*, p.138.

也禁止暹羅在克拉（Kra）地峽的最窄處建設克拉運河。法國且表示暹羅之東北部靠近寮國以及東部靠近柬埔寨的地區是法國之勢力範圍。[106]

法國免費贈送鴉片給諾羅敦，使其因吸食鴉片而健康惡化，最後無法處理朝政。法國駐柬埔寨高級駐紮官（résident supérieur）瓦尼維樂（Huynh de Verneville）於1897年發電報給巴黎，報告諾羅敦已無法視事，請求由他代理執政。巴黎同意他的請求，瓦尼維樂遂得以自由發佈敕令、任命官員、徵收直接稅、選任王儲。法國亦在同年同意由西梭瓦特出任國王。諾羅敦只剩下舉行佛教儀式的權力。

1902年10月7日，暹羅和法國在曼谷簽署「法國和暹羅條約」（Convention between France and Siam），暹羅將湄公河右岸的琅勃拉邦割讓給法國；並將湄公河右岸、柬埔寨北邊的巴塞移轉給法國。

西梭瓦特在1904年接替諾羅敦出任國王，西梭瓦特是諾羅敦的弟弟，出任國王時年已64歲，與法國積極合作，他是虔誠的佛教徒。法國之所以選任西梭瓦特，乃因為他態度較傾向法國，服從法國的命令。另一個原因是諾羅敦屬意繼位的余康梭王子有反法傾向，所以法國不願選擇諾羅敦的兒子出任國王。

在西梭瓦特統治頭兩年，致力於制訂儀式規則、革新官僚制度，例如任命電器人員在王宮工作、官員穿襪子和西式皮鞋。他也主持祈雨和豐收儀式。每年法國供應西梭瓦特鴉片113公斤（249英鎊）。[107]他在1906年加冕為國王後不久，才舉行諾羅敦的火葬禮。法國駐印度支那總督交給他柬埔寨的王權權杖。西梭瓦特隨後率領一個皇家芭蕾舞團前往法國馬賽（Marseilles）參觀殖民地博覽會（Colonial Exhibition），並前往巴黎會見法國總統。

當西梭瓦特訪問法國時，正值法國和暹羅談判有關馬德望、暹粒的歸屬問題。1907年3月23日，暹羅和法國簽訂有關印度支那和暹羅邊境條約（Treaty between France and Siam regulating questions connected

[106] David K. Wyatt, *Thailand: A Short History*, p.205.
[107] David P. Chandler, *op.cit*, p.149.

with the Frontiers of Indo-China and Siam），暹羅將柬埔寨西邊的馬德望、暹粒和詩梳風三省割讓給法國。暹羅獲得克拉特（Kratt）港口和丹賽（Dan-Sai）領土。[108]

表 3-1　法國派駐柬埔寨的官員一覽表

Jean Moura 代表（1868-1870,3,9）
Edouard Pottier 臨時代表（1870,3,10-1870,11,10）
Jules Marcel Brossard 臨時代表（1870,11,11-1870,12,31）
Jean Moura 代表（1871,1,1-1879,1,5）
Etienne Francois Aymonier 臨時代表（1879,1,6-1881,5,9）
Paul Julien Auguste Foures 臨時代表（1881,5,10-1884,10,31）
Paul Julien Auguste Foures 總駐紮官（1884,11,1-1885,8,11）
Jules Victor Renaud 臨時總駐紮官（1885,8,12-1885,10,15）
Pierre Badens 總駐紮官（1885,10,16-1886,5,16）
Georges Jules Piquet 總駐紮官（1886,5,17-1887,11,3）
Louis Eugene Palastre de Champeaux 臨時總駐紮官（1887,11,4-1889,3,9）
Orsini 臨時總駐紮官（1889,3,10-1889,5,15）
Albert Louis Huyn de Verneville 高級駐紮官（1889,5,16-1894,1,23）
Felix Leonce Marquant 臨時高級駐紮官（1894,1,24-1894,8,3）
Albert Louis Huyn de Verneville 高級駐紮官（1894,8,4-1897,5,13）
Antoine Etienne Alexandre Ducos 高級駐紮官（1897,5,14-1990,1,15）
Paul Louis Luce 臨時高級駐紮官（1990,1,16-1991,6,2）
Leon Pol Jules Boulloche 高級駐紮官（1991,6,3-1902,7,16）
Charles Pallier 臨時高級駐紮官（1902,7,17-1902,10,25）
Henri Félix de Lamothe 高級駐紮官（1902,10,26-1904,9,24）
Henri Felix de Lamothe 高級駐紮官（1904,9,25-1905,10,15）
Olivier Charles Arthur de Lalande-Calan 臨時高級駐紮官（1905,10,16-1905,12,28）
Paul Louis Luce 高級駐紮官（1905,12,29-1911,7,25）
Paul Louis Luce 高級駐紮官（1911,7,26-1911,10,7）
Ernest Outray 高級駐紮官（1911,10,8-1914,3,25）
Xavier Tessareck 臨時高級駐紮官（1914,3,26-1914,7,24）
Maurice Le Gallen 臨時高級駐紮官（1914,7,25-1914,10,21）
Francols Marlus Baudoin 高級駐紮官（1914,10,22-1920,4,14）
Gaston Rene Georges Maspero 臨時高級駐紮官（1920,4,15-1920,12,5）
Hector Clair Henri Jospeh Letang 臨時高級駐紮官（1920,12,6-1922,4,9）

---

[108] David K. Wyatt, *Thailand: A Short History*, p.206; Lawrence Palmer Briggs, "The Treaty Of March 23, 1907 Between France and Siam and the Return of Battambang and Angkor to Cambodia," p.452.

Victor L'Helgoulch 臨時高級駐紮官（1922,4,10-1927,1,19）
Aristide Le Fol 高級駐紮官（1927,1,20-1928,11,31）
Achille Louis Auguste Silvestre 臨時高級駐紮官（1929,1,1-1929,1,11）
Femand Marie Joseph Antoine Lavit 高級駐紮官（1929,1,12-1932,3,3）
Achille Silvestre 臨時高級駐紮官（1932,3,4-1932,12,6）
Achille Silvestre 高級駐紮官（1932,12,7-1935,1,14）
Henri Louis Marie Richomme 臨時高級駐紮官（1935,1,15-1936,12,11）
Leon Emmanuel Thibaudeau 臨時高級駐紮官（1936,12,12-1937,6,15）
Leon Emmanuel Thibaudeau 高級駐紮官（1937,6,16-1941,12,28）
Jean de Lens 臨時高級駐紮官（1941,12,29-1943,3,1）
Goerges Armand Leon Gauthier 高級駐紮官（1943,3,2-1945,3,9）

資料來源：筆者整理自"Chronology of Cambodia History, 1940-1949," *Chronology of Cambodia History*, http://www.geocities.ws/khmerchronology/1940.htm　2019 年 1 月 5 日瀏覽。

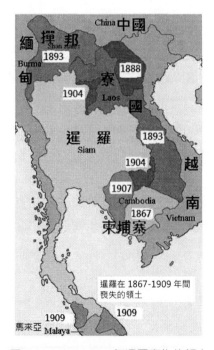

圖 3-2　1867-1909 年暹羅喪失的領土

資料來源："Thonburi and Bangkok period (1768-1932)," Only Chaam.com, https://www. onlychaam.com/history-thailand-thonburi/　2019 年 1 月 5 日瀏覽。

第三節　王朝體制

　　關於柬埔寨人口，直至 1890 年代，很少有統計資料。1890 年，柬埔寨人口有 126 萬 1 千人。1926-1930 年，人口增長兩倍，達 269 萬 5 千人。1945 年，二戰結束，人口達 249 萬。1952 年，柬埔寨獨立前一年，人口達 425 萬人。平均而言，上述各年代華人人口數約佔總人口的 8-10%，例如，1890 年華人有 13 萬人，1931-1934 年，華人人口增長兩倍，有 26 萬人，1952 年有 42 萬 5 千人。[109]華人大都集中在像金邊、馬德望、暹粒、磅占（Kompong Cham）等大城市，從事商業和金融業，也是柬埔寨經濟的主要推動力量。

　　柬埔寨主要居民是高棉人，他們從事種稻、宗教活動和政府職務。工商業則由華人或中、柬混血兒在做。牛隻買賣、紡織、魚貨買賣由信仰伊斯蘭教的爪哇人和占城人在做。在柬埔寨北部的郭（Kui）家族，則從事鐵礦冶煉。16 和 17 世紀從葡萄牙來的葡人後裔，在首都擔任國王的翻譯以及武器維修。在法國統治柬埔寨之前，僅有極少數的越南人住在柬埔寨，以後法國引進大量越南人從事政府職務及種植業工作。

　　與周邊東南亞國家相比，柬埔寨是貧窮的，沒有蘊藏貴重的金屬礦，其製造業、貿易和商業不是很發達和繁榮，黃銅製品、瓷器製品和武器是從外國來的。農業生產不足，大部分人生產稻米，農民擁有的土地少，即使高級官員亦擁有不多的土地。他們使用鶴嘴鋤和鋤頭耕田，而很少

---

[109] W.E. Willmott, *The Political Structure of the Chinese Community in Cambodia*, Humanities Press Inc., New York, 1970, p.6, table 1.

用牛隻。生產之稻米可供一天兩餐食用。地方交通不便，有強盜、入侵軍隊和地方官員掠奪農民的剩餘糧食。

從 1808 年後，因為越南控制湄公河下游地帶，外國船隻要進入金邊，需獲得越南的同意，使得柬埔寨的對外貿易大受影響。出口到日本的貨物主要有象牙和胡椒。出口到中國的貨物主要有豆蔻種子、獸皮、龜甲、香料和木材。對越南的貿易貨物主要有象牙、古塔波洽（gutta percha）（類似橡膠的樹膠）、豆蔻種子、魚乾、象皮。[110]

柬埔寨的最高統治者是國王，底下有高級官員，稱為 Okya，他們成為國王的顧問，在 1860 年代到 1870 年代，全國約有 200 位高級官員，他們擁有 7 百種的頭銜。基本上，柬埔寨政府不是一個嚴密的官僚體制，此與中國和越南不同，在和平時期高級官員就沒有行政和文書工作。關於徵收物資供應王宮需要以及招募軍隊（沒有常備軍）的工作是由少數高級官員負責。最有權力的高級官員是昭瓦司魯克（chaovay sruk），他有權力收稅、徵收糧食和招募軍隊。權力大的高級官員有時甚至可自組私人軍隊。

在高級官員中有五位是國王最親近的高級顧問，稱為斯塔克特蘭（stac tran）。他們的地位猶如內閣大臣或總督，是國王的分身，有執行死刑的權力。五大臣的首席大臣稱為 ta-la-ha，猶如首相，第二位大臣是司法大臣（yomraj），第三位是陸軍大臣（chakrei），第四位是海軍及對外貿易大臣（kralahom），第五位是王宮大臣（vang）。[111]

大部分高棉人都是從事農業活動，生活貧困，沒有受教育。法國統治時還維持強制勞役制，每人每年須服強制勞役 90 天。此外，亦可能臨時從事其他勞役。因為信仰小乘佛教，熱中於宗教活動。即使法國統治多年，改信天主教的人數並不多。這一點跟越南不同，越南還因為信仰

---

[110] David P. Chandler, *op.cit.*, p.101.

[111] David P. Chandler, *op.cit.*, p.111.

天主教人數增加，引起明命王疑懼，而頒佈禁天主教令，監禁及殺害天
主教徒，引發宗教衝突。

　　法國在柬埔寨實施嚴苛的徵稅制，1916 年，有數千人到金邊請求國
王減稅，法國人一直認為高棉人安靜及懶於抗議示威，因此對於這次抗
議感到震驚。國王因無權改變徵稅方式，無法回應人民的要求。1925 年，
一位法國駐紮官威脅要逮捕欠稅者而被村民殺害。

　　在法國統治期間，柬埔寨政府由法國人操縱，法國亦引進越南人進
入官僚機構工作，商業則由華人和柬人混血兒控制，柬人都從事農業，
工匠則由越南人充任。法國相當不注重柬埔寨的教育，直至 1941 年為
止，僅有 22,280 人上 192 家公立小學，該公立小學使用法語為教學媒介
語。在佛教的寺院學校，有 35,000 名學生上小學。只有一間高中，學生
有 537 人。國王的選任，由法國操縱。諾羅敦在 1904 年去世時，法國任
命其弟弟西梭瓦特為國王，而不管其兒子的主張。當西梭瓦特的兒子摩
尼萬（Monivaong）國王於 1941 年逝世，法國不挑選其具有獨立思想的
兒子摩尼里斯（Monireth）為國王，而任命摩尼里斯的侄子施亞努
（Norodom Sihanouk）為王，當時施亞努正在西貢讀高中。[112]

　　1912 年，公布模仿自法國的刑法。1914 年 11 月 20 日，設立巴利文
學校，即柬文學校。1917 年，在金邊設立行政學校，訓練柬埔寨官員。
1918 年，設立柬埔寨國家博物館，典藏考古發現、雕刻品及其他文物。
1919 年 4 月 12 日，西梭瓦特國王將國家博物館改名為柬埔寨博物館
（Musée du Cambodge, Museum of Cambodia）。1920 年 4 月 10 日，為了
紀念法國駐印度支那總督沙諾特（Albert Sarraut），又將該博物館改名為
沙若特博物館（Albert Sarraut Museum）。1920 年 2 月 25 日，頒佈民法。
1946 年 1 月 1 日，法國在柬埔寨設立官員訓練學校。

---

[112] Henry Kamm, *op.cit.*, p.27.

　　法國在柬埔寨修築公路和一條從金邊到馬德望省的鐵路。在馬德望和暹粒等西部省分開闢橡膠園和玉米田，成為柬埔寨重要的經濟作物產地。惟橡膠園的勞動力大都來自越南人，而非當地的高棉人。越南人也充當漁民和商人。華人長期以來就控制商業和金融，法國統治下該種經濟角色沒有多大改變。

第四章

從殖民地到獨立

第一節　法國殖民統治

　　在第一次世界大戰時，法國為了因應增加的軍費，而在柬埔寨增加徵稅，柬埔寨人不滿苛捐雜稅，在 1915 年 11 月底，約有 3 百多名在金邊東北邊的農民到金邊向國王西梭瓦特請願，要求減稅，國王會見了農民代表，同意調整稅率，並安撫他們返回鄉下。接著金邊東部的鄉下，約有 3 千多名農民前往金邊，向國王請願，遭法國逮捕 500 人下獄。西梭瓦特國王乘車到東部鄉下巡視，安撫村民，並宣布取消 1916 年的強制勞役。

　　1916 年，諾羅敦國王的兒子馬由拉王子（Prince Mayura）因被懷疑從事反法活動，而被法國放逐到寮國最北邊的城市川礦（Xieng Khouang）。

　　法國在柬埔寨不重視工業建設，對農業也是漠視，直至 1917 年才在柬埔寨設立第一座碾米廠，在之前稻米需送至西貢碾米。除了 1918-1919 年旱災外，從 1920 年到 1925 年，柬埔寨農民稻米生產豐饒，當地華商和法國人獲益提高。1920 年，法國當局改由地方官員徵收稻米稅，而非由金邊派出的官員徵稅，以平息人民的不滿。1921 年，法國根據越南的經驗重新對柬埔寨進行「社群」（communal）關係的改造，即抑制華商對米業的控制，但經過一年就放棄了。1923 年，法國法官在地方法院扮演角色，從事審判工作。1924 年，擴大寺院教育，利用強制勞役建設公共設施，特別是公路，利用囚犯在坡克（Bokor）建造國王的山間別墅，於 1925 年完工。[1]

　　法國駐波羅勉省的駐紮官巴迪茲（Félix Louis Bardez）於 1923 年提出報告說：造成當地稅收不足有三個原因：柬埔寨官員懶惰；缺乏監督；

---

[1]　David P. Chandler, *op.cit.*, p.155.

徵稅程序不妥。隔年，法國官員巴迪茲改良徵稅程序，主要依賴稻米稅和華人人頭稅，而使稅收增加。他的成功經驗，引起他的上司的注意，他被調至磅清揚省（Kompong Chhnang）擔任駐紮官，該地盜賊橫行，稅收很低。他在該地頒佈村民需繳交補充稅的新規定，以因應在坡克建造國王別墅費用的需要。他在1925年4月18日帶同翻譯和民兵人員到克蘭拉福（Krang Laav）村，召集拒繳稅的村民到村辦公室，將其中數人上手銬，威脅關入監獄。中午時，巴迪茲自顧自己吃飯，而沒有給犯人吃飯，引起圍觀村民的憤怒。巴迪茲、翻譯人員和民兵遭到二、三十名村民圍毆，全被打死，屍體殘缺不全。隨後有700名村民行進到磅清揚省，要求免除他們的稅，中途遭武裝民兵驅散。

西梭瓦特派其長子摩尼萬王子（Prince Monivong）及法國政治顧問前往克蘭拉福村，與村民溝通，並將該村改名為迪里昌（Direchan），亦即獸性村。同時要求該村村民要為巴迪茲的被害週年忌日舉行贖罪儀式，連續十年。警察原先逮捕十八名涉案者，但因擔心造成政治後果，所以釋放了這些人犯。據一名被逮捕的村民說，幾乎每位村民都打過巴迪茲及其同夥。[2]

西梭瓦特在1927年8月去世，由其次子摩尼萬（Monivaong）繼位。1904年，摩尼萬的哥哥去世，他被任命為王儲。摩尼萬登基時已是52歲。在1927年以前，柬埔寨沒有高棉文報紙和雜誌，文學內容差不多是佛教經文和19世紀的詩詞。第一份高棉文報紙是1936年發行的吳哥寺報（*Nagara Vatta, Angkor Wat*）。第一本高棉文期刊是1936年發行的柬埔寨太陽（*Kambuja Surya, Cambodian Sun*），是一本法國人出資的月刊，主要內容是有關風俗、佛教教義和皇室。1938年，出版第一本高棉文的小說洞里薩湖（*Tonle Sap*）。此時尚無一本高棉文的柬埔寨史。

在交通建設方面，法國做了相當大的努力，從1900-1930年利用強制勞役總共建設了9,000公里的公路。從1928-1932年，建造從金邊到馬德

[2]　David P. Chandler, *op.cit.*, pp.157-158.

望的鐵路 500 公里，以後還延伸到泰國邊境。法國引進橡膠種植，連同稻米出口，使得當地華商和法國商人獲益，他們控制了這些商品的出口。華人直至 1920 年代每年移入柬國約有 2 千人。1905 年，柬國華人人數有 17萬人，在第二次世界大戰初期達到 30 萬人。[3]華人和中、柬混血兒主要從事商業和小商販。越南人大部分在城市從事小商業活動，亦有在橡膠園工作。越南人大都住在金邊和柬埔寨東部的柬、越邊境一帶。柬埔寨菁英則對商業沒有興趣，他們從事官職。一般柬人則從事農業活動。

在法國殖民統治時期，法國並不重視柬埔寨的教育。小學教育是掌握在和尚手裡，法國只撥出少數金錢，津貼約 5 千所寺院學校，學生學習傳統的科目。直至 1936 年才在金邊設立一所法國的西梭瓦特高中（Collège Sisowath），使用以前王宮的地點做為校地。1939 年，該校畢業生只有 6 人，另有 12 人在海外受訓。[4]

由於法國在柬埔寨的教育設施發展得較遲，所以柬國民族主義也發展緩慢。在 1930 年代，刺激柬埔寨民族意識發展有三個管道，包括西梭瓦特高中、伯德希克學院（Institute Bouddhique）和吳哥寺報。吳哥寺報是 1936年由瓊恩（Pach Chhoeun）和辛瓦（Sim Var）所創辦的，後來又加入一位法官宋國誠（Son Ngoc Thanh），宋國誠在越南出生，在法國受教育。他們三人與伯德希克學院建立密切關係，又與柬埔寨和尚、知識份子、少數法國學者和官員建立關係。伯德希克學院出版許多高棉文學作品、現代小說、現代戲劇。吳哥寺報是站在柬埔寨立場，沒有反對法國，但反對華人控制經濟、反對越南人控制柬埔寨政府部門以及受過教育的高棉人就業機會不大。該報批評華商在鄉下剝削農民、法國延誤教育現代化、柬埔寨農民缺乏貸款、柬埔寨公務員薪資低；進而意圖區別柬埔寨史和越南史之關係，強調越南自第 19 世紀以來對柬埔寨進行領土侵略。該報之報導內容逐漸呈現反越的情緒，此一反越情緒一直持續到 1979 年越南入侵柬埔寨。

[3]　W. E. Willmott, *op.cit.*, p.6.
[4]　David P. Chandler, *op.cit.*, pp.160,164.

第二節　日軍入侵柬埔寨

1940 年 6 月 12 日，泰國和法國互不侵犯條約經法國政府批准，但調整邊界問題未獲解決。6 月 19 日，當法國政府被德國希特勒擊潰後，政府流亡到波杜克斯（Bordeaux），日本向法國提出要求關閉所有通往中國的道路、允許一支 40 人組成的日本調查團進入越南。6 月 20 日，法國駐印支總督卡特魯（General Georges Catroux）同意了日本的要求。在 6 月底之前，最後一班火車載運軍火前往昆明。日本在 6 月 22 日向法國駐印支總督卡特魯致送第二次要求，要求海軍船隻停駐廣州灣、在 7 月 7 日前關閉中、越邊境。當時無法從巴黎取得命令，卡特魯同意了日本的要求，垂死的法國第三共和在 6 月 25 日解除了卡特魯的總督職，在該天法國與德國簽訂停戰協議，另派任一位幹練的戴古（Admiral Jean Decoux）取代他。戴古也同樣的面對日本的強大壓力，他對其政府說，他寧願戰死，也不願看到印度支那變成另一個滿州國。[5]他曾派一個採購團到美國採購 120 架現代戰機和現代防空炮，但為美國所拒絕。

7 月 3 日，日本向法國提出第三次要求，日本要求在印度支那取得空軍基地以及軍隊過境印度支那的權利。

8 月 29 日，法國和日本簽署一項協議，法國承認日本在亞洲的特殊權利，日本也承認法國在印度支那的永久利益。隔天，雙方正式簽訂條約。

9 月，泰國向法國要求以湄公河深水道做為泰國和越南之新疆界；法國需將鑾佛邦對岸及巴寨（Bassac）的湄公河右岸土地交還泰國；若

---

[5]　Bernard B. Fall, *The Two Viet-nams, A Political and Military Analysis*, revised edition, Frederick A. Praeger, New York, London,1964, p.42.

越南必須脫離法國的統治，則法國應將老撾（寮國）以及柬埔寨交還泰國。[6]此一要求未獲法國正面回應，引起泰國民族主義情緒，要求法國歸還侵佔的領土。泰國首相披汶（Luang Phibunsongkhram）在 1940 年 8月 30 日派遣國防部次長兼陸軍副司令鑾蓬裕提上校為訪日本特使，另外亦派遣司法部長海軍上校鑾貪隆那哇沙越訪問緬甸、印度、新加坡、澳洲等地，呼籲法國、英國、美國、德國和義大利重視泰國要恢復過去割讓給法國之領土的問題，但未受到正面的回應，所以披汶轉向日本。他在 9 月底讓日本外交官知道他想加入日本陣營。

　　泰國政府在 9 月 17 日繼續向法國要求索回柬埔寨境內原屬於泰國的領土和大片寮國領土。9 月 19 日，日本要求法國允許日本在越北東京地區取得軍事基地，給予兩天的考慮時間。兩天後，法國拒絕日本的要求。但在 22 日，法國鑑於情勢對法國不利，乃同意和日本簽定協議，允許日本在印度支那駐軍 6,000 人以及過境權。23 日，日軍越過中、越邊境，從中國廣西邊境進入諒山。

　　披汶為了借助於日本的力量，於 10 月 1 日告訴日本海軍武官，假如有需要，泰國政府允許日本軍隊越過泰國領土，他也會考慮供應這些軍隊之所需。他希望日本協助泰國取回丟失的領土。他與日本簽定秘密協議，泰國內閣並不知曉。隨後泰國和法國在泰、寮和泰、柬邊境發生衝突，日本在 11 月初提議仲裁此一衝突。

　　1941 年 1 月初，泰國和法國在柬埔寨西部邊境爆發戰爭，法軍裝備和士氣不佳，而遭受重創。1 月 17 日，法國軍艦駛入暹羅灣，在科昌（Koh Chang）與泰國海軍發生衝突，在兩小時的海戰中亦受創 40%兵力。日本出面進行協調，再加上德國的協助，勸告法國維琪（Vichy）政府於 1941 年 1 月 21 日接受日本的調解。[7]

---

[6]　蔡文星，前引書，頁 122。

[7]　Ellen J. Hammer, *The Struggle for Indochina 1940-1955*, Stanford University Press, California, 1968, pp.25-26.

　　在日本安排下，泰國與法國分別在西貢外海的日本巡洋艦和東京舉行談判，於 1941 年 5 月 9 日在東京簽訂和平條約（Convention of Peace between Thailand and France），法國將馬德望和暹粒兩省割讓給泰國；並將湄公河右岸寮國土地歸還給暹羅。7 月 27 日，泰國正式取得該兩省的土地。[8]

　　在泰、法談判期間，柬埔寨國王摩尼萬於 1941 年 4 月去世，王位繼承出現爭端，摩尼萬的兒子摩尼里斯王子（Prince Monireth）和諾羅敦的孫子蘇拉瑪里特王子（Prince Norodom Suramarit）（娶摩尼萬的女兒為妻）相爭不下，最後由法國總督戴古選擇蘇拉瑪里特的兒子施亞努（Norodom Sihanouk）[9]繼位為王。施亞努生於 1922 年，當時正在西貢法國高中讀書，年 18 歲。戴古之所以選擇施亞努，主要是為了弭平這兩個家族的裂痕，另一個原因是施亞努較為順從，較無獨立個性。[10]施亞努於 1941 年 4 月 26 日繼位，5 月 3 日加冕登基。他執政後，取消法國贈送的鴉片，要求刁恩（Tiounn）退休。8 月，日本準備派遣 8 千軍人進入柬埔寨，將與法軍形成兩股影響柬埔寨的勢力。此後，柬埔寨的報紙逐漸出現親日反法言論，到 1942 年，有 32 期報紙遭到查禁，報紙社論亦遭壓制。[11]

---

[8]　*Keesing's Contemporary Archives*, October 18-25, 1941, p.4844; *International Boundary Study, No.20, Laos-Thailand Boundary*, The Geographer Office of the Geographer Bureau of Intelligence and Research, Department of State of the United States, p.5. in http://www.law.fsu.edu/library/collection/limitsinseas/ibs020.pdf　2014 年 6 月 14 日瀏覽。

[9]　施亞努生於 1922 年，1941 年被法國政府選拔為其祖父 King Sisowath 的王位繼承人。1953 年，他領導柬國獲取獨立。1955 年，讓位給其父親，自此改稱親王，從事政治活動，擔任首相，1970 年出國訪問蘇聯時遭到首相龍諾發動政變，而流亡北京。1975 年「赤棉」取得金邊政權後，才返回金邊。但一直被波布軟禁在暹粒（Siemleep）。1978 年 1 月，越南軍隊攻入金邊，施亞努再度流亡北京。1993 年，在聯合國協助下，重建柬國新政府，施亞努重回金邊，出任柬國國王。參閱 Matthew Lee, "Cambodia's Sihanouk," *The Straits Times*, October 31, 1996, p.36.

[10]　David P. Chandler, *op.cit.*, p.167.

[11]　David P. Chandler, *op.cit.*, p.167.

圖 4-1　施亞努加冕

資料來源：”Norodom Sihanouk,” Wikipedia, http://en.wikipedia.org/wiki/Norodom_
　　　　Sihanouk　2019 年 1 月 5 日瀏覽。

圖 4-2　施亞努出任國王初期

資料來源：Kenneth T. So, “The road to Khmer independence,” http://www.cambodia.org/
　　　　facts/?page=independence　2019 年 1 月 5 日瀏覽。

　　12 月 7 日，爆發日軍偷襲珍珠港事件，日本駐泰國大使向泰國政府請
求允許其軍隊過境泰國進攻緬甸和馬來亞。12 月 8 日，日軍登陸單馬令

（Nakon Si Thammarat）、普拉昭（Prachaub）、湄南河口的邦曝（Bangpoo）以及從柬埔寨的陸路進入馬德望省，以飛機轟炸曼谷的廊曼機場，泰軍只抵抗 5 小時又 15 分鐘，泰國政府在當天中午就宣布允許日軍借道泰國領土，日軍並保證尊重泰國領土完整和主權。日軍在當天晚上進入曼谷。

柬埔寨與泰國一樣，其僧侶由兩個派系組成，大派系稱為馬哈尼卡（Mahanikay），小派系稱為坦瑪瑜特（Thammayut），這兩派不是因為學說主張不同，而是因為與王室的關係遠近不同，坦瑪瑜特獲得王室的恩惠，與王室關係密切；而具有反君王思想者，則傾向於馬哈尼卡。漢秋（Hem Chieu, 1898-1943）是金邊巴利文（Pali）學校的教師，也是一名和尚，他建議數名柬埔寨國民軍發動政變，而捲入反法陰謀，他及一些和尚在 1942 年 7 月 17 日被捕。反法份子秘密與日軍接觸，希望獲得日本協助，舉行一場反法示威。7 月 20 日，1 千多人（其中半數為和尚）上街頭示威，要求釋放漢秋。結果他還是被判刑，關在越南湄公河出海口的崑崙島（Poulo Condore），於 1943 年病逝獄中。[12]

新任法國駐柬埔寨駐紮官高惕爾（Georges Gautier）在 1943 年宣布欲以羅馬字母取代柬埔寨文的 47 個字母，該羅馬字母是由法國學者柯迪斯發明，該系統維持了原先高棉語的發音，柯迪斯稱之為高棉語的現代化，也有助於改進柬埔寨人的思考過程。但控制教育的僧侶認為該一改革挑戰了傳統知識以及傳統教育者在社會的崇高地位，儘管有各種的反對，法國還是在 1944-1945 年積極推動高棉文字改革，特別是在政府出版品和學校。但高棉文字羅馬化並未推動到宗教經文。[13]

在 1945 年 3 月 9 日晚上 9 點 30 分以前，日軍已進駐柬埔寨，形成法軍和日軍共存局面。在該日晚上日軍進攻法國守軍，法國資深司令不是在家中被捕，就是在與日本軍官晚宴時被捕。日軍接手法軍防務，控制越南和柬埔寨等印度支那地區。當日軍驅逐法軍後，柬埔寨政府第一件事就是

[12] David P. Chandler, *op.cit.*, pp.168-169.
[13] David P. Chandler, *op.cit.*, pp.169-170.

取消高棉文字羅馬化的政策。3 月 13 日，經日本的要求，施亞努國王宣布柬埔寨是一個獨立的國家，並將其法文的國名 Cambodge 改為高棉語發音的 Kampuchea，同時下令廢止柬埔寨與法國簽署的條約，保證與日本合作。

　　兩週後，住在金邊的越南人聽到一個謠言，說法國有意殺害或監禁住在法國的越南人，而引發反法暴動。為阻止該一反法示威，在柬埔寨的日本當局保護法國人。

　　施亞努國王也重建佛教的曆法，廢止羅馬教皇曆法（Gregorian calendar），使用高棉語而非法語稱呼政府各部的名稱。儘管施亞努宣布柬埔寨是個獨立國家，仍受日軍的控制，有些柬埔寨知識份子在柬埔寨和日軍之間扮演溝通協調角色，其中最著名的人物就是宋國誠。宋國誠在 1942 年 7 月 20 日參加反法示威，逃至馬德望避難，後獲得日本政治庇護，前往日本東京居住。

　　3 月 18 日，施亞努出任首相，至 8 月 13 日為止。5 月 30 日，宋國誠結束在日本的流亡，返回柬埔寨，出任外長。8 月 14 日，施亞努任命宋國誠為首相，宋國誠主張亞洲是亞洲人的亞洲，有與日本的「大東亞共榮圈」相呼應之意。

圖 4-3　宋國誠

資料來源：Kenneth T. So, "The road to Khmer independence," http://www.cambodia.org/facts/?page=independence　2019 年 1 月 5 日瀏覽。

第三節　施亞努爭取獨立和流亡海外

　　1945 年 8 月 9-10 日，一群狂熱的反君主政治的年輕人發動一場失敗的政變。在日軍於 8 月 15 日投降後，法軍重返柬埔寨，法國當局逮捕 7 名參加政變者，另有 5 人成為反法游擊運動的領袖，其中 3 人後來組織柬埔寨共產黨（Communist Party of Kampuchea, CPK）。9 月 4 日，首相宋國誠推動一項公民投票，結果有 541,470 人贊同獨立，只有 2 人反對。宋國誠企圖利用該一行動以與法國交涉，提高談判籌碼。在 9 月，宋國誠努力號召柬埔寨人和越南人聯合起來反對法國重返印度支那，但多數人主張不和越南人合作來取得柬埔寨的獨立。甚至有些人主張法國重回柬埔寨。10 月 8 日，英軍進入金邊，接收日軍的投降，然後將柬埔寨移交給法國。法國軍隊在 10 月 15 日從西貢進入金邊，逮捕宋國誠，罪名是叛國。宋國誠以後被放逐到法國中西部的波易替爾斯（Poitiers）6 年。1945 年 10 月 17 日，由摩尼里斯王子擔任首相，至 1946 年 12 月 15 日為止。

　　施亞努國王和法國在 1946 年 1 月 7 日簽署一項臨時協議，內容是減少法國的控制，允諾給予柬埔寨兩席聯邦席次。這兩個聯邦席次包括「印度支那聯邦」（Indochina Federation）和「法國聯邦」（French Union）之席次。該臨時協議其它規定包括：(1)同意給柬埔寨一部憲法、組織政黨的自由，由法國控制財政、國防和外交。(2)由法國派遣的高級專員（High Commissioner）負責維持柬埔寨的秩序，他是國王的顧問，可參加柬埔寨內閣會議，對於通過的法案有認可或否決之權，對於法案亦有解釋權。(3)每一位柬埔寨部長都配有一位法國顧問，每一個柬埔寨部會首長也都

配有一位法國技術顧問。(4)若干服務部門，包括公共工程、司法、財政、高等和中等教育、海關、礦物、道路和移民等都被認為屬於印度支那聯邦事務，這些部門不由柬埔寨人擔任首長，而是由法國高級專員負責。[14]

　　該柬、法臨時協議給予柬埔寨自治權，但卻加強對柬埔寨的控制，法國人對於在日本統治下施亞努所做的改變重新予以恢復，以示法國重新統治柬埔寨。首先將 1945 年改為柬埔寨名稱的各街道名稱恢復以前紀念法國殖民地英雄和法國事件的街名。其次是廢止施亞努國王在 1945 年宣佈獨立和 1942 年和尚反法示威的國定假日。第三，是提控宋國誠叛國罪，指控其與日本合作。宋國誠在日本統治柬埔寨時，出任首相，戰後他企圖阻止法國重回柬埔寨，主張柬埔寨獨立。施亞努及其叔叔摩尼里斯王子勸告法國將宋國誠逐出政壇，所以法國在西貢起訴宋國誠，並將他流放法國。[15]

　　根據法國與柬埔寨條約，法國允許柬埔寨人自由組織政黨，所以在1946 年 5 月 31 日通過選舉法，柬埔寨可據此法律自由組織政黨。法國開放柬埔寨自由組黨，王室成員興趣濃厚，參加組黨的大多數是王室成員。第一個政黨是民主黨（Democratic Party, Krom Pracheathipode），是由尤帝萬王子（Prince Sisowath Yuthevong）領導。第二個政黨是自由黨（Liberal Party, Kanaq Sereipheap），是由諾因迪斯王子（Prince Norodom Norindeth）領導。尤帝萬王子剛從法國留學歸國，其妻為法國人，他希望柬埔寨實施法國的民主自由。其黨綱是盡快與法國談判以取得柬埔寨獨立。諾因迪斯王子則是保守份子，擁有廣大的土地，主張柬埔寨應慢慢教育人民，與法國維持依賴關係。有很多王室人員持有此一觀點。自由黨背後有法國秘密支援金錢，以防止民主黨勢力過大。

[14] Ellen J. Hammer, *op.cit.*, pp.160-161.John Tully 的書說簽約的是施亞努的叔叔 Prince Monireth 和 Major-General Marcel Alessandri。參見 John Tully, *A Short History of Cambodia*, p.112.

[15] Henry Kamm, *op.cit.*, p.27.

　　第三個政黨是進步民主黨（Progressive Democrats），是由蒙塔納王子（Prince Norodom Montana）領導，是個保守性政黨，獲得國王及其顧問的支持，但存立時間很短。[16]

　　民主黨的主要支持來源是曾參加 1940 年代吳哥寺報運動的人、以及支持瓊恩（Pach Chhoeun）和宋國誠的人、僧侶馬哈尼卡派的人、年經官員、「自由高棉運動」（Khmer Issarak Movement, Free Khmer, Khmer Serei）之支持者和柬埔寨之知識階級的人。黨內有人主張暴力行動，與自由高棉游擊隊合作，在早期階段，甚至與共產主義的「越盟」（Viet-Minh）結盟。[17]

　　「自由高棉」是由浦昆（Poc Khun）[18]於 1944 年在曼谷成立的組織，背後獲得泰國政府之支持。從二戰結束後到 1948 年，泰國政府支持在泰、柬邊境的游擊武力，其中包括右翼和左翼的人物，如宋國明（Son Ngoc Minh）[19]、秀亨（Sieu Heng）和杜山穆斯（Tou Samouth）。他們在 1945 年在泰國組成流亡政府。在 1941-1946 年期間，泰國利用「自由高棉」份子在馬德望和暹粒兩省進行反法活動以及爭取柬埔寨獨立。1947 年 11 月泰國普里迪（Pridi Phanomyong）政府遭軍事政變推翻，新上台的庫恩（Khuang Aphaiwong）政府不再支持「自由高棉」。有些「自由高棉」份子返回柬埔寨，有些則投靠「越盟」，他們成立「自由高棉協會」（Khmer

---

[16] David P. Chandler, *op.cit.*, p.174.

[17] David P. Chandler, *op.cit.*, p.175.

[18] 浦昆是摩尼里斯王子（Prince Monireth）的太太的叔叔。1946 年 8 月，他成為馬德望省的「自由高棉」的領袖，並被選為馬德望省的泰國國會代表，直至 1947 年該省歸還柬埔寨為止。"Khmer Issarak," *Wikipedia*, https://en.wikipedia.org/wiki/Khmer_Issarak 2019 年 1 月 9 日瀏覽。

[19] 宋國明本名為 Achar Mean，是一名和尚，其所以改名為宋國明，是為了要與首相宋國誠和胡志明二者連結起來。他在 1945 年成為第一個加入印度支那共產黨的柬埔寨人，他在 1950 年成立「人民解放中央委員會」（People's Liberation Central Committee, PLCC），包含以前的印度支那共黨份子。"Khmer Issarak," *Wikipedia*, https://en.wikipedia.org/wiki/Khmer_Issarak　2019 年 1 月 9 日瀏覽。

Issarak Association），1950 年代後轉變成「高棉人民革命黨」（Khmer People's Revolution Party, KPRP）。[20]

　　自由黨的主張傾向維持現狀，其支持來源是資深官員、富有地主、占族（Cham）少數民族、華人和柬埔寨混血兒的商業領袖。該黨具有很強的地方基礎，例如靠近磅占的河岸邊的種植園園主。

　　施亞努國王不屬於這些政黨之一，他懷疑民主黨的意識形態，認為該黨有左傾的傾向。他居於國王的地位，當然無意削弱國王的權力，其對於憲政體制仍以法國第四共和憲法為範本，唯一差別是法國設立總統而沒有國王。最重要者，施亞努主張以和平方法與法國談判，以尋求柬埔寨的獨立。

　　1946 年 9 月 1 日，舉行制憲會議選舉，有 200 人競爭 67 席，民主黨贏得 50 席，自由黨 14 席，獨立人士 3 席。[21]反對黨批評民主黨大肆買票。施亞努的叔叔摩尼里斯王子負責起草憲法草案。在民主黨的主導下，通過憲法，1947 年 5 月由施亞努批准，其內容係模仿法國第四共和憲法，削減國王的權力，國民議會擁有較大的權力。但法國不同意柬埔寨獨立，導致民主黨出現內閧，1947 年 7 月尤帝萬王子因肺病去世，而使內訌更為激烈。數年後，政府以不實理由逮捕數名民主黨領袖。尤帝

---

[20] 關於「赤棉」和北越的關係，俄國學者 Dmitry Mosyakov 曾根據俄國國家檔案館的資料寫了一篇文章「赤棉與越南共產主義者的關係：蘇維埃檔案所呈現之歷史」。該文說，早期印度支那共黨時期，曾甄選柬埔寨人參加。1951 年 6 月成立高棉人民革命黨，領導人物有宋國明、秀亭和桃山姆特（Tou Samut）。日內瓦和約通過後，越南撤出在柬埔寨的共黨勢力，高棉人民革命黨轉入地下活動，失去北越的援助。此導致高棉共黨份子對河內不滿。以後北越尋求施亞努的協助，讓其在柬境獲得避難所，而非請高棉人民革命黨協助。1963 年 1 月，波布當選高棉人民革命黨總書記，他將黨名改為柬埔寨共產黨（Communist Party of Kampuchea, CPK）。波布說：之所以改名的原因是高棉人民革命黨是越南用來控制柬埔寨和寮國的工具。北越對此不置一詞，也不加以干預。波布對越南有距離，英薩利則是較親北越。當龍諾當權時，北越尋求赤棉的合作。（Dmitry Mosyakov, "The Khmer Rouge and the Vietnamese Communists: A History of Their Relations as Told in the Soviet Archives," pp.45-50. https://www.files.ethz.ch/isn/46645/GS20.pdf　2019 年 1 月 10 瀏覽。）

[21] David P. Chandler, *op.cit.*, p.175.

萬王子的繼任人柯攸斯（Ieu Koeus）在 1950 年被暗殺。政府又逮捕該黨 12 名領袖，指控其與「自由高棉」有關連。

　　1946 年 11 月 17 日，暹羅與法國在美國華府簽訂解決協議（Settlement Agreement between France and Thailand），主要內容如下：(1)成立一個混合委員會，可能包括第三方，將討論 1940 年以來暹羅和法國屬柬埔寨邊界的變動問題；(2)在簽署協議後，暹羅將撤除向聯合國安理會提出的控訴案；(3)法國不反對暹羅加入聯合國；(4)暹羅將 1941 年從維琪政府取得的領土歸還法國，包括馬德望、詩梳風、以及湄公河以西的寮國土地；(5)條約之執行應由一個混合委員會監督，該委員會將由中立觀察員組成，特別是應包含英國和美國；(6)暹羅和法國恢復外交關係。[22]

　　當宋國誠被法國逮捕後，有不少民族主義的「自由高棉」份子逃到泰國境內避難。在泰國和「越盟」的支持下，「自由高棉」在馬德望組織小股軍事武力反抗法國的統治。當時馬德望還是由泰國控制。「越盟」在曼谷派駐有代表，積極宣傳其主張並偷運武器援助在柬埔寨的親越南的武裝游擊隊。[23]

　　1947 年 7 月 25 日，瓦查雅萬王子（Prince Sisowath Watchayavong）出任首相，至 1948 年 2 月 20 日為止。

　　泰國庫恩在 1947 年 11 月出任首相，披汶為陸軍總司令，1948 年 4 月，披汶再度出任首相，他對於流亡在泰國境內的印度支那民族主義運動不能容忍，給予諸多限制。因此「自由高棉」份子逃至南越西部邊境，尋求「越盟」的協助。有數千名「自由高棉」份子接受「越盟」的指導，甚至接受共產主義思想。[24]

　　民主黨主張柬埔寨軍隊從越南南部撤退，以避免與越南衝突。在 1947 年 12 月國民議會選舉時，民主黨主張法國應給予柬埔寨更大的自治權和

[22]　*Keesing's Contemporary Archives*, November 23-30, 1946, p.8276.
[23]　Ellen J. Hammer, *op.cit.*, p.254.
[24]　Ellen J. Hammer, *op.cit.*, p.257.

更廣大的民主權利，結果在 75 席中贏得 55 席。然而政局動盪，首相更換頻仍。1948 年 2 月 20 日，由契辛萬（Chheam Van）出任首相，直至 8 月 14 日為止。由彭諾斯（Penn Nouth）繼任為首相，至 1949 年 1 月 21 日下台，由桑包爾（Yem Sambaur）繼任首相，做到 9 月 20 日又下台。

法國在 1948 年揭發一項反法活動，稱之為「黑星」（Black Star）陰謀，逮捕數名民主黨份子，這些人與「自由高棉」有密切關係。施亞努在 1949 年呼籲這些「自由高棉」份子投降，假如他們放下武器，將給予特赦，有些人接受此項提議，但仍有不少人與「越盟」合作，組成「聯合自由陣線」（United Issarak Front）和「民族解放臨時委員會」（Provisional Commission of National Liberation）。[25]

柬埔寨在 1948 年初加入「法國聯邦」，成為法國附屬國（Associated State），並派有代表出席法國聯邦議會。柬埔寨的絕對君王制被廢棄，改為君主立憲制。有民選的國會和對國會負責的內閣。

1948 年 12 月 16 日，法屬柬埔寨當局在金邊宣布柬埔寨在「法國聯邦」架構內成為獨立國家。由於國民議會內部政爭不已，施亞努國王在 1949 年 9 月解散國民議會，受到政局不穩定影響，所以延後舉行新選舉。9 月 20 日，柯攸斯出任首相，做了九天，在 9 月 29 日下台，由桑包爾繼任。

1949 年 11 月 8 日，柬埔寨國王施亞努和法國總統歐里爾（Vincent Auriol）在巴黎簽署條約，法國允諾柬埔寨在外交享有部分權力，以及軍事區的自主權，包括在馬德望和暹粒兩省的軍事自主權。但財政、國防、關稅仍由法國掌控。柬埔寨是「法國聯邦」內的「獨立國家」。民主黨雖然反對該條約，但仍照樣通過。1950 年 1 月，金邊民主黨總部發生手榴彈爆炸案，一名黨領袖柯攸斯遇難死亡。民眾譴責桑包爾政府涉及該案。2 月，英國、美國、比利時、荷蘭、澳洲、紐西蘭、希臘、義大利承認柬埔寨、越南和寮國三個國家是「法國聯邦」內的附屬國（加盟

---

[25] Ellen J. Hammer, *op.cit.*, p.257.

國)。4 月 28 日,桑包爾首相下台,由施亞努兼任首相。美國是在 6 月 29 日承認柬埔寨王國;7 月 11 日派遣希斯(Donald R. Heath)為特命全權公使向施亞努國王致送到任國書。11 月 14 日,美國在金邊設立使館,派遣臨時代辦卡特雷特(Don V. Catlett)駐守。1952 年 6 月 24 日,美國駐金邊使館地位提昇為大使級。[26]

施亞努國王在 1950 年 5 月 1 日宣稱:「鑑於國內情勢惡化,在首相桑包爾辭職後,我將臨時承擔政府領導人的角色。」之所以造成此一情勢,有以下幾個原因。第一,柬埔寨政府無法就執行 1949 年 11 月 8 日法國與柬埔寨條約的條件和法國政府達成協議。第二,掌控國民議會多數議席的民主黨的敵對態度。第三,在柬埔寨西南部的民族主義團體「自由高棉」煽動反政府,該團體在 4 月 4 日宣稱自行組織政府,宣布柬埔寨獨立。6 月 1 日,施亞努任命其叔叔摩尼朋王子(Prince Monipong)接任首相。[27]1951 年 3 月 3 日,又由翁慶孫(Oun Cheang Sun)繼任首相。

由於民主黨的政治主張,不為法國所接受,施亞努國王亦不喜歡其主張,但該黨有少數機會主義者投靠國王以獲取好處或高昇。儘管如此,該黨還是獲得人民支持。1951 年 8 月 11 日,依據憲法之規定,柬埔寨舉行第二次國民議會選舉。初期民主黨人聲明因為擔心在鄉下地區的人身不安全,所以不參選。後來自由黨和其他小黨合組右派政黨,由中階官員龍諾(Lon Nol)領導,民主黨才改變主意,決定參選。被軟禁五年的瓊恩最近解禁,他支持民主黨。選舉結果,在 78 席中,民主黨贏得 55 席,自由黨 18 席,桑包爾所屬的政黨沒有贏得任何席次。10 月 13 日,由民主黨的胡康濤(Huy Kan-Thoul)組閣。

1951 年 10 月,施亞努請求法國將放逐法國的宋國誠送回柬埔寨,獲得法國同意。施亞努的主要目的是想利用宋國誠以制衡民主黨的勢

---

[26] http://history.state.gov/countries/cambodia　2014 年 7 月 20 日瀏覽。

[27] *Keesing's Contemporary Archives*, June 3-10, 1950, p.10744.

力，他希望宋國誠採取中立路線，以分掉民主黨的一部份力量。10 月 29
日，宋國誠返回柬埔寨，從機場到金邊市約有 10 萬人民夾道歡迎。此可
看出來民主黨的動員能力和宋國誠的廣受支持。

　　當宋國誠返回金邊當天，法國駐柬埔寨高級專員雷蒙（Jean de
Raymond）被其越南男僕暗殺。宋國誠返回金邊初期，態度消極，拒絕
出任幾個部長的職務。宋國誠發動示威活動，批評柬埔寨加入「法國聯
邦」。他出版柬埔寨人覺醒報（Khmer Krauk, Cambodians Awake），僅發
行一個月即在 1952 年 2 月遭法殖民當局禁止發行。

　　1952 年 1-2 月，宋國誠與其老友新聞部長瓊恩走訪鄉下，此一舉動
激怒施亞努國王，施亞努認為宋國誠背後受到美國的支持。3 月 9 日，
宋國誠攜帶收音機和若干同夥，包括著名的左派知識份子西昭（Ea
Sichau）逃離金邊到暹粒。1 個月內，他在柬、泰邊境建立游擊隊總部，
他被任命為「柬埔寨民族解放委員會」（Cambodian Committee of National
Liberation）的主席。他亦與宋國明領導的「自由高棉」結盟，主張柬埔
寨立即獨立以及成立共和政府。以後數月，在該「自由高棉運動」的鼓
動下，金邊發生手榴彈爆炸事件以及在初中學校內發現手榴彈。[28]

　　宋國誠亦迅即與「越盟」建立關係。從 1952 年到 1954 年舉行的日
內瓦會議（Geneva Conference）期間，其經濟來源主要依靠泰國情報機
構。在他的控制區，實施國家社會主義的制度。但跟隨他的「自由高棉」
游擊隊的人數不多，僅有數百名高中學生。他的影響力日衰，至 1950
年代末，僅能勉強維持，他暗中與泰國和「越盟」合作，以掣肘施亞努
政府。[29]

---

[28] *Keesing's Contemporary Archives*, June 20-27, 1953, p.12986.

[29] 宋國誠在 1970 年 7 月 20 日施亞努被政變推翻後返回金邊，龍諾任命他為資深顧問，
後又任命他為總理，直至 1972 年 10 月下台。以後他前往南越定居，1977 年 8 月 8 日
去世。"Son Ngoc Thanh, Chronology of Cambodian History," *Tripod*, Cambodian
Information Center, http://angkor1431.tripod.com/index/id21.html　2019 年 1 月 8 日瀏覽。

　　至 1952 年，由柬埔寨共產黨控制的游擊隊勢力，在與「越盟」合作下，幾乎控制了柬埔寨領土的六分之一。在柬、越邊境亦有由和尚宋國明領導的「自由高棉」運動，人數約有 7,000 人，該運動與「越盟」和「自由寮國」（Lao Issaraks）結盟；由昌塔巒西王子（Prince Norodom Chantaransi）領導的獨立民族主義團體。[30]這些左派和右派游擊隊在各處活動，有數千名法國軍隊被拖住，在柬境打戰。1954 年日內瓦會議期間，據估計共產黨勢力已控制柬國一半的領土。[31]

　　在第二次世界大戰結束後，有少數高棉人加入印度支那共產黨（Communist Party of Indochina），在 1945-1947 年間，「越盟」武力支持柬埔寨和寮國的解放鬥爭，而泰國亦援助在馬德望和暹粒的印度支那反法游擊隊和「自由高棉」。左派游擊隊領袖包括宋國明、秀亨（Sieu Heng）、沙毛斯（Tou Samouth）。1950 年 4 月 17 日，宋國明在柬國西南邊境舉行第一次高棉反抗軍（Khmer Resistance）全國大會，該次大會成立了「聯合自由陣線」（Unified Issarak Front），由印度支那共產黨的柬埔寨人主導。印度支那共產黨在 1951 年初解散，其成員分別成立越南共產黨、寮國共產黨和柬埔寨共產黨。1951 年 9 月 30 日，柬埔寨左派份子成立「高棉人民革命黨」（Khmer People's Revolutionary Party, KPRP），成員約 1 千多人。1954 年 7 月，即在柬埔寨獨立後 8 個月，該黨人數增加到 2 千人，大多在越南尋求避難地。[32]

---

[30]　*Keesing's Contemporary Archives*, June 6-13, 1953, p.12963.

[31]　David P. Chandler, *op.cit.*, pp.180-181.

[32]　David P. Chandler, *op.cit.*, p.181.David P. Chandler 曾討論高棉人民革命黨成立的時間，有不同的說法，他說在 1982 年 6 月，金邊的柬埔寨人民共和國官員宣布柬埔寨人民革命黨是在 1951 年 6 月建立的，而非在 9 月。但柬埔寨人民革命黨的機關刊物革命旗（*Tung Padevat, Revolutionary Flag*）刊登的文章說，柬埔寨人民革命黨是在 1960 年 9 月建立的。David P. Chandler, "Revising the Past in Democratic Kampuchea: When Was the Birthday of the Party?," *Pacific Affairs*, Vol.56, No.2, Summer 1983, pp.288-300.

　　直至 1952 年，柬埔寨社會治安惡化，離開城市就充滿危險，稻米和橡膠產量減少，財政出現赤字，人民生活困苦，因此，很多人鋌而走險，參加「自由高棉」運動或共產主義運動。

第四節　柬埔寨獨立

　　施亞努分別在 1952 年 4 月和 5 月訪問法國，與總統歐里爾會談，要求法國給予柬埔寨獨立地位，但都沒有結果。

　　1952 年 6 月 15 日，施亞努在法國的默許下，發動一次政變，在法國高級專員之協助下，從西貢秘密引進一支法國的摩洛哥（Morocco）軍隊，包圍國民議會，解除民主黨的胡康濤首相職位，整個過程沒有開一槍。施亞努自任首相，任命王室成員及高官出任政府部長，胡康濤流亡法國。施亞努向國民議會報告說，前任政府無能，無法維持社會秩序，他要求國民議會授權給他三年，他保證將在三年內恢復社會秩序，在三年結束後他願意接受「人民法院」對他的行為的審判，有 6 名外國代表擔任該「人民法院」的觀察員。施亞努之所以採取此一行動，乃因最近反政府的游擊隊在各地攻擊法國軍隊，造成社會動亂。6 月 18 日，國民議會通過一項決議，信任由施亞努組織的新政府。[33]

　　在柬埔寨的西梭瓦特高中（Sisowath High Schoo）有強大的反君主、支持民主的學生，發動一次反施亞努示威，稱為「人民運動」（People's Movement），是由辛姆叔叔（Uncle Sim）領導。該運動失敗後，有很多

---

[33] *Keesing's Contemporary Archives*, July 5-12, 1952, p.12328; . Ellen J. Hammer, *op.cit.*, p.261.

人逃入森林躲藏。[34]在法國的柬埔寨激進學生亦發動示威，批評施亞努是民族的叛徒。1952 年 7 月 6 日，學生發表聲明，要求施亞努退位，譴責施亞努的祖先西梭瓦特和諾羅敦與法國合作對抗「民族英雄」。[35]

1953 年 1 月 13 日，施亞努要求國民議會通過緊急狀態法，及通過政府預算案，但國民議會否決預算案，認為沒有在社會服務做出充分的安排。施亞努宣布國家處於危險狀態，授權政府有六個月時間搜查私人住宅、沒收私人武器、逮捕威脅社會秩序的人、將危險人物驅逐出境、禁止出版和公共集會及涉嫌叛亂宣傳的公開資訊。政府宣布解散國民議會、宣佈戒嚴法，逮捕 9 名民主黨國會議員，指控他們與「自由高棉」叛軍有關聯，而該叛軍的背後是由「越盟」份子領導。

1 月 30 日，由彭諾斯組閣，他的第一個動作是成立諮商國民委員會（Consultative National Council），由若干前任國民議會議員和以前的國土委員會（Council of Realm）委員組成，其功能是作為政府施政諮詢意見之用。

2 月，施亞努宣布將前往法國治病，其實他並沒有病，而是一種政治病，他主要目的是想與法國談判柬埔寨獨立問題。當他抵達法國時，就致函總統歐里爾說：「基於我將來是柬埔寨的國王，我的朝廷的政策是與法國聯邦緊密結合、與法國合作，我現在和將來將對法國效忠。」他進而補充說，假如共產黨入侵柬埔寨，他不能保障其人民會防衛法國的利益。[36]兩個星期後，歐里爾才回信，並邀請施亞努共進午餐。法國官員勸施亞努返國，並暗示可能撤換施亞努的國王職位。

施亞努返國時繞經加拿大、美國和日本訪問，他一再公開強調，柬埔寨若未能獲得獨立，則將被共黨顛覆。他於 5 月返國。他訪問這些國

---

[34] "The confession of Hu Nim, aka Phoas, " http://d.dccam.org/Archives/Documents/Confessions/Confessions_Hu_Nim.htm　2019 年 1 月 8 日。
Hu Nim 曾任新聞與宣傳部長，1962 年當選國會議員。1977 年 4 月，被民主柬埔寨政府逮捕，7 月，遭處決。

[35] David P. Chandler, *op.cit.*, p.184.

[36] David P. Chandler, *op.cit.*, p.185.

家的目的很清楚，就是呼籲這些國家支持柬埔寨獨立，以當時的國際氛圍，這些國家都不敢公然表態。

4 月底，柬埔寨首相彭諾斯前往巴黎，與法國的附屬國部（Ministry for the Associated States）舉行會談，至 5 月 9 日達成臨時協議，賦予柬埔寨擁有軍事、司法、經濟和金融事務的充分主權，其主要內容如下：

(1) 柬埔寨國王將成為柬埔寨軍隊總司令，將負責王國的安全和秩序。

(2) 柬埔寨政府將擁有完全的司法管轄權力，將採取所有必要的手段以保障法國在柬埔寨的利益。

(3) 在經濟和金融領域，現行協議的某些條款將予修改，惟需獲得其他兩個附屬國的同意，為了立即應用其他條款，需採取聯合行動。[37]

6 月 13 日，施亞努到柬埔寨西南各省視察，然後和 32 名官員「出走」越過邊境前往曼谷訪問，他意圖利用該項行動對法國表示不滿，希望法國給予柬埔寨完全主權。約在一週前越南國家元首保大與法國協商法國應給予越南類似「大英國協」（British Commonwealth）成員國的地位。施亞努要求柬埔寨和「法國聯邦」保持鬆散的關係。[38]柬埔寨駐曼谷公使（Legation）於 6 月 15 日宣布，施亞努請泰國在聯合國發言表示柬埔寨要求完全獨立，此事關係到印度支那和東南亞的和平。首相彭諾斯也在 6 月 17 日表示，柬埔寨要求獨立和充分的主權，才能和法國簽署友好同盟條約。[39]6 月 21 日，施亞努越過邊境返回柬埔寨，但他前往暹粒，住在吳哥附近的國王別墅，拒絕與金邊的法國官員會談。他甚至表示，若未能獲得完全獨立，他不返回金邊。[40]24 日，施亞努發表一份措辭強硬的聲明：「國際輿論業已知道，除非柬埔寨經由一切和平手段得到滿足，它將退而採取其他辦法。為了達成獨立，他準備犧牲它的生存。」[41]

---

[37] *Keesing's Contemporary Archives*, June 20-27, 1953, p.12983.

[38] 「柬埔寨國王錫哈諾逃往泰國避難」，中央日報，民國 42 年 6 月 15 日，版 2。

[39] 「柬埔寨總理宣布要求充分主權」，中央日報，民國 42 年 6 月 18 日，版 2。

[40] *Keesing's Contemporary Archives*, June 20-27, 1953, pp.12983-12984.

[41] 「柬埔寨國王提警告 促法接受獨立要求 柬埔寨為達目的不惜犧牲生存」，中央日報，

圖 4-4　龍諾

資料來源：Kenneth T. So, "The road to Khmer independence," http://www.cambodia.org/facts/?page=independence　2019 年 1 月 9 日瀏覽。

　　此時駐守在暹粒的柬埔寨軍隊指揮官是龍諾中校（Lieutenant Colonel Lon Nol），也是龍諾和施亞努建立關係的開始。約有 2 萬軍隊聚集在該地效忠施亞努，其中一半是政府軍，另一半是各地可調動的游擊武力。[42]6 月 26 日，法國駐印度支那高級專員里斯特魯西（Jean Risterucci）下令陸軍和海軍進入柬埔寨，以保護在金邊的 600 名法國人的生命和財產。次日，柬埔寨政府致送里斯特魯西照會，抗議法國此項行動，要求法國撤軍，並宣布柬埔寨政府將被迫在法國駐軍之處部署柬埔寨軍隊。6 月 29 日，柬埔寨調派重兵進入金邊，分別駐守在重要建築物。[43]

民國 42 年 6 月 25 日，版 2。

[42]　「柬埔寨國王稱完成動員計劃 柬王拒絕接見歐丹尼」，中央日報，民國 42 年 7 月 3 日，版 2。

[43]　*Keesing's Contemporary Archives*, July 18-25, 1953, p.13035.

　　7 月 3 日，法國政府提出「附屬國（加盟國）完成獨立與主權」的
建議，柬埔寨政府在 7 月 25 日致送金邊的法國高級專員里斯特魯西反建
議，該反建議總共有 70 條，其主要內容如下：

(1) 法國應宣布承認柬埔寨為一個完全獨立的國家，而柬埔寨應宣
布屬於「法國聯邦」之一份子，享有如印度在「大英國協」內
的地位。

(2) 法國政府應儘快確定一個日期，將其在柬埔寨所擁有的所有權
力移轉給柬埔寨政府，包括對內和對外貿易、通貨、海關、司
法體系、警察、軍隊、外交政策和外交關係的權力。

(3) 柬埔寨政府應採取下述措施：(a)簽訂一項例外優惠條件的貿易
協議，以及法郎應臨時保證柬埔寨貨幣之價值的通貨協議。
(b)簽訂一項可讓法國駐軍柬埔寨之基地或要塞之條件的軍事援
助條約，只要柬埔寨最高司令同意，允許法國繼續駐軍柬埔寨。
(c)承認法國有權在柬埔寨維持大使層級的高級專員。

(4) 柬埔寨政府建議召開附屬國（加盟國）會議，以廢止帕奧條約（Pau
Convention）所規定的聯合控制海關和其他服務以及其他解決共同
關心之問題的規定。法國可以參加亦可不參加該項會議。[44]

8 月 14 日，法國提出移轉權力給柬埔寨政府的建議，內容如下：

(1) 所有軍事部門應置於柬埔寨司令之下，但行動區應臨時置於法
國控制之下。

(2) 警察和司法部之權力應立即移轉給柬埔寨，但應獲得法國國會
之批准。

(3) 成立一個法國和柬埔寨委員會負責移轉的事務。

(4) 不能立即移轉的權力，應由在巴黎舉行之談判來解決。

---

[44] *Keesing's Contemporary Archives*, August 15-22, 1953, p.13084.

法國此一建議獲得柬埔寨政府之同意，法國和柬埔寨委員會於 8 月 26 日開始運作。8 月 29 日，柬埔寨和法國在金邊簽署移轉警察和管轄法國人和華人特別法庭之權力的協議。9 月 9 日，雙方簽署第二份協議，規定在涉及法國公民的所有案件，應諮詢以前擔任特別法庭的五位法國法官的意見，對於其他案件，柬埔寨法官需要專業法官的諮詢意見。9 月 15 日，柬埔寨和法國簽署協議，法國同意將五營柬埔寨軍隊和數連加強連的指揮權移交柬埔寨管理；柬埔寨同意借給法國三營軍隊，其中一營用來駐守在金邊機場。[45]

法國在越南的戰事不很樂觀，法國國內出現批評政府的聲浪，使得法國當局必須重視施亞努的要求。10 月 17 日，柬埔寨和法國簽署移轉軍事權力協議，規定移轉給柬埔寨的權力包括：(1)控制全國領土的軍事權力；(2)湄公河以西的軍事控制權，目前由法國控制的 5 營柬埔寨皇家陸軍；(3)駐守在湄公河西岸的屬於「法國聯邦」武力的 2 營法國和柬埔寨混合軍隊。(4)但駐守湄公河以東的 3 營柬埔寨軍隊，應由法國司令掌控。[46]軍事控制權的移轉，在 11 月 7 日完成。此外，法國將司法和外交事務的權力移轉給柬埔寨政府，但法國仍掌控經濟大權，特別是橡膠種植業。

11 月 9 日，施亞努動員從暹粒到金邊的地方官員進行支持他的示威，他從暹粒返回金邊，受到數萬名人民的夾道歡迎。他實踐了他的承諾，除非柬埔寨獲得獨立，否則他將不返回金邊。重要的右派人物，如龍諾、刁龍（Nhek Tioulong）、彭諾斯等人都支持施亞努，並獲任命政府職位。柬埔寨宣佈獨立。柬埔寨是在和平情況下從法國手中取得獨立地位，此與越南完全不同，尤可見施亞努外交手腕之高明。

[45] 「柬境法越聯軍 交柬埔寨指揮 法與柬埔寨達成協議」，中央日報，民國 42 年 9 月 17 日，版 2。
[46] *Keesing's Contemporary Archives*, November 7-14, 1953, p.13230.

　　11月15日，首相彭諾斯因與施亞努意見不和而辭職，23日，成立新的聯合政府，由張納克（Chan Nak）出任首相兼內政部長，宋山（Son Sann）[47]為副首相，金惕特（Khim Tit）為國防部長，蒙生（Hak Monseng）為外長。但宋山在27日、蒙生在12月7日相繼辭職。[48]

　　1954年3月30日，首相張納克因健康理由而辭職，4月7日，施亞努接任首相，他授權前首相彭諾斯執行權力。4月18日，施亞努辭去首相，由彭諾斯擔任首相。4月15日，柬埔寨駐美國大使向聯合國秘書長致送抗議照會，柬埔寨指控「越盟」有2營軍隊於4月2日越界進入柬埔寨領土，柬埔寨反駁「越盟」所說要解放柬埔寨的托詞，強調柬埔寨已是一個獨立國家。[49]7月初，「越盟」將其軍隊撤往寮國，武恩賽（Voeun-Sai）和暹攀（Siempang）則仍在「越盟」手裡。

　　1954年7月21日，日內瓦會議簽署和平條約，規定所有外國軍隊撤出柬埔寨，承認柬埔寨的中立地位，因此，越南共產黨的「越盟」軍隊從柬埔寨撤出，柬埔寨才取得軍事的自主權。

　　8月26日到12月29日，法國和印支三邦在巴黎舉行會議，討論修改1950年在帕奧（Pau）會議中簽訂的貨幣和經濟條約。12月29日，簽訂了一系列的協議，廢除了印度支那經濟和海關聯盟。該新協議之主要內容如下：

---

[47] 宋山，1911年10月5日，生於金邊，1933年畢業於法國巴黎貴族名校巴黎高級商業學校，曾任法國殖民時期馬德望省副省長，後來還出任部長。1955年他成立柬國國家銀行（即中央銀行），出任柬埔寨中央銀行總裁。1961-62年出任財政部長和國家經濟部長。1967-1968年在施亞努主政時擔任首相。1970年龍諾發動政變，他被軟禁。1975年「赤棉」奪得金邊政權時，他旅居巴黎。波布政權被推翻後，他成立「高棉人民全國解放陣線」（Khmer People's National Liberation Front），成為反抗「赤棉」政權的組織家。1982-91年，出任流亡的民主柬埔寨聯合政府的總理。1997年1月退出政壇。2000年12月19日因心臟衰竭逝於巴黎。南洋星洲聯合早報（新加坡），2000年12月20日，頁32。

[48] *Keesing's Contemporary Archives*, December 19-26, 1953, p.13319.

[49] *Keesing's Contemporary Archives*, May 22-29, 1954, p.13584.

(1) 從 1955 年 1 月 1 日起，每一個加盟國發行其自己的貨幣，以取代印度支那之貨幣，並確定其自己的兌換率。在過渡時期，應維持各國貨幣之間的公平性。

(2) 三國應各自徵收其自己的關稅及規範其自己的對外貿易。

(3) 應承認在湄公河的航行自由，柬埔寨和寮國船隻航行經過越南境內的湄公河及到西貢港，應透過談判訂定一個公約。[50]

1955 年 1 月 24 日，彭諾斯辭去首相，1 月 26 日，連吉斯（Leng Ngeth）出任首相。2 月 7-9 日，柬國舉行公民投票，題目是是否支持施亞努的獨立努力，將各種政黨統合為全國團結運動，贊成選票上是在一張白紙上印上施亞努的照片，反對票上寫「不贊成」，投票結果，贊成票高達 98%。[51]

施亞努覺得國王的職位使得他的政治才華無法充分發揮，過去幾次他兼任首相，首相是具有實權的職位，所以他決定退位，轉而從政。他在 3 月 2 日在沒有預警的情況下，宣布退位，由其父親蘇拉瑪里特親王繼任為王。24 日，施亞努建立一個政治運動組織「人民社會主義社群黨」（Sangkum Reastr Niyum, People's Socialist Community），參加該組織者，必須辭去其他政黨身份。施亞努擬利用該組織，逐漸削弱其他政黨的力量。他任命自由黨黨魁諾因迪斯王子（Prince Norodom Norindeth）為駐法國的聯合國教科文組織（UNESCO）的大使，使得該黨失去龍頭。他也要求公務員加入「人民社會主義社群黨」，使得民主黨失去數百名黨員。他隨後在 4 月出席印尼萬隆（Bandung）的亞非會議，倡議中立主義，博得世界反殖民主義領袖的美譽；5 月 16 日，他與美國簽署軍事和

---

[50] *Keesing's Contemporary Archives*, March 19-26, 1955, p.14116.

[51] David P. Chandler, *op.cit.*, p.188.但 Evelyn Colbert 認為投票結果施亞努獲得 84%的支持。參見 Evelyn Colbert, *Southeast Asia in International Politics, 1941-1956*, Cornell University Press, Ithaca and London, 1977, p.336. John Tully 說獲得 99.8%的支持。參見 John Tully, *A Short History of Cambodia*, p.129.

經濟援助協議。美國在 9 月 29 日與柬埔寨達成協議，美國政府允諾經濟援助柬埔寨 5 萬美元在暹羅灣建設一座現代化港口。[52]

3 月到 9 月，施亞努關閉數家反政府的報紙，未經審判即將主編入獄。9 月 11 日舉行國會選舉，民主黨和「公民協會」（Pracheachon, Citizen's Association, or People's Association）兩個黨沒有加入「人民社會主義社群黨」，他們的候選人遭到騷擾，數名競選人員遭到殺害，在投票日，有選民遭到恐嚇，有數個據信支持民主黨的票匭失蹤。投票結果，「人民社會主義社群黨」獲得 82%議席，囊括 91 席，民主黨獲 12%選票，「公民協會」獲 4%選票，都沒有分配到席次。民主黨在政府打壓下，力量逐漸衰微。由日內瓦會議所設立的國際監督停火委員會監督這次的柬國選舉，都沒有去處理選舉違規案件。

施亞努在 1955 年 10 月 3 日組織新政府，出任首相，至 1956 年 1 月 3 日辭職，前往法國、菲律賓和中國訪問。首相一職由翁慶孫接任，但因為金邊群眾示威，所以他在 1 月 13 日辭職。施亞努返國後，於 3 月 1 日重任首相兼外長，由國民議會無異議通過。施亞努建議利用美國援助款進行投資計畫案遭到財政部長的反對，又在 3 月 30 日辭去首相，由副首相金惕特繼任。4 月 21 日，中國對柬國提供經援。4 月 24 日，美國則終止對柬國的軍事援助。5 月 18 日，蘇聯給予柬國外交承認。

施亞努在 5 月 21 日訪問印度，會見總理尼赫魯（Jawaharlal Nehru）商談柬埔寨保持中立政策的問題，獲得印度的支持。他亦在記者會上說，柬埔寨與南越的關係已正常，柬國不再受到經濟封鎖。隨後他又前往巴基斯坦的克拉蚩（Karachi）、伊拉克的巴格達（Baghdad）、法國巴黎、波蘭的華沙（Warsaw）、瑞典的斯德哥爾摩（Stockholm）、西班牙的馬德里（Madrid）和蘇聯的莫斯科訪問。施亞努與蘇聯達成建交、互派大使的協議，蘇聯將提供給柬埔寨經濟和技術援助，以使其能發展經濟及繼續維持中立政策。然後他從蘇聯前往捷克、南斯拉夫、瑞士和義大利訪問。在 8 月 21 日返回金邊。

---

[52] *Keesing's Contemporary Archives*, April 23-30, 1955, p.14161.

圖 4-5　1956 年施亞努訪問北京

說　　明：左一為毛澤東，右一為劉少奇，中為施亞努，後排為彭真。
資料來源：http://en.wikipedia.org/wiki/Norodom_Sihanouk　2014 年 7 月 1 日瀏覽。

　　在施亞努返回金邊之前，金惕特在 8 月 8 日辭去首相，被任命為駐法國的高級專員（即大使）。9 月 15 日，施亞努又接任首相，其叔叔摩尼里斯王子入閣，但因摩尼里斯王子聲明貪污罪者將以軍法審判，遭到違憲的批評，因此施亞努政府在 10 月 15 日解散，由山雲（San Yun）籌組內閣。12 月 19 日，國民議會否決商業部長和財政部長提議徵收鹽稅和進口稅，導致山雲辭職。後來經國王要求，再由山雲組織小內閣，將商業和財政兩個部長排除在外。1957 年 3 月 27 日，國民議會以 72 票對 0 票通過對政府經濟政策之譴責案，有 5 票缺席，此一動議之所以通過乃因為物價上揚、黑市猖獗及失業問題嚴重，導致山雲辭職。4 月 7 日，施亞努第四次組織政府，同時兼任外交部、內政部和計畫部等部部長。7 月 30 日，施亞努因健康因素再度辭職，由辛瓦（Sim Var）繼任。[53]

　　民主黨的黨員在 1956 年幾乎都加入「人民社會主義社群黨」，而使得該黨名存實亡。1957 年 9 月，施亞努宣稱民主黨危害他的政策，所以召集該黨五位領袖到金邊王宮會商。會談時，有大批群眾聚集會場外，會談過程使用擴音器對外廣播，受到群眾的威脅，民主黨的領袖無法暢

---

[53]　*Keesing's Contemporary Archives*, August 10-17, 1957, p.15707.

所欲言，在經過三個小時施亞努的疲勞轟炸後，他們才獲允離開會場。當他們步出會場時，遭到軍警的棍打，有一人送醫治療。以後數天，約有 30-40 人被懷疑為民主黨的黨員在金邊遭到棍打，施亞努秘密對這些軍警頒予勳章。隨後，宣布民主黨解散。

　　首相辛瓦在 1957 年 11 月 20 日辭職，國王在 1958 年 1 月 8 日解散國民議會。1 月 11 日，克易翁（Ek Yi Oun）出任首相。1 月 17 日，克易翁下台，由彭諾斯接任首相。3 月 23 日，舉行國民議會選舉，唯一的反對黨是「公民協會」，它提名數名候選人參選，但在警察壓力下，除了基歐密斯（Keo Meas）一人沒有退選外，其他候選人都退選。基歐密斯只獲得 350 票。選後他躲藏起來，以免被逮捕。施亞努贏得國民議會所有 61 個議席，在投下的 160 萬票中，只有 409 張反對票。[54]

政局持續動盪

　　1958 年 4 月 12 日，彭諾斯內閣總辭，24 日國會選出辛瓦為首相，他表示將採取中立的外交政策。同時修憲，將內閣部長由 12 人增加至 16 人。5 月 2 日，柬政府下令取銷中華理事會，另設立管理華人的「華人事務管理處」。[55]7 月 10 日，辛瓦辭職，施亞努接任首相。

　　7 月 25 日，柬埔寨和中華人民共和國建立外交關係，1960 年雙方又簽署友好條約。柬埔寨和中國建交，使其外交政策更脫離中立路線，而傾向左派外交路線，引起美國等西方勢力之敵對日增。

　　1959 年 1 月 21 日，柬埔寨政府公佈一項政變陰謀，由前首相兼國防部長山沙里（Sam Sary）和日據時期出任傀儡政府首長的宋國誠（正流亡在泰國）所領導。2 月 24 日，柬埔寨政府又公佈由暹粒省省長木爾

---

[54] Henry Kamm, *op.cit.*, p.29.

[55] 「柬埔寨政府下令　撤銷華僑組織　將設華僑事務管理處」，中央日報，民國 47 年 5 月 3 日，版 2。

皮契（General Chuon Mulpich）領導的政變，當政府軍前往暹粒逮捕他時，他脫逃至柬、泰邊境，受傷後死在醫院。施亞努指控這兩次政變的人物是屬於右派，背後是由南越和西方勢力支持，目的在反柬埔寨。被影射的美國和泰國都聲明不曾介入柬埔寨內政。在美國的協調下，柬國和泰國在 2 月恢復外交關係。施亞努和外長宋山、內政部長、國防部長於 8 月 4 日訪問南越，與總統吳廷琰舉行會談，才緩和緊張關係。[56]

1960 年 4 月 3 日，施亞努的父親，即柬埔寨國王去世，攝政委員會邀請施亞努組織政府，他拒絕，在 4 月 11 日辭去首相，自任為國家元首，摩尼里斯王子為攝政委員會主席，此等於廢除了柬國的君王政體。在這之前，國民議會修改憲法，將攝政的任期改為無限期。4 月 16 日，傅普恩（Pho Proeung）辭去攝政委員職務，同意出組政府。4 月 19 日，傅普恩出任首相。6 月 5 日，舉行全國公民投票，給予施亞努的統治全力的支持。6 月 13 日，國民議會修改 1947 年憲法，將國王改為國家元首。次日，施亞努就任國家元首。

在 1940 年代，柬埔寨共產主義份子要想參加共黨組織只有參加印度支那共產黨一途，因為柬埔寨並沒有獨立的共黨組織。1951 年 9 月，柬埔寨共黨份子組織「柬埔寨人民革命黨」（Kampuchea People's Revolutionary Party, KPRP）（或稱高棉人民革命黨），成為柬埔寨第一個共黨組織。1960 年 9 月 30 日，「柬埔寨人民革命黨」共黨份子在金邊火車站召開秘密黨大會，易名為柬埔寨工人黨（Workers' Party of Kampuchea, WPK）。波布（Pol Pot, Saloth Sar）成為中央委員會委員。1960 年代初，施亞努與柬埔寨左派份子和共產中國建立戰略合作關係。此一立場，使得柬國政府容忍學校教師具有左傾色彩，以後這些教師和學生參加柬埔寨的共產主義運動。其次，在 1962 年國民議會選舉時，有數名在法國接受教育的左派份子當選為議員，例如喬森潘（Khieu Samphan）、郝勇（Hou Yuon）、胡寧（Hu Nim），他們加入「人民社會主義社群黨」。

---

[56] *Keesing's Contemporary Archives*, August 8-15, 1959, p.16949; August 22-29, 1959, p.16964.

圖 4-6　施亞努夫婦

資料來源：http://withfriendship.com/images/i/43887/Norodom-Sihanouk-picture.jpg
　　　　 2014 年 6 月 10 日瀏覽。

　　1961 年 1 月 28 日，彭諾斯出任首相，11 月 17 日下台，由施亞努接任首相，至 1962 年 2 月 13 日下台，刁龍成為代理首相。6 月 10 日，舉行國民議會選舉，議席數從 61 席增加到 77 席，施亞努的「人民社會主義社群黨」贏得所有 77 席。8 月 6 日，趙森（Chau Sen）出任首相。10 月 6 日，由康托爾王子（Prince Norodom Kantol）擔任首相。

　　施亞努對於國內各派系的策略，是採取平衡手段，他不偏向激進派的「赤色高棉」（red Khmer）（以下簡稱「赤棉」），也不偏向保守派的「藍色高棉」（blue Khmer），而自稱為「白色高棉」（white Khmer），居中立地位以控制全局。[57]反施亞努的勢力有兩個，一個是「自由高棉」（Khmer Serei, Free Khmer），領導人是宋國誠，約有 1 千名軍隊，是由泰國和南越在背後支持，其活動地點在柬、泰邊境的扁擔山，是個反共的右派團體。[58]第二個團體是「公民協會」，是在 1954 年成立的左翼政黨，領導

---

[57] David P. Chandler, *op.cit.*, p.197.
[58] *Keesing's Contemporary Archives*, Sept. 30-Oct.7, 1967, p.22284.

人是龍素恩（Non Suon）、喬米司（Keo Meas）和彭余斯（Penn Yuth），他們以前是「自由高棉」份子。該黨參加 1955、1958 年的國會選舉。1962 年，警方逮捕該黨的 14 名領導人，包括總書記龍素恩，罪名是受北越指使陰謀推翻政府，軍事法庭初判以死刑，後改為無期徒刑。該黨被解散，其黨員逃離金邊，躲藏在邊境森林地帶，有少數人例如喬森潘、郝勇和胡寧則投靠執政黨。[59]

從以上的政局發展可知，在 1962 年以前，施亞努想走中間偏右路線，壓制左派政黨和團體，但政爭過於激烈，致使他根本無法穩定政局。另一個原因是他個性使然，他對於政治人物信任度不夠，而且經常插手干預，以致於首相人選經常更換，像走馬燈一樣輪換，最後的結果是耗費太多時間在安排首相及其他部長，而無法推展經濟計劃，遂需仰賴外國經濟援助。而仰賴外援又墜入親美或親蘇、親中的左右搖擺的外交困境。

儘管柬國內政不穩，政爭頻繁，但施亞努作為一個佛國的領袖，仍不忘在 1961 年 11 月 12-22 日在金邊舉行第六屆世界佛教大會（World Buddhist Congress），[60]象徵柬國仍致力發揚佛教。以後該項會議就停辦。

施亞努在 1962 年 8 月 14 日宣布建議召開十四國日內瓦國際會議，以保證柬埔寨的中立和領土完整，以免受到泰國和南越侵略的威脅。該項建議獲得蘇聯、中國和北越的支持；美國和英國則持保留態度。法國則給予支持。[61]

1963 年初，施亞努發動反左派運動，公布陰謀發動政變的 34 個人名，此一名單包括金邊左派學校的教師、國民議會左派議員及若干知識份子。戲劇性地，他召集這些人，提供政府職務給他們，如果他們拒絕

[59] "Pracheachon," *Wikiwand*, http://www.wikiwand.com/en/Pracheachon#/Formation　2019 年 1 月 9 日瀏覽。
[60] 第一屆世界佛教大會是在 1950 年 5 月於斯里蘭卡的康迪（Kandy）舉行。第二屆在 1952 年 5 月 3-5 日於日本弘前市（Hirosaki）舉行。第三屆在 1954 年於緬甸印光舉行。第四屆在 1956 年於尼泊爾加德滿都舉行。第五屆在 1958 年於泰國曼谷舉行。
[61] *Keesing's Contemporary Archives*, September 15-22, 1962, p.18986.

政府職務，而且保證效忠他，則允許他們恢復原職。沙洛特・沙（Saloth Sar）〔即波布（Pol Pot）〕、英薩利（Ieng Sary）和宋申（Son Sen）是學校教師，也是秘密的左派共黨中央委員會委員，他們的名字出現在該份名單中，因為擔心遭逮捕，所以逃到越南邊境，尋求越南的保護。在金邊的左派共黨，在農謝（Nuon Chea）和馮偉（Vorn Vet）的領導下，在以後三年勢力沒有重大發展。[62]

　　然而，施亞努從 1963 年起的內外政策開始左轉。他在 1963 年 1 月宣佈柬埔寨銀行、進出口貿易國有化，同時設立國營企業。5 月 1 日，中華人民共和國主席劉少奇訪問金邊。8 月，因為南越侵犯柬埔寨邊境以及對湄公河下游的高棉人採取不公平對待，柬埔寨乃宣布與南越政府斷交。南越的吳廷琰總統於 1963 年 11 月遭到暗殺，施亞努乃宣布中斷美國給予的軍事和經濟援助。11 月 19 日，施亞努召集一個特別的群眾代表大會，他在會上介紹兩位「自由高棉」的顛覆份子，他們是由美國軍事官員指示從南越到柬埔寨進行顛覆活動，他們在柬國東部向柬國政府投誠。施亞努據此指控美國，該大會以舉手方式通過了拒絕繼續接受美援。[63]自 1955 年到 1963 年中，美國軍援柬埔寨 8 千 3 百萬美援，經濟援助總額達到 2 億 7 千 3 百萬美元，約佔柬埔寨每年財政預算的 15%。且派駐 60 人組成的軍事顧問團。[64]柬埔寨中斷美國的經援後，嚴重影響其經濟發展。再加上其採取半社會主義的政策，缺乏經濟改革的專家，造成通貨膨脹，稅收短少，貪污橫行。12 月，柬國召回駐美大使及禁止西方記者入境。柬埔寨改接受中國的軍事援助。1964 年 1 月 5 日，又接受法國的軍事援助一個 AMX-13 坦克中隊的坦克車。[65]

[62] David P. Chandler, *op.cit.*, p.198.
[63] 「施亞努表演活劇 召集群眾大會 通過拒絕美援」，中央日報，民國 52 年 11 月 20 日，版 2。
[64] John Tully, *A Short History of Cambodia*, p.143. 「對施亞努行動 美國頗感困惑 否認曾支持柬反叛份子 美將撤回軍經援助人員」，中央日報，民國 52 年 11 月 21 日，版 2。
[65] "36. Cambodia (1954-present)," University of Central Arkansas, http://uca.edu/politicalscience/

　　施亞努採取中立偏左政策，接受中國和蘇聯的援助，例如 1963 年 9 月蘇聯軍援柬埔寨 2 架米格 17 戰機、1276 門火砲、8 門高射砲，[66]中國供應重型火砲。施亞努在 1965 年 3 月印度支那人民大會（Indochina People's Conference）上，抨擊美國的東南亞政策。隨後美國轟炸躲藏在柬埔寨東部鸚鵡嘴（Parrot's Beak）的越共份子，施亞努在 5 月 3 日宣布與美國斷交。1966 年，施亞努秘密地與北越建立關係。他允許北越軍隊進駐柬埔寨領土，並同意北越和中國利用柬埔寨的施亞努港（Sihanoukville）運送武器裝備給在柬境的北越軍隊。相對地，北越承認柬埔寨的邊境線、不騷擾柬埔寨平民、不與柬埔寨軍人接觸。南越和美國雖知道北越軍隊在柬境出沒，但不知道該秘密協議的內容。泰國政府則譴責柬埔寨為越共提供避難所並侵犯泰國邊界，柬埔寨也抗議泰國占領柏威夏寺和支持反柬埔寨政府的叛亂份子。1966 年 6 月 3 日，泰國在聯合國大會上譴責柬埔寨對越共的支持，並在邊境採取挑釁行動，影響泰國邊界地區的安全，請求聯合國秘書長吳譚（U Thant）派遣代表到泰國觀察。吳譚遂派遣瑞典駐聯合國大使李賓（Hr. Herbert de Ribbing）訪問泰國和柬埔寨。雖然施亞努表示願意與泰國談判，呼籲彼此尊重領土完整，但嗣後柬、泰邊境仍然衝突不斷。

　　1966 年 9 月 2 日，法國總統戴高樂（Charles de Gaulle）前往柬埔寨訪問，剛好在舉行國民議會選舉之前。此對施亞努是一個鼓舞，遂辦了一次花費不貲的歡迎活動。戴高樂重申尊重柬埔寨領土完整。9 月 11 日，舉行國民議會選舉，在 82 席中，有 425 名「人民社會主義社群黨」黨員競爭，結果全由執政黨候選人當選。10 月 18 日，由國防部長龍諾出任首相，取代康托爾王子，龍諾在 10 月 22 日組織一個保守的政府，他獲得軍方、中年的保守份子、中、柬混血兒商業菁英等的支持。施亞努不

dadm-project/asiapacific-region/cambodia-1954-present/　2019 年 1 月 9 日瀏覽。
[66] 同上註。

喜歡該一保守特性的政府，因此在 10 月 26 日任命 18 名左派的「反政府
份子」出任影子內閣成員，他們獲授權可以批評政府的政策或提出對策。
在此壓力下，龍諾在 11 月 4 日提出辭職，施亞努拒絕接受；韋里亞王子
（Prince Viriya）和尼克豐（Nhek Phonn）兩人因為拒絕撤回辭職，而被
撤換，分別由普里沙拉王子（Prince Norodom Phurissara）和趙紹（Chau
Sau）取代。為了平衡左右兩派，施亞努任命左派的趙盛（Chau Seng）
進入王室委員會（Crown Council）。

　　施亞努勤政愛民，每天工作 18 小時，處理公務，也常下鄉訪問人民，
因此在廣大的鄉下，獲得人民的愛戴。不過，他喜歡說，而不願意聽人
民的意見，也不願授權，將人民視為他的兒女，而非可以作決定的人民，
表現出來的是傳統的專制統治。施亞努將柬埔寨視為私人財產、家庭，
許多人民給他支持，給予他超自然的力量。

　　柬埔寨自從中斷美國的軍援後，國防軍費不足，其武裝力量日減，
無法對抗左派游擊隊。施亞努又將企業國有化，迫使商人與越共進行秘
密交易，在 1967 年，柬埔寨生產的稻米約有四分之一走私到越共游擊隊
控制地區，因為後者給的價格高過柬埔寨政府的價格。此外，走私猖獗，
亦影響政府的稅收。為阻止稻米外流，柬國政府在 1967 年初下令由軍方
收購各地稻米。至於交給政府的米糧，由於價格過低，引起民怨。為了
彌補財政不足，施亞努政府同意在金邊開設賭場，以開闢財源，卻引發
人民的不滿，因為導致許多家庭家破人亡。

　　施亞努於 1967 年 3 月 9 日訪問法國返國後，碰到金邊左派份子示威，
他們要求改組政府、解散國民議會、重辦選舉。他召開「人民社會主義社
群黨」特別會議，3 月 12 日，會議決議不改組政府及解散國民議會，而
決定發佈緊急狀態。波布在 4 月 1 日在馬德望省的山勞特（Samlaut）鼓
動農民反政府。4 月 2 日，龍諾政府派軍隊鎮壓，有 1 萬農民被殺。[67]喬

67　"36. Cambodia (1954-present),"*op.cit.*

森潘等議員在金邊集會，要求龍諾下台。施亞努指控喬森潘及其他四名國會議員是這次農民動亂的背後指使者，喬森潘和豪勇和胡寧逃離金邊。[68]

4 月 30 日，龍諾再度提出辭職，施亞努決定成立緊急政府，5 月 2 日公布該緊急政府人事名單，首相由中央銀行總裁宋山（Son Sann）出任。左派人士進入內閣者，有內政部長溫洪沙斯（Ung Hong Sath），國家經濟部長趙森，健康部長蘇年（So Nem），使得左派勢力大增。8 月 5 日，緊急狀態結束，緊急政府向國民議會提出辭職，卻遭國民議會拒絕。兩天後，施亞努在記者會上說，共產黨拒絕他提名的內閣人選，他指控共產黨想將柬埔寨變成中國的衛星國，但他沒有批評中國政府。[69]

施亞努對於美國在越南戰爭之作法多所批評，而與北越發展關係，他在 6 月與北越建交，且與北越有秘密協議，讓北越軍隊進入其邊境躲避美軍的轟炸。同一個時候，接受中國援助的柬埔寨共產黨（Communist Party of Kampuchea, CPK）開始發動武裝反抗政府，其根據地在柬國東北部和西北部。

9 月 1 日，施亞努下令解散蘇年領導的「柬埔寨與中國友誼協會」（Cambodian-Chinese Friendship Association），理由是其涉嫌顛覆活動。在北京的「中國與柬埔寨友誼協會」則激烈批評柬埔寨的帝國主義、修正主義和反動主義，呼籲「柬埔寨與中國友誼協會」與中國同志繼續並肩鬥爭。9 月 11 日，施亞努解除趙森和蘇年的職務；停止發行所有柬埔寨文和外文報紙；將於 1968 年初舉行公投，讓人民就施亞努政府和親中國份子之間作一選擇；譴責中國官方批評柬埔寨國家和政府，以及干涉柬國內政。

9 月 14 日，施亞努表示將從北京撤回大使館人員，只留下一名秘書，但不會與中國斷交，假如中國不干涉柬國內政，則柬國將與中國維持友

[68] Khieu Samphan, *Underdevelopment in Cambodia*, http://www.scribd.com/doc/58800629/Underdevelopment-in-Cambodia-by-Khieu-Samphan　2014 年 6 月 17 日瀏覽。

[69] *Keesing's Contemporary Archives*, Sept. 30-Oct.7, 1967, p.22283.

誼。中國總理周恩來致函施亞努，請施亞努不要在意「中國與柬埔寨友
誼協會」的訊息，保證柬埔寨官員在北京的安全。鑑於中國的善意，所
以施亞努決定不召回駐北京大使。同時他禁止「新華社」法語刊物出版，
譴責該刊物挑撥是非，並廢止「新華社」與柬埔寨官方新聞社的交流協
議。[70]9 月 15 日，施亞努宣布將由政府出版一份柬埔寨文、一份法文、
一份中文和越南文的報紙，以取代私人的報紙。

在發生上述紛爭之前，柬埔寨和中國關係密切，1958 年 8 月，中國
協助柬埔寨建設一座小型煉鋼廠和其他工業設施。[71]施亞努曾在 1965 年
9 月 22 日到 10 月 4 日訪問中國。1965 年 11 月 27 日，柬埔寨和中國簽
署軍事援助協議，中國提供柬埔寨裝備 2 萬名步兵的輕重武器、防空設
備、4 架運輸機、4 架訓練機、3 艘巡邏艇。1966 年 10 月 5 日，雙方又
簽署由中國提供技術人員訓練柬埔寨軍人使用中國武器之協議。[72]

1968 年 1 月 1 日，宋山內閣總辭，據稱其內閣有數名閣員是左傾而反
美的，而施亞努有意改善與美國之關係，所以要調整內閣人選。施亞努邀
請駐日大使馬塔克（Prince Sisowath Sirik Matak）擔任首相，但馬塔克以他
沒有足夠的時間讓所有黨派磋商組織一個新政府，而婉拒該職。[73]1 月 4
日，美國詹森（Lyndon Baines Johnson）總統宣稱將派遣美國駐印度大
使鮑爾斯（Chester Bowles）訪問金邊，就越共利用柬國為庇護地的問題
與施亞努協商。同一天，柬國接受中國軍援 3 架米格十七、4 架教練機、
4 架單螺旋槳運輸機和幾十門高射砲。[74]鮑爾斯於 1 月 7 日訪問金邊，施
亞努表示他不會協助安排美國與北京或河內談判，並建議美國應與越共
接觸。鮑爾斯與施亞努達成的協議是，假如在南越的共黨軍隊利用柬埔
寨危及美軍之安全，美軍得進入柬埔寨行使自衛權。施亞努同時提出與

---

[70] *Keesing's Contemporary Archives*, Sept. 30-Oct.7, 1967, p.22284.

[71] *Keesing's Contemporary Archives*, August 8-15, 1959, p.16949.

[72] *Keesing's Contemporary Archives*, Sept. 30-Oct.7, 1967, p.22284.

[73] 「馬塔克拒任 柬埔寨總理」，中央日報，民國 57 年 1 月 5 日，版 2。

[74] 「柬國接受 共匪軍援」，中央日報，民國 57 年 1 月 5 日，版 2。

美國恢復邦交兩個條件：美國需承認柬埔寨邊界以及美國宣布柬埔寨邊界的不可侵犯性。[75]但柬國政府指控美、越聯軍在 17 日越界進入柬國波羅勉省，對設在平蒙地亞的一個柬國哨所開火，導致 3 人喪生、2 人受傷。[76]以後柬國多次抗議美軍越界攻擊。

1 月 31 日，由彭諾斯出任首相，是他第六次出任首相。

1969 年 5 月初，數週以來美軍使用 B-52 轟炸在柬境內的數處越共據點，但柬國政府一直沒有提出抗議。[77]

7 月 2 日，柬埔寨為了尋求美國之援助而與美國恢復代辦級外交關係，美國因此有機會介入柬國內政。8 月 1 日，彭諾斯下台。12 日，由龍諾接任首相。10 月 8 日，施亞努允許北越 4 萬軍隊部署在柬境東部。柬埔寨甚至允許越共在其東部境內設立醫院，柬人也可前往看病。[78]12 月 31 日，解散柬埔寨國際監督與控制委員會。

在 1969 年 12 月，國民議會沒有通過施亞努的經濟政策方案，輿論亦開始批評施亞努。柬國高階保守官員開始陰謀推翻施亞努的統治。最有名的陰謀者是施亞努的表弟馬塔克，他擔任龍諾首相的副首相，他不滿經濟管理出問題以及北越在柬境有基地，他的態度親西方。龍諾的態度也是親西方。

至 1970 年初，柬共勢力擴張迅速，佔領柬國領土五分之一。城市的學生和老師對於官員的貪污和保守作風亦感到不滿，同時受到中國文化大革命以及 1968 年 5 月法國學運的影響，示威抗議事件逐漸增加。

---

[75] 「美軍行使自衛權時　仍可追敵至柬埔寨　彭岱解釋美柬所獲協議」，中央日報，民國 57 年 1 月 14 日，版 2。

[76] 「柬控美越曾經越界」，中央日報，民國 57 年 1 月 20 日，版 2。

[77] William Beecher, "Raids in Cambodia by U.S. unprotested; Cambodia raids go unprotested," *New York Times*, May 9, 1969.

[78] "Khmer Rouge taxation in Kompong Cham Province; Cambodian approval of Viet Cong hospitals in border areas," Declassified CIA Documents on the Vietnam War, University of Saskatchewan Library, Canada, https://library.usask.ca/vietnam/index.php?state=view&id=777 2019 年 1 月 17 日瀏覽。

第五節　龍諾成立高棉共和國

　　1970 年 1 月 4 日，施亞努前往法國治病度假，另外也是避開金邊右派的政治壓力，他們對他的容許越共在柬境東部駐留感到不滿。以後兩個月，馬塔克及其同事努力整頓柬國政治，關閉賭場、銀行恢復私有化，並密訪越南河內，與北越交涉越共從柬境撤出，北越給他看一份施亞努和北越簽署的允許越共使用柬境基地的秘密協議。以後柬埔寨停止供應糧食給越共，導致柬埔寨和北越兩國開始出現衝突。2 月 18 日，首相龍諾從歐洲治病返國。龍諾長期以來對於北越入侵柬國不滿，亟思將柬國境內的越共驅逐出去。為打擊越共，龍諾在返國後不久就宣布 500 里爾（riel）面額的鈔票禁止流通，目的在使越共份子無法購買米糧及其他生活必須品。龍諾亦宣布增兵 25%。3 月 8 日，可能在柬國政府的支持下在柴楨（Svay Rieng）省爆發反越示威。[79]3 月 11 日，金邊數千名軍人、學生、公務員因抗議北越入侵柬埔寨，爆發反北越大使館及南越民族解放陣線（National Liberation Front）辦事處的示威。該兩個機構遭到暴民破壞。當時施亞努人在巴黎，譴責該項暴力。該天稍晚，國會召開臨時會議，通過一項決議，要求政府採取緊急措施以維護國家領土完整，重申柬埔寨維持中立政策。內閣將國會此一決議通知在巴黎的施亞努，施亞努在隔天在法國電視表示，此次示威是由右派所發起，目的在接管政權，改變柬埔寨的政策。[80]

---

[79] Bernard K. Gordon, Kathryn Young, "Khmer Republic: That Was the Cambodia That Was, " *Asian Survey*, Vol.11, No.1, January 1971,pp.26-40, at p.31.

[80] Bernard K. Gordon, Kathryn Young, *op.cit.*, p.32.

　　3月13日，當時施亞努正在蘇聯訪問，龍諾下令越共在兩天內，即在15日黎明前從柬境撤出。同時禁止將米糧賣給越共。施亞努在莫斯科要求停止反越示威，其母親亦要求龍諾停止反越示威，但遭拒絕。3月16日，國會討論地面部隊國務秘書（即警察首長）曼諾林上校（Colonel Oum Mannorine）涉嫌走私違禁品，有些證據顯示他的警察部隊企圖在3月14-15日逮捕龍諾。3月16日，柬埔寨和越共舉行談判，但無結果。3月17日，曼諾林上校被迫辭職，龍諾將此一決定通知施亞努，未獲回音。

　　3月17日晚上，馬塔克率領三位軍官拜訪龍諾，以手槍威脅他簽署一項聲明，要他在明天國民議會投票反對施亞努。當龍諾簽署文件後，淚流滿面。[81]19日，國民議會投票，以86票對3票，通過對施亞努不信任案，指控其貪污、以武器支援共黨份子、為私人利益經營賭場、煽動行為、未經審判處死許多農民、浪費公帑、盲目聽從他夫人的意見，[82]並決議禁止施亞努返國；另選國民議會主席、施亞努出國時的代理國家元首鄭興（Cheng Heng）出任國家元首，龍諾仍任首相，馬塔克為副首相。鄭興是一名有錢的地主。

　　探究柬國爆發政變有內外兩種原因，在內政方面，是柬埔寨共黨份子在鄉下各處騷擾，攻城掠地，政府軍無法將之撲滅，引發民怨，受害農民特別是磅占省的農民受害最深，他們請求政府和國民議會解決他們的痛苦，都無法獲得及時協助。另一個原因就是越共在柬境東部活動，該一地區快變成越共的控制區了，越共之所以大膽入侵，就是因為施亞努之操作造成的，施亞努遂成為民族主義投訴的罪人。

　　當政變發生時，施亞努正好從莫斯科前往北京，3月19日清晨飛機抵達北京，獲中國全力支持。他本想在法國尋求政治庇護，後與周恩來和越南總理范文同會商後，他決定在北京組織一個流亡政府，稱為「國

[81]　David P. Chandler, *op.cit.*, p.204.

[82]　「柬新政府獲得支持　鄭興呼籲人民鎮靜　國會嚴詞譴責施亞努賣國行徑」，中央日報，民國59年3月20日，版2。

家統一王國政府」（Royal Government of National Unity, RGNU），其派系
稱為「柬埔寨民族聯合陣線」（National United Front of Cambodia,
FUNC），他的武裝力量將包括共黨份子。3 月底，他透過廣播要求其兄
弟姊妹起來反抗龍諾。柬國東部磅占、磅士碑省（Kompong Speu）和茶
膠等省的省城爆發支持施亞努的示威活動，都遭軍隊鎮壓，死 100 人。
柬國軍警殺害金邊附近無武裝的越南平民，以他們涉嫌共黨份子為理
由。龍諾下令越共武裝份子在 48 小時內離開柬埔寨國境。

　　4 月 24 日，施亞努在廣州召開「印度支那三國四方首腦會議」，包
括柬埔寨民族聯合陣線主席施亞努、北越總理范文同、南越民族解放陣
線主席阮友壽及寮國愛國陣線主席蘇法努旺（Souphanouvong）四個首腦
參加。會議後，三國達成了「印支三國聯合聲明」，同聲主張維護國家主
權獨立。

　　由於越共軍隊集結柬國邊境，四度攻擊柴楨省，龍諾在 4 月 16 日正式
向美國要求供應軍事武器。4 月 28 日，美國總統尼克森（Richard Nixon）
宣布將提供南越美國軍事顧問、戰術空中和地面援助，攻擊在柬埔寨境
內的北越和越共的基地。4 月 29 日，南越政府亦表示支持龍諾政府。4
月 30 日，美國實施代號為「邵梅克行動」（Operation Shoemaker）（指美
軍指揮官 General Robert Shoemaker）的軍事行動，派遣 32,000 名軍隊進
入柬埔寨打擊越共。南越軍杜高詩中將（Lt. General Do Cao Tri）率領
4.3 萬軍隊加入在柬埔寨作戰。美軍和南越軍隊進入柬國東部，驅逐在該
地的越共。不過，美軍在柬境剿共只有兩個月即在 6 月 30 日撤出，以後
改為空中轟炸。南越軍稍晚在 7 月 22 日從柬境撤出。在這次行動中，越
共有 3 千人被殺，南越軍有 313 人死亡。[83]在 1970-1971 年，美國對柬埔
寨的軍經援助數額為 283.9 百萬美元。[84]

---

[83]　"36. Cambodia (1954-present),"*op.cit.*
[84]　Bernard K. Gordon, Kathryn Young, *op.cit.*, p.35.

　　越戰拖累了柬埔寨，不僅經濟受影響，施亞努也因此被龍諾推翻。若沒有發生越戰，施亞努可能不會被推翻，柬埔寨共黨也不至於奪取政權。中國政府在 5 月 25 日宣布與龍諾政府斷交，並撤出駐金邊的中國大使館，正式承認在北京的施亞努的「國家統一王國政府」為柬埔寨唯一合法政府。

　　6 月 1 日，越共攻擊柬國日急，柬政府宣布戒嚴，涉嫌顛覆政府者及煽動軍隊加入敵人或提供武器和彈藥給敵人者，將處死刑。柬政府並下令金邊人民挖掘戰壕和掩蔽體，以防遭到攻擊。

　　10 月 9 日，控制金邊的龍諾將柬埔寨改為共和國，稱為高棉共和國（Khmer Republic），由龍諾出任總理。同一天，軍事法庭缺席判決施亞努死刑，其妻子莫妮克（Monique）無期徒刑，其母親家中軟禁。該一共和政府獲得美國的支持，並由美國提供軍經援助。至於美國是否在背後支持馬塔克和龍諾的政變？此並無直接的證據，惟美國中央情報局（Central Intelligence Agency, CIA）事先可能知道會發生政變。[85]

　　1971 年初，越南共黨份子襲擊金邊機場，破壞飛機和直昇機及其他設施，造成許多人命傷亡。3 月 11 日，龍諾中風，前往夏威夷治病，由馬塔克代理總理。以後數月，共黨游擊隊破壞在金磅遜（Kompong Som）〔後改名為施亞努港〕的煉油廠。4 月，龍諾從夏威夷返國，因半身不遂而提出辭職，鄭興接受其辭職，隨即又請其組閣，因為龍諾的弟弟龍農（Lon Non）表示他及其他上校們反對由其他人接任總理。龍農控制軍隊，他是「全國特別協調委員會」（National Committee of Special Coordination）的主席，該團體是青年軍官和知識份子的組織。龍農勸其哥哥龍諾續任總理，而實際政務則交由馬塔克執行。[86]

　　10 月 16 日，龍諾宣布緊急狀態，禁止政治集會和示威，拋棄了民主的外觀，將國會改為制憲議會，起草總統制的憲法，他以命令治國，

---

[85] John Tully, *A Short History of Cambodia*, p.154.

[86] Henry Kamm, *op.cit.*, pp.107-108.

宣稱「過時的自由民主的無用遊戲」應該結束了。1972 年 3 月 18 日，
龍諾廢棄制憲議會，接著又罷黜國家元首鄭興，自任國家元首。龍農利
用知識份子和學生發動一連串示威，反對馬塔克。馬塔克對於美國對於
柬國政局保持沈默感到失望，遂辭去總理。由宋國誠出任總理。龍諾利
用推翻施亞努第二週年紀念的時機，宣布自己是總統、國防部長、武裝
部隊元帥，將權力集中在他一人之手裡。龍農出任內政部長，並組織社
會共和黨（Sangkum Sathéaranak Râth, the Socio-Republican Party, PSR）。

　　在龍諾執政初期，採取右傾政策，打擊左派及共黨份子。「赤色高棉」
（Khmer Rouge）採取以農村包圍城市的戰略，亦開始在各地農村發動
攻勢。1971 年底，「赤色高棉」共黨份子攻擊磅通，政府軍敗退，龍諾
下令撤退至金邊。政府軍傷亡慘重，留下美軍提供的重裝備散落在道路
兩旁，有些被共黨擄獲，有些則被美國空軍炸毀，以免被共黨利用。

　　1972 年 4 月 30 日，龍諾政府就新憲法舉行公投，獲選民 97.5%的
同意，政府體制採總統制。6 月 4 日，舉行總統選舉，有三位候選人，
結果龍諾獲得 55%選票的支持。9 月，舉行國會選舉，反對黨共和黨和
民主黨批評選舉程序不公，拒絕參選，結果國會參（32 席）、眾（126 席）
兩院的席次都由親政府的社會共和黨囊括。10 月 15 日，宋國誠下台，
由韓通哈（Hang Thun Hak）繼任總理。

　　至 1972 年，美國和北越、南越、南越臨時革命政府在巴黎進行談判
已出現曙光，美國總統尼克森宣布將在該年 6 月 30 日以前從柬埔寨撤
軍。在 5 月 25 日柬埔寨外長桑包爾聲稱柬埔寨歡迎美軍續留在柬埔寨，
直至戰爭結束。在撤軍截止日前，美國告訴龍諾政府，美軍將不會留在
柬埔寨，龍諾在新聞記者會上對此表示遺憾，並表示軍事情勢如有需要，
柬國仍歡迎美軍駐守。他請求美國空軍在戰略上轟炸和戰術上支持柬國
的地面部隊。[87]

---

[87] Henry Kamm, *op.cit.*, p.101.

圖 4-7　施亞努和波布在北京合影

資料來源：http://www.people.com.cn/GB/historic/1031/3652.html　2014 年 6 月 23 日
　　　　瀏覽。
說　　明：1973 年 3 月，施亞努妻子莫尼妮克公主為施亞努與波布等抵抗力量領導
　　　　人拍照。

　　1973 年 1 月，當美國和北越在巴黎準備簽署和平條約前，美國談判
隊伍的副助理國務卿蘇立萬（William Sullivan）邀請柬埔寨外長龍波瑞
（Long Boret）到巴黎，給他做了有關和平協議的簡報。蘇立萬認為北
越應勸告柬埔寨和寮國的盟友停止戰鬥。在美國的請求下，柬埔寨將片
面停止攻擊行動。[88]2 月，美國空軍在柬埔寨進行空襲，因為北越軍繼續
在柬埔寨境內支持「赤棉」，提供武器和裝備給「赤棉」，並指導其作戰。
1970 年 4-5 月，波布的副手農謝曾請求北越給予援助，北越在十天內就
解放了柬埔寨五個省分。波布對於北越佔領柬埔寨領土及企圖建立「印度
支那聯邦」有所疑慮，擔心柬埔寨將喪失獨立地位。1973 年巴黎和約簽
署後，北越同意從柬埔寨撤兵，其在柬埔寨的控制區也轉移給「赤棉」。
北越顧問亦將同時撤走，「赤棉」不再受北越顧問之指示約束。此時波布

---

[88] Henry Kamm, *op.cit.*, p.115.

已掌控「赤棉」實權，他不再聽命於北越的指示。波布在該年 3 月訪問
北京，尋求加強和中國的關係。黎筍在該年 4 月 19 日告訴蘇聯駐北越大
使說：「柬埔寨事務已非我們所能掌控。」[89]波布除了向中國尋求援助外，
亦在 1974 年再由親越的農謝出面向北越尋求援助，北越給予不附加條件
的軍事援助。北越之所以願意提供軍援給波布，應該是基於北越已計畫
進攻西貢，不希望與「赤棉」發生問題。同時也是北越低估「赤棉」想
走獨立路線的能力。[90]

　　基本上，波布想與北越維持一個對等的關係，他在 1974 年致函北越
總書記黎筍說：「所有我們的勝利和越南人兄弟及越南勞動黨和武裝同志
的協助脫離不了關係」，又說：「我們兩黨關係是基於相互尊重及不干涉
內政。」[91]

　　1973 年 3 月 17 日，龍諾宣布進入緊急狀態。美軍根據巴黎協定之
規定，在 8 月 15 日停止在柬境空中轟炸，給予「赤棉」更大的鼓舞。

　　此時柬國政府實際由龍農控制，他利用海洛因買賣賺錢，及盜賣武
器給「赤色高棉」。美國曾警告龍諾減少龍農對政府的影響力，勸龍諾將
他派至國外。做為美國支持其政府之條件，最後龍農任駐美大使。他的
太太在 1973 年 9 月 22 日從巴黎前往美國與其丈夫會合時，攜帶 17 萬美
元遭到機場海關扣押。[92]

　　5 月 3 日，由具有清廉形象的民主黨人殷坦（In Tam）出任總理，
他也是 1970 年主謀推翻施亞努的其中一人。12 月 26 日，內閣改組，由
外長龍波瑞出任總理。1974 年 4 月 2 日，成立行政委員會，由 4 人組成，

---

[89] Dmitry Mosyakov, *op.cit.*, p.58.

[90] Dmitry Mosyakov, *op.cit.*, p.63

[91] Dmitry Mosyakov, *op.cit.*, p.57.

[92] "$170,000 in Cash On Mrs. Lon Non Is Seized in Paris," *The New York Times*, September 23, 1973. https://www.nytimes.com/1973/09/23/archives/170000-in-cash-on-mrs-lon-non-is-seized-in-paris.html　2019 年 1 月 20 瀏覽。

包括龍諾、龍波瑞、馬塔克和參謀長法國人法蘭德茲將軍（General Sosthene Fernandez）。9 月，龍農回到金邊，重新擔任社會共和黨主席。

1975 年 1 月 1 日，「赤棉」的軍隊對金邊政府進行包圍戰，戰事迫近金邊，至 4 月 1 日，金邊岌岌可危，龍諾被勸告離開金邊，理由是他這樣做可以使美國能繼續援助柬埔寨。4 月 8 日，龍波瑞與「赤色高棉」的代表在曼谷舉行和平協議談判，結果失敗。龍諾在 10 日離開金邊時攜帶約 20 萬至 100 萬美元。他在印尼停留一段時間後，最後流亡美國。由參議長邵克哈姆·克霍伊少將（Major General Saukham Khoy）出任臨時總統。「赤色高棉」列出了金邊七名叛徒，除了邵克哈姆·克霍伊外，還包括馬塔克、宋國誠、殷坦、龍波瑞、鄭興和法蘭德茲等人。隨後「赤色高棉」兵臨城下，金邊的各國外交官競相逃離。4 月 12 日早上，美國撤離駐金邊大使館人員和軍事顧問，駐金邊大使狄恩（John Gunther Dean）邀請柬埔寨高官，包括邵克哈姆·克霍伊少將搭乘直昇機到停在暹羅灣的美國軍艦上。龍農沒有接受美國大使的邀請，留在金邊。4 月 17 日早上九點半，「赤色高棉」軍隊進入金邊。高棉共和國最後一任總理龍波瑞、龍農和馬塔克被逮捕處死。

高棉共和政權只存在 5 年即告瓦解，它的先天不足，人才不足，龍諾才智平凡，具迷信傾向，每當他在採取軍事行動前，都會占卜，他相信占卜者曼普蘭（Mam Pram）和尚的話，據說曼普蘭說服龍諾要求軍人戴上頸巾，以防護敵人的子彈；對共產主義份子施予咒語，可使他們相信遭到大批政府軍的攻擊；施咒語可使草變成軍隊。龍諾還成立一個研究機構，稱為「高棉孟族研究所」（Khmer Mon Institute），該研究所倡議高棉族是亞洲領導種族的學說。[93]

高棉共和政權的另一個主要問題是龍諾健康狀況不佳，他在 1971 年 2 月中風，不良於行，而且腦部受損，擔任政府首長有所困難。但該

---

[93] John Tully, *A Short History of Cambodia*, pp.158-159.

一政權並未立即更換領導人，以致於政務無法推展。官員貪污問題無法解決，一位高棉作家稱金邊為「貪污之城市」（The City of Boujour, The City of Corruption）；[94]軍隊作戰能力亦有不足，有些政府軍甚至盜賣軍品給「赤棉」，柬共在邊境的活動愈來愈猖獗，距離首都金邊也越來越近。共和政權終於無法抵抗柬共的包圍入侵而亡國。

在共和時期，是美國援助柬埔寨最多的時期，也是美國轟炸柬埔寨最嚴重的時期。據估計，1970 年，美軍空投在柬埔寨境內的炸彈有 54 萬公噸；1973 年上半年有 26 萬公噸。據「芬尼序調查委員會」（Finnish Commission of Inquiry）之估計，從 1970 年到 1975 年 4 月期間，柬埔寨人民因為戰爭而死亡人數有 60 萬人。[95]另有估計人民死亡一百萬人，房屋財產、工廠、學校、道路、橋樑等都遭到嚴重破壞。即使生存者後來亦遭到糧食飢荒而餓死或營養不良。[96]

從柬國之例子來觀察，一個從殖民地獨立而缺乏民主共和背景的國家，本身體質不良，經濟發展落後，人民受教育率低，社會結構落後，軍閥割據，官員貪污橫行，菁英缺乏治國之念，都是其難以驟行民主制度的重要因素。尤有進者，柬埔寨在取得獨立地位後，實施民主選舉，政局就陷入動盪。最重要者，施亞努的治國能力有不足之處，其過度操弄左右派系，反而導致高層政府人事更迭頻繁，政府無法順利運作。再加上共黨在鄉下肆虐，動員鄉下人反對金邊政府，最後遂遭共黨推翻。柬埔寨之厄運，恐怕不是從其脫離法國獨立為始，而是種因於第 17 世紀以來的長期國力的衰敗所致。

94　John Tully, *A Short History of Cambodia*, p.165.
95　John Tully, *A Short History of Cambodia*, p.167.
96　"Cambodia Social Study textbook," http://www.d.dccam.org/Projects/Document_Projects/Cambodia_Social_Studies_Textbook.htm　2014 年 5 月 24 日瀏覽。

第五章

波布的民主柬埔寨與越南入侵柬埔寨

第一節　民主柬埔寨的成立

　　在 1954 年 7 月訂立日內瓦協定後，有部分柬埔寨共黨份子逃到北越，於 1970 年成立「柬埔寨民族聯合陣線」（National United Front of Kampuchea），成員約為 5 千人，傳統上被稱為「柬埔寨－越盟」（Khmer-Vietminh），以別於在柬埔寨境內的「赤色高棉」（Khmer Rouge）（簡稱「赤棉」）。二個團體在政治態度上有所差別，前者親越，後者親中國。1972 年底，「赤棉」內部曾發生血腥的整肅運動，波布取得「赤棉」的控制權。有部分從北越返回柬埔寨的「柬埔寨－越盟」分子被殺，剩下的又逃回北越。

　　1975 年 4 月 17 日，由波布（Pol Pot）[1]領導的「赤棉」推翻龍諾政府，在金邊成立「民主柬埔寨」（Democratic Kampuchea）政權，原本

---

[1] 波布，1925 年 3 月生，原名沙洛特·沙（Saloth Sar）（1975 年才使用波布），出身磅同省（Kompong Thom）磅斯外縣波列斯布村一個富農家庭。6 歲到金邊，住在廟中學習柬文，9 歲出家當和尚，12 歲還俗返家種田。15 歲到金邊讀小學和中學。1949 年畢業於柬國唯一的技術專科學校--金邊技術學校。他獲獎學金，前往法國就讀法國巴黎大學機械工程系，研習無線電電子學。在法國留學期間，從事學生運動和研讀馬克斯主義著作，1950 年與其他留法柬國學生組織「柬埔寨馬克斯主義小組」，當時小組的書記是英薩利，波布為 3 人小組的成員。該年夏天，到南斯拉夫參加修公路的「勞工隊」。因為熱中於共產主義，荒廢學業，獎學金被取消而遭退學，1952 年 7 月巴黎的「柬埔寨馬克斯主義小組」派他返回金邊，參加柬埔寨共產黨（Cambodian Communist Party）的活動，調查國內的現狀和反對法國殖民統治的抵抗運動的情況。1962 年 7 月出任柬共黨總書記。他取名為 bâng Pol，bâng 意指年長者。後來在後面加上 Pot。1963 年，波布帶領幾個得力屬下避入柬北部偏遠地區的叢林，進行游擊戰。1965 年到河內，停留 3 個月，然後於 11 月到中國訪問。直至隔年 2 月返國。1970 年 3 月，再度訪問北京。1975 年，「赤棉」奪取政權，波布實施極左路線，強迫金邊人口遷到鄉下，進行勞改，並廢止錢幣、私有財產及宗教。導致數十萬人死亡，而引起舉世震驚。1979 年

金邊人口約有60萬人，因為戰亂很多鄉下人逃到金邊，導致在淪陷時人口增加到200萬人。當「赤棉」在4月17日控制金邊的當天中午，就下令將200萬人民從城市驅趕至鄉下，進行勞改。不論老幼或在醫院的患者均被強迫遷移到鄉下。所有下鄉者均不得使用車輛，而需步行，以減少私人車輛和石油消耗。[2]當時金邊市人口大概三分之一是華人。[3]

「赤棉」政權採取此一極左路線之原因如下。第一是城市缺乏糧食；第二是管理城市內數百萬人有困難，而且這些城市人反對革命；第三是柬埔寨共產黨領袖擔心自身的安全，怕遭到都市內反對份子的攻擊或暗殺。第四個原因是認為都市深受資本主義文化影響，必須加以剷除。第五個原因是想確定農村比城市重要，城市會孕育反革命思想，鄉下需要更多的勞動力，以增加稻米生產。剛開始時，這些下鄉勞改的都市人受到新政權的激勵，還有幹勁，但後來發覺他們無法適應體力勞動，據保守估計，從1975年4月到1979年1月，柬埔寨全國總人口中約有七分之一的人口，即1百萬人死於該種強制勞動政策。他們的死因有過度勞動、營養不良、食物不足、生病等，亦有10萬人因為政治因素而被殺害。[4]

1975年4月25-27日，金邊政府舉行特別國民大會（Special National Congress），由副總理兼國防部長喬森潘（Khieu Samphan）[5]主持，總共

1月初，越南軍隊進入金邊，他逃至西北邊境從事抗越游擊戰。參見聯合報（台北市），民國85年6月7日，頁10；蔡錫梅，「波博後悔已太遲」，南洋星洲聯合早報（新加坡），1997年6月29日，頁19；蔡錫梅，「紅高棉隨著波博去世走出歷史」，南洋星洲聯合早報（新加坡），1998年4月18日，頁17。Henry Kamm, *op.cit.*, p.138; Harish C. Mehta and Julie B. Mehta, *Hun Sen, Strongman of Cambodia*, Graham Brash, Singapore, 1999, p.xvii.

[2] *Keesing's Contemporary Archives*, December 1-7, 1975, p.27469.

[3] W. E. Willmott, *The Political Structure of the Chinese Community in Cambodia*, University of London, Humanities Press Inc., New York, 1970, pp.1,7. Willmott 曾在1962-63年在金邊進行田野研究，他說金邊人口中有三分之一是華人，約有13萬5千人。到1975年，該城市的華人人口比例變動應該不大。

[4] David P. Chandler, *A History of Cambodia*, O. S. Printing House, Bangkok, Thailand, 1993, p.212.

[5] 喬森潘於1931年7月21日生於磅占（Kompong Cham）省，為法官之子，1954年獲得柬國政府獎學金留學巴黎大學，攻讀經濟學，1959年獲博士學位，其博士論文為「柬埔寨的經濟和工業發展」（Cambodia's Economic and Industrial Development），主要是從依賴

有 311 名代表參加，其中 13 名為政府官員、125 名為人民團體的代表、112 名為武裝部隊代表、41 名為「柬埔寨民族聯合陣線」之成員團體的代表、20 名為佛教僧侶的代表，會中決定施亞努仍任國家元首，彭諾斯為總理。該國民大會還決議將「建立一個獨立、和平、中立、主權、不結盟的領土完整、人民生活快樂、平等、公平的真正民主國家，沒有貧富差別，沒有壓迫階級，人民生活和諧，完成國家統一，增加生產，以建立及保衛國家團結。」其外交政策目標為：「獨立、和平、中立和不結盟，絕對禁止外國在柬埔寨設立軍事基地，反對外國以各種形式干預柬埔寨內政，包括軍事、政治、經濟、文化、社會或外交。」此一從森林中走出來新成立的共黨政權，提出如此誘惑人的主張，使得施亞努都相信他們的話，而在 4 月 29 日致函喬森潘表示完全贊同該次大會的決議。[6]

在金邊淪陷時，施亞努剛好在北京，陪伴他病危的母親西梭瓦特王后（Queen Sisowath Kossamak Nearireath）。其母親自 1973 年起即與施亞努住在北京。4 月 27 日，其母逝世。總理彭諾斯亦留在北京。

特別國民大會在 4 月 24-25 日通過將 7 名前共和國政府的叛徒處死，對其他官員則給予特赦。在 7 名被判處死刑的人中，龍諾、宋國誠、

理論（dependency theory）批評工業國家對於柬埔寨的經濟剝削，導致柬埔寨的貧窮落後。他返國後在金邊大學（University of Phnom Penh）法學院任教，創辦法語刊物觀察員（L'Observateur）。後來該刊物被禁，他則被捕入獄 1 個月。1962 年，他參加施亞努創辦的「人民社會主義社群黨」（Sangkum Reastyr Niyum），6 月，他被選為國民議會議員，也出任商務部部長。1966 年，他再度當選國會議員。1967 年，馬德望省發生左派煽動農民的叛亂活動，他建議施亞努勿對農民採取鎮壓措施，施亞努威脅將逮捕他。他遂逃離金邊加入「赤棉」。1970 年 5 月，施亞努流亡時成立了柬埔寨國家統一王國政府（Royal Government of National Union of Kampuchea, RGNUK），喬森潘出任副首相兼國防部長，同時擔任柬埔寨全國人民解放軍（People's Army of National Liberation of Kampuchea）的總司令。1975 年「赤棉」當權時，他出任國家主席團主席。1980 年代，他擔任「赤棉」流亡政府總理。參考南洋星洲聯合早報（新加坡），1998 年 12 月 27 日，頁 2。"Khieu Samphan," in http://en.wikipedia.org/wiki/Khieu_Samphan　2014 年 7 月 8 日瀏覽。

Khieu Samphan, *Underdevelopment in Cambodia*, http://www.scribd.com/doc/58800629/Underdevelopment-in-Cambodia-by-Khieu-Samphan　2014 年 6 月 17 日瀏覽。

[6]　*Keesing's Contemporary Archives*, December 1-7, 1975, p.27469.

法蘭德茲中將、鄭興等人已在金邊淪陷前逃離出國。殷坦（In Tam）在4月19日逃至泰國。留在柬埔寨的龍波瑞投降，馬塔克避難到法國大使館，於4月20日投降。龍波瑞、馬塔克及數名將軍後來被槍斃。龍諾的弟弟龍農受到憤怒群眾的私刑，後被處死。[7]

在金邊淪陷時，約有 1,500 人（大部分是柬埔寨人）避難到法國大使館，「赤棉」要求法國領事狄拉克（Jean Dyrac）交出馬塔克。避難的外國人中包括蘇聯、東德、印度和巴基斯坦的駐金邊使館官員。4月30日，法國大使館中的 600 名外國人搭乘貨車撤離柬埔寨前往柬、泰邊境，5月3日，越過邊境進入泰國。5月8日，又有 550 人離境前往泰國，其中有 200 名巴基斯坦人在半路上加入。金邊政府不允許外國人居住在其境內，所以迫使外國人離境。

「赤棉」金邊政權成立之初，獲得澳洲、伊朗、葡萄牙、阿根廷、約旦、寮國、尼泊爾、瑞士、東協國家、日本、紐西蘭、加拿大、英國、中國、北越、泰國等國的外交承認。

「赤棉」控制金邊後，波布在內閣部長及各地省長的特別中央會議上提出八點施政要點，如下：

(1) 將人民從城鎮驅離到鄉下。

(2) 廢除所有市場。

(3) 廢除龍諾時期的貨幣，使用革命時期的貨幣。

(4) 所有和尚還俗，送至鄉下種田。

(5) 將龍諾政府的高級官員處死。

(6) 在鄉下設立高級合作社，實施共食制。

(7) 驅逐境內越南少數民族。

(8) 派遣軍隊至邊境駐守，特別是柬、越邊境。[8]

---

[7]　*Keesing's Contemporary Archives*, December 1-7, 1975, p.27469.

[8]　John Tully, *A Short History of Cambodia*, p.178.

　　金邊共黨政權強調經濟自足，所有各項物品自行生產，不假外國。施亞努在5月8日宣布不接受美國所提供的經濟援助或賠償。5月28日，金邊共黨政權宣布橡膠種植業、6月5日宣布所有私有企業收歸國有。所有人，包括軍官和士兵，都需下田工作。金邊的居民徒步遷移到柬、泰邊境，男性從事農田工作或修路鋪橋等基礎工程，女性則從事紡織或其他工作。禁止人民跨省移動，除非使用貨車運送稻米或汽油之外。限制使用貨幣，造成貨物流通不通暢。金邊共黨政權撤離金邊市內老百姓時，將原先龍諾政府使用的鈔票全數作廢，城內市街到處飄散無人要的紙鈔。原先在邊境地帶的人民使用美鈔購物，後來美鈔變成全國黑市流通的貨幣。[9]除了技術訓練機構外，沒有開辦學校，透過老人來教年輕人一些知識。此外，亦無書籍、報紙、收音機、電視和宗教、傳統習俗和節慶。「赤棉」讓人民過這種原始的清苦生活，目的是想讓城裡的人也過類似「赤棉」以前的生活。[10]一種報復的偏執心理。

　　當時全柬埔寨的人民只有兩種人，一種是「赤棉」幹部和士兵，他們的頸項間披戴一條帶有紅色班點的圍巾，享有特權；另一種人是非「赤棉」幹部和士兵的人，他們沒有身份，全部穿著黑色衣褲，在鄉下從事體力勞動工作。過著原始共產社會的生活，飲食粗糙，生活貧苦，沒有娛樂、現代醫院、電視和報紙，連柬埔寨人信仰的佛教佛廟也都關閉。「赤棉」對於反抗份子加以逮捕、監禁及殺害。最有名的監獄是將金邊郊區的土爾斯威普瑞高中（Tuol Svay Prey High School）改成安全監獄21號（Security Prison 21 (S-21)），在「赤棉」統治的四年中，該監獄共關了17,000人，越南軍隊在1979年初進入金邊時，該監獄只有7人還活著。[11]

---

[9]　*Keesing's Contemporary Archives*, December 1-7, 1975, p.27470.

[10]　Henry Kamm, *op.cit.*, pp.127,132-133.

[11]　"Tuol Sleng Museum," http://www.lonelyplanet.com/cambodia/phnom-penh/sights/museums-galleries/tuol-sleng-museum　2014年3月9日瀏覽。
　　"S-21 Prison and Choeung Ek Killing Fields: *Facing death*," http://www.killingfieldsmuseum.com/s21-victims.html　2016年9月24日瀏覽。

圖 5-1　1975 年 4 月赤棉強迫大量人民離開金邊

說　　明：赤棉進入金邊後，告訴人民為了避免遭美軍轟炸，必須遷移到鄉下，3
　　　　　年後，他們才得以返回金邊。
資料來源：Mech Dara, " Embassy denies US role in Lon Nol coup d'etat," *The Phnom
　　　　　Penh Post*, February 1, 2019.

　　1975 年 6 月，柬埔寨和越南為了暹羅灣的婆羅威島（Poulo Wai
Island）以及附近的富國島（Phu Quoc）、土株島（Tho Chu）的領土主權
而爆發戰爭，婆羅威島距離柬埔寨海岸 60 英里。以後數週，雙方在鸚鵡
嘴（Parrot's Beak）再度爆發戰爭。該年 6 月 21 日，波布密訪北京，會
見毛澤東，除了獲得毛澤東贈送 30 本馬克斯（Karl Marx）、恩格斯
（Engels）、列寧（Lenin）和史大林（Stalin）的著作外，[12]亦獲得北京
10 億美元的經濟和軍事援助。鄧小平鼓勵波布與施亞努合作，讓施亞努
返回金邊。[13]

---

[12]　Roderick MacFarquhar, Michael Schoenhals, *Mao's Last Revolution*, Belknap Press of
　　 Harvard University Press, Cambridge Mass., 2006, p.519.
[13]　Priscilla Mary Roberts, *Behind the Bamboo Curtain: China, Vietnam and the World Beyond
　　 Asia*, Stamford University Press, USA,2006, p.393.

圖 5-2　波布

資料來源：http://en.wikipedia.org/wiki/Pol_Pot　2014 年 5 月 25 日瀏覽。

　　8 月 12 日，金邊政府進行改組，波布仍任總理，他也是柬埔寨共產
黨（Cambodian Communist Party, KCP）中央委員會書記、柬埔寨民族解
放陣線武裝部隊最高司令部（High Command of the Cambodian National
Liberation Front Armed Forces, NLAF）副主席、陸軍軍事部（Military
Department of the Army）主席。農謝（Nuon Chea）[14]是 1976 年 9 月至 1977
年 9 月的代理總理、柬埔寨國民議會（Cambodian People's Representative
Assembly）常設委員會主席、柬埔寨共產黨中央委員會副書記、柬埔寨
民族解放陣線武裝部隊最高司令部副主席。

---

[14]　農謝於 1926 年 7 月出生於柬埔寨西北部馬德望省富裕家庭，父為華人，經商和種植玉
　　米，母為柬埔寨人。其華文姓名為劉平坤。早年留學泰國，在曼谷讀中學，後唸法政
　　大學法律系，並在泰國外交部半工半讀。1950 年加入泰國共產黨，隔年加入柬埔寨人
　　民革命黨（Revolutionary Party of Kampuchea People），該黨後來改名為柬埔寨共產黨
　　（Kampuchea Communist Party），1962 年被選為副總書記。在民主柬埔寨執政時期，
　　他被視為僅次於波布的二號人物。http://en.wikipedia.org/wiki/Nuon_Chea　http://www.
　　trial-ch.org/en/resources/trial-watch/trial-watch/profiles/profile/656/action/show/controller/
　　Profile.html　2014 年 8 月 15 日瀏覽。

圖 5-3　英薩利及其太太 Khieu Thirith

資料來源：http://www.mekong.net/cambodia/cambodia-preview6.htm　2014 年 6 月 10
　　日瀏覽。

　　英薩利[15]出任第二副總理，主管外交事務，宋申（Son Sen）為第三
副總理，主管國防事務。查哈克博士（Dr. Sarin Chhak）仍為外長。英薩
利和宋申都是留法學生，返國後擔任教師。1963 年參加共黨運動。宋申
曾任「赤棉」武裝部隊的參謀長。

---

[15] 英薩利於 1923 年出生在柬埔寨東部，其家族為 Khmer Krom，即住在越南的柬埔寨人。
他是柬共創黨人之一。他幼年喪母，原名金炯，學生時期，以數學成績特優轟動學校。
因超齡入學為同學取笑，改名為英薩利，然後轉校。1951 年留學法國，參加「柬埔寨
馬克斯主義小組」，擔任書記，波布是三人委員會之一。1952 年 7 月，「柬埔寨馬克斯
主義小組」派其回國參加抗法鬥爭。1962 年出任黨中央常務委員，成為黨總書記波布
的得力助手。1963 年，為逃避被政府逮捕，而參加共黨游擊隊。他與波布是連襟關係，
他們的妻子是親姊妹。在波布執政時期，曾任副總理兼外長，位居第四把交椅，僅次
於波布、農謝、波布的妻子喬潘娜麗（任軍委會副主席）。參閱蔡錫梅，「柬埔寨將在
君主立憲制基礎上實現和解」，南洋星洲聯合早報（新加坡），1996 年 9 月 18 日，頁 14；
陳加昌，「紅吉蔑分裂的背景：柬埔寨政局縱橫談之一」，南洋星洲聯合早報（新加坡），
1996 年 10 月 15 日，頁 17。Peter A. Poole, "Cambodia 1975: The GRUNK Regime," *Asian
Survey*, Vol. 16, No. 1, A Survey of Asia in 1975: Part I (Jan., 1976), pp. 23-30, at p.27.

圖 5-4　喬森潘 1976 年訪北京時留影

資料來源：http://www.cja.org/section.php?id=456　2014 年 7 月 18 日瀏覽。

　　馮偉（Vorn Vet）為副總理，主管經濟事務。喬森潘為主管國家儀式的國家主席團（State Presidium）主席。

　　波布、英薩利、喬森潘、宋申都是 1950 年代的留法學生。波布本名為沙洛特·沙（Saloth Sar），是富農之子，他的妹妹沙羅恩（Sarouen）是莫尼萬國王（King Monivong）最寵愛的妾，據說莫尼萬國王於 1941 年死於她的手臂中。波布在 1950 年代前往法國留學，學習收音機製作，並加入法國共產黨（Communist Party of France）。波布是英薩利的表兄弟。波布的太太喬潘娜麗（Khieu Ponnary）曾任「柬埔寨民主婦女協會」（Association of Democratic Women of Cambodia）的主席。喬潘娜麗是柬埔寨第一個贏得學士學位的女性。她與施亞努和在金邊的法國高官參加文學晚會（soirées）。[16]喬潘娜麗的妹妹英蒂里絲（Ieng Thirith）嫁給英薩利，是社會行動部（Minister of Social Action）部長，以前擔任施亞努和「赤棉」之間的聯絡人。宋申的太太雲雅（Yun Yat）是文化與教育部長。英薩利和雲雅在參加共黨游擊隊前是在金邊的西梭瓦特中學（Lycee

[16] John Tully, *A Short History of Cambodia*, pp.185-186.

Sisowath）任教。[17]宋申在留學返國後擔任金邊的國立師範學院（National Teaching Institute）的院長。

8 月 15-18 日，喬森潘、英薩利夫婦、查哈克前往北京訪問，雙方簽署經濟和技術合作協議，中國提供金邊政權 10 億美元無息貸款，償還期 5-6 年。周恩來在 8 月 16 日在醫院會見來訪的喬森潘和英薩利，要求其善待施亞努，允許其返回金邊。8 月 19 日，喬森潘和彭諾斯前往北韓平壤，會見住在平壤的施亞努，邀請其返回金邊。4 天後，他們和施亞努一道回到北京，然後前往河內，參加越南獨立 30 週年紀念會。9 月 9 日，施亞努返回金邊。這是他自 1970 年 1 月 4 日離開金邊後首次返國。隔天，他主持內閣會議。9 月 12 日，在金邊體育場舉行閱兵典禮。

9 月 28 日，施亞努經由北京和巴黎前往紐約，參加聯合國大會，他在 10 月 6 日在聯大發表演說，強調柬埔寨希望成為一個完全中立、經濟自足的國家，不要求外國的援助。

12 月 14 日，「柬埔寨民族聯合陣線」在金邊舉行第三次全國代表大會，通過新憲法。1976 年 1 月 5 日，頒佈民主柬埔寨憲法，沒有規定人權保障，廢除私有財產，管制宗教，以家庭為主的農業生產，拒絕與外國結盟和外國援助，平等的集體主義、農業和工業現代化，無產階級專政。3 月 20 日，舉行國民議會選舉，柬埔寨共產黨員候選人都獲得當選。但人民不知道曾有選舉活動，150 名議員都是由任命產生。波布是以橡膠種植工人的身份，而被選為國民議會議員。被下放鄉下改造的「新人民」則沒有人被提名為議員候選人，也沒有投票權。國民議會只召開一次會議，目的在批准憲法。組織新政府的人物都是曾留學法國的知識份子，例如，波布、英薩利、英薩利的太太英蒂里絲（是波布太太的妹妹）、胡寧（Hu Nim）、曹安（Thiounn Thioenn）、宋申，還有印度支那共產黨老黨員，例如，農謝（Nuon Chea）、羅斯（Nhem Ros）、周契特（Chou Chet）、農順（Non Suon）、邵賓（Sao Phim）。

[17] Karl D. Jackson, "Cambodia 1977: Gone to Pot," *Asian Survey*, Vol.18, No.1, January 1978, pp.76-90, at p.79.

　　「赤棉」在推翻龍諾政權後一直由施亞努出任國家元首，一年半後才宣布其自己的政府，解除施亞努的職務，主要原因是施亞努受到中國的保護，直到周恩來在 1976 年 1 月去世後，施亞努於 4 月 4 日辭去國家元首職，被授予「偉大的愛國者」（Great Patriot）頭銜。柬埔寨政府預備給他年金，但從未支付。施亞努被送至暹粒的國王別墅軟禁，直至 1979 年 1 月越南入侵柬埔寨，波布將他送至北京避難。施亞努辭去國家元首後，彭諾斯亦辭去首相職。4 月 14 日，人民議會通過由喬森潘出任國家主席團主席，波布為總理，內閣由 15 人組成。

　　1976 年 9 月 27 日，波布因為健康理由而暫辭總理，由農謝代理。波布在金邊郊區養病。10 月中，重新復職總理。

　　1977 年 9 月，柬國實施四年經濟計畫，以期在柬埔寨建立社會主義社會。其計畫內容為：生產集體化，每個生產大隊由一百多戶組成，大者亦有由 1 千戶組成，預定達成每一公頃農地稻米產量年達 3 公噸；種植棉花、黃麻、橡膠、椰子、甘蔗、木棉花，以利出口，賺取外匯；發展輕工業。最特別的，波布政權廢除錢幣制度和私產制度，在生產大隊中，實施共食制度，以消除不平等和私有主義。在該年有 200 家工廠復工，數家小工廠開辦。這些工廠的開辦，主要是在大城市，因此，像金邊的人口增加到 20 萬人、磅占（Kompong Cham）有 5 萬人、馬德望有 2 萬人。這些新住城市的人口不是 1975 年以前的原先居民，而是將以前「赤棉」控制區的工農階級及其子女移至城內。金磅遜港（Kompong Som）重新開放以及從該港口到金邊的鐵路，都需仰賴外國技術人員維護，因為柬國技術人員不是被下放就是被殺害。[18]這些外國技術人員主要是來自中國，中國亦提供大量經濟援助。[19]

[18] Karl D. Jackson, "Cambodia 1977: Gone to Pot," p.86.
[19] Karl D. Jackson, "Cambodia 1978: War, Pillage and Purge in Democratic Kampuchea," *Asian Survey*, Vol.19, No.1, January 1979, pp.72-84, at p.80.

　　金邊政府宣布 1976 年穀物豐收，足以養活 800 萬人口，還有剩餘 15 萬公噸米出口。1977 年，因為發生水災，導致穀物生產量下降，約比 1976 年少 20-25%。[20]

　　在波布政權統治下，教育體系幾乎停頓，變成在農地或工廠學習，兒童每天學習二到三小時，十歲以上的青少年需接受政治教育，在大學中只有醫學院教育繼續存在。儘管沒有正式教育，波布宣稱在其統治的頭兩年半，已將文盲掃除 80-90%。[21]

　　由於金邊政權的政策導致許多柬人不能適應，而逃難到泰國，據聯合國的統計，在 1977 年 6 月 30 日到 9 月 30 日，在泰境的柬埔寨難民人數增加 34%，達 14,676 人。從「赤棉」佔領金邊後，在泰境的柬埔寨難民人數有 2 萬 9 千人，而在越南南部有 6 萬名柬埔寨難民。[22]

　　根據美國中央情報局之資料，1975 年柬埔寨之總人口有 750 萬人到 800 萬人，在波布統治的 3 年多，共死亡 170 萬人，其中約有 25 萬人被殺害，其餘則死於營養不良、過度勞動及醫療不足。[23]

　　波布集團領導人都是留學法國的知識份子，竟然昧著知識和良心，搞極左的社會主義路線，學習中國在 1958 年進行反右的「三面紅旗」運動，[24]將人民驅趕到鄉下勞改，明知無產階級的烏托邦社會在世界各地共產主義國家裡失敗，包括中國的極左路線失敗，已是世界週知的事實，卻還強行執行，尤見其偏執心態。最後造成柬埔寨人民的大災難，原先「赤棉」所強調的革命的純潔性，竟然以「種族大屠殺」收場。柬埔寨所遭到的歷史災難，常令讀史者欷歔不已。

---

[20]　Karl D. Jackson, "Cambodia 1977: Gone to Pot," p.88.

[21]　Karl D. Jackson, "Cambodia 1977: Gone to Pot," p.85.

[22]　Karl D. Jackson, "Cambodia 1977: Gone to Pot," p.90.

[23]　John Tully, *A Short History of Cambodia*, p.172.

[24]　三面紅旗指「大躍進」、「人民公社」和「社會主義建設路線」等三項極左政策。在該項盲目運動下，估計死亡 3000 萬人。http://www.peacehall.com/forum/lishi/2580.shtml 2014 年 3 月 7、日瀏覽。

第二節　越南入侵柬埔寨

民主柬埔寨亡國

　　當柬埔寨共產黨取得政權時，它和越南都是共黨政權，但雙方關係並不和睦。1975 年 4 月，「赤棉」的軍隊曾攻擊在暹羅灣越南控制的幾個小島，遭擊退。以後柬埔寨一再要求越南歸還在 19 世紀從柬埔寨奪取的湄公河下游的領土。1977 年 7 月，越南和寮國簽署友好合作條約，波布認為越南此舉目的在包圍它，陰謀建立「印度支那聯邦」，所以益對越南不信任。9 月 24-28 日，波布前往中國訪問，會見國家主席華國峰，中國提供給柬國大量軍事援助。華國峰要求波布與越南維持友好關係，雙方勿因邊界問題而引發衝突。中國並安排越南副外長范新（Phan Hien）從河內前往北京會見波布，會談兩次沒有結果。[25]

　　接著柬埔寨出兵進入越南西部的西寧（Tay Ninh）及附近省分，有 2 千越人被殺害，柬國軍隊隨即撤回柬境。11 月，越軍進入柬國的鸚鵡嘴地區。12 月底，越南軍隊 6 萬人進入柬埔寨境內 32 公里，雙方爆發激戰。柬國在 12 月 31 日宣布與越南斷交，指控越南殘酷野蠻的侵略。

　　1978 年 1 月中旬，越軍從柬境撤退，同時擄掠數千柬人做為人質。越南將這批柬人人質施予軍事訓練，並擬利用他們成立流亡政府，其中最有名的人物是洪森（Hun Sen）[26]，他原是民主柬埔寨地方軍事司令，

---

[25] Nicholas Khoo, *Collateral Damage: Sino-Soviet Rivalry and the Termination of the Sino-Vietnamese Alliance*, Columbia University Press, New York, 2011, pp.122-123.

[26] 洪森於 1952 年 8 月 5 日生於柬國東南方磅占省斯東傳（Stung Trang）區屏科司納

在 1977 年 6 月 20 日逃離柬埔寨進入越南境內。此外，還有寶成（Bou Thang），他們都是在 1977 年就逃至越南，組織 2 萬名柬人軍隊，並尋求越南支持其反抗「赤棉」，接受越南的軍事訓練。[27]在越南的協助下，於 1978 年 5 月 12 日在越南境內成立「柬埔寨革命武力」（Cambodian revolutionary armed forces）和「578 指導委員會」（Steering Committee 578），由洪森負責領導。謝辛（Chea Sim, Chia Sim）和橫山林（Heng Samrin）則領導另一支柬埔寨軍隊，他們與洪森從 1978 年年中陸續佔領柬、越邊境的桔井（Kratie）、波羅勉（Prey Veng）、柴楨等省的城鎮。[28]

　　當越軍從柬埔寨東境撤退後，波布對當地人民進行整肅，稱這些地方的人民是柬埔寨身體、越南心，有數百人被逮捕處死。在整肅期間，有些人逃到越南尋求庇護，其中最有名的是當時駐守柬、越邊境的柬軍第四師政委橫山林[29]，於 1978 年 5 月倒戈投向越南，後來成為柬埔寨人

（Peam Koh Sna）村，父為稻農。其曾祖父是潮州裔的富有地主，其父曾遭綁架，以致於家財喪盡。他的兒時名字為洪布納爾（Hun Bunall）。1965-69 年就讀金邊英得拉狄偉中學（Lycée Indra Dhevi），因家貧住在廟中。1970 年，參加「赤棉」，進行反龍諾共和政權。1975 年，「赤棉」任命他為柬埔寨東區特別部隊參謀長。他在進攻金邊時，左眼睛受傷。1977 年，出任柬埔寨東區特別部隊副司令。為逃避波布之整肅，叛逃至南越的小江（Song Be）省。他在柬、越邊境組織 2 萬名柬人，準備打回金邊。1979 年，他在越南扶植下，推翻波布政權，出任柬埔寨人民共和國外長。1981 年，出任副總理。1985 年，出任總理。1986 年，卸除外長職，專職總理。1987 年，重兼外長，俾便自己與施亞努在巴黎談判。Harish C. Mehta and Julie B. Mehta, *Hun Sen, Strongman of Cambodia*, Graham Brash, Singapore, 1999, pp.xxii, 13-15. http://en.wikipedia.org/wiki/Hun_Sen　2014 年 5 月 30 日瀏覽。

[27] David W. Roberts, *Political Transition in Cambodia 1991-99*, Curzon Press, UK, 2001, p.9.

[28] http://www.talkvietnam.com/2012/06/part-3-an-unavoidable-war/　2014 年 6 月 17 日瀏覽。

[29] "Cambodia: Interview with Heng Samrin," *Asiaweek,* April 10, 1981, pp.25-29. 橫山林於 1934 年出生在靠近越南的波羅勉（Prey Vieng）省，父為貧農。早年曾從事反法國殖民主義的鬥爭，1959 年，在磅占省加入共黨叛亂活動，反對施亞努領導的王國政府，後與波布集團進行反「美帝」鬥爭，終於在 1975 年 4 月中旬取得金邊政權。1976 年年中，波布政權開始進行內部血腥的整肅運動，1976-78 年成為「赤棉」第四師師長。1978 年 5 月，橫山林開始反擊波布的暴行，失敗後逃到越南。12 月，組織「柬埔寨救國聯合陣線」。在這之前，橫山林是柬共在東區（Eastern Zone）的執行委員，同時也擔任第 4 師的政委。

民共和國（People's Republic of Kampuchea）國家元首。波布政府將柬、越邊境人民數千人強迫遷移到西部，另將西南部人民移入柬境。而在越南南部，從 1975 年以來，柬國難民高達 15 萬人。越南利用這些難民，加以武裝，準備送回柬國推翻波布政權。

　　柬國軍隊隨後又進兵越南的西寧省，越軍採取報復手段，出兵柬境的茶膠（Takeo）和貢布（Kampot）省。1978 年 2 月 5 日，越南提議雙邊進行談判，但遭柬國拒絕。3 月中旬，柬國軍隊又攻擊越南境內的哈定（Ha Tien），雙方戰鬥了十天，越南才奪回該城市。6 月 8 日，柬國軍隊進入越南境內 10-15 英里，雙方在柬國境內的米莫特（Mimot）發生激戰，持續約 1 個月。6 月，負責柬境的指揮官邵賓（Sao Phim）被傳召到金邊，他預知可能會被逮捕，所以自殺。[30]6 月底，越南出動 8 萬兵力進入鸚鵡嘴。

圖 5-5　橫山林

資料來源：http://www.seasite.niu.edu/khmer/ledgerwood/biographies.htm　2014 年 6 月
　　　　　17 日瀏覽。

---

[30] David P. Chandler, *op.cit.*, p.222..

　　波布政權的背後支持來源是中國，中國除了沒有派遣正規軍援助波布政權外，提供顧問、技術人員（約有數千人）和軍經援助（在 1975-1978 年間約有 10 億美元）。越南則是獲得蘇聯及東歐共黨國家的援助，從 1975 年起，每年約獲得蘇聯及東歐共黨國家 10 億美元的援助。中國在 1978 年 7 月 3 日停止援助越南的每年 3 億美元。[31]越南為了對付中國日益增強的壓力，在該年 11 月 3 日與蘇聯簽署為期 25 年的友好合作條約，其中第六條涉及軍事合作，其規定為：「締約雙方將對涉及兩國利益的一切重要國際問題進行協商。一旦雙方之一成為進攻的目標或受到威脅的目標時，締約雙方立即進行協商，以便消除該種威脅和採取相應的有效措施來保障兩國的和平和安全。」中國立即派遣中國副主席汪東興訪問金邊。在這場柬、越戰爭中，背後各有中國和蘇聯的支持，因此，可說是一場中國和蘇聯的「代理戰爭」（proxy war）。

　　從 3 月到 12 月，柬埔寨和越南邊境經常爆發邊境戰爭，彼此指控對方入侵其領土。11 月 30 日，越南駐聯合國代表致函聯合國安理會主席，指控中國利用柬埔寨統治集團引發柬埔寨入侵越南領土之戰爭，以掩飾其在東南亞之擴張主義之陰謀。中國代表在 12 月 11 日也致函安理會主席稱，越南當局引發衝突之目的在兼併柬埔寨、控制所有印度支那及建立由其控制的「印度支那聯邦」，並指控蘇聯教唆越南從事區域霸權之行為。[32]

　　12 月 3 日，在越南的支持下，來自柬埔寨各地的 200 名代表，在柬埔寨桔井省司農（Xnuon）縣「解放區」集會，成立「柬埔寨救國聯合陣線」（Kampuchean United Front for National Salvation, KUFNS），選出 14 名中央委員，主席為橫山林，謝辛為副主席，羅士沙梅（Ros Samay）為總書記。橫山林生於 1935 年，為柬埔寨駐東區第四師師長兼軍隊政委。謝辛生於 1933 年，[33]1976 年當選人民議會議員。他們兩人在 1978

---

[31] Karl D. Jackson, "Cambodia 1978: War, Pillage and Purge in Democratic Kampuchea," p.80.

[32] *Keesing's Contemporary Archives*, May 25, 1979, p.29613.

[33] 謝辛出生於磅占省的龐西克瑞克（Ponhea Krek）區的農家。1950 年代加入越南共產黨，

年 5 月參加反抗「赤棉」政權的運動。「柬埔寨救國聯合陣線」之主要目標是推翻波布反動政權，建立一個保障人民權利的政府、解散農村公社、將人民重新遷回城市、允許家庭重聚、恢復教育和宗教。其勢力範圍在柬境東邊的柬、越邊境，包括磅占、桔井、波羅勉、柴楨等地。

1978 年 12 月 25 日，越軍聯合橫山林部隊和由賓梭萬（Pen Sovan）[34] 領導的「柬埔寨－越盟」部隊攻打金邊。越南稱其是經由柬埔寨的「柬埔寨救國聯合陣線」領袖橫山林之請求進入柬埔寨維持秩序，雙方聯合出兵進攻金邊，[35]越軍約有 10-15 萬人，「柬埔寨救國聯合陣線」的軍隊約 2 萬人。

12 月 31 日，民主柬埔寨外長英薩利發電報給聯合國安理會主席，要求聯合國譴責越南，要求越南從柬埔寨撤軍及停止援助越南。隔天又致電要求召開緊急安理會會議，並表示柬埔寨代表將在下週前往紐約向聯合國報告柬埔寨局勢。1979 年 1 月 7 日，越軍攻入金邊，金邊淪陷。波布搭乘直昇機、其他官員搭乘火車撤退至泰、柬邊境。有 686 名外國外交官、軍事和民事顧問避難到泰國。這些人中有 625 名中國人、49 名北韓人。[36]亦有不少中國顧問來不及逃走，而被橫山林政權逮捕。波布逃離金邊時，留下許多中國製造的武器，都被橫山林政權接收。

進行抗法運動。後來加入「赤棉」，成為龐西克瑞克區書記。當波布被推翻後，他成為內政部長。後來成為柬埔寨國民議會的主席。1993 年 5 月成立新的柬埔寨王國，他仍擔任國民議會主席。1999 年，擔任參議院主席。Harish C. Mehta and Julie B. Mehta, *op.cit.*, pp.xv-xvi.

[34] 賓梭萬生於 1935 年，13 歲時參加「自由高棉（Issarak）」獨立運動，1951 年加入印度支那共產黨（Communist Party of Indochina），曾任塔莫克（Ta Mok）的保鏢。1953 年，與塔莫克分道揚鑣，前往越南，參加共黨訓練營。1979 年，推翻波布政權後，越南扶植他出任柬埔寨人民革命黨總書記。1981 年 7 月出任總理。後因為政策與橫山林不同，被認為持反越南之立場而遭罷黜。他被越南關在河內 7 年，1992 年返回金邊，獲允加入人民黨。不久又被除名，因為傳言他將參加沈良西（Sam Rainsy）領導的反對黨。Harish C. Mehta and Julie B. Mehta, *op.cit.*, p.xvi.

[35] "The Search for Peace," http://countrystudies.us/cambodia/84.htm　2014 年 5 月 20 日瀏覽。

[36] *Keesing's Contemporary Archives*, May 25, 1979, p.29614.

協助橫山林組建反抗波布政權的越南將軍有三人，包括文進勇（Van Tieng Dung）、陳文茶（Tran Van Tra）、黎德英（Le Duc Anh），黎德英後來成為越南國家主席。[37]文進勇也做到國防部長。陳文茶做到越南國防部副部長、越南人民軍副總參謀長。

越南扶植金邊傀儡政權

1979年1月8日，越南扶植「柬埔寨救國聯合陣線」主席橫山林在金邊成立「柬埔寨人民革命委員會」（Kampuchean People's Revolutionary Council, KPRC），並宣佈成立臨時政府，由橫山林擔任主席，賓梭萬為副主席兼國防部長，洪森為外長，謝辛為內政部長。洪森當時才28歲，曾任「赤棉」的軍事指揮官。當天橫山林致函安理會主席稱，波布政權已不存在，柬埔寨革命委員會已控制所有柬國領土。安理會集會傾聽不存在的波布政權的代表的意見，是明顯干涉柬國內政、違反聯合國憲章之原則。越南駐聯合國代表亦在同一天致安理會主席一項照會，表示應請柬國革委會的代表出席聯合國討論柬埔寨問題。[38]

橫山林領導的金邊政權於1月10日宣佈成立「柬埔寨人民共和國」（People's Republic of Kampuchea），成為越南控制下的傀儡政權，獲得越南、寮國、蘇聯以及東歐國家的外交承認。

柬埔寨前國王施亞努在越軍進攻金邊時，在其軟禁處的暹粒搭乘中國的民航機逃離柬埔寨，前往中國北京避難，以後由中國每年提供給他30萬美元生活津貼。施亞努於1979年1月6日前往紐約，向聯合國安理會報告柬埔寨的情況。安理會在1月15日以13票對2票通過要求所有外國軍隊撤出柬埔寨的決議，但遭蘇聯的否決。施亞努返回北京，宣

---

[37] Harish C. Mehta and Julie B. Mehta, *Hun Sen, Strongman of Cambodia*, Graham Brash, Singapore, 1999, p.xv.

[38] *Keesing's Contemporary Archives*, May 25 1979, p.29615.

布與「赤棉」政權脫離關係，建議召開日內瓦會議，讓柬埔寨舉行自由
選舉以及保持中立化。[39]

　　日本政府在 1 月 10 日宣布停止對越南的援助、終止稻米貸款及呼籲越
南和柬埔寨和平解決問題。丹麥亦在 1 月 16 日宣布取消對越南的 1 千萬英
鎊的援助計畫。澳洲在 1 月 23 日宣布停止對越南的經濟援助及文化交流、
召回在越南工作的技術專家，在澳洲留學的越南學生可以留在澳洲直至他們
畢業為止。英國海外發展部（Ministry of Overseas Development）部長哈特夫
人（Mrs. Judith Hart）在 2 月 13 日以書面答覆國會質詢時說：「除了災難和
人道援助外，在目前越南的人權情況下，英國政府建議不再進一步提供越南
雙邊援助。然而，由於契約的內容，使得政府不願決定撤銷援助及協助越南
政府向英國購買貨船和瓦斯鍋輪，儘管最近困擾的事件涉及越南。」[40]

　　民主柬埔寨外長英薩利在 1 月 11 日訪問曼谷，尋求泰國的協助。鄧
小平在 1 月 13 日會見訪問北京的泰國副首相順通・宏拉達隆（Sunthorn
Hongladarom），就泰國購買中國石油的數量和價格問題交換意見。鄧小
平強調：「中、泰兩國是友好鄰邦，我們願意在合情合理的價格下積極發
展同泰國的貿易關係。」[41]雙方協商中國船隻運送武器給「赤棉」在泰
國港口卸貨之事，隨後中國副外長韓念龍密訪泰國。[42]

　　1 月 13 日，兩名中國政治局委員耿飆和副外長韓念龍以及數名人民
解放軍高層軍官密訪泰國首相克里安薩（Kriangsak Chomanan），協商泰
國和柬埔寨反抗軍聯合起來對抗越南，泰國允許中國武器運入其庫特島
（Kut Island, Koh Kut）的港口支援「赤棉」，以及允許「赤棉」領袖進

[39] *Keesing's Contemporary Archives*, May 25 1979, p.29613.

[40] *Keesing's Contemporary Archives*, May 25 1979, p.29616.

[41] 冷溶，鄧小平年譜 1975-1997（上），中央文獻出版社，北京市，2004 年，頁 469-470。

[42] Goscha, Christopher E., "Vietnam, the Third Indochina War and the Meltdown of Asian Internationalism," in Odd Arne Wastad and Sophie Quinn-Judge eds., *The Third Indochina War: Conflict between China, Vietnam and Cambodia, 1972-1979*, London and New York: Routledge, 2006, pp.173-181；Nayan Chanda, *Brother Enemy: The War after the War*, Bangkok: Asia Books, 2004, pp.348-349.

出泰國的自由。中國駐曼谷大使館亦開設一個帳號,讓「赤棉」領袖可以提領一次 5 百萬美元,一年最高 8 千萬美元,以購買軍火。[43]泰國亦向中國提出一個交換條件,就是中國需停止支持泰國共產黨及關閉泰國共產黨設在雲南的「泰國人民之聲」電台。中國立即在同年 7 月關閉該一電台,並減少對泰國共產黨的物質援助。[44]1 月 15 日,聯合國安理會通過決議案要求越南軍隊撤出柬埔寨,但遭蘇聯否決。

施亞努在 2 月 8 日在紐約表示,鄧小平在 1 月 31 日訪問美國[45]時曾告訴他,泰國政府已向鄧小平保證泰國將允許中國將武器裝備經由泰國小港口或陸路運交給柬埔寨抗越游擊隊。但泰國政府發言人立即否認其政府與中國有任何協議,並說其政府不允許任何人利用其領土的港口運送武器。[46]事實上,泰國採取兩面手法,暗地裡仍允許中國船隻將武器偷運至其港口,然後轉運給抗越柬埔寨游擊隊。

泰國軍方在 2 月 14 日表示,中國船隻已在過去三週將武器運至柬埔寨外海的科空(Koh Kong)島,而泰國外交部在 3 月 1 日否認金邊外交部在 2 月 27 日指控泰國允許中國利用泰國的庫特島運送武器給「赤棉」。英國衛報(*Guarding*)於 3 月 2 日報導稱:「曼谷一項情報消息稱,一個重要的供應行動已由海運展開,一艘大型的中國船隻運交武器給平底小船,再運至柬埔寨西南部河流出海口,該地疆界未定,中國船隻也許已進入泰國的領海。」[47]

---

[43] Michael Haas, *Genocide by Proxy: Cambodian Pawn on a Superpower Chessboard*, Praeger, New York, 1991, p.33.

[44] Chulacheeb Chinwanno, *Thai-Chinese Relations: Security and Strategic Partnership*, S. Rajaratnam School of International Studies, Nanyang Technological University, Singapore, 2008, p.91.

[45] 鄧小平訪美,主要目的除了表示與美國建交建立友好關係外,另一目的是尋求美國支持中國準備對越南進行一次有限戰爭。關於此次訪問和對越南之懲罰戰爭,參見陳鴻瑜,越南近現代史,鼎文書局,台北市,民國 98 年,頁 368-376。

[46] *Keesing's Contemporary Archives*, May 25 1979, p.29619.

[47] *Keesing's Contemporary Archives*, May 25 1979, p.29619.

中國政府先後派遣負責軍事副總理耿飆和外交部長黃華前往泰國，雙方會談後，於 3 月 23 日在曼谷簽訂了「海運協定及兩個補充議定書」，決定由中國將軍事援助及物資通過泰國海港，再由泰國軍隊通過陸路運往泰、柬邊界，送交柬埔寨抗越三派軍事組織。[48]

越南總理范文同於 2 月 16-19 日訪問金邊，並在 18 日與金邊簽訂「越南與柬埔寨人民共和國和平、友好和合作條約」（Treaty of Peace, Friendship, and Cooperation Between Vietnam and People's Republic of Cambodia），為期 25 年。依據該條約，越南軍隊將協助柬埔寨人民，保障其安全，相互有協防之義務。另外亦簽署了經濟和技術合作條約、科學和教育合作條約。波布政府在 2 月 17 日要求聯合國安理會召開緊急會議，反對越南和橫山林政權簽署的條約，防止其變成侵略合法化。[49]

2 月 17 日黎明，中國派遣 17 萬大軍進攻越北，[50]進行所謂的「教訓」戰爭。中國意圖以攻擊越南迫其從柬埔寨撤兵，同時阻止越南勢力擴張威脅其南境安全。[51]雖然中國未能完全擊敗越南軍隊，但在戰略上獲得一定的成果，已迫使越南放棄其欲建立的「印度支那聯邦」的美夢。

寮國國家主席蘇法努旺（Souphanouvong）於 3 月 20-21 日訪問金邊，雙方簽署友好合作條約，以及經濟、文化和技術合作協議。寮國同意給予金邊政權 4 億元基普（kip）（約合 50 萬英鎊）的援助。[52]波布政府亦同樣發表聲明反對橫山林政權和寮國簽署的條約之有效性。

當越軍侵占金邊時，居民逃離，幾乎是個空城，城內只有 100 人，電力站和水利系統遭受嚴重破壞。經過數天的搶修，才逐漸恢復正常。人民逐漸回到金邊城內。越軍控制的金邊政府忙著將這些外流進入城內

---

[48] 張青，「鄧小平與柬埔寨和平進程」，世界知識，2004 年第 14 期，頁 62-63。
[49] *Keesing's Contemporary Archives*, May 25 1979, p.29619.
[50] 郭明主編，前引書，頁 183。
[51] 關於中國懲越戰爭之影響，請參見陳鴻瑜，越南近現代史，鼎文書局，民國 98 年，頁 368-376。
[52] *Keesing's Contemporary Archives*, May 25 1979, p.29620.

的人疏散到他們的故鄉，以解決城內糧食不足問題。在 1978 年曾遭逢水旱災，稻米收成不好，以致出現糧食短缺問題。金邊政府必須安頓流徙各地的災民，分配土地讓農民耕種，農民重新要求恢復他們被集體化前的農地和牲畜，才能恢復各種生產機能。許多工廠因為缺乏經理、技術人員和工人而無法開工，因此經濟部需組織委員會，召回以前的經理、技術人員和工人，才能使工廠復工。最重要的是恢復工資制度，以及使用貨幣，讓金融機制重新恢復運作。此外，也恢復婚姻自由和夫妻同居制、自家自炊自饍（波布政權時期是在公社食堂吃飯）、宗教信仰自由、恢復傳統舞蹈、學校、醫院和寺廟重新開放（波布政權時期，寺廟變成老人和孤兒藏身處）。橫山林金邊政府在各地成立再教育班，讓那些曾與波布政權合作而現在悔改的人可以重新教育。另外也透過法庭，審判那些重大的反革命罪的人。[53]

　　1979 年年中，柬埔寨遭逢旱災，導致稻米歉收，民眾鬧飢荒。西方國家曾給予援助，但遭到泰國的阻止，越南亦對援助進行阻撓，因為越南欲將援助的糧食和醫藥品優先給予親越的柬埔寨官員和軍隊。截至該年 11 月 1 日，對金邊政權之主要糧食援助是來自共黨國家，例如蘇聯提供 15 萬 9 千噸糧食，越南提供 12 萬噸糧食，其他共黨國家提供 2 千噸糧食。在該年 12 月，蘇聯和其他共黨國家又提供 1,500 噸糧食。西方國家僅糧援 200 噸，國際樂施會（Oxfam International）亦糧援 1,500 噸。此外，國際紅十字會、聯合國兒童基金會（UN Children's Fund）和世界教會協會（World Council of Churches）亦提供援助。從 12 月後，西方國家的援助才逐漸增加，每天送到柬國有 1 千噸，到隔年初才減少。[54]

　　隔年，稻米收成出現倍數增長，經濟情況才好轉。越軍從鄉下撤退，改由柬國當地官員負責。由於長年戰亂及傳染病肆虐，農村大都殘破，

---

[53] *Keesing's Contemporary Archives*, May 25 1979, pp.29620-29621.
[54] *Keesing's Contemporary Archives*, January 23 1981, p.30672.

約有 60%的家庭是由寡婦帶領，男性因為戰爭而出外當兵或戰死，兒童亦因醫藥不足、營養不良而夭折。在柬國各地的學校亦重新開辦。

　　然而，金邊的知識份子對於越南入侵，拒絕接受，很多知識份子逃離金邊，有數千人逃到泰國邊境的難民營或其他國家，此對於越南控制的金邊政府造成嚴重打擊，因為無法找到管理政府的人才。在橫山林執政時期，因為缺乏人才和管理經驗，導致行政效率低落，生產不足，缺乏醫療設施，公共建設幾乎停頓。儘管如此，柬埔寨人已可享有家庭生活，不再從事強迫勞動，可以自由信教，特別是恢復佛教信仰。

　　1979 年 8 月 15 日，金邊召開「人民革命法庭」，以缺席裁判方式判決民主柬埔寨總理波布和外長英薩利犯種族滅絕、驅逐人民、壓迫人民、廢除宗教和文化、虐待兒童等罪名，判處死刑。

　　8 月 22 日，金邊總統橫山林訪越，尋求越南的援助和支持，25 日雙方卻發表了一份令人驚訝的聯合公報，為越南入侵柬埔寨找出藉口，該公報說：「雙方主張越南人民軍之所以進入柬埔寨，是應柬埔寨人民共和國人民革命委員會之要求，此係符合越南和柬埔寨之和平友好與合作條約，以及充分符合兩國人民之利益、不結盟運動和聯合國憲章之原則。這是兩國內政事務，他國無權干涉。」[55]

　　此一說詞甚為牽強，完全是為越南出兵入侵柬埔寨找藉口，國際社會對於此一說法普遍不予接受，尤其東協國家對於越南出兵柬埔寨更是感到芒刺在背，有兵臨城下之威脅。

---

[55] Patrick Raszelenberg, Peter Schier, Jeffry G. Wong, *The Cambodia Conflict, Search for a Settlement, 1979-1991 : An Analytical Chronology*, ZeitgemäBer Druck CALLING P.O.D., Hamburg, 1995, p.26.

圖 5-6　橫山林和越南總理范文同於 1979 年 8 月 25 日簽署聯合公報

說　　明：左為橫山林，右為范文同。
資料來源：http://www.talkvietnam.com/2012/06/part-3-an-unavoidable-war/　2014 年 5
　　　　　月 20 日瀏覽。

　　越南協助金邊政權建立正規軍 3 萬 5 千人至 4 萬人，民兵 15 萬人左右。越南也派有軍、政兩個顧問團（人數不詳），協助金邊政權建立政治和軍事體系。金邊政權為了獲取外援，橫山林在 1980 年 2 月 3-11 日訪問莫斯科，簽署經濟和技術合作、文化和科學合作協議。

　　1980 年 7 月 17-18 日，金邊政權、越南和寮國三國外長在寮國首都永珍舉行會議，重申他們在本年 1 月 5 日提出的願與泰國和其他東南亞國家簽署互不侵犯條約的提議，以及討論擬建立東南亞為一個和平與穩定的地區。他們也建議在柬埔寨和泰國邊界設立非軍事區，及設立一個聯合委員會執行協議的執行；難民營應遠離邊境地區，以避開衝突；利用泰境難民的「赤棉」和「自由高棉」應予以解除武裝，應加以打散使之遠離戰鬥區；人道援助之物資不能給予「赤棉」和「自由高棉」，應給

予柬埔寨人民，但不是泰境內的柬埔寨人。泰國外長西迪（Siddhi Sawetsila）
於 7 月 19 日稱金邊政權、越南和寮國的三國建議是一種政治詐術，目的
在引誘泰國和橫山林政府談判。從 7 月 30 日到 8 月 1 日，東協在馬尼拉
舉行資深官員會議，另提出一個替代方案，就是在柬埔寨境內設立一個
由聯合國監督的非軍事區，所有敵對各方禁止在該區內採取敵對行為，
保證難民安全，不能干擾援助物資援助柬埔寨難民。[56]

8 月 2-4 日，聯合國秘書長華德翰（Kurt Waldheim）訪問河內、8 月 4-5
日訪問曼谷，討論前述非軍事區的建議，越南外長阮基石（Nguyen Co Thach）
反對東協的建議，認為這是想將反動的柬埔寨軍隊從泰國滲透進入柬埔寨的
陰謀。而泰國首相普瑞姆（Prem Tinsulanond）則認為印支三國的建議是要阻
止在泰境內的柬埔寨人返回其祖國，而要讓泰國和第三國增加負擔。泰國和
越南唯一接受華德翰的建議是，兩國外長將在聯大會議上進行會談。9 月 23
日，阮基石告訴華德翰，假如在柬、泰邊境設立非軍事區，則越南將從柬埔
寨撤出部分軍隊，但不接受聯合國派出觀察員，因為民主柬埔寨在聯合國仍
有席位，不能說聯合國觀察員具有中立地位。阮基石在 9 月 25 日聯大會議
上，再度提出上述撤軍之條件。10 月 1 日，阮基石和西迪在紐約舉行會談，
但無結果。10 月 22 日，聯大以 97 票對 23 票、22 票棄權，通過決議，要求
越南從柬埔寨撤軍，以及柬埔寨在聯合國監督下舉行自由選舉。[57]

在越南控制下的柬埔寨漸趨穩定，人口逐漸回流到金邊，農田開始
有農民耕種，在糧食供應不成問題後，聯合國難民事務高級專員（UN
High Commissioner for Refugees）辦公室於 1980 年 9 月 1 日宣布推動一
項 1 千 4 百萬美元的計畫，用以協助遣返 31 萬難民返回柬埔寨，其中
17 萬 5 千人來自泰國、11 萬 5 千人來自越南、2 萬人來自寮國。據稱在
越南還有柬埔寨難民 3 萬 5 千人、寮國有柬埔寨難民 1 萬人。泰國武裝

[56] *Keesing's Contemporary Archives*, January 23, 1981, p.30675.
[57] *Keesing's Contemporary Archives*, January 23, 1981, p.30675.

部隊最高司令在11月6日宣稱泰國境內還有柬埔寨難民4985人,從1979
年1月起非法難民則高達15萬人。[58]

　　1981年5月1日,金邊政權舉行國會議員選舉,在「赤棉」控制區
則不辦選舉。總共有148名候選人競爭117席。年滿18歲有投票權,投
票人數有3,417,339人,投票率高達99.17%,橫山林和賓梭萬競選在金
邊的席次,獲高票當選,分別為99.75%和99.63%。5月26-29日,柬埔
寨人民革命黨(Kampuchean People's Revolutionary Party, KPRP)在金邊
召開第四屆黨大會,有162名代表和來自越南、寮國以及蘇聯和東歐共
黨的代表參加,會上對於經濟有如下的決議:即柬埔寨之經濟是由國家、
集體(指農業、林、漁的工作大隊)和私人三大部分組成。會上還選舉
親越南的副總統兼國防部長賓梭萬為黨總書記。

　　6月24-27日,國民議會通過了新憲法,保障人民的宗教和信仰自由,
但若破壞安全、公共秩序和人民利益,則會受到限制;男女在家庭中的權
利是平等的,禁止一夫多妻制;男女同工同酬;所有公民在法律前平等;
年滿18歲有投票權,21歲有被選舉權;人民有居住、遷徙和通信的自由。
對一個共黨國家而言,這些類似民主國家的公民自由權,只是紙面上的自
由,並無實質意義。憲法並設立部長會議以取代1979年成立的人民革命
委員會。27日,國民議會選舉賓梭萬出任部長會議主席,即總理;洪森
為副總理兼外長;張西(Chan Si)為副總理兼國防部長。

　　12月5日,賓梭萬因採取親蘇立場而被解除柬埔寨人民革命黨總書
記職務,由橫山林取代。另一說是賓梭萬因病而須長期休養。9天後,
橫山林訪問莫斯科,只受到最高蘇維埃副主席沙基梭夫(Babken Sarkisov)
的接待,顯然賓梭萬被罷黜與蘇聯是有關連的。未經證實的消息稱,賓
梭萬是被軟禁在河內。[59]

---

[58]　*Keesing's Contemporary Archives*, January 23, 1981, p.30677.
[59]　*Keesing's Contemporary Archives*, April 9, 1982, p.31416.

　　12 月 20-22 日,「柬埔寨民族聯合陣線」改名為「柬埔寨全國建設與防衛聯合陣線」(Kampuchean United Front for National Construction and Defense)。該陣線的主席是張西。

　　賓梭萬下台後,張西出任代總理,1982 年 2 月 9 日,國民議會選舉張西成為總理。金邊政權和越南在 1982 年 7 月 7 日簽署兩國領海疆界條約,7 月 31 日,金邊政府公佈其領海範圍為 12 海里,其西界根據 1907 年法國和暹羅條約之規定,柬埔寨擁有專屬經濟區和大陸架的權利。12 月,金邊政府和越南簽署軍事合作協議;1983 年 3 月,雙方簽署經濟合作協定;4 月,雙方簽署經濟、科學和文化合作協定。金邊政府在同年 2 月與寮國簽署貿易協議。同年 2 月 4 日,金邊政府與蘇聯簽署 1983-1985 年貿易協定,在該段期間,柬埔寨將向蘇聯出口天然橡膠、木材和煙草,蘇聯則向柬埔寨出口石油、鋼鐵、鐵礦和其他產品。同月,金邊政府也和捷克簽署在金邊安裝第二電力廠協議。4 月,金邊政府與匈牙利、9 月與波蘭簽署合作協議。

　　洪森外長與越南外長阮基石於 1983 年 7 月 22 日在金邊簽署陸地邊境條約,承認 1954 年法國退出印支半島前所劃定的邊界。「赤棉」批評該約使越南邊境線深入柬境 10 公里,而且讓數 10 萬越南人移入柬境。據估計,當時移民柬境的越南人達 70 萬。1984 年 7 月 21 日,阮基石和金邊政府外長雲生簽訂兩項邊界協議,第一項協議是有關劃定邊界的原則,雙方同意以 1954 年法國劃定的邊界線為界。第二項協議是有關邊界規定,強調國家領土完整和主權,禁止移動界碑,禁止雙方人民越界定居他國從事農耕、漁獵和放牧等活動。

　　當時金邊市人口有 80 萬,越南人佔了六成。市內之行政機關、醫院、學校、企業機關,都有越南人顧問。繁華地段之商業區,只允許金邊國營商店與越南人開店經營,不准柬人開店。柬人沒有旅行自由權,前往外省市,需先經越南人顧問批准並領取路條。

　　1985 年 1 月,金邊政權舉行國民議會第八次會議和 10 月份舉行的第五屆柬埔寨人民革命黨大會,選舉 34 歲的外長洪森為總理。共黨中央

委員改組，人數從 20 人增加到 45 人，政治局委員從 6 人增加到 9 人。
若干年輕人進入中央委員行列，洪森即是其中的重要人物。

　　金邊政權的國民議會在 1986 年 2 月 4-7 日舉行第十次會議，決議將
明年的國民議會選舉延後到 1991 年。

　　1987 年，受到越南「革新」（Doi Moi）政策的影響，由洪森領導的
金邊政權也進行改革，開始鼓舞家庭和私人的經濟活動。1989 年 4 月 29-30
日，國民議會召開特別會議，將國名改為柬埔寨國（State of Cambodia,
SOC），同時將柬埔寨人民革命黨改名為柬埔寨人民黨（Cambodian People's
Party）。也修改國歌和國旗，修改憲法，訂定佛教為國教，廢除中年人
才可以出家為和尚的規定，允許農民將其土地傳給其子女，允許不動產
自由買賣，廢除死刑，重新恢復私人產業權，廢除集體生產，終止與「經
濟互助委員會」（Council for Mutual Economic Assistance）的以物易物的
貿易方式，並於該年公布第一個放寬外人投資法令，允許私人企業與不
超過 49% 的外資參與成立公司。該法令也包括許多投資優惠。在對外政
策方面，宣稱柬埔寨為中立不結盟國家。

第三節　柬埔寨聯合政府的成立

　　波布在退出金邊後，轉往柬、泰邊境，組織「國家統一民主和愛國
陣線」（Democratic and Patriotic Front for National Unity, DPFNU），打游
擊戰，據稱他在中國雲南邊境設立「民主柬埔寨之聲」（The Voice of
Democratic Cambodia）電台，報導「赤棉」在柬埔寨的抗越戰爭。[60]宋

---

[60] Justus M. van der Kroef, "Cambodia: From 'Democratic Kampuchea' to 'People's Republic',"

山則組織「高棉人民全國解放陣線」(Khmer People's National Liberation Front, KPNLF),作為反抗越南的組織。

民主柬埔寨為了改善形象,在 1979 年 12 月 15-17 日在柬、泰邊境的卡達蒙山(Cardamom Mountains)集會,決議停止執行 1975 年憲法,採用「國家統一民主與愛國陣線」的政治綱領,並改組政府,由喬森潘出任「國家統一民主與愛國陣線」主席兼總理,英薩利為副總理兼外長,宋山為副總理兼國防部長,波布改任武裝部隊總司令以及仍是柬埔寨共黨總書記。

由於國際輿論對惡名昭彰的波布集團並不鼎力支持,尤其是東協和其他西方民主國家,致有建議由中立派的施亞努和代表民主人士的宋山派與波布合組聯合政府,1981 年初,施亞努會見了喬森潘討論如何組織聯合政府。宋山討厭施亞努,不願和施亞努會面。

1981 年 9 月 4 日,在新加坡等東協國家敦促下,宋山態度轉變,三派領袖在新加坡聚會,達成籌組聯合政府的初步協議。三派特別委員會通過了組成聯合政府的四項原則:(1)聯合政府必須是一個真正的聯合組織,沒有一個政黨擁有全權支配其他黨派;(2)政府應該根據三位一體之原則做事;(3)一切重大的問題,應該由三方面取得一致才做出決定;(4)聯合政府應該接受民主柬埔寨國之法律地位。[61]

柬埔寨共產黨中央委員會同時宣佈解散,該黨人士從此主張資本主義思想。英薩利的太太英蒂里絲說:民主柬埔寨已完全改變,恢復宗教信仰。英薩利補充說,柬埔寨將不再實施社會主義體制。

1982 年 6 月 22 日,三派領袖正式在吉隆坡達成協議,共組民主柬埔寨聯合政府(Coalition Government of Democratic Kampuchea, CGDK),由施亞努任主席,喬森潘任副主席兼外長,宋山任總理。該聯合政府獲得

中國、美國和東協國家的承認。1990 年，該民主柬埔寨聯合政府改名為
「柬埔寨國民政府」（National Government of Cambodia）。

　　「聯合政府」並不是流亡政府，而是正式在柬埔寨國土上成立的，
它也不是另組新國家，而是將以前的「民主柬埔寨」政府予以內部改組，
仍舊使用「民主柬埔寨」的國號，以維持其在聯合國的代表權。「聯合政
府」是根據三邊主義、平等和不佔優勢的原則來作為執行職權的指導，
實際負責政權的機構是部長會議，由「聯合政府」主席、副主席或總理召
集，並由其主持會議。主席、副主席或總理三人構成核心內閣，下設財
政與經濟、國防、文化與教育、衛生與社會福利四個委員會，各委員會
由三派各指派一名部長級的人擔任主席。[62]

　　「聯合政府」的組成集團有三，一是由波布領導的「赤棉」，二是由
宋山領導的「高棉人民全國解放陣線」（Khmer People's National Liberation
Front），三是由施亞努領導的「柬埔寨獨立、中立、和平暨合作的全國聯
合陣線」（National United Front for an Independent, Neutral, Peaceful and
Cooperative Cambodia, FUNCINPEC）（以下簡稱奉辛比克黨））或「柬埔寨
全國解放陣線」（National Liberation Movement of Kampuchea, Moulinaka），
後來改稱為「施亞努國家軍隊」（Sihanoukist National Army, Armée
Nationale Sihanoukiste, ANS）。

　　據估計，「赤棉」的部隊約有 3 萬到 5 萬人，控制柬埔寨西部的部分
山林地區，是越軍入侵後，最主要的抵抗力量，其糧食主要靠國際機構
援助，醫藥獲自國際志願組織，軍需品主要獲自中國援助，間接來自泰
國。波布已退至幕後，祇擔任武裝部隊司令，而由喬森潘擔任國家主席，
並兼任「愛國、民主、民族大團結陣線」（Patriotic and Democratic Front of
Great National Union of Kampuchea）（成立於 1979 年 12 月）的主席。1981
年 6 月 28-30 日，在喬森潘主持的由「柬埔寨愛國、民主、民族大團結

[62] 南洋星洲聯合早報（新加坡），1982 年 6 月 23 日。

陣線」的代表和民主柬埔寨政府成員參加的聯合會議上，通過了「柬埔寨民族聯合抗越五點最低政治綱領草案」，內容包括：[63]

(1) 堅決繼續進行武裝鬥爭和其他形式的鬥爭來反對越南黎筍（為越共總書記）侵略集團，直至它從柬埔寨撤出全部軍隊為止。

(2) 一切活動必須以民主柬埔寨為基礎，它是柬埔寨的唯一合法、正統的國家形式，也是聯合國的成員國。

(3) 一切聯合起來進行反對越南黎筍侵略集團的民族力量，應絕對避免導致鬥爭力量削弱和相互之間的磨擦。

(4) 在越南軍隊全部從柬埔寨撤出後，於沒有任何武裝力量和其他力量的威脅下，及在聯合國通過各種方式的嚴密監督下，將舉行自由、無記名和直接的選舉。經由柬埔寨人民選舉產生的國民會議，將制訂柬埔寨憲法，確定柬埔寨為議會政治體制，不再建立社會主義或共產主義。柬埔寨將是一個獨立、和平、中立、不結盟的國家，絕不准許在自己的國土上建立任何外國的軍事基地。

(5) 一切聯合起來反對越南黎筍侵略集團的民族力量，在不違背最低綱領的前提下，可保持其自己的政治地位並享有活動自由。

第二個抗越組織「高棉人民全國解放陣線」，是由施亞努時代的首相宋山領導，他在 1979 年年初，聯合流亡在法國的前柬埔寨政界人士組成「爭取中立與獨立的柬埔寨委員會」。3 月，組織了「高棉人民全國解放陣線」的武裝力量。8 月，宋山秘密回到泰、柬邊境地區，並將五個反波布的小團體聯合起來加入其陣線。10 月 9 日，該陣線正式在柬埔寨境內成立，並建立游擊據點。據 1982 年春估計，其兵力有 5-9 千人，控制有 10 萬名難民，接受美國及泰國的援助。[64]

---

[63] 大公報（香港），1981 年 7 月 9 日。

[64] *Kampuchea in the Seventies*, Report of a Finnish Inquiry Commission, Finland, 1982, p.52.

　　第三個抗越組織「獨立、中立、和平暨合作的柬埔寨全國聯合陣線」，是由前柬埔寨國家元首施亞努領導。這一派的兵力約有 1,200 人，實力雖然是三派中最弱者，但領導人施亞努具有歷史性的威望，對老一輩的農民具有吸引力，在國際上也頗受重視。他在 1981 年春天在北韓平壤成立「柬埔寨全國聯合陣線」，但它只是利用來進行國際談判的空殼組織，在柬埔寨沒有據點與兵員。他在柬埔寨的一個重要的武裝力量是由康西里（Kong Sileah）在 1979 年組成的「柬埔寨民族解放運動」（Mouvement du Liberation Nationale Kampucheal，簡稱 Moulinaka），該組織只控制柬埔寨北部邊境二個小難民營及在農湛（Nong Chan）地區的部分難民營，難民人數約有 1 萬人，獲泰國及美國的支持，中國亦援助 3 千人份的武器。據 1982 年春的估計，該組織的武裝力量只有 700 到 1,500 人，但他們自稱兵力達 5,000 人。[65]

　　「聯合政府」的三派軍事力量很微弱，都要依賴外國及國際機構的援助。例如，中國和新加坡提供軍援給「聯合政府」，馬來西亞提供訓練。印尼和菲律賓明白指出他們所提供的物資援助，純係人道目的及重建柬埔寨之用。1982 年 7 月 4 日，泰國首相普瑞姆向施亞努表示，泰國將以政治、經濟和其他非軍事方法來協助新成立的聯合政府，但不提供武器，也不允許任何武裝力量從柬埔寨進入泰國或利用泰國土地做為中間站。9 月 16 日，澳洲政府以 209 萬美元提供給聯合國做為人道援助給泰國邊境的柬埔寨難民營，但不包括「赤棉」控制的難民營。[66]提供人道援助的國家還有南韓、以色列、紐西蘭和英國。美國參議院在 1985 年 5 月 15 日通過對宋山派和施亞努派的「非致命性」（non-lethal）援助 5 百萬美元，條件是東協公開承諾給予這兩派同樣的援助。[67]除了汶萊外，東協原創五國亦要求蘇聯減少軍事援助越南，以期減少越南對柬埔寨的軍事

[65]　*Ibid.*

[66]　參考 *Keesing's Contemporary Archives,* January 1983, Vol.XXIX, pp.31885-31890.

[67]　*Keesing's Contemporary Archives,* July 1985, Vol.XXXI, p.33734.

用兵。[68]儘管「聯合政府」的力量微弱，但其成立的政治意義實大於軍事意義，因為有了在柬埔寨領土上組成團結各派的聯合政府，不僅可以獲得各國的支持與援助，而且可以阻撓蘇、越集團在聯合國內排除民主柬埔寨代表權的企圖。

國際組織對柬埔寨問題的決議

波布退出金邊後，即率殘餘部隊在泰、柬邊境進行游擊戰，但仍維持「民主柬埔寨」的國號及在聯合國的代表權。

從 1978 年底以來，柬埔寨問題持續地成為國際關注的焦點，非共的東協集團、共黨的印支集團、中國、蘇聯、甚至澳洲和日本皆捲入這項問題的爭論中，有的超強在幕後操縱，有的小國欲充當調解人或者介入紛爭中，柬埔寨問題可能是牽涉多樣國際關係的一個最棘手與複雜的案例。歸納言之，柬埔寨問題包含下述五個涵義：

第一、從柬埔寨之爭透顯出印支戰略地位重要。自法國在 1954 年撤離印支半島後，西方列強對印支的安排，是把越南分為南北兩部，寮國為中立國，柬埔寨為越、泰之間的緩衝國，目的在維持各列強在印支的影響力及印支本身的權力均勢。但是在 1975 年 4 月至 12 月間，柬、南越、寮三邦相繼赤化後，隱約地出現了由越南為領袖的「印支聯邦」，致破壞了從前的權力安排和均勢，而且威脅到泰國及中國南疆的安全。因此，如果不制止越南對鄰近國家的侵略行為，則整個東南亞區域將無安全可言。

第二、印支半島控制著從太平洋到印度洋的水道，地緣戰略地位很重要。自 1975 年 4 月北越併吞南越後，蘇聯勢力隨之進入印支半島，並

---

[68] *Keesing's Contemporary Archives,* July 1985,Vol.XXXI, p.33734; *Keesing's Contemporary Archives,* June 1986,Vol.XXXII, p.34427..

開始使用越南的金蘭灣和峴港基地、柬埔寨的雲壤和金磅遜港口設施，做為向東南亞滲透與向印度洋擴張勢力的前進基地。蘇聯在峴港駐守 TU－九五熊式轟炸機、及在金蘭灣駐守約一營（4 百人）的海軍陸戰隊，[69] 目的在執行偵察中國大陸南部、西太平洋與南海動向的任務，必要時，它也可以西飛印度洋或南飛澳、紐上空，把廣大地區，包括澳、紐和東協都列入它的監視範圍內。

　　第三、越南出兵柬埔寨，是一種侵略行為。在國際法上是承認當權的政府為合法，而不管其源起的歷史，因此，越南用武力推翻既成有效的政府，是違反國際法的。儘管柬埔寨共黨頭子橫山林在 1979 年 8 月 22 日訪問越南時在雙方所發表的「聯合公報」中表示：「越南是應柬埔寨新政府之要求而派軍，其入駐柬埔寨的越南部隊，將在中國不再威脅它的獨立時撤離。」越南亦表示其所以派軍駐留柬埔寨和寮國，乃是「應兩國人民的請求，為鞏固革命成果，基於友好合作條約而派遣的。」但揆諸事實，在越南於 1978 年 12 月入侵柬埔寨之前，橫山林軍隊並未在柬埔寨土地上建立實際有效的統治權或政府，而當時在柬埔寨土地上的「合法政府」是波布政權，它不僅未向越南請求派兵，也未與之訂立條約，「柬、越友好合作條約」是由橫山林政府在 1979 年 2 月 18 日與越南簽訂的，顯然越南是在未經金邊「合法政府」之邀請下就派兵入柬了。基於這個原因，聯合國大會在 1979 年 9 月通過決議，認為越南的行為違反了國際法，譴責其侵略行為，及要求其立即從柬埔寨撤軍。

　　第四、人權問題。1978 年，聯合國人權委員會開始派人到由「赤棉」統治的民主柬埔寨進行人權調查工作，並由柬埔寨政府提出調查報告，促其改善人權問題。同一年，加拿大、挪威、英國、美國、澳洲、國際

[69] 關於蘇聯在越南的活動，參看"Security: Chernenko Lands the Counter-Pinch," *Asiaweek,* February 24, 1984, pp.10-11；南洋星洲聯合早報（新加坡），黃彬華撰，「金蘭灣成為蘇聯前進基地」，1984 年 3 月 2 日，頁 16；南洋星洲聯合早報（新加坡），1983 年 7 月 8 日、1984 年 4 月 7 日。

特赦組織（Amnesty International）和「國際法律學者委員會」（International Commission of Jurists）亦向聯合國人權委員會提供非常多有關柬埔寨人權情形的資料，這些資料大多得自與難民的訪談和金邊電臺的廣播。

柬埔寨早在 1950 年就加入「防止及懲罰種族滅絕罪行與國際公約」（International Convention on the Prevention and Punishment of the Crime of Genocide），1957 年，加入「廢除奴隸制、販奴和類似奴隸制的制度和作法公約」（Convention on the Abolition of the Slavery, the Slave Trade, Institutions and Practices Similar to Slavery），1966 年，加入「廢除所有各種種族歧視國際公約」（International Convention on the Elimination of All Forms of Racial Discrimination）。同時，柬埔寨是聯合國會員國，所以也受聯合國憲章及「世界人權宣言」之原則的限制。但波布政權完全不顧上述諸人權原則，人民的生命權完全被破壞，國家不能對其人民提供基本的安全保障，政府對囚犯濫施拷打，殘酷地處死人犯，未經法律程序即逮捕人犯，剝奪人民的私產，沒有私生活的權利，結婚權利受到限制，家庭不能得到充足的社會保護；人民沒有宗教信仰的自由，沒有通信、結社、遷徙、選擇就業地點的自由，工作未獲工資，工作時數漫無限制，休息、食物和醫藥的供應不足；學校及文化活動皆停頓，[70]柬埔寨幾乎已變成一個落後與充滿恐怖的國家。

第五、柬埔寨在國際組織的代表權問題。龍諾在 1970 年 3 月 18 日推翻施亞努王國政府而建立共和體制時，被廢黜的施亞努即反對龍諾政權在聯合國代表柬埔寨，聯合國大會經過辯論後，聯合國全權證書資格審查委員會（Credentials Committee）和聯合國大會在 1972 年通過接受龍諾政府代表柬埔寨之資格。但從 1973 年到 1974 年，聯大投票支持「柬埔寨國家統一王國政府（Royal Cambodian Government of National Unity）（即施亞努治下的柬埔寨政府）在聯合國的代表權利。高棉共和國在大

---

[70] *Kampuchea in the Seventies,* Report of a Finnish Inquiry Commission, Finland, 1982, p.62.

會投票中遭到失敗。[71]1975 年，隨著龍諾政府的崩潰，柬埔寨代表權自動地移轉到新政府手裡，即由民主柬埔寨取得聯合國代表權。

柬埔寨在國際組織的代表權，從 1979 年又再度發生。聯大開始辯論柬埔寨代表權問題，印度在 1979 年和 1980 年曾建議聯大暫時將柬埔寨代表權予以「空缺」處置，但未獲大會接受。從 1979 年起，聯合國的資格審查委員會和聯合國大會仍然繼續承認民主柬埔寨的代表所持的國書資格，而不接受橫山林政府的代表。資格審查委員會共有九個成員，1982 年有蘇聯、塞昔爾群島、巴哈馬、中國、多明尼加、尼泊爾、紐西蘭、奈及利亞和美國；1983 年有蘇聯、馬利、烏干達、中國、哥倫比亞、印尼、牙買加、葡萄牙和美國。依規定，資格審查委員會負責審查聯合國會員國的資格，再向聯合國大會推薦，提起討論票決，在該委員會審查階段，唯有三分之二多數票才能推翻此推薦。雖然蘇聯和塞昔爾群島在 1982 年反對承認施亞努的聯合政府，但資格審查委員會的九名成員未經過票決就決定向聯大推薦。[72]民主柬埔寨的代表權問題曾在聯大多次投票中獲得多數支持，1979 年，有 71 票贊成，35 票反對，34 票棄權；1980 年，有 74 票贊成，35 票反對，32 票棄權；1981 年，有 77 票贊成，33 票反對，31 票棄權；1982 年，有 90 票贊成，29 票反對，26 票棄權；1983、1984 年，聯大沒有舉行投票就接受民主柬埔寨的代表權，主要原因是聯合國成員大多數都支持民主柬埔寨的聯合政府，致使蘇聯集團不敢再要求聯大進行投票。

1984 年 10 月，聯大又以 110 票對 22 票要求外軍撤出柬境。[73]1985 年 11 月聯大以 114 票對 21 票要求外軍撤出柬境。1986 年 10 月，聯大

[71] "70. Telegram 16007 From the Embassy in the Khmer Republic to the Department of State, December 3, 1974, 1055Z." Foreign Relations of the United States, 1969-1976, Vol.E-14, Part 1, Documents on the United Nations, 1973-1976, *Office of Historian*, https://history.state.gov/historicaldocuments/frus1969-76ve14p1/d70　2018 年 11 月 4 日瀏覽。

[72] 參看南洋星洲聯合早報（新加坡），1982 年 10 月 8 日、10 月 25 日。Ted Morello, "Carry on, Coalition," *Far Eastern Economic Review,* Vol.122, No.43, October 27, 1983, p.34.

[73] 南洋星洲聯合早報（新加坡），1984 年 11 月 1 日，頁 2。

以 115 票對 21 票要求外軍撤出柬境；1987 年以 117 票對 21 票要求外軍撤出柬境。[74]

由以上聯大歷次投票情形來看，聯合國是尊重一個持續存在及能夠有效控制領土（或部分領土）的政府、以及尊重領土主權不容侵犯之原則，因此，民主柬埔寨得以保有其在聯合國的代表權資格。然而，民主柬埔寨在「不結盟運動組織（Non-aligned Movement）」上卻遭到挫折。在古巴領導下，「不結盟運動組織」於 1979 年 9 月在哈瓦那的高峰會議上，通過決議讓柬埔寨席位予以「空缺」（empty chair）的處置。[75]以後柬埔寨即不再出席「不結盟運動組織」的各項會議。

1980 年 10 月，東協在聯大提出解決柬埔寨問題的議案，結果以 97 票對 23 票通過，這個決議包括三個要點：(1)繼續維持民主柬埔寨在聯合國的合法地位；(2)一切外國軍隊從柬埔寨撤退；(3)儘快在 1981 年召開解決柬埔寨問題的國際會議。[76]1981 年 1 月 28 日，越、柬、寮三邦外長在胡志明市召開外長會議，建議與東協國家舉行區域會議，但不為東協國家所接受。東協希望召開由聯合國主持的國際會議，在其策劃下，聯合國順利地在 1981 年 7 月 13-17 日召開柬埔寨問題的國際會議，有 91 個國家參加，其中有 79 國派代表參加，12 國派觀察員出席。會後通過了一份「要求外國軍隊全部撤出柬埔寨，恢復和維持柬埔寨的獨立、主權和領土完整以及所有國家保障不干涉和不干預柬埔寨內政」的宣言，並成立了一個特別委員會，由泰國、馬來西亞、日本、奈及利亞、塞內加爾、蘇丹、斯里蘭卡七國代表組成，負責繼續和印支局勢有關的各方面協商，以便由政府解決柬埔寨問題。

[74] 南洋星洲聯合早報（新加坡），1987 年 10 月 16 日，頁 1。

[75] Karen DeYoung, "Cambodian Issue Splits Nonaligned Talks in Havana," *Washington Post,* 2 September, 1979; William M. LeoGrande, "Evolution of the Nonaligned Movement," *Problems of Communism,* Vol.XXIX, Jan-Feb.,1980, pp.35-52.

[76] 見董南亞撰：「政治解決柬埔寨問題展望」，大公報（香港），1981 年 4 月 26 日。另可參考 Ted Morello, "The World Says No to Hanoi," *Far Eastern Economic Review,* Vol.110, No.45, October 31, 1980, p.21.

在這次會議中定出了進行政治解決柬埔寨問題的步驟，其要點為：[77]

(1) 由聯合國派出維持和平部隊或觀察員到柬埔寨境內監督衝突各方停火，切實地使外軍在儘可能的短期內全部撤出柬境。

(2) 屆時作出適當的安排，確保柬埔寨各派武裝不能妨礙或破壞自由選舉的舉行，或在選舉過程中恐嚇或脅迫人民；這種安排還須確保柬埔寨各派武裝團體尊重自由選舉的結果。

(3) 在聯合國監督下舉行的自由選舉，使柬埔寨人民得以行使自決權，選出自己的政府。

(4) 這個由選舉產生的新政府所統治下的柬埔寨，是一個保持不結盟和中立的國家，它應聲明柬埔寨將不構成對其他國家、特別是與柬埔寨有共同邊界的國家的威脅或被利用來侵犯它們的安全、主權和領土完整。

(5) 由聯合國安理會五個常任理事國、東南亞所有國家和其他有關國家屆時作出聲明，宣布他們將在各方面尊重或遵守柬埔寨的獨立、主權、領土完整、不結盟和中立地位，並承認柬埔寨不容侵犯。

以後的聯大會議，亦一再地重申上述的原則。據此可知，民主柬埔寨在聯合國是取得了壓倒性的勝利，聯合國的決議也符合柬埔寨「聯合政府」的願望。

聯合國大會在 1985 年 11 月 5 日通過一項決議，要求所有外國軍隊撤出柬埔寨。該項決議由東協發動，59 個國家副署，經 114 票通過，21票反對，16 票棄權。該項決議有一附帶決議，就是呼籲聯合國機構、人道組織和其他捐款國繼續對柬埔寨難民給予緊急援助。

但是在「不結盟運動組織」上，民主柬埔寨卻遭到挫折。1979 年在哈瓦那召開的「不結盟運動組織」高峰會，竟然沒有邀請施亞努出席，

---

[77] 參考董南亞撰，「柬埔寨局勢的決定因素」，大公報（香港），1981 年 8 月 1 日。

1983 年 3 月在印度召開的「不結盟運動組織」高峰會，也沒有邀請施亞努出席。施亞努是「不結盟運動組織」自 1961 年創立至此時碩果僅存的創始人，其他有功的創始人如南斯拉夫的狄托（Josip Tito）、印度的尼赫魯（Jawaharlal Nehru）、埃及的納瑟（Gamal Abdel Nasser）和印尼的蘇卡諾（Sukarno）都已作古。從 1979 年起在古巴領導下的「不結盟運動組織」，已使這個運動失去了它的力量和信譽，直至 1981 年 2 月在新德里召開「不結盟運動組織」外長會議時，才終於承認柬埔寨和阿富汗兩個會員國受到外來勢力侵略，但仍不敢指名說這個侵略者分別是越南和蘇聯。

　　1983 年 3 月 7 日，在印度新德里召開第七屆「不結盟運動組織」高峰會議，印度表示為遵守上一屆哈瓦那會議時的決議，仍對柬埔寨席位予以「空缺」處置，不邀請民主柬埔寨的代表出席。但在 12 日閉會時，在通過的政治和經濟宣言中，卻對柬埔寨問題有更進一步的決議。在宣言中說，「不結盟運動組織」重申支持不干預主權國家事務的原則，而且不容許對主權國家動用武力；他們深信迫切需要廣泛的政治解決方案，以緩和緊張局勢。這個解決方案將包括外國軍隊的撤出，出面確保本地區的所有國家（包括柬埔寨）的主權、獨立和領土完整。柬埔寨人民有權利在不受外來干預、顛覆和壓制的情況下，決定自己的命運。[78]

　　以上二個國際組織所以對柬埔寨問題持不同的看法及做不同的處理，最主要的原因是聯合國承認民主柬埔寨的代表權，所以能夠譴責越南是侵略者；而「不結盟運動組織」卻在 1979 年由古巴一手操縱將民主柬埔寨拒於門外，所以不對越南進行譴責，祇以空洞的文字宣言表達其仍遵守「尊重國家主權、領土完整」的原則。儘管如此，聯合國的決議也形同具文，無法以之來制裁越南，畢竟越南已牢牢地控制著金邊，在未完成其「印支聯邦」的目標之前，是不會輕易撤軍的。

---

[78] 南洋星洲聯合早報（新加坡），1983 年 3 月 13 日，頁 1。

印支集團的立場

1980 年 1 月 5 日，越、柬、寮三邦在金邊召開第一次外長會議，提議與東協國家保持友好合作關係，甚至與東協國家簽訂雙邊互不侵犯條約。7 月 17-18 日在永珍召開第二次外長會議，曾提出解決印支問題的聲明及建議案，其要點包括：(1)在邊境地區設立非軍事區，由泰國和柬埔寨合組委員會及某種形式的國際組織參與，共同監督和控制；(2)與國際援助機構合作，減輕難民的痛苦及進行遣返難民的計畫；(3)在金邊政府和援助機構同意的計畫下，分配援助給柬埔寨境內的難民，廢除邊境的難民營及解除波布游擊隊的武裝；(4)舉行泰國和柬埔寨兩國政府間或非政府間的直接談判，或透過雙方同意的中間國舉行間接談判。[79]

印尼總統蘇哈托（Suharto）和馬來西亞首相胡笙翁（Datuk Hussein Onn）為了解決柬埔寨問題，在 1980 年 3 月在馬來西亞的關丹（Kuantan）開會，發表「關丹宣言」（Kuantan Declaration），承認越南在印支的安全利益，但越南外長阮基石在 1980 年 5 月中旬應邀訪問吉隆坡時，卻反對「關丹宣言」。阮基石認為「關丹宣言」建議越南應更為獨立及脫離蘇聯和中國的影響，事實上這對於越南是一種侮辱，因為這種說法好像認為越南尚不是一個獨立的國家；他強調唯有柬埔寨人民能決定其自己國家的未來。關於東協及聯合國要求越南從柬埔寨撤出軍隊，除非中國對印支及東南亞的威脅停止後，越南始加以考慮。

印支三邦外長在 1981 年 1 月 28 日於胡志明市再度集會，要求泰國與橫山林政權直接會談，以舒緩邊境緊張關係，重申較早時他們建議召開的東南亞國家區域會議，來討論東南亞的和平與安全問題。越南的目的是想移轉視聽，即希望討論「東南亞的安全」問題，而不去討論「越

---

[79] Carlyle A. Thayer, "Vietnam: Beleaguered Outpost of Socialism," *Current History,* Vol.79, No.461, December 1980, pp.165-168, 197.

南佔領柬埔寨」的問題。在這次會議上,印支國家提出從柬埔寨撤軍的二個條件:(1)假如泰國停止給予「赤棉」支持和庇護所,則越南將局部撤軍;(2)假如中國完全停止對於越南的威脅,則越南將完全撤軍。[80]6月 14 日,三國外長在金邊開會,再度提議召開區域會議,並補充說:若能在區域會議中達成相互接受的協議,則印支國家願意參與「廣泛的」國際會議,不過,這個國際會議應承諾及保障區域會議所做的決定。

寮國外長斯巴修特(Phoun Sipaseut)在 1981 年 10 月 7 日第 36 屆聯大會議上發表對東南亞問題的看法,提出七點建議:(1)基於東協與印支的「和平共存」,相互尊重獨立與領土完整;(2)以和平手段解決問題,但要尊重個人和集體的自衛權利;(3)發展相互有利的關係,包括在經濟、科學、文化和其他領域的雙邊或多邊關係;(4)尊重「南海沿岸國」對其領海〔包括專屬經濟區(Exclusive Economic Zone)和大陸架(Continental Shelf)〕的主權,將以「談判」方式來解決有關「海域區和島嶼」的爭端;(5)禁止任何國家使用他國領土做為「侵犯和干涉」(無論是直接或間接)的基地;(6)建立一個常設機構來負責參與國家之間的對話和協商,及負責召開「每年」或「特別」的會議來解決問題;(7)上述各要件是構成印支國家與東協國家目前進行對話和協商的基礎,而最終目的在訂立協定或某些其他形式的承諾。[81]

1982 年 2 月 17 日,越、柬、寮三國外長在永珍舉行第五次外長會議,會後的公報中說,越軍入柬係基於越、柬之間的協定,目的在對付中國霸權主義之擴張,一旦這項威脅消除,越、柬將同意從柬埔寨撤軍。4 月,阮基石訪問西歐時,曾提出三點和平方案:(1)撤出部分越軍;(2)泰國政府宣布不支持「赤棉」;(3)在中國保證尊重印支國家的獨立後,越南即能撤出其在柬埔寨的所有軍隊。7 月 18-20 日,阮基石訪問新加

---

[80] Lau Teik Soon, "ASEAN and the Cambodian Problem," *Asian Survey,* Vol.XXII, No.6, June 1982, pp.548-560.

[81] Justus M. Van der Kroef, "Kampuchea: The Diplomatic Labyrinth," *Asian Survey,* Vol.XXII, No.10, October 1982, pp.1009-1033.

坡時，再度重申上述的看法：「假如中國簽訂一項不侵犯和不干涉印支國家內政事務的條約，則我們將在次日撤出在柬埔寨的軍隊。」[82]

1982 年 7 月 6-7 日，印支三邦外長在胡志明市集會，決議：(1)越、柬同意從柬埔寨撤軍；(2)柬埔寨人民共和國預備與泰國討論在兩國邊境設立「安全區」的問題；(3)印支三邦同意由蘇聯、中國、法國、英國、美國和印度參加有關東南亞的國際會議。關於第一點建議，沒有詳細指出撤軍的數目，但指出未來的撤軍將視「泰、柬邊境的安全與穩定情況及泰國對此項建議的反應而定」。關於第二點建議，則是將 1980 年 7 月所建議設置的「非軍事區」改為「安全區」，目的是希望能為泰國所接受。在「安全區」內，分別由「柬埔寨人民共和國」和泰國的軍隊駐守各自的邊境區，沒有越南軍隊，所有柬埔寨的「反動勢力和波布殘餘軍隊」都應排除在外，所有難民營都要遷出「安全區」之外。並建議雙方皆應同意由國際來監督該「安全區」，「假如聯合國放棄對波布政權的承認，則可由聯合國來執行監督責任。」關於第三點建議，與 1981 年他們所提議的只有東南亞國家參加的區域性會議相較，有很大的改變。在這次會議中，他們提議，聯合國秘書長被邀請出席柬埔寨問題國際會議，須符合下列二項條件之一：(1)是須以個人名義出席會議；(2)是在把波布代表趕出聯合國後，可以聯合國官方代表的身分出席會議。[83]

1983 年 2 月 22 日，印支三邦外長在胡志明市舉行會議，越南建議在外國觀察家出席觀察的情況下及在柬埔寨舉行新的選舉之後，越軍將逐步撤出柬埔寨，屆時越南與中國即可達成協議。越南並要求與中國簽訂互不侵犯條約，並提議從柬埔寨逐步撤軍以換取中國不支持柬埔寨反抗軍的保證。3 月 2 日，越南邀請大批新聞記者到金邊參觀撤軍儀式，據估計約裁撤3 萬 6 千人，尚有 14 萬到 15 萬越軍留在柬埔寨。這項撤軍行動，顯然受到

---

[82] Sheldon W. Simon, "The Indochina Imbroglio and External Interests," *Australian Outlook,* Vol.37, No.2, August 1983, pp.89-93.

[83] *Ibid.*

蘇聯的支持，因為蘇聯希望越南能在未來二到三年之間完成撤軍工作，俾讓柬埔寨軍隊能在1985年自行負起安全上的責任，以減少蘇聯軍援的負擔。

值得注意的，越南逐步裁撤駐柬埔寨的軍隊，並非是發出停戰的訊號，相反地，從1983年1月底開始，越軍對民主柬埔寨聯合政府的游擊據點發動了一連串的攻擊，佔領了位於泰、柬邊境的農湛基地（屬宋山派），3月底攻佔農察基地（屬波布派），4月4日攻佔奧沙末基地（為施亞努總部）。7月19-20日，越、柬、寮三國外長在金邊集會，反對越軍從泰、柬邊境撤軍作為與東協對話的先決條件，且對東協外長公報忽略中國之威脅感到遺憾，認為中國威脅才是該地區情勢緊張的原因。越南政府也建議與中國談判，請中國政府對於越南從柬埔寨局部撤軍一事表態。[84]

10月12日，聯合國全權證書資格審查委員會推薦應接受民主柬埔寨聯合政府的全權證書，10月20日，聯合國大會沒有投票就接受該項推薦。10月27日，聯合國大會以105票對23票通過維持民主柬埔寨代表權決議案。[85]

1984年4月初，越軍越界進入泰境，引發泰、越之間的邊境戰爭。4月3日，中國再度大舉炮轟越北城鎮，奪回老山高地。7月12日爆發老山戰役，越軍大舉進攻老山，最後被中國逐退。此次戰役大有「第二次懲罰戰爭」爆發之勢，雖為邊境戰爭，實有為泰國聲援之戰略考慮，從而扼阻越軍在泰境的攻勢。

從以上的發展情況來看，越南為了鞏固印支三邦的陣地，同時採取了外交與軍事手段，外交手腕的目的是分化東協及東協與中國的聯合陣線，軍事手段則是用來摧毀民主柬埔寨聯合政府的游擊武力。但是在中國、泰國及其他東協國家的援助下，越南要一舉殲滅柬埔寨抗越聯合政府的游擊武力，也不是一件易事。

---

[84] *Keesing's Contemporary Archives*, Vol.XXX, February 1984, p.32672.
[85] *Keesing's Contemporary Archives*, Vol.XXX, February 1984, p.32672.

東協的立場

對於北越併吞南越的行動，東協國家從一開始即出現不同的看法，位在柬埔寨隔鄰的泰國，感受的威脅最大，所以對越南的看法就與其他東協國家不同。泰國認為越南是東南亞地區主要的威脅來源，而印尼和馬來西亞則因曾受國內共黨叛亂之禍，而這些共黨叛亂又與中國有直接關係，所以他們認為中國對東南亞的威脅比越南還大。1975 年 7 月，馬國首相敦拉薩（Tun Abdul Razak）認為共黨在柬、越的勝利，對東南亞並不構成威脅，他甚至建議越、柬加入東協。

直至 1979 年 1 月 8 日橫山林在越軍支持下取得金邊政權時，東協國家才感覺事態嚴重，東協五國（包括泰國、馬來西亞、新加坡、印尼和菲律賓）外長於 1 月 13 日在曼谷召開特別會議，要求所有外國軍隊撤出柬埔寨。2 月，中國出兵懲罰越南。3 月，東協國家在聯大安理會推動一項決議案，譴責越南侵略柬埔寨。雖然東協推動的譴責越南侵略案被蘇聯否決了，但在該年 9 月聯大會議中卻贏得勝利。聯大通過的決議案要求所有外國軍隊撤出柬埔寨，允許柬埔寨人民在沒有外國干涉下決定其未來。11 月 14 日，聯大通過東協的建議案，維持民主柬埔寨的席位；東協國家在聯大獲得全面的勝利。

但印尼蘇哈托總統和馬來西亞首相胡笙翁卻在 1980 年 3 月 26-28 日在西馬東海岸的關丹開會，採取新的政策立場。所發表的「關丹宣言」包含二項原則：(1)越南應儘可能保持自由。不依賴或受蘇聯、中國之影響；(2)關於柬埔寨政權之競爭，應尋求政治的而非軍事的解決，惟應特別承認河內在柬埔寨的安全利益。[86]第二點隱含著承認越南在柬埔寨有某些程度的影響力，而幾乎不顧及泰國直接面對著越南威脅的事實。5

---

[86] Justus M. van der Kroef, "ASEAN, Hanoi, and the Kampuchean Conflict: Between 'Kuantan' and a 'Third Alternative,'" *Asian Survey,* Vol.XXI, No.5, May 1981, pp.515-535.

月初，泰國首相普瑞姆訪問雅加達，表示反對「關丹宣言」，認為東協一再地批評越南侵犯柬埔寨領土，河內卻置之不理，而印、馬兩國又於此時對河內提出讓步性的建議，似乎不十分恰當。泰國外長西迪（Sitthi Sawetsila）堅決表示，越軍撤出柬埔寨，是政治解決柬埔寨問題的先決條件，任何在金邊的政府必須不受外國控制，才能為泰國所接受。惟從印、馬的觀點來看，一個強大而獨立的越南在戰略上是有用的，因為可用來阻擋正在現代化中的中國勢力的擴張。[87]

1980 年 5 月，印尼軍事情報頭子穆達尼（Benny Murdani）訪問河內，商討柬埔寨問題。6 月 10 日，泰政府宣布將遣返在泰國的柬埔寨難民 17 萬 5 千人，但金邊政權認為這是「赤棉」的陰謀，而且可能改變整個戰場的平衡，23-25 日，越軍為先發制人，越界進入泰境攻擊難民營。東協外長緊急在 26 日在吉隆坡集會，再度重申東協對越南的立場，批評越南的侵略行為是不負責任和危險的行為，對泰國及東南亞構成直接的威脅，東協將堅定地支持泰國。這項聲明已擺脫「關丹宣言」的妥協精神，其要旨如下：(1)強調繼續承認喬森潘與波布主持的「民主柬埔寨」政權；(2)要求越軍完全撤出柬埔寨，承認柬埔寨人民有自決權；(3)一個不受外國干涉的獨立、中立和不結盟的柬埔寨，是東南亞所需要的；(4)希望越南與東協合作，以政治解決柬埔寨問題。[88]

1980 年 6 月 23 日，約有 6 百至 7 百名越軍越過邊境進入泰國的龍馬克木恩（Non Mark Moon）村，被泰國軍隊擊退，收復該村，在三天戰鬥中，越軍死 75 人，3 人被俘，泰軍死 22 人，傷 7 人，30 間房屋被毀。對於越軍進入泰境，東協五國外長在吉隆坡集會，新、泰對越南態度反應激烈，馬、印較為溫和，但都譴責越南入侵柬埔寨。在會後發表

[87] Justus M. Van der Kroef, *Kampuchea: The Endless Tug of War,* Occasional Papers/Reprint Series in Contemporary Asian Studies, No.2, 1982, p.5.
[88] Justus M. Van der Kroef, "ASEAN, Hanoi, and the Kampuchean Conflict: Between 'Kuantan' and A 'Third Alternative'," *op. cit.*

的「對泰、柬邊境情勢之聯合聲明」中說：「對越軍入侵泰境感到關切，
完全支持泰國運用其合法權利自衛及在聯合國採取之行動。緊急請求聯
合國安理會派遣觀察員前往泰、柬邊境。外國勢力入侵泰國，直接影響
東協成員國之安全，危及該區域之和平和安全。東協堅定支持泰國政府
及人民維持獨立、主權和領土完整。呼籲河內政治解決柬局衝突，嚴重
關切區域外強權在東南亞之敵對競爭趨於激烈。」[89]

　　10 月 13 日，東協向聯大建議在次年召開柬埔寨問題國際會議，要
求外國軍隊撤出柬埔寨，柬埔寨舉行自由選舉，由國際保證柬埔寨的獨
立和中立。

　　東協內部在此時也把注意力集中在找出第三個柬埔寨人可以接受的
政權，因為波布及橫山林均不為各方所接受，結果以柬埔寨前國王施亞
努和前首相宋山為考慮人選。據稱中國在 1979-1980 年對「赤棉」施壓，
敦促其組成一個由施亞努和宋山組成的聯合政府。東協亦要求「赤棉」
改變形象，成立非共的聯合政府。

　　1981 年 3 月 10-11 日，施亞努和喬森潘在北韓平壤舉行會談，喬森
潘反對施亞努的未來各派解除武裝之主張。4 月，施亞努放棄他的主張，
以換取中國軍事援助抗越。

　　5 月 9 日，東協外長在雅加達舉行一天的閉門非正式會議，討論如
何讓越南坐上談判桌，以及討論越南軍隊撤出柬埔寨的問題。會中達成
協議，支持聯合國大會在去年的決議舉行解決柬局國際會議，並支持抗
越柬三派組成以施亞努為中心的聯合政府。[90]

　　6 月，東協外長在馬尼拉舉行會議，建議柬埔寨停火及撤出所有外
國軍隊，派駐聯合國軍隊及由聯合國設置柬埔寨臨時政府來監督舉行選
舉，解除柬埔寨各派的武裝，組織國際委員會與越南、蘇聯、中國及所

---

[89]　"Tough talk in ASEAN," *Asiaweek*, July 11, 1980, pp.16-22.
[90]　龔耀文，「柬埔寨局勢將進入新階段」，大公報（香港），1981 年 5 月 10 日。

有其他有關國家舉行談判，以期永久解決柬埔寨問題。公報中亦歡迎柬埔寨各派組成聯合陣線及建立聯合政府。但中國認為馬尼拉公報中有關柬埔寨各競爭團體「解除武裝」、派聯合國和平軍及由聯合國在柬埔寨設立臨時政府、組成國際委員會來與越南、蘇聯及其他有關國家進行談判等建議，將會破壞民主柬埔寨的合法地位和力量。[91]東協重申其非軍事組織之性質，對於軍援抗越組織之問題，則決定由個別成員國自行決定。東協也反對越南所建議的召開由東協和印支國家參加的柬局區域性會議，而主張召開國際會議。[92]

　　7月13日至17日，聯合國召開柬埔寨問題國際會議，有79國派代表出席，12國派觀察員出席，會議通過一項「宣言」，宣言說：「會議強調它深信外國軍隊全部撤出柬埔寨，恢復和維護柬埔寨的獨立、主權和領土完整，以及所有國家保證不干涉和不干預柬埔寨的內政，是柬埔寨問題的任何公正持久解決辦法的重要組成部份。」大會並成立一個特別委員會，由泰國、馬來西亞、日本、奈及利亞、塞內加爾、蘇丹、斯里蘭卡七國代表組成，負責繼續和印支局勢有關的各方面接觸，以便政治解決柬局問題。會議亦定出了解決問題的如下的步驟：

(1) 由聯合國派出維持和平部隊或觀察組，至柬埔寨境內監督衝突各方停火，切實地使外軍在最短時間內全部撤出柬境。

(2) 屆時做出安排，確保柬埔寨各派武裝力量不能妨礙或破壞自由選舉的舉行，或在選舉過程中恐嚇或脅迫人民，這種安排還須確保柬埔寨各派武裝力量尊重自由選舉的結果。

(3) 在聯合國監督下舉行自由選舉，使柬埔寨人民得以行使自決權，選出自己所選擇的政府。

[91] *South China Morning Post,* July 8, 1981.

[92] Jeremy Toye,"Cambodia dominates ASEAN meet,"*Hongkong Standard*, June 18, 1981.

(4) 這個在由選舉產生的新政府統治下的柬埔寨，是一個保持不結
盟和中立的國家，它應聲明柬埔寨將不構成對其他國家，特別
是與柬埔寨有共同邊界的國家的威脅或被利用來侵犯它們的安
全、主權和領土完整。

(5) 由聯合國安全理事會五個常任理事國、東南亞所有國家和其他
有關國家屆時做出聲明，宣佈它們將在各方面尊重和遵守柬埔
寨的獨立、主權、領土完整、不結盟和中立地位，並承認柬埔
寨不容侵犯，包括上述各點的政治解決辦法，確實可以全面而
持久地解決柬埔寨問題。[93]

9 月，蘇哈托總統派特使軍事情報首長穆達尼第二次（第一次是在
1980 年 5 月）密訪河內，協商柬埔寨問題，阮基石曾向他表示，可以經
由選舉，將賓梭萬取代橫山林，以致印尼官員在事後表示：「東協將有
新的談判對象。」[94]事實上，賓梭萬在 1981 年 12 月垮臺了，由張西
（Chan Si）繼任總理。但不久張西在一次訪問蘇聯途中病逝，有傳言他
是被洪森下令暗殺。[95]

東協何以會在此時提出以第三者來取代波布政權和金邊政權呢？原
因是英國和澳洲對拖延不決的柬埔寨困局已感到不耐煩。在 1980 年 10
月 22 日聯大會議後，澳洲即表示下次不再支持民主柬埔寨。跟英國一
樣，澳洲宣布其立場為：目前柬埔寨在聯大的席位沒有合理的權利主張
者。澳洲總理佛瑞塞（Malwlm Fraser）私下表示希望東協對柬埔寨有三
個選擇。新加坡外長拉惹勒南（S. Rajaratnam）於 1981 年 2 月初訪問美
國，會見國務卿海格（Alexander Haig）後，表示東協對柬埔寨問題的立
即目標是建立一個第三勢力，包括所有反越和反橫山林的各種反抗團體

[93] 董南亞，「柬埔寨局勢的決定性因素」，大公報（香港），1981 年 8 月 1 日。

[94] Guy Sacerdoti, "The Troubleshooter's Trip," *Far Eastern Economic Review,* Vol.113, No.40, Sep. 25, 1981, p.12.

[95] John Tully, *A Short History of Cambodia,* p.211.

的聯合陣線，並將供給他們經濟援助和武器。該項觀念曾獲海格、施亞努、宋山和中國的首肯。

　　為了促使柬埔寨抗越三派組織聯合政府，新加坡於 1981 年 9 月 4 日提供場地讓柬埔寨三派領導人施亞努、喬森潘、宋山舉行首次會議，三派達成籌組聯合政府的初步協議。此也是新加坡對於柬埔寨問題首度有意扮演角色之姿態。

　　1982 年 2 月 21 日，施亞努和喬森潘在北京達成協議，同意組織三派聯合政府。[96]6 月 14 日－16 日，在新加坡召開東協第 15 屆外長會議，會後的公報曾重申全力支持有關完全撤出在柬埔寨的越南軍隊的決議案，「柬埔寨衝突的全面政治解決，只有通過這些決議案所制訂的提綱，並以柬埔寨問題國際會議聲明中提出的原則做基礎才能達到。」五國外長表示將繼續在精神上支持成立柬埔寨聯合政府的努力，他們認為「建立一個真正代表柬埔寨人民的政府問題，應該交由柬埔寨人民自己處理。」最後，五國外長相信，「柬埔寨問題的全面政治解決，對於建立東南亞區域的和平、自由和中立非常重要，它能保證本區域各國的獨立、自主和領土完整。」[97]

　　6 月 21 日，柬埔寨三派系領袖施亞努、喬森潘和宋山在吉隆坡舉行會談，同意簽署合組民主柬埔寨聯合政府協議。由施亞努任主席，喬森潘任副主席兼外長，宋山任總理。[98]三派地位平等，決策採共識決。東協的新加坡和泰國提供給抗越柬埔寨聯合政府軍事援助。[99]

　　10 月 26 日，聯大以 90 票對 29 票，另外 26 票棄權，繼續支持民主柬埔寨在聯合國的代表權。10 月 29 日，聯大以 105 票對 23 票，另有 20 票棄權，通過促請外軍撤出柬埔寨之決議案。

---

[96] 南洋商報（新加坡），1982 年 2 月 22 日，頁 1。
[97] 南洋商報（新加坡），1982 年 6 月 17 日，頁 6。
[98] 南洋商報（新加坡），1982 年 6 月 23 日，頁 1。
[99] 南洋星洲聯合早報（新加坡），1984 年 2 月 21 日。

　　東協與歐洲共同市場的外長們於 1983 年 3 月 24-25 日在曼谷召開會議，在聯合宣言中，對於柬埔寨問題曾有重要的決議。聯合宣言大力支持召開柬埔寨問題國際會議，要求全部越軍撤出柬埔寨，通過聯合國監督的大選，讓柬埔寨人民自己決定他們的命運，以便成立一個獨立、中立及不結盟的柬埔寨。此外，還聲明二項原則：(1)拒絕給予越南任何侵略柬埔寨的援助；(2)在施亞努之領導下，民主柬埔寨聯合政府的成立，是朝著全面政治解決的一項有意義的步驟。[100]

　　第 16 屆東協外長會議於 1983 年 6 月 24 日在曼谷召開，對於解決柬埔寨問題，東協的基本立場保持不變，但是在方法上採取比過去更靈活和更具彈性的態度。1982 年的公報堅持原則，也就是假如越南不撤軍的話，就無談判可言，但 1983 年的公報納入泰國外相西迪所主張的越南向泰國邊境後撤 30 公里即考慮與越南進行談判的建議。如果越南接受這項建議，東協將支持西迪訪問河內。[101]根據這項新建議，東協對柬埔寨問題的解決步驟，將包括下述四要點：(1)先在柬、泰邊境向東 30 公里的範圍內實行停火；(2)在聯合國監督下撤退所有佔領柬埔寨的外國軍隊；(3)讓柬埔寨人民實行自決，自由選舉其政府；(4)進行適當的安排，以確保柬埔寨各武裝派系不會干擾自由選舉，東協亦絕不會支持親中國的「赤棉」重新取得政權。

　　然而在 9 月 21 日東協外長針對柬埔寨問題所發表的一篇聲明中，對於越南撤軍的問題，改採較為溫和的態度，在這次聲明中不再提及越軍須先行自柬、泰邊境向東撤退 30 公里的要求，反而同意越南所提出的部分撤軍的概念，並要求越南「應在明確規定的期限內，分階段自柬埔寨領土撤軍。」[102]顯然東協這項協定是針對 3 月 2 日越南從柬埔寨撤退部

---

[100] 南洋星洲聯合早報（新加坡），1983 年 3 月 27 日。
[101] 南洋星洲聯合早報（新加坡），1983 年 6 月 26 日。
[102] 南洋星洲聯合早報（新加坡），1983 年 9 月 28 日。

分軍隊而做的積極反應，而放棄以前所持的「越南撤軍的建議，只是一種欺人的伎倆」的批評態度。

　　儘管東協國家聯合起來反對越南，但步調並不一致，尤以印尼的做法引起其他東協國家的疑慮。1984 年 2 月 13 日，印尼武裝部隊總司令穆達尼將軍應越南國防部長文進勇的邀請，第三度前往河內訪問，不過此次他是以官方身分訪越，也是自 1980 年以來東協國家軍事領袖及高級官員官方訪越的第一位。他在訪越期間曾發表驚人的談話：「我堅決相信，印尼與越南兩國將永遠不會存在著衝突。有一些國家說，越南是東南亞的一個威脅，但印尼軍隊和人民不相信有此事。」[103]他的談話引起其他東協國家及支持民主柬埔寨的國家的疑慮。2 月 22 日，他在隨同蘇哈托總統至汶萊參加獨立慶典時，曾對記者澄清說：「關於越南侵佔柬埔寨的問題，東協各國之間並沒有存在著分歧的看法。」又說：「當我說越南不再是東南亞的威脅時，那並不等於說，我對越南軍隊繼續留在柬埔寨會感到高興。東協的外交政策依然像從前那樣堅決。」[104]3 月 11 日，越南外長阮基石率團訪問雅加達，蘇哈托要求越南軍隊分批從柬埔寨撤出。但阮基石則表示，若中國的威脅不消除，則越南尚須駐兵柬埔寨五至十年。印尼外長莫達（Mochta Kusumaatmadja）批評阮基石的不妥協態度，指斥其不接受印尼最高領導階層的真誠呼籲。[105]

　　1985 年 4 月 16 日，施亞努宣布因為健康理由而將辭去聯合政府主席職務，後因美國和中國的懇求，他才打消辭意。

　　4 月 19 日，印尼和越南雙方達成軍事合作協議。印尼此舉引起泰國不滿，泰國認為印尼此項行動與東協為謀求透過和平方法解決柬埔寨問題的立場背道而馳。印尼外長莫達訪泰，就印尼之做法提出解釋，他強

[103] 南洋星洲聯合早報（新加坡），1984 年 2 月 17 日。
[104] 引自曼梳撰：「印尼的『雙程外交』政策」，南洋星洲聯合早報（新加坡），1984 年 2 月 28 日，頁 14。
[105] Susumu Awanohara, "A Soldier Out of Step," *Far Eastern Economic Review*, Vol.123, No.13, 29 March, 1984, pp.15-17.

調印尼將不因為與河內進行軍事合作而犧牲了東協或脫離東協。[106]5 月底，馬國建議民主柬埔寨聯合政府與金邊政權舉行間接對話，但民東聯合政府反對與金邊對話，而主張直接與越南對話，以獲取越南從柬境撤兵的保證。[107]

5 月，宋山因為聯合政府無意將「赤棉」逐出聯合政府，而在前往東京訪問時宣布辭去總理職。

7 月 8 日，東協外長會議提議舉行「鄰近會談」（proximity talks），即由東協和越南、金邊政府等鄰近國家舉行有關柬埔寨局勢會議，但遭到金邊政權和越南的反對，認為該問題應由柬埔寨人民自行解決。抗越柬埔寨三派在 10 月 21 日在紐約集會，發表聲明，準備接受東協的提議。[108]

8 月，統帥「施亞努國家軍隊」的施亞努的次子雷納里德（Prince Norodom Ranarith 或 Prince Norodom Ranariddh）因不滿聯合政府軍隊統帥波布，指責「赤棉」攻擊施亞努的軍隊和宋山的軍隊，也宣布辭職，經施亞努勸說才留任。[109]

8 月 8 日，美國總統雷根（Ronald Reagan）批准對施亞努派和宋山派之經濟援助，美國提供 5 百萬美元非殺傷性經援，其中 350 萬美元是交由泰國轉交這兩個派系。9 月 2 日，因為聯合政府的施亞努派和宋山派對於軍隊統帥波布有意見，而迫使其下台，由總理（前國防部長）宋山取代，解散波布領導的「民主柬埔寨最高軍事委員會」。12 月 17 日，「高棉人民全國解放陣線」游擊隊總指揮薩克薩漢將軍宣布罷黜該陣線主席宋山的職務，另成立「救國臨時委員會」。宋山雖一時遭到薩克薩漢將軍的排擠，但憑其實力在 1986 年 2 月 15 日宣布撤免薩克薩漢將軍的游擊隊總指揮職務。

---

[106] 星暹日報（泰國），1985 年 4 月 20 日，頁 4。

[107] 星暹日報（泰國），1985 年 6 月 1 日，頁 4。

[108] *Keesing's Contemporary Archives*, Vol.XXXII, June 1986, p.34425.

[109] Justus M. van der Kroef, "Dynamics of the Cambodian conflict," *Conflict Studies*, No.183, 1986, pp.1-27, 4.

美國眾議院外交委員會亞太小組主席索拉茲（Stephen J. Solarz）在 1986 年 1 月初前往曼谷，與抗越柬埔寨聯合政府官員討論經援分配事宜。[110]

1986 年 3 月 17 日，柬埔寨抗越三派聯合政府提出八點和平建議：

(1) 聯合政府立即與越南及其他可能有直接關係的國家，展開如何促使為數約 16 萬越軍分段撤出柬埔寨的積極直接談判。

(2) 立即進行可讓越軍撤出柬埔寨的真正停火。

(3) 由聯合國負責監督越軍撤兵行動及停火。

(4) 立即與由越南扶植的橫山林政府積極展開組成一個由施亞努為總統及宋山為總理的四邊聯合政府之談判。

(5) 在聯合國監督下舉行一次全民自由選舉。

(6) 確實在沒有任何外國軍隊佔領情形下，重建一個完全獨立、中立及不結盟的自由及民主的柬埔寨新政府，惟此一新政府應受聯合國觀察團之二至三年期間之直接監督。

(7) 爭取外國援助，以加速重建國家的復原工作。

(8) 與越南簽訂一項「互不侵犯及和平共存」的條約。[111]

8 月中旬，施亞努訪問印尼，向印尼外長莫達說明八點建議之內容以及中國可能不堅持在未來四方聯合政府中「赤棉」應扮演主要角色。施亞努建議印尼和中國在聯合國會談有關中國處理柬國問題之政策。蘇哈托總統向施亞努保證印尼支持柬埔寨三派聯合政府在柬埔寨的軍事行動，但他拒絕給予柬埔寨三派聯合政府軍事援助，除了人道援助之外。[112]

柬埔寨抗越三派聯合政府部長會議於 9 月 6-10 日在北京召開，再度重申上述八點建議。該八點建議獲得中國和東協之支持，越南和金邊政權則反對，建議分階段從柬埔寨撤軍、舉行包括金邊政權的四方會談。

---

[110] *Keesing's Contemporary Archives*, Vol.XXXII, June 1986, p.34426.

[111] 聯合日報（菲律賓），1986 年 3 月 18 日，頁 8。

[112] *Keesing's Contemporary Archives*, Vol.XXXIII, June 1987, p.35200.

　　越南在 10 月透過奧地利駐聯合國常任代表費希爾在紐約傳遞給施亞努一項訊息，即越南建議由聯合政府和金邊政權舉行會談，接著由聯合政府、金邊政權和越南舉行第二輪會談，然後再由與柬埔寨問題有關的所有國家召開一次國際會議。施亞努提出反建議，他表示若越南同意，越南談判代表可以納入橫山林或金邊政權外長雲生。[113]

　　越南於 1987 年 5 月公布從柬埔寨撤軍並邀請國際觀察員參與，施亞努宣佈暫時退任民主柬埔寨聯合政府主席一職一年並願意隨時會見洪森。他的理由是「赤棉」持續攻擊他的軍隊、違反人權、虐待難民營的難民。另一個理由是他未指明的外國，口是心非，經常利用柬埔寨作為權力鬥爭的棋子。他也可能是暗指中國，表面是支持「施亞努之再生」，其實是在支持「赤棉」。他補充說他這樣做是為了尋求與金邊和河內領袖協商的可能性。但有些觀察家認為施亞努暫時休假一年，是藉此解除他與宋山和喬森潘協商的壓力。[114]

　　施亞努曾在 1985 年 12 月 4 日建議召開一次國際性的「雞尾酒會」（cocktail party），邀請中國、蘇聯、越南和柬埔寨四派系領袖參加，但遭印尼的反對，認為中國、蘇聯和越南參加這類會議只會使事情變得複雜。該項「雞尾酒會」的建議卻在 1987 年 7 月 29 日獲得印尼的支持，印尼外長莫達代表東協集團在胡志明市與越南外長阮基石會談，雙方同意有關柬埔寨戰爭各造舉行非正式的「雞尾酒會」方式，商談柬埔寨問題，以及東南亞問題。但中國反對 1987 年 7 月 29 日越南與印尼於胡志明市達成的協議，反對洪森與施亞努的會面，要求越南與施亞努談判。

　　越南稱稍早前即與印尼達成協議，越南將於稍後階段參加會談，而非同時與柬埔寨各派參加會談。金邊則稱此一「雞尾酒會」係一落伍步

[113] 南洋星洲聯合早報（新加坡），1986 年 11 月 17 日，頁 31。
[114] "Coalition Government of Democratic Kampuchea," http://countrystudies.us/cambodia/72.htm　2014 年 7 月 1 日瀏覽。

伐。[115]1988 年 7 月 3 日，東協外長年會建議在印尼召開非正式柬局會議，但遭到越南拒絕，越南認為東協顯然企圖將討論柬埔寨問題的會議轉變成越南和柬埔寨四派之間的會談。[116]7 月 20 日，越共總書記阮文靈訪問莫斯科，尋求蘇聯的支持，尤其是有關於越南參加印尼會議事宜。隨後越南決定參加印尼會議。7 月 25-28 日，柬埔寨交戰四派系和越南的領袖，包括宋山、雷納里德親王（為施亞努的兒子，代表施亞努）、喬森潘、金邊總理洪森和越南外長阮基石，在印尼茂物（Bogor）舉行非正式的圓桌會議。此一會議之召開顯示東協在調解柬局問題上獲得相當大的成功。

會談分兩階段進行，沒有正式議程。參與第一階段會談者有宋山、喬森潘、雷納里德和金邊政權總理洪森；參與第二階段會談者除上述諸人外，還有印尼外長阿拉塔斯（Ali Alatas）、新加坡外長丹那巴南（Suppiah Dhanabalan）、馬來西亞外長阿布哈山（Abu Hassan Omar）、汶萊外長默哈末親王（Prince Mohamed Bolkiah）、泰國副外長卡森、菲律賓外交部祕書長曼諾揚、越南外長阮基石、寮國代理外長唐沙瓦。施亞努則以印尼總統蘇哈托的貴賓身份在會談期間訪問印尼，沒有出席和談。

洪森在會中提出七點建議，要點為：(1)建立一個和平、獨立、民主、主權、中立和不結盟的柬埔寨。(2)越南將在 1990 年 3 月之前從柬埔寨撤軍。(3)解散「赤棉」軍隊。(4)柬埔寨保持現狀，直至大選產生國會後，再組聯合政府。(5)由施亞努領導柬埔寨四派系組成全國和解理事會，負責籌備大選。(6)設立國際監理理事會，以監督所有協議的推行。(7)召開柬埔寨局勢國際會議。

施亞努在私下會見柬埔寨其他交戰三派系與會代表時，也提出五點和平計畫，要點為：(1)恢復國號為「Cambodia」（「Cambodia」是 1970 年前舊國名，1975 年波布當權後改為「Kampuchea」)。(2)由四派組成聯

[115] 南洋星洲聯合早報（新加坡），1987 年 8 月 20 日，頁 36；聯合日報（菲律賓），1987 年 8 月 24 日，頁 9。
[116] 南洋星洲聯合早報（新加坡），1988 年 7 月 8 日，頁 36。

合政府。(3)由四派部隊組成國軍。(4)成立自由、中立、不結盟的柬埔寨。
(5)在聯合國贊助下舉行解決柬埔寨局勢國際會議。

　　印尼外長阿拉塔斯在閉幕時發表聲明，要點為：(1)柬埔寨問題之解
決應防止種族滅絕政策再度出現，應防止波布重新掌權，應阻止外國干
涉和對交戰派系提供援助。(2)同意由國際組織監督越南撤軍。(3)由與會
各方推派代表組成一個工作小組，將深入研討柬埔寨局勢解決方案，預
定在今年底前提出召開新會議的建議。但他表示此一聲明未經與會各方
一致認可。在會後各自舉行的記者會上，喬森潘對於各方對「赤棉」的
批評表示不滿。

　　10 月 17 日至 20 日，在雅加達召開首次解決柬埔寨問題「工作會議」，
由柬埔寨交戰四派、越南及東協官員參加。10 月 18 日，東協國家與另外
七個聯合國會員國向聯大提呈柬埔寨問題決議案，要求今後成立的柬埔寨
政府不得重複「赤棉」當政時期那種導致大批柬埔寨人民慘遭屠殺的政
策。[117]11 月 4 日，聯大以 122 票對 19 票通過東協的決議案，促請所有外
軍在國際監督下，撤出柬境。11 月 7 日，施亞努、宋山和洪森在巴黎舉
行會談，討論實現柬埔寨和平的方案及最終成立臨時政府之事宜。

　　1988 年 4 月 5 日，越南為了解決其惡化的經濟和財政，正式宣佈將
在 1989 年 9 月 30 日前從柬埔寨全面撤軍。7 月 30 日，由聯合國主辦、
法國和印尼協辦的國際柬埔寨會議在巴黎召開。至 8 月 30 日，巴黎會議
因未獲協議而中止。12 月 21 日，東協六國高級官員於曼谷舉行會議時
表示，希望第三次解決柬局問題的非正式會議能增加與會國家，如邀請
包括聯合國安理會五個常任理事國及一些對柬埔寨問題較為關心的國家
如日本、印度、澳洲和瑞典參加，同時把這項非正式會議擴大為一個國
際會議。第二次柬局非正式會議定於明年 2 月舉行，將邀請東協、柬埔
寨四派、越南及寮國參加。

---

[117] 南洋星洲聯合早報（新加坡），1988 年 10 月 19 日，頁 1。

　　1989 年 2 月 16-18 日，東協集團與印支集團的官員首先舉行工作小組會議。19-21 日，兩大集團的外長或代表舉行非正式會議。議程與第一次非正式會談相同，分兩階段進行，第一階段由民主柬埔寨三派代表與金邊政權代表參加會議，第二階段加上東協各國、越南和寮國的代表參加會議。

　　民東三派之立場係以施亞努在 1989 年 1 月 9 日提出的五點方案為基礎。此五點方案包括：(1)越南在限定時間內從柬埔寨撤軍，由聯合國國際監督機構監督撤軍。此一機構可以是民事的，也可以是軍事的，或者是民事和軍事的混合體。(2)成立一個以施亞努為首的四方臨時政府，同時解散金邊政權和民東聯合政府中所有政治和行政機構。(3)建立一個由各方派遣一萬人參加的聯合軍隊。(4)在聯合國機構之監督下，根據民主規則進行選舉。(5)在越南從柬埔寨撤軍俊，由聯合國派遣維持和平部隊在柬埔寨維持秩序，防止內戰發生。

　　金邊政權首席代表何南宏（Hor Namhong）在工作小組會議中，另提五點方案，包括：(1)在和解協議簽署後，作戰的雙方即刻停火。(2)成立由施亞努主持的四方國家和解理事會，負責主持大選和起草憲法。(3)成立四方理事會，協助國家和解理事會及關於柬埔寨問題之國際會議組織完成他們的任務。(4)在國家和解理事會、國際關於柬埔寨問題會議組織及四方理事會監控下，越南撤出全部軍隊及停止外國軍援；三個月後，國家和解理事會主持全國自由選舉。(5)在宣佈停火後，四個柬埔寨派系的軍隊將留在原來的駐地。

　　綜合該次會議中雙方的主要爭議有如下三方面：

第一，民東三派主張先解散金邊政權，再舉行全國選舉。金邊政權則主張先停火，成立和解理事會，在越南撤軍和外國停止援助民東三派後再舉行選舉。

第二，民東三派主張越南應先提出撤軍時間表，然後再談判外國停止援助民東的時間表。金邊政權則主張越南撤軍與外國停止援助民東應同時進行。

第三，民柬三派主張由聯合國機構監督停火及撤軍。金邊政權則反
　　　對由聯合國負責，因為其未獲聯合國正式代表權。

這次會議讓各方充分發言，未能達成協議，最後由印尼外長阿拉塔
斯在閉幕時發表聲明，要點為：(1)柬埔寨和平協定一旦生效，立即開始
停火。(2)停火一旦開始，越南軍隊、軍事顧問和武器裝備，即應開始撤
離柬埔寨，最遲應在今年 9 月 30 日之前撤完。(3)撤軍工作應在國際機
構適當而有效的監視下進行。(4)應採取具體措施，避免「赤棉」的屠殺
行為重演。(5)應採取具體措施，停止外國給予反抗軍武器援助。

4 月，泰國在曼谷召開柬埔寨四派系之會議，呼籲四派停火，但遭
「赤棉」拒絕。

1989 年 5 月 1 日，由越南控制的金邊政權國民議會召開特別會議，通
過修憲案，將國名柬埔寨人民共和國改名為柬埔寨國（State of Cambodia），
更改國歌和國旗，定佛教為國教，廢除死刑。柬埔寨人民革命黨改名為
柬埔寨人民黨（Cambodian People's Party），放棄其社會主義目標和意識
形態。7 月 30 日，在法國和印尼之推動下，第一次柬埔寨國際會議在巴
黎召開，但沒有結果。越南在 9 月 27 日從柬埔寨撤出所有軍隊。

綜合以上之敘述可知，東協對柬埔寨局勢之政策如下：

第一，基於本身的安全考慮，支持柬埔寨抗越的派系，以阻止越南
　　　在印度支那半島的擴張主義和活動。

第二，利用東協本身的組織及聯合國等國際組織，積極宣傳及譴責
　　　越南的侵略行為，要求越南從柬境撤兵。

第三，東協先透過非正式會議，讓柬局有關各造至雅加達開會，再
　　　逐步將該非正式會議變成正式會議，邀請聯合國秘書長及聯
　　　合國安理會五個常任理事國參加，使解決柬局會議變成國際
　　　會議，透過國際之壓力，迫使越南撤兵。

第四，東協在處理柬埔寨問題表現出高度的耐性，經過一連串的折
　　　衝協商，終於達成其目標，化解了越南稱霸印度支那半島的

野心。東協諸小國利用其靈活的外交手腕，在大國間周旋，說服中國及美國支持其立場，使蘇聯遠離越南，這些政策證明是有效的。

第五，東協在柬埔寨問題解決之後，仍繼續呼籲世界各國協助解決柬埔寨的經濟問題。

總之，東協在多年的外交折衝戰中，運用其柔性的外交手腕，與越南周旋。東協國家似乎體會出要越南立即完全撤出在柬埔寨的軍隊，是不太可能的事，但若因之而與越南強硬對抗，將反而會助長越南投向蘇聯一邊，將蘇聯的力量引入東南亞，對東南亞的和平與穩定更無幫助，所以東協決定順著越南所提出的「部分撤軍」的建議，逼使其履行「諾言」。最後，東協透過非正式的會議成功的讓越南和柬埔寨抗越三派坐上談判桌，然後再引入聯合國秘書長和中國、美國、法國的參與，而解決了懸宕多年的越南入侵柬埔寨問題。東協在解決柬埔寨和越南之區域糾紛上，做出了卓越的貢獻。

第六章
成立柬埔寨王國

第一節　聯合國監督

　　1989 年 7 月 30 日至 8 月 30 日，19 國外長和聯合國秘書長裴瑞茲（Javier Pérez de Cuéllar）在巴黎集會，討論柬埔寨問題。這 19 國包括：英國、汶萊、加拿大、中國、美國、法國、印度、印尼、日本、寮國、馬來西亞、菲律賓、新加坡、蘇聯、泰國、越南、津巴布韋、柬埔寨（包括施亞努、宋山、喬森潘和洪森四派）。會議由法國外長杜瑪（Roland Dumas）和印尼外長阿拉塔斯擔任共同主席。部長級會議分二階段進行，7 月 30 日至 8 月 1 日為第一階段，8 月 28 日至 30 日為第二階段。在兩階段期間，則由工作小組進行協商研討。第一階段會議作了二項決定，一是同意設立四個工作小組，分別討論查核越軍於 9 月從柬境撤退、國際保證柬埔寨領土完整和中立、重建家園及難民遣返、國民和解和籌組四方臨時政府等問題。二是同意派遣一個 15 人調查團，於 8 月 7 日至 14 日訪問金邊和胡志明市，對如何監督最終和平協議以及越南撤軍的工作進行考察。調查團由 11 國軍官及文職官員組成，包括澳洲、英、加、法、印度、印尼、馬來西亞、挪威、波蘭等國軍官，伊朗和牙買加的文官，由挪威陸軍中將瓦薩德擔任團長。8 月 16 日至 18 日，調查團到泰境難民營視察。

　　8 月 28 日，舉行第二階段部長級會議，美、蘇、中國和英國因預料會議難獲結果，外長皆未出席，只派次級代表與會。會議未達成任何協議，只發表一份簡短的公報，要求與會各國應繼續為達成全面解決柬埔寨問題而努力，同時為使這項努力更加有效，同意兩位共同主席在必要時，可以召集與會國或者工作小組開會協商。公報中並保證共同主席

在今後六個月內將同與會各國協商，召開一次新的會議。法國政府同時宣佈，願意為下次召開的新的會議進行必要的準備。

綜合各與會代表的意見如下：

1. 施亞努主張金邊政權和抗越柬埔寨聯合政府一起解散，然後成立一個四方臨時政府。他明確地贊成「赤棉」加入臨時政府。

2. 法國和印尼建議柬四派成立臨時政府，由施亞努擔任總統，洪森留任總理，宋山、喬森潘及洪森派分任副總統。臨時政府將負責籌備越軍撤離後舉行的大選。

3. 喬森潘在 8 月 22 日特別會議上表示贊成組成四方臨時政府、四方權力機構及四方軍隊。

4. 東協國家主張全面解決柬埔寨問題，監督越南從柬埔寨撤軍的國際機構必須由聯合國主持，成立以施亞努為首的四方聯合政府。

5. 中國之立場為：支持以施亞努為首組成的四方臨時政府，不可排除「赤棉」；越南必須完全從柬埔寨撤軍。

6. 越南與金邊之立場為：

 (1) 反對談論柬埔寨戰爭的侵略性質，力求把它說成為內戰。

 (2) 反對全面政治解決柬埔寨問題（指解散金邊政權，組臨時政府，再舉行公民投票），而主張部分解決（指維持金邊政權現狀，由其舉行公民投票，再組臨時政府）。

 (3) 反對聯合國在柬埔寨問題上發揮作用。

 (4) 反對以「四方原則」組成臨時政府，而主張以「兩方原則」組成臨時政府，即由金邊政府和抗越柬埔寨聯合政府兩方共組臨時政府，而且拒絕「赤棉」加入。

 (5) 越軍在無監督情況下撤退後，三個月內舉行大選，而金邊政權機構則維持原狀。至民柬聯合政府則主張由四方組臨時政府，經五年過渡期後才舉行大選。

 (6) 反對討論越南在柬境的非法移民問題。

在國際壓力下，以及蘇聯經濟陷入困難，無法繼續援助越南，所以越南在 1989 年 9 月 27 日正式從柬埔寨撤退最後的 26,000 名軍隊。

1990 年 1 月 15 日至 16 日，聯合國安理會五個常任理事國在巴黎召開五國首次柬局會議，同意澳洲的和平建議，即由聯合國監督停火、由聯合國秘書長承擔臨時行政權力、組織「全國最高委員會」、由國際監督柬埔寨選舉。施亞努辭去「國防最高委員會最高司令」（Supreme Commander of the High Council of National Defense），但仍保持民主柬埔寨聯合政府主席職務。2 月，施亞努將民主柬埔寨聯合政府改名為柬埔寨國民政府（National Government of Cambodia），恢復傳統的國旗和國歌。該月柬埔寨四派、越南、寮國、東協、法國和澳洲的代表在雅加達舉行第三次會議，同意聯合國之計畫。6 月初，施亞努與洪森在曼谷簽署有條件停火協議。

聯合國五個安理會常任理事國成員國在 5 月 25-26 日舉行第四次有關柬埔寨問題會議。

6 月 4-5 日，柬埔寨四派領導人，包括柬埔寨國總理洪森、「柬埔寨國民政府」主席施亞努、「柬埔寨國民政府」總理宋山、「柬埔寨國民政府」副主席喬森潘，在泰國和日本敦促下在日本東京舉行會議。喬森潘拒絕出席第一次會議，他對於議席安排提出抗議，因為會議將抗越三派當成一個團體，而非三個平等的團體。結果洪森、施亞努和宋山三個人僅開了 25 分鐘的會議就結束。隔天發表會議公報，喬森潘拒絕簽字。該公報同意在組成「柬埔寨全國最高委員會」（Supreme National Council of Cambodia, SNC）後，[1]將作為過渡時期柬埔寨最高的政府機關，各派使用武力應自願自制；在本年 7 月底前組成「全國最高委員會」；「全國

---

[1]　成立「柬埔寨最高國家委員會」以作為柬埔寨各派政治解決問題的構想，是出自澳洲的建議。由於該建議書是用紅色封面，故又被稱為「紅書」。David W. Roberts, *Political Transition in Cambodia 1991-99: Power, Elitism and Democracy*, Curzon Press, UK, 2001, pp.25-26.

最高委員會」的成員由柬埔寨國和「柬埔寨國民政府」派代表組成。[2]柬埔寨國派遣六名代表,「柬埔寨國民政府」三個派系各派兩名代表。

　　7月,美國撤銷支持以「柬埔寨國民政府」之名義取代在聯合國柬埔寨的席次,並表示有意對金邊政府提供人道援助。8月27-28日,聯合國安理會通過全面解決柬埔寨問題計畫:即由聯合國監督臨時政府、在過渡時期的軍事安排、自由選舉、保證柬埔寨未來的中立地位。該項計畫同意依照6月在東京達成之協議,將在柬埔寨設立一個「全國最高委員會」,由彼此同意的12名代表組成,也許最快在本年9月即可由該「全國最高委員會」之代表出席聯合國大會。美國和西歐國家曾表示他們不再支持由抗越三派組成的聯合政府代表柬埔寨。在柬埔寨舉行新選舉之前,「全國最高委員會」之所有權力交給聯合國。包括國防、外交、財政、公共安全和新聞。在過渡階段,將由施亞努出任名義上的領袖。該項聯合國計畫呼籲在越南分階段撤軍後立即停火,停止供應軍火給交戰各派、舉行自由選舉、保障人權、由國際保證柬埔寨之永久中立和主權。[3]

　　此外,聯合國秘書長的特別代表將監督「聯合國駐柬埔寨臨時權力機關」(United Nations Transitional Authority in Cambodia, UNTAC)。中國和蘇聯保證不再分別對「赤棉」和金邊政權提供軍事援助。

　　柬埔寨四派系於9月9-10日在雅加達舉行第四次非正式會議,由印尼和法國擔任共同主席,有洪森、施亞努的兒子雷納里德(Prince Norodom Ranarith)、宋山和喬森潘出席,會中決議接受聯合國的計畫。9月17日,在曼谷舉行「全國最高委員會」第一次會議,「柬埔寨國民政府」提議由施亞努擔任主席,但金邊政府反對,因為這樣一來,抗越三派的代表就變成七個代表對金邊政府的六個代表。洪森建議由他出任副主席,亦遭到反對。施亞努建議由他出任主席,而金邊政府增加一位代

[2]　*Keesing's Record of World Events,* June 1990, p.37533.
[3]　*Keesing's Record of World Events,* August 1990, p.37654.

表，亦遭到金邊政府反對。12 月 11 日，施亞努呼籲柬埔寨四派系停止討論「全國最高委員會」主席和副主席的問題。12 名代表的地位平等，共同為和平努力。這樣才暫時平息此一糾紛。

美國參議院在 10 月 12 日通過援助柬埔寨兩個非共派系 2 千萬美元，主要用於非軍事用途，而且是透過政府機構給予，不是像過去暗中透過中央情報局（CIA）。[4]

聯合國大會在 10 月 15 日通過決議，呼籲柬埔寨各派合作和自制，歡迎各派成立「柬埔寨全國最高委員會」以及派遣代表出席聯合國大會。11 月 25 日，聯合國安理會五個常任理事國就柬埔寨和平計畫的最後定案達成協議，將由聯合國控制柬埔寨過渡政府的關鍵部門，解除四派武裝，並在聯合國監督下舉行全國大選。

1991 年 6 月 2 日至 4 日，柬埔寨四派在法國與印尼之聯合邀請下，於雅加達舉行「柬埔寨全國最高委員會」會議，推舉施亞努為會議主席。6 月 23 日，柬四派在泰國芭塔亞（Pattaya）舉行「柬埔寨全國最高委員會」會議，同意立刻無條件停火。7 月中旬，於北京舉行「柬埔寨全國最高委員會」會議。洪森會見中國總理李鵬和外長錢其琛，並迎接施亞努返回金邊。8 月 26 日，柬埔寨四派在泰國達成和平協議草案。9 月 19 日，柬埔寨四派在美國安排下在紐約集會，達成新的協議。9 月 21 日，柬埔寨四派、聯合國秘書長的代表及包括安理會五常理事國在內的全體過去參加巴黎國際會議的 19 國代表，通過柬局和平協議草案。

10 月 23 日，19 國在巴黎開會，施亞努、聯合國秘書長裴瑞茲和法國總統密特朗（Francois Mitterrand）在會上致詞，會後由柬埔寨交戰四派、安理會五個常任理事國美國、中國、英國、法國和俄羅斯、東協六國（包括印尼、泰國、菲律賓、馬來西亞、新加坡和汶萊）、越南、寮國、日本、印度、澳洲、加拿大和南斯拉夫簽署柬埔寨和平協定，共包括四

---

[4]　*Keesing's Record of World Events,* October 1990, p.37777.

項文件：「全面政治解決柬埔寨衝突協定」（An Agreement on a Comprehensive Political Settlement of the Cambodia Conflict, Paris Accord），其宗旨是「恢復和維持柬埔寨和平、促進國家和諧，透過自由和公平選舉保證柬埔寨人民行使自決權。」該協定規定柬埔寨和平進程分三階段進行，即停火、解除武裝、舉行全國選舉成立新政府。第二項文件是有關「柬埔寨主權、獨立、領土完整、中立和國家統一」協議，第三項文件是「重建柬埔寨宣言」，第四項文件是「最後法案」。

上述協定的內容要點如下：

1. 過渡時期：從和平協定生效開始，至完成大選、產生國會、制定新憲法及組成新政府時為止，為一過渡時期。

2. 設立「聯合國駐柬埔寨臨時權力機關」：簽約國邀請聯合國安理會在柬埔寨過渡時期設立「聯合國駐柬埔寨臨時權力機關」，下轄文職及軍事單位，直接接受聯合國秘書長指揮。當柬埔寨四派未能達成一致意見時，由「聯合國駐柬埔寨臨時權力機關」之官員做最後決定。柬埔寨的警察和國防交由「聯合國駐柬埔寨臨時權力機關」負責。

3. 「柬埔寨全國最高委員會」：由金邊政權和抗越三派聯合政府各派6名代表組成，施亞努為委員會主席。該委員會將負責舉辦公平自由的選舉，在過渡時期對外代表柬埔寨並出席聯合國大會。

4. 柬四派各裁減 70% 的兵力和武器裝備，其餘 30% 的兵力和武器裝備則由「聯合國駐柬埔寨臨時權力機關」控制。

5. 任何留在柬埔寨的外國軍隊、顧問及軍事人員，連同武器裝備、彈藥，均須完全撤離，且不得重返柬埔寨。

6. 所有柬埔寨人民與難民，均享有「世界人權宣言」所明示的權利與自由。柬埔寨在境外之難民與流亡人民，均有權返回柬埔寨，不受任何脅迫。

對於柬埔寨和平協定之簽署，東南亞國家表示歡迎，新加坡表示將於最近解除對越南和柬埔寨的貿易禁運。泰國和馬來西亞也表示歡迎印

支三邦加入東協，越南回應有意先擔任觀察國。柬埔寨人民革命黨在 10 月 17 至 19 日舉行黨大會，將黨名改為人民黨、取消鐮刀和錘子圖案、允許多黨體制、允許土地私有、改採自由市場制，柬埔寨已成為一個民主國家。中國亦表示將遵守和平協定停止軍援「赤棉」，並表示將考慮在金邊設立大使館，承認「柬埔寨全國最高委員會」。

10 月 30 日，日本、泰國和「紅色高棉」進行協商，日、泰建議成立一個隸屬「柬埔寨全國最高委員會」之下的「行政諮詢機構」，同時由「柬埔寨全國最高委員會」派出「諮詢委員」到四個派系所控制的每一個地區，但「赤棉」要求「行政諮詢機構」應具有實權，結果會議沒有結果。11 月 7 日，法國、東協國家、施亞努、宋山和洪森在北京集會，「赤棉」沒有派人出席，會議也沒有獲致結果。

11 月 7 日，施亞努下令其 5 千名軍隊解散，將武器和彈藥移交給即將抵達金邊的「聯合國駐柬埔寨臨時權力機關」。11 月 10 日，聯合國駐柬埔寨先遣團 268 人抵達金邊，以監督停火及在泰、柬邊境清除地雷，並將在金邊、馬德望和暹粒及其他地點設立指揮站。此一聯合國駐柬埔寨先遣團由 22 個國家的代表組成，包括中國、英國、美國、法國、蘇聯、阿爾及利亞、阿根廷、澳洲、比利時、加拿大、德國、迦納、印度、印尼、愛爾蘭、馬來西亞、紐西蘭、巴基斯坦、波蘭、塞內加爾、突尼斯和烏拉圭。

金邊政府也陸續釋放政治犯，九月份釋放 442 人，十月份釋放 110 人，以爭取民心之支持。

中國於 11 月 9 日派遣 9 人代表團抵達金邊，這是自 1979 年以來中國官兵首次到柬埔寨訪問。13 日，中國外交部亞洲司參贊傅學章會晤金邊政權副總理兼國防部長鐵平進表示將提供 15-20 公噸糧食給柬埔寨，以救濟最近遭水患的災民。中國並提供 30 萬美元給金邊政府，作為 12 年來看管中國大使館之費用。傅學章且被任命為中國駐「柬埔寨全國最高委員會」之代表。

　　美國於 11 月 11 日恢復與柬埔寨中斷 16 年的外交關係。

　　施亞努於 11 月 14 日以「全國最高委員會」主席之身分返回金邊，受到 40 萬人的熱烈歡迎。11 月 23 日，除了「赤棉」的代表未抵達金邊外，其他三派召開一次預備會議。11 月 25 日，聯合國安理會的英國、法國、俄國和美國四個常任理事國通過一項決議草案，主張採取措施切斷對「赤棉」之石油供應，以迫使它遵守聯合國的和平計畫，但中國反對該項措施，也反對不讓「赤棉」參加 1993 年 5 月的大選。11 月 30 日，聯合國安理會以 14 票贊成，中國棄權，通過第 492 號決議案，將對「赤棉」實施石油禁運；而且不管「赤棉」參加與否，準備在 1993 年 5 月舉行國會大選；將在泰、柬邊境設立聯合國檢查站。中國外交部發言人李建英於 12 月 3 日表示：「中國不贊成對柬埔寨的任何一方採取任何形式的制裁，因為這不能協助解決問題，反而會導致戰爭升級。」

　　同樣地，泰國對於聯合國安理會經濟制裁「赤棉」也不是很積極，可從其歷次的聲明看出來：

1. 11 月 9 日，泰國陸軍總司令威蒙反對經濟制裁「紅色高棉」，理由是「赤棉」佔領了不少土地，可靠自己的耕種維持糧食需要。

2. 11 月 14 日，泰國外長巴頌（Prasong Soonsiri）表示，柬埔寨大選如無「赤棉」參加，將會違反巴黎和平協定，他認為應等待柬埔寨四派達成協議後再舉行大選，若凍結「赤棉」在泰國的財產，是違反泰國的法律。

3. 11 月 27 日，泰國籲請聯合國延長禁止柬埔寨出口木材之期限，以便泰國商人把已砍伐的木材運回泰國。這項木材出口禁令訂於 12 月 31 日生效。

4. 11 月 30 日，泰國駐聯合國大使尼特雅（Nitya Pibulsonggram）致函安理會輪值主席厄爾多斯（Aurel-Dragos Munteanu），建議應讓「赤棉」參加巴黎和平協定；繼續進行耐心的外交活動；有關如何落實制裁的措施，聯合國應當與泰國磋商；設立的任何檢查站，

必須在柬埔寨境內。他的理由是需要一段寬限期，讓泰國商人可以把砍伐的木材、機器和其他設備從柬埔寨運回泰國。

5. 12 月 1 日，泰國軍方取消了 12 月所有聯合國維持和平部隊進出泰國的補給飛行，規定聯合國維持和平部隊飛機進出泰國必須在 3 天前通知泰國。

6. 12 月 13 日，泰國決定協助聯合國對「赤棉」採取制裁行動，並迫使它回到和平進程，以謀消除人們指責泰國商人資助「赤棉」。泰國外長巴頌說，泰國將支持制裁，如果「赤棉」不重新加入和平進程，泰國將不再承認「赤棉」。不過，他表示，如對「赤棉」進行制裁，泰國商人將損失 4 億美元及喪失 10 萬個就業機會。

1991 年 12 月 17-21 日，金邊爆發反政府大示威，大學生反政府官員貪污，導致與警察發生衝突，有 10 人被殺，數十人受傷。武裝警察衝入金邊大學醫學院，驅散學生。外長何南宏（Hor Namhong）指控有「赤棉」介入，意圖阻止巴黎和平協定之執行。[5]

依據巴黎和平協定，1992 年 3 月 15 日，設立「聯合國駐柬埔寨臨時權力機關」，在柬埔寨政府正式成立之前，由該一機構全權處理柬局問題，以監督聯合國有關柬埔寨和平計畫之執行；外國軍隊、顧問及軍事人員，連同裝備武器彈藥，均需完全撤離；在停火後，舉行選舉，選出制憲代表，制定新憲法，組成新政府。[6]

鑑於日本積極參與柬埔寨問題之解決，有意承擔國際責任，以及日本對柬埔寨問題捐款高達 20 億美元，所以聯合國委任日本前駐聯合國大使明石康（Yasushi Akashi）為「聯合國駐柬埔寨臨時權力機關」協調人，明石康是一位富有國際經驗的外交官，長於協調。[7]

---

[5]　John Tully, *A Short History of Cambodia*, p.217.

[6]　聯合報（台北市），民國 80 年 10 月 24 日，頁 8。

[7]　Henry Kamm, *op.cit.*, p.206.

圖 6-1　明石康

資料來源：http://www.adnet-sakigake.com/kyo/interview/akashi/akashi.html　2014 年 10
　　　　月 25 日瀏覽。

　　「聯合國駐柬埔寨臨時權力機關」顧問民事人員約有 6 千人，他們
除了領有薪水外，每日亦有津貼 130 美元，此一數目約等於柬埔寨人每
年的收入總和。聯合國在柬埔寨派遣一支由 1 百多國組成的維持和平部
隊（Peace-Keeping Operation, PKO），負責維持柬埔寨各地的治安和秩
序。日本在 9 月 20 日派遣 1,200 名軍隊、75 名警察至柬埔寨，是第二次
世界大戰結束後第一次派遣軍隊至海外，從事維持和平行動。此外，中
國從 1992 年 4 月到 1993 年 9 月也派遣 800 名工兵前往柬埔寨從事造橋
鋪路的維持和平任務，是中國首次從事國際維持和平行動。聯合國派在
柬埔寨擔任維和部隊總人數有 16,000 人，每人每月薪水是 988 美元。當
地一般柬埔寨官員月薪只有 20 美元，此一懸殊的薪資差異引起當地人民
的不滿，刺激當地物價上揚。柬埔寨外長何南宏曾向明石康建議，將聯
合國駐柬埔寨人員的薪水的 10%改發柬埔寨貨幣，以刺激當地經濟，但
遭拒絕。以致於美元成為柬埔寨廣受歡迎的流通貨幣。[8]

---

[8]　Henry Kamm, *op.cit.*, p.213.

　　明石康要求交戰各派先交出武器，由聯合國維和部隊看管。除了「赤棉」外，其他各派均遵守規定。由於洪森控制的金邊政權控制了柬埔寨五分之四的領土和人民，所以明石康的全權控制柬局，必然會和洪森發生衝突。在明石康實際執行職務的 1991 年 12 月到 1993 年 9 月期間，實際控制柬埔寨內政的仍是洪森，從中央到地方仍是由警察控制和維持秩序。唯一變化的是共產主義意識形態消失了。[9]

　　聯合國維和部隊於 1992 年 5 月欲前往「赤棉」控制的拜林（Pailin）視察，「赤棉」阻止聯合國維和部隊以及讓「聯合國駐柬埔寨臨時權力機關」的官員在其防區工作，對於聯合國維和行動造成阻礙，且佔領村鎮，殺害聯合國維持和平軍。6 月 13 日，柬埔寨三個派系開始裁減武裝力量70%，「赤棉」拒絕。因此聯合國安理會於 10 月 13 日通過第 783 號決議案，要求「赤棉」需在 11 月 15 日前與聯合國合作。「赤棉」堅持聯合國沒有盡到責任執行 1989 年的和平協議，偏袒越南和柬埔寨國，沒有將柬埔寨境內的越南軍隊驅離。「赤棉」沒有解除武裝，甚至仍在其控制區進行游擊戰，此對於巴黎和平協定是一個極大的挑戰。明石康對此採取極為容忍的態度，無意因此與「赤棉」進行戰爭。聯合國對「赤棉」採取禁運石油產品以及考慮凍結其海外資產，效果不大。[10]

　　依「全面政治解決柬埔寨衝突協定」之規定，柬國在「聯合國駐柬埔寨臨時權力機關」之協助，以及由柬國各黨派組織的「全國最高委員會」之主持下，1992 年 10 月 1 日開始進行選民登記，4 月 7 日至 5 月19 日為競選期間，在 1993 年 5 月 23-28 日舉行制憲（國會）議員選舉，聯合國動用 2 萬 2 千名維和部隊及 942 名監選人員，耗資 30 億美元進行維持和平行動。

---

[9]　Henry Kamm, *op.cit.*, p.208.
[10]　David W. Roberts, *op.cit.*, p.71.

當時粗估柬埔寨人口約 8-9 百萬人，登記的選民人數約有 5 百萬人，投票人數有 4,764,430 人。[11]有 20 個政黨參選，包括柬埔寨人民黨（金邊政權國會議長謝辛擔任主席，洪森為副主席）、「柬埔寨獨立、中立、和平與合作全國聯合陣線」（以下簡稱奉辛比克黨）〔由施亞努兒子雷納里德擔任主席〕、佛教自由民主黨（Buddhist Liberal Democratic Party）（宋山為主席）、自由民主黨、民主黨、民主發展行動黨、共和民主高棉黨、柬埔寨自由獨立民主黨、柬埔寨中立民主黨、爭取民族團結黨、柬埔寨民族解放運動黨（Molinaka Party, National Liberation Movement of Kampuchea）、高棉中立黨、民主主義高棉黨、共和聯盟黨、高棉農民自由民主黨、自由共和黨、高棉國大黨、自由和解黨、自由發展共和黨、柬埔寨復興黨。這些參選的政黨總共舉行 1,529 次群眾大會。5 月 23 至 28 日為投票日，全國劃分為 21 個選區，1,568 個投票站（其中 1,360 個為固定投票站，208 個機動投票站）。海外在紐約、雪梨和巴黎的柬埔寨僑民也可投票。年滿 18 歲者有投票權，有 90%登記的選民前往投票。投票秩序良好，「赤棉」也未以武力阻撓投票之進行。惟至 5 月 31 日當票開出 27%時，由於雷納里德領導的奉辛比克黨的得票數已超過執政的柬埔寨人民黨，後者乃以開票過程出現弊端為由，要求「聯合國駐柬埔寨臨時權力機關」中止公布開票結果，並要求金邊市和四個省份重新投票，否則不接受大選結果，但是遭到拒絕。聯合國安理會於 6 月 3 日以 15 票通過決議，要求柬埔寨各黨派遵守投票結果。至 6 月 10 日始完成計票工作，投票結果由施亞努的兒子雷納里德所領導的「柬埔寨獨立、中立、和平和合作全國聯合陣線」獲得最高票，在 120 席的制憲會議中，獲得 45.47%選票，分配得到 58 席，另由越南扶持的執政黨柬埔寨人民黨獲得 38.23%選票，分配得到 51 席。佛教自由民主黨獲得 3.81%選票，分配得到 10 席，柬埔寨民族解放運動黨獲得 1.37%選票，分配 1 席。總

---

[11] David W. Roberts, *op.cit.*, pp.72,79.

有效票數是 97.87%，其餘為無效票。[12]「赤棉」因抵制選舉而沒有參選，仍留在泰、柬邊境進行反金邊政府的游擊活動。

施亞努在 6 月 3 日自行宣布組織聯合政府，由其出任元首兼總理，洪森和雷納里德出任副總理，遭雷納里德反對，聯合國駐柬埔寨官員亦加以批評，施亞努乃宣布解散新政府。「聯合國駐柬埔寨臨時權力機關」仍視金邊政權總理洪森為柬埔寨政府總理。

6 月 14 日，召開首屆制憲會議，開始討論制訂憲法，並通過一項決議認為 1970 年 3 月推翻施亞努的政變無效，同時推舉施亞努為國家元首。在 7 月 1 日組成臨時國民政府（Provisional National Government of Cambodia）。洪森和謝辛告訴施亞努要出來組織政府，否則將會爆發反對奉辛比克黨和施亞努的暴動。在此要求下，施亞努自行宣布為總統兼總理和最高軍事司令，洪森和雷納里德兩人為副總理。他做此宣布事前並未與雷納里德商量，顯然施亞努較偏袒洪森，因為選舉獲勝的是雷納里德，施亞努將雷納里德和洪森等同看待，引起雷納里德的不滿。雷納里德離開金邊，返回他在柬、泰邊境的基地，發一封傳真信給其父親施亞努，抗議其自任為總統及任命洪森為副總理。「聯合國駐柬埔寨臨時權力機關」和美國亦反對施亞努的作法。法國則給予支持。在此一情況下，施亞努取消其建議，但要雷納里德重新考慮其主張。

雷納里德的弟弟卻克拉朋（Norodom Chakrapong）曾在 1992 年退出奉辛比克黨，加入人民黨，洪森給他黨的政治局委員及副總理的職位。洪森企圖利用卻克拉朋發動一次政變，以翻轉選舉結果。卻克拉朋和內政部長辛松（Sin Song）在 1993 年 5 月前往柬、越邊境，戲劇性地宣布柬埔寨東部 7 省脫離金邊統治，他們宣稱選舉舞弊導致人民黨敗選，他們希望越南支持他們，使該次選舉無效。這些東部省分包括磅占、柴楨、波羅勉、孟多基里、拉坦吉利和上丁等。但越南表示不介入柬埔寨事務，

支持選舉結果。一些人民黨員喧鬧攻擊「聯合國駐柬埔寨臨時權力機關」
和奉辛比克黨的辦公室，以及反對黨的工作人員。五天後，該一分離運
動就告結束。

　　惟人民黨該一杯葛插曲，使得雷納里德不得不贊同施亞努的分享權
力的作法，最後是由施亞努出任國家元首，雷納里德和洪森共同出任首
相。制憲會議經過暗中的較勁和協商，提出兩部憲草，一部是君主政體，
另一部是共和政體。根據巴黎和約之規定，從舉行選舉到完成憲草需在
三個月內完成，因此，雷納里德和洪森在該期限前攜帶這兩部憲草前往
北韓平壤，請施亞努抉擇，結果施亞努選擇君主政體。

圖 6-2　柬埔寨王宮

資料來源：http://en.wikipedia.org/wiki/Royal_Palace,_Phnom_Penh　2014 年 10 月 11 日
　　　　　瀏覽。

圖 6-3　洪森

資料來源：http://www.cnv.org.kh/personInfo/biography_of_hun_sen.htm　2011 年 10 月
　　　　　11 日瀏覽。

　　9 月 22 日，制憲會議以 113 票贊成、5 票反對、2 票棄權通過新憲法，規定柬國為君主立憲國家，國王身兼軍隊最高司令。9 月 24 日，施亞努從平壤返回金邊，他立即簽署公布該憲法。數小時後，施亞努宣誓出任首任憲法國王。制憲會議改為國會。根據憲法第 138 條之規定，在國會主席之建議下，國王任命雷納里德為第一首相，洪森為第二首相。根據新憲法的規定，國名改為柬埔寨王國（The Kingdom of Cambodia），採雙行政首長制。為求各黨派和解，皇家政府特別設立兩位首相。依據憲法第 138 條之規定，在本憲法生效後，以及在第一屆國會期間，柬埔寨王國國王應在獲得國會議長及兩位副議長之同意任命第一首相和第二首相組成皇家政府。在 1993 年大選後，國會第一大黨是奉辛比克黨，第二大黨是人民黨，因此分別由這兩黨領袖雷納里德和洪森出任第一首相和第二首相。

　　除了有兩位首相外，每個部部長分別由兩大黨委派。10 月 23 日，正式成立王國政府。11 月 4 日，聯合國安理會通過第 879 號決議案，將聯合國派駐在柬埔寨的軍事警察和醫療隊延長駐在時間到同年 12 月 31日。11 月 15 日，聯合國維持和平部隊因為任務完成而撤出柬國。

　　對於柬埔寨重建新政府和恢復和平秩序，東協和日本給予協助和關懷，從各個方面協助柬國恢復經濟活力。例如，1993 年 7 月 22 日，東協外長發表一份關於柬埔寨問題的聲明，呼籲國際社會協助柬埔寨重建基礎設施，以及重新設立政治、社會和經濟體制。7 月 26 日，東協擴大外長會議上，日本外相武藤嘉文宣布日本政府將撥 1 千 5 百萬美元給聯合國難民事務高級專員，以援助印支半島的難民，另外將提供 4 百萬美元的緊急經濟援助給柬埔寨。日本援助印支難民的方式有三種：經濟援助、重新安置難民和暫時收容船民。金邊政府在 1994 年 5 月初向駐金邊的澳洲、法國等國的使節要求軍援；金邊副首相兼外長西里武親王在 5 月 8 日訪問法國、英國、德國、挪威和瑞典，爭取經濟援助。金邊政府也希望印尼協助訓練其軍隊，但泰國軍方則反對西方國家軍援金邊，認為會助長柬埔寨內戰。泰國東境邊區軍人與「赤棉」關係密切，「赤棉」之物資需要是經由泰國邊境運入的，「赤棉」控制區的木材和寶石也是透過泰境出口的，雙方互有需要。7 月初金邊的政變還傳聞有泰國軍人介入，泰國試圖介入柬埔寨政局。

第二節　政局動盪

　　柬埔寨在成立新政府後，政局並不穩定，出現各種勢力之間的對立，1994 年 7 月 3 日，施亞努的兒子查克拉朋發動一場流血政變。他策動東部波羅勉省約三百名叛軍進攻金邊，遭政府軍擊退，查克拉朋失敗後，經過談判，獲允搭乘馬來西亞航空班機流亡吉隆坡。另一名涉案的辛松則被逮捕。查克拉朋在 1993 年 5 月就曾發動東部 7 省脫離金邊政府的叛變，後歸順中央。查克拉朋之政變，可能與金邊國會欲將「赤棉」宣布

為非法組織有關，這項法案規定加入「赤棉」是一種犯罪行為，可判刑
10 年至無期徒刑。他與同父異母兄弟現在擔任柬埔寨第一首相雷納里德
不和，也可能是謀叛主要原因之一。7 月 7 日，柬埔寨國民議會通過「民
主柬埔寨為非法組織法案」，宣佈「赤棉」為非法組織，要求「赤棉」投
降，並決定對其採取軍事行動。

反政府份子沈良西（Sam Rainsy）在 1994 年 11 月 9 日成立高棉國
家黨（Khmer Nation Party），隔天第一首相雷納里德表示該黨不符合法
律規定，所以是非法政黨。[13]

反對黨佛教自由民主黨也發生內訌，宋山在 1995 年 7 月 10 日喪失
該黨主席職務。約 300 名黨大會代表開會決議，宋山在 5 月所做的一切
決定違背黨章，因此投票罷免宋山和開除他的 4 名議員盟友。黨大會另
外推選新聞部長殷慕利（Ieng Mouly）為新的黨主席。[14]

1995 年 11 月 20 日，施亞努的同父異母弟弟西里武親王（Prince
Norodom Sirivudh），也是奉辛比克黨秘書長，涉嫌非法擁有武器以及參
與行刺第二首相洪森的陰謀而被捕。他是國會議員，享有司法豁免權，
被捕的時機剛好是國會取消對他的免責權後數小時發生。國會是在沒有
人反對的情況下，通過取消西里武的免責權。此一事件顯示洪森的權力
已穩固。據稱施亞努事先曾和洪森商議，施亞努勉強同意逮捕西里武，
但條件是不要將他關在監獄。[15]施亞努請求洪森同意允許西里武流亡國
外，並表示西里武將永不能參加政治活動，特別是不參加反對黨領袖沈
良西的政治活動。洪森接受了此一請求，1995 年 12 月底，西里武流亡
法國。1996 年 3 月，西里武被判處 10 年有期徒刑。

---

[13] *Keesing's Record of World Events,* November 1995, p.40827.
[14] 南洋星洲聯合早報（新加坡），1995 年 7 月 11 日，頁 30。
[15] 南洋星洲聯合早報（新加坡），1995 年 11 月 21 日，頁 31。*The Straits Times*(Singapore),
November 23, 1995, p.26.

關於西里武被迫流亡國外，黑幕重重，據 1997 年 3 月從奉辛比克黨分裂出來的該黨前副秘書長溫森，在他的黨和人民黨結盟的儀式上說，他要給人民黨一個公道，他說西里武在國會中被剝奪國會議員免責權、解除外長職務、流放出國，雷納里德是有參與的。因為在奉辛比克黨內，西里武的聲望高於雷納里德，1996 年初奉辛比克黨將召開全國代表大會，選舉新的黨主席，西里武呼聲高過現任黨主席雷納里德，故亟欲將之去除。因此雷納里德的奉辛比克黨和人民黨在國會中一致通過剝奪西里武的國會議員免責權。[16]

1996 年 11 月 19 日，洪森的表弟桑木斯（Kov Samuth）遭到暗殺，桑木斯是內政部資深官員，在金邊郊區的一所旅館遭不明槍手槍擊死亡，一般咸信是敵對陣營所為，顯示洪森和雷納里德之間情勢緊張。

1997 年 3 月 30 日，反對黨領袖沈良西領導約 200 人在國會大廈前示威，抗議司法制度遭到政治干預，要求清除法庭的貪污現象以及讓流亡國外的西里武回國，西里武在去年被缺席判決有罪，許多人認為這場判決帶有政治色彩，亦即洪森領導的人民黨在操縱司法。有一輛汽車從示威群眾前經過，並拋出 3 枚手榴彈，造成 12 人死亡，118 人受傷。[17]洪森下令逮捕沈良西。4 月 15 日，西里武搭機從德國法蘭克福到香港，準備轉機回到金邊，但遭到港龍航空公司拒載，理由是他沒有獲得柬國政府發的旅行證件。洪森表示，一旦西里武回到金邊，將會拘捕他入獄。[18]

奉辛比克黨和沈良西有合作的趨勢，引起洪森的緊張，遂策劃分裂奉辛比克黨。洪森從奉辛比克黨國會議員下手，4 月，他策反奉辛比克黨 11 名國會議員加入反雷納里德的造反派，洪森則表示將全力支持該造反派，他的人民黨將為造反派提供物質和精神上的支持。造反派領袖為

[16] 仲力，「西里武為什麼要強行回國？」，南洋星洲聯合早報（新加坡），1997 年 4 月 18 日，頁 26。
[17] 南洋星洲聯合早報（新加坡），1997 年 3 月 31 日，頁 2。
[18] 南洋星洲聯合早報（新加坡），1997 年 4 月 16 日，頁 2。

暹粒省省長登柴（Toan Chhay）將軍，他準備組織臨時委員會，以挑戰
雷納里德的領導權。結果登柴將軍和其他 4 名要員，遭到奉辛比克黨開
除黨籍的處分。[19]登柴另成立國家統一黨（National Unity Party），雷納里
德要求解除登柴的暹粒省長職。[20]

　　奉辛比克黨內部分為 4 派，一為邊境派，以早年在邊境打游擊戰者
為主，代表人物是登柴將軍和國防部長狄真拉（Tea Chamrath）將軍。
二為英傑派，是元老，包括公共工程兼交通部長和回國的知識份子。三
是支持國王的一派，代表人物是國會第一副議長賴辛楨。四為年輕一派，
為在國外受教育的年輕知識份子。此外，還有皇室元老重臣，包括施亞
努夫人莫尼妮斯王后（Queen Monineath）也常與雷納里德作對。[21]

　　5 月 25 日，警方在金磅遜港破獲一艘裝運有武器的船隻，據信是屬
於雷納里德所屬的保鏢隊。洪森指控雷納里德非法走私武器、陰謀推翻
政府。5 月 27 日，柬國警方破獲一處在金邊空軍基地的一個機庫藏有 2
噸的軍火，人民黨指這批 78 箱軍火是要運送給雷納里德，而非國防部。
據信該批軍火是該年 2 月向波蘭購買。[22]

　　奉辛比克黨的黨爭在 6 月 1 日達最高峰，造反派罷免雷納里德的黨主
席職務。另選舉前抗越力量司令登柴為新主席。該造反派獲得洪森的支
持。6 月 7 日，洪森指責雷納里德和「赤棉」進行談判，企圖使強硬派獲
得新生。柬國國防部人士亦證實此項談判目的在安排讓波布等 3 名領袖
流亡國外，以換取其殘餘部隊向金邊政府投降。但「赤棉」臨時政府總
理喬森潘則否認有此談判。洪森受訪時表示，他反對讓波布流亡或允許

[19] 南洋星洲聯合早報（新加坡），1997 年 4 月 20 日，頁 39。*The Straits Times*, April 21, 1997, p.16.
[20] David W. Roberts, *Political Transition in Cambodia, 1991-1999: Power, Elitism and Democracy*, Palgrave Macmillan, 2001, p.160.
[21] 陳加昌，「同床異夢的結合：激盪的柬埔寨政局之二」，南洋星洲聯合早報（新加坡），1997 年 5 月 6 日，頁 15。
[22] 南洋星洲聯合早報（新加坡），1997 年 5 月 28 日，頁 33。

喬森潘重返政壇。他說：「鄰國已經表明他們拒絕庇護波布。」[23]6 月 27
日，雷納里德表示喬森潘最近將在柬、泰邊境的柏威夏廟召開記者會，
說明他準備正式宣佈成立國民團結黨。洪森則表示他將不會同喬森潘會
面，除非喬森潘和他的追隨者放棄他們的臨時政府，並完全斷絕同波布
的關係。[24]

　　7 月 3 日，在中部偏東的磅占省省界的一個檢查哨，雷納里德的 100
名武裝保鏢隊遭洪森的部隊阻攔及搜查，雙方僵持 2 個小時。4 日，柬
國警方發佈命令，要求全國的軍警憲採取行動，取締非法武裝，搜查被
懷疑藏有「赤棉」和非法武裝的工廠、旅館、夜總會和住宅，以便恢復
柬埔寨的社會秩序。雷納里德在當晚搭機流亡法國。洪森亦到越南度假。
5 日，洪森指控雷納里德勾結「赤棉」、非法進口軍火、非法武裝軍隊、
私自調動軍隊前往金邊。當天晚上 7 時，金邊市政府宣布從當晚 8 時到
凌晨 6 時實施宵禁。6 日上午，雷納里德和洪森的軍隊相互駁火，下午
洪森的部隊控制金邊。這次內戰導致奉辛比克黨黨員和軍人 100 人死
亡，數百人受傷。

　　美國政府譴責洪森以武力推翻雷納里德，美國、德國、日本、歐洲
聯盟（European Union）凍結對柬國經濟援助，東協本擬在本月讓柬國
加入東協，亦因此延緩柬國加入東協，並派遣泰、菲、印尼三國外長出
面調停柬國內戰。因為內戰衝突不斷，金邊市區社會秩序混亂，馬國、
菲律賓、日本和澳洲派遣軍機撤僑。台灣亦派專機至越南胡志明市撤退
來自柬國的台僑。洪森並在 14 日指控台灣有二星將領提供軍火財務給雷
納里德，並關閉「駐金邊台北經濟文化代表處」，台灣外交部否認介入柬
國內政，隨後關閉該代表處。[25]雷納里德也否認向台灣黑幫購武器。他

23　南洋星洲聯合早報（新加坡），1997 年 6 月 8 日，頁 43。
24　南洋星洲聯合早報（新加坡），1997 年 6 月 28 日，頁 39。
25　中央日報（台北市），民國 86 年 7 月 15 日，頁 11。

表示他執政時期，曾允許台灣在金邊設立代表處，以吸引台商投資，為柬國人民創造就業機會，造福柬國人民。[26]

8月6日，柬國國會通過選舉外長溫發（Ung Huot）出任第一首相，在北京養病的施亞努國王初期不同意，最後還是同意了。洪森和溫發在11日率領45名高級官員前往北京，謀求施亞努認可新政權。29日，施亞努返回柬國暹粒，呼籲各派和平停火，甚至提出洪森與雷納里德舉行非正式會談的建議。奉辛比克黨人批評溫發成為洪森的傀儡，所以他被迫退黨，另組民眾黨（Rastra-Niyum Party），在1998年7月26日的選舉中未獲席次，而宣布辭去第一首相，洪森成為唯一的首相。

1998年1月8日，柬埔寨新聞部下令終止六家報紙的發行，理由是他們詆毀政府領導人及威脅國家安全。1月15日，洪森和歐洲聯盟談判在柬國下屆大選時歐盟將提供基金一事，洪森立即取消上述命令，允許這六家報紙復刊。[27]

在聯合國、美國和東協的壓力下，洪森對付雷納里德派的強硬態度開始軟化，他在1998年2月17日接受日本提議的和解方案：即雷納里德可以缺席受審，隨後獲皇家特赦，並允許返回柬國參加7月的選舉。雷納里德也接受此一方案。[28]

2月28日，雷納里德宣布效忠他的軍隊停火，洪森亦下令政府軍停火，結束數月以來的戰鬥。3月4日，柬國法庭以武器走私罪判處雷納里德5年有期徒刑。3月22日，施亞努國王赦免雷納里德的罪名，他發出的王室命令說：「朕下令全面赦免雷納里德親王分別於1998年3月4日及1998年3月18日被軍事法庭判決的罪名。」[29]3月30日，他在聯合國秘書長安南（Kofi A. Annan）的個人代表梅洛特拉（Lakhan Mehrotra）、巴

[26]　中央日報（台北市），民國86年7月21日，頁4。
[27]　*Keesing's Record of World Events*, January 1998, p.42010.
[28]　南洋星洲聯合早報（新加坡），1996年10月5日，頁33。
[29]　南洋星洲聯合早報（新加坡），1998年3月23日，頁23。

西駐泰國大使卡利洛、美國柯林頓（Bill Clinton）總統特使前眾議員索拉茲（Stephen J. Solarz）等人組成的代表團以及醫護人員的陪同下自泰國搭機返回金邊。但洪森暗中策劃在金邊發動 1 千多人的示威反對雷納里德返國。依據 1997 年 10 月 28 日通過的柬國政黨法第 6 條規定，所有參加全國大選的政黨不得擁有自己的軍隊和割據領土。4 月 17 日，雷納里德發表聲明，表示願意交出忠於他的武裝部隊及其控制區。

1998 年舉行第二次國會大選

柬國在 1998 年 7 月舉行第二次國會大選。由印尼、菲律賓和泰國組成的東協「柬埔寨問題協調三方」以及由主要捐款國包括美國、法國、日本、英國、澳洲、歐盟等國與地區組成的「柬埔寨之友」在 1998 年 6 月 20 日在曼谷舉行的聯席會議，聯合國也派代表出席，希望這次大選能在自由、公正和可靠的情況下進行，要求金邊當局對各黨一視同仁，讓各黨有平等機會在大選之前通過各種電子傳媒和廣播電台、電視台發表政見，盡可能讓各黨自由競選。另外也要求金邊政府考慮延長選民登記日期，好讓仍滯留在泰國境內各營地的 5 萬 5 千名柬埔寨難民能趕在大選前返國，行使公民投票的權利。[30]國際社會也承諾提供 900 萬美元作為大選的經費。6 月 25 日，柬國展開選舉活動，有 39 個政黨、7,559 名候選人參加。各黨可以公開集會，從事競選活動。此較 1993 年大選參選的 20 個政黨還多。全國劃分為 23 個選區，以省為選區，包括除了 20 省外，再加上金邊和這次增加的白馬和拜林兩個選區，共選出 122 席，採政黨比例代表制。年滿 18 歲以上的選民有 548 萬，登記選民有 539 萬，選民登記率達到 98.26%。政府派出軍警和憲兵 5,000 人維持秩序。[31]

---

[30] 南洋星洲聯合早報（新加坡），1998 年 6 月 21 日，頁 30。
[31] 南洋星洲聯合早報（新加坡），1998 年 7 月 2 日，頁 33。

　　本次大選在 7 月 24 日結束競選，7 月 26 日投票，當天維持秩序的軍警必須離投票站以外 200 公尺，投票站內不得有任何黨派的標誌，只有選民、選務人員和國際監督選舉人員可以進入。大選後的開票與計票，在國際觀察員的監督下進行。派出國際監督選舉委員會的國家包括聯合國、歐盟、東協、中國、日本等國。美國另出資 200 多萬美元雇用 7,000 餘人在投票前後幾天到各個投票站監督此次選舉。8 月 4 日宣布大選初步結果。隨後留下 2 到 3 個星期給各政黨投訴與國際組織裁定大選是否有效。8 月 29 日宣布大選正式結果及各黨得票數和席位。[32]

　　此次投票跟 1993 年一樣，選民投選政黨，每張選票上印了各黨黨標誌和號碼，選民在選票上勾選其中意的政黨。已投票者須在右手食指指甲塗抹墨汁，以證明其已領票並投票。投票率高達 90% 以上。全國有 82 宗暴力事件，有 21 人喪生，投票在不太平和情況下完成。

　　柬國反對陣營奉辛比克黨與沈良西黨（Sam Rainsy Party, SRP）在 7 月 28 日召開記者會，指控當局大規模舞弊作票，要求全面展開調查，否則將抵制新國會。[33]8 月 1 日，設在金邊的獨立監督選舉組織「自由和公民選舉委員會」公布的初步選舉結果為，人民黨獲得 41.4% 的選票，獲分配 64 席，奉辛比克黨獲得 32.2% 的選票，獲分配 43 席，沈良西黨獲 14.1% 的選票，獲分配 15 席。[34]8 月 5 日，中央選舉委員會公佈的結果是，在全國 490 萬張有效選票中，人民黨獲得 203 萬張票，得票率是 41.4%，推估獲分配 64 席。奉辛比克黨獲 155 萬張票，得票率是 31.7%，推估獲分配 43 席。沈良西黨獲 69.9 萬張票，得票率是 14%，推估獲分配 15 席。[35]9 月 1 日，中央選委會正式公布選舉結果，各黨議席數如上所示。

---

[32]　蔡錫梅，「洪森問鼎首相寶座面對重重障礙」，南洋星洲聯合早報（新加坡），1998 年 7 月 22 日，頁 13。

[33]　中國時報（台北市），民國 87 年 7 月 29 日，頁 13。

[34]　南洋星洲聯合早報（新加坡），1998 年 8 月 2 日，頁 39。

[35]　中國時報（台北市），民國 87 年 8 月 6 日，頁 13。

　　施亞努國王在 1998 年 9 月 5-7 日在暹粒召開非正式會議，由人民黨、奉辛比克黨和沈良西黨三黨的代表出席，討論選舉的糾紛和衝突以及政府的組成。由於反對黨抗議選舉不公，從 9 月 8 日起一再舉行示威遊行，支持洪森的群眾 3 萬多人亦於 9 月 13 日手持帶釘木棍、鐵鍊、手槍等武器上街維持秩序，驅散反對黨示威人群。9 月 24 日，三大政黨的當選議員在暹粒出席由施亞努國王主持的新一屆國會第一次會議，並在吳哥窟古蹟前宣誓就職。在洪森驅車前往施亞努的王宮前，遭到預置的遙控引爆火箭彈攻擊，距離洪森座車 1 公尺的地方火箭彈爆炸，洪森逃過火箭彈攻擊，安然無恙。11 月 12 日，施亞努斡旋成功，洪森和雷納里德同意組成聯合政府，由洪森出組政府，擔任首相，雷納里德出任制憲國會主席。施亞努宣布將修憲，新設一個參議院，由現任制憲國會主席的人民黨黨魁謝辛擔任參議院主席，並將在國王出國期間，代理國家元首。[36]11 月 23 日，洪森和雷納里德簽署合作協議書，包括詳細的聯合政綱，人民黨掌控內閣 12 席部長職，奉辛比克黨掌控 11 席部長職，國防部長和內政部長則由兩黨出任共同部長，即這兩部各有兩位部長。外交部和財政部由人民黨掌控。[37]11 月 30 日，在 116 名國會議員中，有 99 人出席並贊同組織聯合政府，13 人反對，3 人棄權，1 張廢票。[38]

　　洪森自 1993 年起執掌政權，權力有越來越穩固的趨勢，而且在他的統治下，柬國改走自由民主和資本主義路線，此一改變使柬國完全顯出與越南和寮國不同的政治風貌。儘管如此，他仍難以擺脫過去參加共黨的陰影。一些反政府份子就是針對他的共黨背景，1998 年 7 月，在柬國境內出現新的反政府武裝組織，即「柬埔寨自由軍」（Cambodian Free Forces, CFF），其領導人是旅美柬埔寨人春亞塞，他穿梭於美國和泰國之間，策劃「柬埔寨自由軍」在柬國的活動，目的在推翻金邊政府。該組

[36] 中央日報（台北市），民國 87 年 11 月 14 日，頁 9。

[37] *Keesing's Record of World Events*, November 1998, p.42618.

[38] *The Jakarta Post*, December 1, 1998, p.13.

織與在柬國境內的「自由越南運動」有聯繫。1999 年 4 月 18 日，金邊警方逮捕了 5 名「柬埔寨自由軍」成員。[39]

11 月 11 日，各黨達成協議，由雷納里德出任國會議長，洪森出任首相，另外修憲新設參議院，由謝辛出任參議院主席。11 月 13 日，施亞努國王簽署特赦 5 名政治犯的命令，這 5 人包括查哈（Nhiek Bun Chhay）、辛松、卻克拉朋親王、西里武親王、柯沙爾（Serei Kosal）。

11 月 23 日，人民黨與奉辛比克黨簽署協議。25 日，雷納里德在國會第一會期會議中被選為國會議長。同一天，施亞努任命洪森為首相。30 日，國會投票以 99 票贊成，13 票反對，3 票棄權，1 票廢票，通過組成新政府。

該項政治解決是基於兩項協議，一是奉辛比克黨和沈良西黨的聯合政治協議，二是奉辛比克黨和人民黨權力分享的協議。三黨同意參議院設 61 席，都由國王任命，其議席分配如下：國王任命 2 人，人民黨推薦31 人，奉辛比克黨推薦 21 人，沈良西黨推薦 7 人。

國會選舉雷納里德為主席，山迪契·橫山林（Samdech Heng Samrin）為第一副主席，農尼爾（His Excelency Mr. Nguon Nhel）為第二副主席。

2000 年 11 月 24 日，有兩批反政府武裝份子分別攻打金邊的國防部和一座兵營，與保安部隊發生槍戰，結果有 8 名槍手被打死，另 14 人受傷。軍警人員也有 11 人受傷。其中一批約 60-70 人攻擊國防部，另一批約 10 多人攻擊金邊郊外的一處兵營。這是由「柬埔寨自由軍」發動的反政府行動，其目的在推翻洪森政府。[40]

---

[39] 仲力，「把柬越歷史恩怨留給本世紀」，南洋星洲聯合早報（新加坡），1999 年 7 月 16 日，頁 17。

[40] 南洋星洲聯合早報（新加坡），2000 年 11 月 25 日，頁 3；11 月 27 日，頁 27。

地方分權

在 1993 年選舉後，奉辛比克黨推動社區選舉，遭人民黨阻撓，因為當時地方領袖是人民黨的主要支持來源，所以由人民黨控制地方政治。但此並不符合憲法的民主設計。經過多年的努力，國民議會在 2001 年 1 月通過社區選舉法（Commune Election Law），賦予地方設立民選議會。2002 年 2 月，首度舉行地方選舉，共有 1,621 個社區選出其議會。

國會選舉

2003 年 7 月 26 日，柬國舉行第三次國會選舉，議席增加到 123 席，登記合格選民有 630 萬人，投票率 81.5%。有 23 個政黨參選，全柬設 24 個選區，結果人民黨獲得 73 席（得票率 47.35%）、奉辛比克黨 26 席（得票率 20.75%）、沈良西黨 24 席（得票率 21.87%）。高棉民主黨（Khmer Democratic Party）得票率 1.86%。稻米黨（The Rice Party）得票率 1.5%。印得拉布得拉城市黨（Indra Buddra City Party）得票率 1.2%。其他 18 個小黨得票率 5.47%。[41]

跟過去一樣，買票和給予選民好處之風氣，仍然存在。貧窮的人民，很難在選舉時，不拿候選人的禮物。

依據憲法的規定，組成政府須獲國會議員三分之二的同意，因此沒有一個黨可以單獨執政，洪森和雷納里德進行將近 1 年的談判，在 2004 年 6 月底達成協議將組織聯合政府。該協議是由國會議員以舉手方式通過組織聯合政府的法案。但施亞努國王認為此法案違憲，不願簽署，並

---

[41] 2003 年 8 月 31 日，柬國中央選舉委員會正式公告選舉結果。
http://www.necelect.org.kh/Press_release/08-2003/Press_Release_09_516_03.htm　2005 年 3 月 15 日瀏覽。
Keesing's Record of World Events, Vol.49, No.7/8, 2003, p.45556. http://en.wikipedia.org/wiki/Cambodian_general_election_2003　2014 年 6 月 15 日瀏覽。

表示他應否簽署的問題應交由公民投票表決。[42]結果施亞努國王因無法
因應此一複雜的政局，再加上體弱多病，而在 10 月 7 日宣布退位。

2008 年 7 月 27 日，舉行國會選舉，25 日午夜開始禁止賣酒 48 小時，
26 日是冷卻期，禁止各政黨進行競選活動。在 1,400 萬總人口中，合格
選民有 812 萬人。有 12 個黨參選。投票結果，人民黨獲得 59.3%的選票，
分配到 91 席，沈良西黨獲得 21.9%的選票，分配到 26 席。人權黨（Human
Rights Party）贏得 3 席，雷納里德黨（Norodom Ranariddh Party）2 席、
奉辛比克黨 2 席，總議席數是 123 席。[43]人民黨贏得再度執政五年，沈
良西黨變成第二大黨，雷納里德黨和奉辛比克黨變成小黨。

成立參議院

施亞努國王在 1998 年 9 月 5-7 日在暹粒召開非正式會議，由人民
黨、奉辛比克黨和沈良西黨三黨的代表出席，討論選舉的糾紛和衝突以
及政府的組成。11 月 11 日，各黨達成協議，由雷納里德出任國會議長，
洪森出任首相，另外修憲新設參議院，由謝辛出任參議院主席。11 月 13
日，施亞努國王簽署特赦 5 名政治犯的命令。

為打開政治僵局，人民黨、奉辛比克黨和沈良西黨三黨同意參議院
設 61 席，都由國王任命，其議席分配如下：國王任命 2 人，人民黨推薦
31 人，奉辛比克黨推薦 21 人，沈良西黨推薦 7 人。

1999 年 3 月 25 日，正式成立第一屆參議院，全體參議員由施亞努
國王主持宣誓典禮，隨後並舉行第一次參議院會議。[44]

---

[42] 南洋星洲聯合早報（新加坡），2004 年 7 月 12 日。
[43] "Cambodian general election, 2008," *Wikipedia*, https://en.wikipedia.org/wiki/Cambodian_general_election_2008　2018 年 8 月 2 日瀏覽。
[44] http://www.senate.gov.kh/history.htm　2011 年 3 月 15 日瀏覽。

　　參議院主席謝辛在 2004 年 1 月向國王請求延長參議員的任期，國王施亞努在 1 月 10 日宣布同意此一請求，「以確保立法持續和避免憲政危機」。[45]2005 年 5 月 19 日，國民議會通過參議院選舉法（Senate Election Law），參議院在 5 月 30 日通過該法，7 月 20 日，由代理國家元首批准公布為法律。該法規定參議員人數為國民議會議員的一半，任期 6 年。議員的組成包括：兩位由國家元首任命；兩位由國民議會以過半數選出；其他參議員則由間接選舉產生，其辦法是將全國分為八個選區，由每個選區的選舉人團選舉產生，該選舉人團之組成包括該一選區的國民議會議員、省議會、縣市議會的議員。[46]

　　2006 年 1 月 22 日，舉行參議員選舉，人民黨獲得 7,584 票，分配 43 席；奉辛比克黨獲得 2,320 票，分配 9 席；沈良西黨獲得 1,165 票，分配 2 席。另外由國王任命兩席、國民議會選出兩席，總議席數有 58 席。[47]

國營企業私有化

　　從 1975 年到 1979 年，由波布政權統治，廢止私人企業，許多生產者和平民 1 百多萬人遭到迫害或者殺害。1987 年，由洪森領導的金邊政府開始鼓舞家庭和私人的經濟活動。1989 年，重新恢復私人產業權，廢除集體生產，終止與「經濟互助委員會」（Council for Mutual Economic Assistance）的以物易物的貿易方式，並於該年公布第一個放寬外人投資法令，允許私人企業與不超過 49%的外資參與成立公司。該法令也包括許多投資優惠。柬埔寨 4 派系在 1991 年在巴黎簽署和平協議，該年外來

---

[45] *Keesing's Record of World Events*, Vol.50, No.1, 2004, pp.45793-45794.

[46] "Senate Election Law," http://www.senate.gov.kh/senate_election_law.php　2011 年 10 月 7 日瀏覽。

[47] http://en.wikipedia.org/wiki/Senate_of_Cambodia　2014 年 10 月 7 日瀏覽。

投資為 8 億美元，總共有 450 項批准的投資案中，有 40 項來自泰國，25
項來自新加坡。自 1993 年新政府組成後，外資才逐漸增加。[48]

　　柬國在 1994 年 12 月 31 日公布第 11 號國王敕令，開始實施國營企
業私有化。1995 年 4 月 19 日，王國政府發布第 38 號內閣法令，公布公
有企業私有化的手續流程，並在同年 5 月設立「公有企業私有化委員
會」。柬國財經部於 1995 年 8 月 3 日發出第 280 號關於公有企業私有化
的通知，目的在按政府的決定執行私有化政策。私有化委員會向各有關
部門發出公函，要求有關部門把準備私有化的企業的名單和私有化計畫
草案提交私有化委員會審查通過。

　　根據柬國政府與國際貨幣基金組織（IMF）在有關私有化文件中的
決定，至 1995 年 9 月底，「私有化委員會」必須完成以下工作：

(1) 完成對重要公有企業檢查的報告。

(2) 公布必須私有化的公有企業的名單。

(3) 公布橡膠園私有化計畫，包括公布必須私有化的橡膠園名單。
特別是柬埔寨石油公司和柬埔寨進出口公司，也應在 1995 年底
完成私有化計畫。[49]

　　儘管柬國經濟有所改善，但仍受到過去長期戰爭和內戰的影響。平
均國民收入和教育水準都較周邊鄰國為低。基礎建設嚴重不足。多數農
村民眾仰賴農業和其相關的副業。製造業則集中在製衣業。在 1990 年代
中葉，製衣業興起，雇用有 20 萬名工人。2004 年底，紡織品配額到期，
影響工人的就業。柬國收入的大宗，是依賴觀光業，吳哥窟的古老石雕
和建築，吸引大批觀光客。

　　2000 年 6 月 18-22 日，數千名紡織工廠工人在金邊郊區的工廠外舉
行示威，要求加薪，從月薪 40 美元調升至 70 美元，和縮短工時（當時

[48] 貿易快訊（台北），民國 84 年 11 月 23 日，頁 10。
[49] 貿易快訊（台北），民國 84 年 10 月 2 日，頁 3。

每周工作 48 小時），並給予公共假期。結果與警方發生衝突，造成 3 人受傷。[50]

在 2002 年，柬國實質國內生產總值（GDP）成長率達到 5.5%，2003年為 5.0%。通貨膨脹率從 2002 年的 3%下降為 2003 年的 1.3%。國家財政收入依然仰賴外國援助，外國投資因法律制度未上軌道而無法增加，2001 年外國直接投資有 1 億 5 千萬美元，2002 年下降為 5 千 4 百萬美元，2003 年增加為 1 億美元。[51]

以後十年，柬國經濟持續成長，從 2004 年到 2012 年平均成長率為8%，是東南亞國家中經濟快速成長的國家之一。此歸功於農業的持續成長，特別是米價上揚所致。[52]2013 年經濟成長率達 7.2%。其中服務業成長最快，高達 8.4%。主要動力來自批發和零售商業、不動產業、旅遊業等領域。衣服類和鞋子主要出口國是歐盟和美國。為了因應辦公室和住家之需要，建築業和碾米業也蓬勃發展。2013 年 9 月和 10 月發生水災，糧食生產減少 1.8%。再加上因為選舉造成的政治動盪和衣服業工人要求加薪的示威活動，政爭不已，缺乏技術人才，都會嚴重影響經濟的發展。[53]

柬埔寨約有90%的人住在鄉下，仍有 280 萬人是貧窮者，2014 年的貧窮率為 20.5%。儘管如此，在就學率方面則有顯著的進步，2001 年為81%，2012 年為 94.3%。柬埔寨經濟發展還有待克服的挑戰包括：有效的土地和天然資源之管理利用、環境管理、良好的治理、消除貪污和提升公共服務品質。[54]

[50] 南洋星洲聯合早報（新加坡），2000 年 6 月 23 日，頁 25；6 月 24 日，頁 41。

[51] http://globaledge.msu.edu/ibrd/CountryEconomy.asp?CountryID=16&RegionID=3 2005 年3 月 15 日瀏覽。

[52] "The World Bank in Cambodia," *The World Bank*, http://www.worldbank.org/en/country/cambodia/overview 2019 年 1 月 15 日瀏覽。

[53] "Cambodia: Economy," *Asian Development Bank*, http://www.adb.org/countries/cambodia/economy 2019 年 1 月 15 日瀏覽。

[54] "The World Bank in Cambodia," *The World Bank*, http://www.worldbank.org/en/country/cambodia/overview 2019 年 1 月 15 日瀏覽。

施哈穆尼繼任國王

施亞努國王因長年健康不佳以及對國內政爭不斷而感到厭煩,在2004年10月7日宣布退位,同時推薦其與現任王后莫尼妮斯所生的兒子施哈穆尼(Norodom Sihamoni)王子接任國王。施哈穆尼生於1953年,1960年代初,留學捷克的首都布拉格。1975年,「赤棉」控制金邊,他回到柬國,隨後遭軟禁。1979年越軍攻進金邊,他流亡巴黎,研習古典舞蹈。他長期定居在巴黎,開設咖啡館和音樂院,曾為芭蕾舞者,也曾任柬國駐聯合國教科文組織的代表11年。施亞努國王宣布退位後,由參議院主席謝辛暫代國王職,由9名王位繼承委員會(Royal Throne Council)委員召開會議,討論王位繼承人事宜,10月14日,王位繼承委員會會議決定推舉施亞努第14子施哈穆尼出任國王。10月29日,施哈穆尼登基,因柬國財政困窘,登基禮以簡單隆重方式進行,未邀外國貴賓觀禮。

圖 6-4 施哈穆尼國王

資料來源:"Members of the Royal Families in Cambodia participating in the series of 'Bridges'," International Peace Foundation, http://peace-foundation.net.7host.com/gallery_show.asp?ab_id=13 2019年1月10日瀏覽。

2006 年修憲

2005 年，人民黨和奉辛比克黨聯合起來想孤立反對黨沈良西黨。洪森指控沈良西誹謗，因為沈良西說洪森是一椿以手榴彈投向和平反政府示威群眾的背後指使人、雷納里德行賄而得以在 2004 年加入洪森政府，以致於國民議會投票解除沈良西的言論免責權，所以沈良西避風頭到法國。結果法庭在 2005 年 12 月缺席裁判沈良西有罪，判刑 18 個月。2006 年 2 月，沈良西撤回對洪森的指控，以及獲得施哈穆尼國王的特赦，所以才得以返回金邊。

依據 1993 年憲法之規定，組成政府需有國民議會三分之二議員之同意，此會造成政府難產。因此，2006 年 2 月 13 日，國民議會通過修憲案，規定只要國民議會一半議員同意即可組成政府。雷納里德的奉辛比克黨因為議席數少，無法阻止此一修憲案，而感到憤怒。雷納里德從國民議會主席職下台，洪森另提名山迪契・橫山林為國民議會主席，人民黨的龍尼爾（Nguon Nhel）為第一副主席，第二副主席的位置則留給奉辛比克黨人。

3 月 21 日，施亞努國王的弟弟西里武親王和雷納里德的左右手查哈，被國民議會免除內政部長和國防部長的職位。洪森不僅控制政府和國民議會，也控制參議院。2006 年 1 月 21 日，人民黨贏得參議院 58 席中的 43 席，奉辛比克黨 9 席，沈良西黨 2 席。新當選的參議員中有 6 人是柬國富人，與洪森關係良好。這些富人從事石油、煙草、木材、賭博業。[55]

奉辛比克黨的勢力削弱，內部出現分裂，10 月 18 日，該黨舉行特別會議，免除雷納里德黨主席職，理由有三：第一，他不願與人民黨合作；第二，他滯留國外將近半年；第三，他收受黨員的賄賂。[56]該黨另選駐德國大使拉司米（Keo Puth Rasmey）為黨主席。10 月 24 日，拉司

[55] Oskar Weggel, "Cambodia in 2006: Self-Promotion and Self-Deception," *Asian Survey*, Vol.47, No.1, January/February 2007, pp.141-147, at p.143.

[56] Oskar Weggel, "Cambodia in 2006: Self-Promotion and Self-Deception," p.143.

米出任第二副首相。雷納里德的太太瑪里（Princess Marie）被提名出任
社會工作部部長，她與雷納里德感情不睦。[57]奉辛比克黨還指控雷納里
德私吞銷售黨總部建築物所得的 360 萬美元，法庭在 2007 年 3 月 13 日
判他有罪，判刑 18 個月，另外需支付給奉辛比克黨 15 萬美元。[58]2008
年 7 月 30 日，柬國最高法院維持上訴法院的判決，雷納里德被判刑 18
個月。9 月 25 日，施哈穆尼國王在國會正式推選首相洪森再度執政後，
在洪森的要求下，簽發王室特赦令，赦免雷納里德的虧空奉辛比克黨公
款罪。此時雷納里德正流亡在吉隆坡，得此赦免令後，他致函施哈穆尼
國王和洪森首相表示感謝。

　　10 月 3 日，雷納里德返國，並宣布退出政壇。支持雷納里德的一派
另成立國民黨。

　　柬埔寨國會在 2009 年 3 月 11 日恢復反對黨領袖沈良西的議會免責
權。沈良西曾誹謗首相洪森所領導的人民黨，指責該黨在 2008 年的大選
中有貪污的行為。之後，他因沒有繳付相當於 2,500 美元的罰款而在上
個月被國會褫奪其議會免責權。在國會做出這項決定的幾個小時後，沈
良西的沈良西黨就向柬埔寨國家選舉委員會繳交罰款。[59]

　　2010 年 12 月 11 日，雷納里德宣布重新回到政壇，並擔任國民黨的黨魁，
隨後國民黨員將該黨改名為雷納里德黨（Norodom Ranariddh Party, NRP）。

柬、泰關係緊張

　　2009 年 10 月 23 日，洪森在泰國華欣舉行的東協高峰會上宣佈泰國
前首相塔信（Taksin Chinnawat）將擔任柬國顧問，引起泰國不滿。11

[57] Oskar Weggel, "Cambodia in 2006: Self-Promotion and Self-Deception," p.143.
[58] 南洋星洲聯合早報（新加坡），2007 年 3 月 19 日。
[59] 「柬恢復反對黨領袖 桑連西議會豁免權」，南洋星洲聯合早報（新加坡），2009 年 3
月 12 日。

月 5 日，柬埔寨政府正式委任泰國的流亡前首相塔信為洪森的「私人顧問」，以及政府經濟部門的顧問。此舉導致兩國關係進一步緊張。泰國首相阿披實（Abhisit Vejjajiva）指控柬埔寨干涉其內政及傷害了泰國人的感受，在 11 月 5 日召回駐柬埔寨大使；柬埔寨同日跟進召回其駐泰國大使。12 月 15 日，塔信為柬埔寨部長和高級官員講課，並承諾將資助柬埔寨設立兩個模範農場。他闡述在全球金融危機和經濟衰退期間促進柬埔寨經濟的對策，還討論了農業改革問題。2010 年 8 月 23 日，塔信辭去柬國顧問職，泰國和柬埔寨宣佈從次日起恢復大使級外交關係。

通過一夫一妻法

柬埔寨跟其他東南亞國家一樣，早期流行一夫多妻制，一方面是由於女性地位不高，另一方面是有權勢者以多妻來彰顯其身份地位。施亞努就是一個典型的例子，他妻妾成群，子女也是成群。2007 年 9 月，柬埔寨通過一夫一妻制法律，懲罰對配偶不忠的夫或妻，禁止一夫多妻和亂倫。此一新立法對於柬國社會改革具有重要性，使柬國社會走向與現代化標準相同的家庭制度。

通過反貪污法

柬埔寨跟其他的發展中國家一樣，官員貪污嚴重。根據「透明國際」（Transparency International）2009 年的排名，在 180 個國家中，柬埔寨的廉潔程度僅列第 158 位。

在柬國貪官享有政治上特權，雷納里德可以將黨產悄悄出賣，雖然遭法院判刑，但仍可由國王予以赦免。有權勢者超過法律之上，此為阻礙其社會現代化的主要因素。柬國重新建國後，反對黨就一直主張要制訂反貪污法，拖了 15 年，才在 2010 年 3 月 11 日制訂一部有限的反貪污法。

　　該一反貪污法最受詬病之處是，政府官員和他們的配偶不需要呈報他們的資產，也沒有規定肅貪局的成員，是否由獨立於政府之外的人員組成。此外，還規定向當局告發他人腐敗者，若指控無法獲得證實，將被當局監禁六個月。此一作法也遏阻了檢舉貪污。

　　聯合國對柬國國會討論該一法律案非常關注，並曾呼籲柬政府讓民眾和捐助國有更多時間審批法案後，才進行投票。聯合國在法案進行投票前一天發表聲明表示，法案應該接受一個「透明和有參與性的協商過程」，並應該包含充分的保障措施，以保護最終的受益人，即柬埔寨人民。[60]結果，柬國國會不理會聯合國的呼籲，通過該一法律。儘管如此，該一法律雖不完美，但總是向前走了一步。

　　腐敗情況在柬埔寨相當普遍。根據「透明國際」2010 年的排名，在 178 個國家中，柬埔寨的廉潔程度僅列第 154 位。

　　依據反貪污法成立肅貪局，在 2011 年 4 月開始運作，洪森向該局申報個人財產，他的月薪是 460 萬里爾，約合 33,939 元新台幣。[61]

開放局部自由言論

　　柬埔寨國會在 2009 年 10 月通過一項開放局部言論自由的法律，即開闢了一個專門讓民眾舉行抗議集會的「自由公園」（Freedom Park），任何組織都可以在這裏舉行集會表達任何不滿。現行的法律規定示威者不能在金邊其他地方舉行集會。現有法律只允許不超過 200 人的集會，超過 200 人的集會都必須獲得書面批准。人權組織和反對黨批評柬國政府此舉旨在保護政府和制止政治雜音，反對黨議員指責執政黨濫用國會多數議席，限制言論自由。

---

[60] 「反對黨抗議新法不透明 柬國會仍通過反貪汙法」，南洋星洲聯合早報（新加坡），2010 年 3 月 12 日。
[61] 「洪森申報個人資產」，南洋星洲聯合早報（新加坡），2011 年 4 月 2 日。

持續政治鬥爭

2010 年 1 月間，沈良西因去年 10 月間在柴楨省拔除柬、越邊界界椿而遭該省當局起訴，法庭以損壞公物罪缺席判了他 2 年有期徒刑。沈良西聲稱，他拔除柬、越邊界界椿，是為了保護柬國領土不受越南蠶食。柬政府後來向金邊市法庭提起訴訟，指控沈良西在其政黨的網頁刊登「假地圖」，犯下偽造柬、越邊界公共檔案罪和傳播不實新聞罪。沈良西是柬埔寨首相洪森的宿敵，他指洪森將國土讓給越南。至今，柬、越未就正式的地圖達成協定。法庭判決他 11 年有期徒刑，他遂逃往法國巴黎避禍。

2012 年 8 月 20 日，沈良西黨和人權黨合併，聯合成立了新的政黨救國黨。該黨推崇所謂西方式的自由、民主、人權；呼籲剷除貪污、腐敗；發展自由經濟，提高人民生活水平。該黨在柬國內的知識分子、工人、市民和青年學生中擁有較大的社會影響力。

2013 年 7 月 28 日，柬埔寨舉行國會議員選舉，原先柬國政府不允許沈良西參選，美國國會議員威脅說，如果這次選舉不公平自由，美國將取消對柬埔寨的援助。柬埔寨國王乃在 7 月 12 日給予沈良西特赦，他遂得以返國，但政府不允許其參選。[62]

這次選舉是首次柬埔寨在沒有聯合國協助下舉行的選舉，總共有 8 個政黨競爭 123 席。這 8 個政黨包括：柬埔寨籍黨、奉辛比克黨、民主共和黨、柬埔寨人民黨、高棉經濟發展黨、高棉消貧黨、救國黨、民主聯盟黨。本屆大選，合格選民人數為 967 萬 5 千 453 人，其中女性有 508 萬 1 千 843 人，新註冊的選民 94 萬零 445 人；18 歲至 35 歲的選民約為 522 萬人，占總選民人數的 54%。投票時間是從早上 7 時至下午 3 時。但跟以往一樣，選舉舞弊情事在各地發生，例如複製選民冊讓他們可以

---

[62] "Exiled opposition leader Sam Rainsy to return for Cambodia poll," *The South China Morning Post*, 14 July, 2013. http://www.scmp.com/news/asia/article/1282020/exiled-opposition-leader-sam-rainsy-return-cambodia-poll　2014 年 7 月 28 日瀏覽。

投兩次票,選舉登記過程也錯誤百出,導致逾 100 萬人被剝奪投票權,他們的名字沒有列入選民名冊中。這次選舉採用手指點墨措施,以防止選民投兩次票,但該墨汁效果不甚佳,容易洗除。

洪森為了鞏固政權,安排其三個兒子分別掌控黨和軍隊,洪森長子 35 歲的洪瑪南、次子 31 歲的洪瑪寧官拜將軍,而主管執政黨青年部門的小兒子洪馬尼(30 歲)則參與這次大選,其外甥女婿是警政首長。洪森的三名兒子都是在美國接受教育。其他執政黨高層透過子女聯姻,建構出由血緣、企業關聯的菁英世代,至少有 7 名執政黨大老子女參與大選。[63]

投票過後,反對黨懷疑選舉作弊,乃發動街頭抗爭,街頭也出現炸彈爆炸事件,社會充滿不安氣氛。柬埔寨國王施哈穆尼分別於 8 月 7 日和 8 月 30 日發表文告,呼籲人民黨和救國黨和平解決大選爭端,共同維護國家穩定和發展。8 月 12 日,柬埔寨選舉委員會公佈選舉初步結果,人民黨贏得 68 席,救國黨 55 席,但救國黨拒絕接受這一結果,稱救國黨贏得了 63 個席位,並警告說如果不對選舉違規行為進行獨立調查,該黨將抵制新一屆國會。

9 月 7 日,救國黨在首都金邊舉行了約有兩萬人參與的大型集會,抗議選舉初步結果,要求設立獨立的調查委員會,對大選重新調查。救國黨向柬埔寨選舉委員會、柬埔寨憲法委員會先後提交關於大選違規行為的申訴,都遭駁回。柬埔寨選舉委員會於 9 月 8 日公佈第五屆柬埔寨國會選舉正式結果,柬埔寨首相洪森領導的執政黨柬埔寨人民黨贏得國會 123 個議席中的 68 席,反對黨柬埔寨救國黨獲得 55 席。[64]9 月 24 日,由柬埔寨國王施哈穆尼召開新一屆國會首次會議,救國黨議員缺席,所有在場議員通過選舉洪森為新一屆首相。

[63] 「柬埔寨大選執政黨料穩勝・反對黨斥最骯髒選舉」,星洲日報,2013 年 7 月 28 日。
[64] 「柬埔寨公佈國會選舉正式結果」,柬埔寨星洲日報,2013 年 9 月 9 日。

　　選舉結果，執政黨議席數大減，主因是洪森長期執政，壟斷政治資源，引起民怨。其次，年輕的中產階級人數增加，他們透過臉書（Facebook）和推特（Twitter）串連，以突破政府對新聞媒體之封鎖。年輕人看看周邊國家都在進行經濟改革，而且頗有成效，但在柬埔寨現有政治體制下，很難有經改的機會，所以才會投票給反對黨。第三，沈良西雖未能參選，但他具群眾魅力，到各處拜票，拉抬救國黨的聲勢。12 月中旬，他再度號召群眾 4 萬人在金邊進行示威，要求重選及洪森下台。以後他陸續號召群眾進行街頭抗爭運動，2014 年 7 月中旬有 8 名救國黨政治人物被捕，示威者與安全部隊爆發衝突。7 月 23 日，沈良西與洪森達成同意進行改革的協議，由救國黨副主席根梭卡（Kem Sokha）出任國會第一副主席、該黨 5 人出任國會的 10 個委員會的主席及承認該黨具有國會的反對黨地位，以結束因選舉爭議而杯葛國會一年的行動。

　　2015 年 11 月，沈良西因避免誹謗罪入獄而流亡海外。2016 年 12 月，在臉書發佈假文件，被法院判刑 5 年。2017 年 1 月 31 日，洪森在國會特別全體會議上，指控流亡國外的救國黨主席沈良西誹謗罪，要求賠償 100 萬美元的精神損失，用於幫助柬殘疾人，並申請法院凍結沈良西在國內的所有財產進行拍賣，包括救國黨總部。他還建議修訂關於政黨的法規，即任何被定罪的人沒有資格成為黨主席，並建議憲法委員會解散由罪犯擔任黨主席的政黨。沈良西在 2 月 11 日通過社交媒體宣佈，他因個人原因辭去黨主席職務並脫離救國黨。

　　9 月 3 日凌晨 0 時 35 分，柬埔寨最大的反對黨救國黨主席根梭卡因涉嫌「叛國罪」被柬埔寨當局逮捕。

　　10 月 6 日，柬埔寨內政部指控救國黨密謀推翻合法政府，要求高院宣布解散救國黨，高等法院 10 日向救國黨領導人發出傳喚令，要求遞交應訴資料，回覆內政部所提出的「解散救國黨」訴訟請求。10 月 16 日和 20 日國會和參議院通過四部選舉法修正案。4 部法律分別為「國會議員選舉法」、「參議院議員選舉法」、「首都、省、市、縣、區理事會理事

選舉法」和「鄉、分區理事會理事選舉法」。10 月 24 日，柬埔寨憲法委員會確認了前述四部法律之修正案。[65]根據「國會議員選舉法」修正案第 138 條規定，如有哪個政黨放棄席位或被除名、解散，該黨的候選人和議員資格將無效，選舉委員會需在 7 日內將該黨的席位分給其他參與選舉的政黨。一旦救國黨被解散，其在國會擁有的 55 個議席，將會被分配給 5 個政黨，即奉辛比克黨將獲得 41 席，民主聯盟黨 6 席，高棉消貧黨 5 席，柬埔寨國籍黨 2 席，高棉發展經濟黨 1 席。而根據「鄉分區理事會選舉法」修正案的內容規定，被解散政黨的正副鄉分區長和理事必須把職位交給其它參選的政黨。若救國黨被解散的話，該黨的正副鄉長、正副分區區長和鄉分區理事的職位也將失去。[66]

　　11 月 16 日，柬埔寨高等法院判決：救國黨被永久解散，並且 118 名（包括根梭卡和沈良西）救國黨高層官員 5 年內不得參政，救國黨將失去原有的國會議席。此一判決理由乃基於根梭卡在一段攝錄於 2013 年視頻中，承認接受美國指使，妄圖以南斯拉夫、塞爾維亞等中東地區顏色革命的形式，推翻柬埔寨的合法政府。[67]

　　由於洪森對於反對黨採取嚴厲控制手段，歐盟國家在 2018 年 5 月就以人權理由警告柬國，將檢討其「除了武器之外的所有產品計畫」（Everything But Arms (EBA) scheme），停止其免稅進入歐盟的「普遍優惠關稅」（Generalised System of Preferences, GSP）優待。[68]美國國務院發言人亦警告將減少對柬國之經濟援助。但中國在 7 月 10 日與柬國簽署貸款協議，由中國向柬政府提供 2 億 5,900 萬美元，用於興建第 3 條金邊外環公路項目。[69]

---

[65]　「柬埔寨新選舉法獲國王批准　救國黨完了？」，每日頭條，環球，2017 年 10 月 27 日，https://kknews.cc/world/z248mnp.html　2018 年 8 月 9 日瀏覽。

[66]　同上註。

[67]　同上註。

[68]　"EU to review Cambodia's EBA status," *The Phnom Penh Post*, May 1, 2018.

[69]　「提供 2.6 億美元貸款‧中國援建金邊外環公路」，柬埔寨星洲日報，2018 年 7 月 22 日。

　　美國眾議院以洪森政府破壞柬埔寨民主和持續犯下嚴重侵犯人權行為，而在 2018 年 7 月 25 日通過「柬埔寨民主法」，宣佈制裁洪森首相和其 16 名家屬和長官，禁止他們入境美國和凍結在美國的資產。[70]但此法未提送參議院通過，僅能算是一種警告。

　　7 月 29 日，舉行國會議員選舉，有 20 個政黨參加。救國黨呼籲選民不要前往投票，發起「乾淨手指」運動（因為投票時右手食指會塗上領過選票的黑墨水）。他們亦在日本和美國發起示威，呼籲柬埔寨人民拒絕投票。投票結果，投票率高達 82.17%，人民黨贏得全勝，獲得 76.84% 的選票，囊括 125 席。[71]

　　人民黨獲得大勝原因之分析：

（一）執政的柬埔寨人民黨（CPP）用盡了所有力量，掃除執政的一切障礙。先是逮捕反對黨人士，接著解散最大的反對黨柬埔寨救國黨，並強化媒體控管。迫害社運人士，2017 年 7 月社運人士士坎穆雷慘遭殺害。異議英文報柬埔寨日報被指拖欠 650 萬美元，而被迫關門。2018 年 5 月，獨立報紙金邊郵報賣給親柬國政府的馬來西亞投資者。此外，柬國政府威脅選民、買票、封鎖 17 個網站等手段，脅迫反對勢力。[72]

（二）洪森在 2015 年開始使用臉書，其粉絲有超過千萬人。洪森透過臉書拉攏年輕選民，宣傳其政績。這次受到馬國「國民陣線」在 2018 年 5 月大選敗北之影響，所以洪森更積極拉票，勸人民前往投票，以及親自到工廠派發現金，表現親民作風。

（三）洪森被認為是推翻波布政權的救世主、近年經濟成長很好。世界銀行（World Bank）在 2016 年 7 月 1 日宣布，柬埔寨正式脫離最

70　「美國眾議院制裁柬 17 高官顯要」，柬埔寨星洲日報，2018 年 7 月 27 日。

71　Ben Sokhean, "Final poll results confirm first single-party Assembly," *The Phnom Penh Post*, August 16, 2018.

72　Niem Chheng, "UN: large number of voters 'alienated'," *The Phnom Penh Post*, August 20, 2018, p.1.

不發達國家（LDC），晉升為「中等偏下收入國家」後，國際貨幣基金組織（IMF）亦於 2017 年 6 月表示，柬埔寨是近 20 年來經濟發展速度最快的國家之一。亞洲開發銀行（ADB）則認為，柬埔寨平均 GDP 年成長率超過 7%，在東協國家已悄然崛起，儼然成為「亞洲經濟新老虎」。洪森於 2015 年 8 月 26 日發布「2015-2025 年國家工業發展戰略」，以加速產業轉型，由「勞力密集型工業」轉型為「技術密集型工業」，並提升產業競爭力，以及擴大柬埔寨經濟優勢。

柬國近五年經濟發展出色，2016 年人均收入為 1,302 美元。2020 年，柬埔寨人均收入預估將增至 1,869 美元。將在 2030 年晉升為中高收入國家。

（四）柬國反對派力量薄弱，不成氣候，沒有提出誘人的政策方案，救國黨前主席沈良西因案流亡在外、主席根梭卡因叛國罪被關在監獄。救國黨有 118 名幹部被禁止參加政治活動 5 年，因此已無對手可與人民黨抗衡。

選後，14 名救國黨要員致函洪森請求寬赦，洪森乃請求國王施哈穆尼給予特赦，他們在 8 月 27 日從監獄獲釋。他們在 2015 年 7 月在自由公園參加示威，遭法院判刑關了三年。[73] 9 月 10 日，洪森釋放反對黨領袖根梭卡，改為軟禁在家。

2018 年 12 月 3 日，87 名人民黨議員連署一份申請函，要求修改政黨法第 45 條文。同月 13 日，國會通過政黨法修正案。2019 年 1 月 2 日，國王簽署政黨法修正案第 45 條文，被禁止參政的 118 名政客在內政部長或者總理的申請下，獲得國王的特赦，他們可以提前重獲參政權。[74]

---

[73] "Jailed CNRP 14 receive royal pardon," *The Phnom Penh Post*, 28 August 2018.

[74] 「政黨法修正案生效 沈良西呼籲黨員勿接受參政權」，柬中時報（金邊），2019 年 1 月 8 日。

日本國際合作機構（Japan International Cooperation Agency, JICA）在 10 月 24 日提供柬國 3 千萬美元第四階段防洪、金邊的運河和下水道系統改進計畫贈款，[75]以示對洪森政府的支持。

柬國在 2018 年出口稻米 626,225 公噸，其中出口到歐盟國家佔 43%，有 269,127 公噸。2018 年是免稅出口到歐盟。2019 年 1 月 16 日，歐盟做成決議，從柬國和緬甸進口之稻米將在以後三年逐漸減少關稅率。從 2019 年起將支付 4 千 7 百萬歐元（5 千 3 百 60 萬美元）稻米進口稅，2020 年為 40.3 百萬歐元，2021 年為 33.6 百萬歐元。柬國將另尋求出口到中國，2018 年中國給予柬國稻米進口配額 30 萬公噸，但柬國只出口 17 萬公噸稻米到中國。[76]

2019 年 1 月 20 日，洪森首相率團訪問中國，也是洪森在任 34 年第 6 次對中國正式訪問，獲得中國提供約 40 億人民幣（相當於約 6 億美元）的無償援助，將用於柬埔寨 2019 年到 2021 年的發展。此外，中國從柬埔寨進口大米的配額將增至 40 萬噸。洪森希望中國銀行繼續在道路、橋樑、港口等建設專案上為柬埔寨提供貸款。同時，希望中國銀行支援柬埔寨農業發展，特別是為柬埔寨農產品加工產業提供更多貸款。[77]

岸外發現石油氣

柬埔寨靠近暹羅灣岸外發現石油和天然氣，惟該一地區和泰國有重疊，並未劃分海界。兩國於 2001 年簽署「聯合管理重疊區」（Joint

---

[75] "JICA continues to aid the Kingdom," *The Phnom Penh Post*, 25 October 2018.

[76] Hor Kimsay, "Cambodian rice to lose EU duty-free status," *The Phnom Penh Post*, January 17, 2019.

[77] Khorn Savi, "Agreements with China inked," *The Phnom Penh Post*, January 24,2019.「柬埔寨首相洪森訪華，碩果累累！」，中國搜狐，2019 年 1 月 23 日。http://www.sohu.com/a/290998016_120043455?scm=1002.44003c.fd00fe.PC_ARTICLE_REC　2019 年 1 月 29 日瀏覽。

Management of the Overlapping Claims Area）瞭解備忘錄，從 2001-2007
年兩國工作小組進行協商，但泰國政府在 2009 年 11 月擱置該項協商。
2008 年 12 月阿披實出任泰國首相後，與柬埔寨進行秘密協商，以劃分
兩國海界。[78]但因為柬埔寨聘請流亡在外的前首相塔信為經濟顧問，故
阿披實首相於 2009 年 11 月廢止「聯合管理重疊區」瞭解備忘錄。2011
年 9 月 15 日，泰國新首相穎拉（Yingluck Shinawatra）訪問金邊，除了
與首相洪森談及雙方同意從柏威夏寺地區撤軍外，亦觸及重疊海域問
題。2011 年 9 月，在汶萊舉行的東協能源商業論壇（ASEAN Energy
Business Forum）時，柬埔寨和泰國曾就重疊海域問題進行協商。10 月
18 日，泰國穎拉政府重新審查該「聯合管理重疊區」瞭解備忘錄。惟雙
方對於聯合探勘該一重疊地區，仍未達成協議。

　　美國雪佛龍海外（柬埔寨）石油公司（Chevron Oversea Petroleum
Cambodia Ltd）於 2002 年獲得柬埔寨政府的礦權，2005 年在柬埔寨岸外
鑽探五口油井，其中四口發現了石油。從那時起，來自法國、韓國和日
本的公司都向柬國申請開採權，中國海洋石油總公司也與柬埔寨政府進
行談判。[79]

　　柬埔寨政府將石油儲區劃分為 A 到 F 的 6 個區塊。其中，面積為 6278
平方公里的 A 區的勘探開採權被美國雪佛龍海外（柬埔寨）石油公司、
日本三井石油公司（Mitsui Oil）和韓國卡爾得克斯石油公司（GS Caltex）
三家公司取得。新加坡石油公司（SPC）的獨資子公司 SPC 柬埔寨公司
則從柬埔寨國家石油局手中買下一家聯營公司的 30％股權，獲得參與 B
區的開採權。

---

[78] Tom Brennan and Vong Sokheng, "Oil dispute flares up," *The Phnom Penh Post*, 31 August
2011, http://www.phnompenhpost.com/business/oil-dispute-flares　2014 年 7 月 9 日瀏覽。
[79] 「柬埔寨望今年 8 月能準確估計油田儲量」，南洋星洲聯合早報（新加坡），2007 年 1
月 20 日。

　　獲得其他區塊開採權的公司還包括泰國的泰國國家石油探勘和生產公司（PTT Exploration and Production Public Company, PTTEP）、澳洲的庫珀能源公司（Cooper Energy）、中國的神州石油科技（China Petrotech）、印尼的美德科（Medco）能源公司和香港的中國海洋石油總公司（CNOOC）。

　　美國雪佛龍海外（柬埔寨）石油公司於 2005 年在 A 區四個探勘井的鑽探中發現了石油，2006 年 7 月 6 日柬埔寨國家石油公司和美國雪佛龍海外（柬埔寨）石油公司（占股權 55%）、日本的三井石油公司（Moeco）（占股權 30%）簽約和南韓的卡爾得克斯石油公司（占股權 15%）簽約，開始在該礦區鑽探。[80]由於柬埔寨政府與雪佛龍石油公司在收入分配上未能取得一致的意見，而且該油田一直沒有產出石油，柬埔寨首相洪森曾在 2010 年 4 月警告該公司一定要在 2012 年 12 月 12 日前開始開採石油，否則將取消它的開採執照。到該年底該公司在 A 區開鑿 18 口井，還是未能產出石油，柬國政府允其延期。[81]在 2011 年，公司股權作了調整，加進了新加坡的克里司能源公司（Kris Energy）占 25%，美國雪佛龍海外（柬埔寨）石油公司占 30%，日本的三井石油公司占 30%，南韓的卡爾得克斯石油公司占 15%。[82]

　　柬埔寨石化公司（Cambodian Petrochemical Company）和中國浦發機械工業股份有限公司（(Sinomach) China Perfect Machinery Industry Corp）於 2012 年 12 月簽約，由中國在柬埔寨建立一座耗資 23 億美元之

[80] Cheang Sokha, "Oil companies line up to drill off shore," *The Phnom Penh Post*, 14 July 2006, http://www.phnompenhpost.com/national/oil-companies-line-drill-shore　2014 年 7 月 9 日瀏覽。

[81] Daniel de Carteret ,"No oil for up to five years: Cambodian government," *The Phnom Penh Post*, 26 February 2014, http://www.phnompenhpost.com/business/no-oil-five-years-cambodian-government　2014 年 7 月 9 日瀏覽。

[82] "Block A oil partner inks finance deal," *The Phnom Penh Post*, 25 July 2011. http://www.phnompenhpost.com/business/block-oil-partner-inks-finance-deal　2014 年 7 月 9 日瀏覽。

煉油廠，預定在 2015 年完成。[83]後因故拖延時日，直至 2017 年 5 月 4 日才在施亞努港正式開工興建。[84]

據估計，柬埔寨的石油蘊藏量達數億桶，而其天然氣蘊藏量相等於石油蘊藏量的 3 倍，全部資源可以持續開採 40 年。[85]

第三節　赤棉走向末路

柬埔寨左派份子在 1951 年 6 月成立高棉人民革命黨。1963 年，波布將黨名改為柬埔寨共產黨（Communist Party of Kampuchea）。施亞努為了區別左派高棉共產黨和右派的反對黨藍黨（Blue Party），而將前者稱為「赤色高棉」，後者為「藍色高棉」（Khmer Bleu）。1970 年 3 月，施亞努遭國防部長龍諾推翻，施亞努轉而與「赤棉」合作。以後「赤棉」變成高棉共產黨的代名詞。1975 年 4 月，「赤棉」佔領金邊，實施極端社會主義政策，造成 1 百多萬人死亡。導致越南軍隊在 1978 年 12 月 25 日出兵佔領金邊，「赤棉」退至柬、泰邊境進行抗越游擊戰。1993 年，柬埔寨在聯合國協助下舉行國會選舉，「赤棉」拒絕參加，仍繼續在邊境打游擊戰。

---

[83] "Cambodian, Chinese firms unveil 1st oil refinery project in Cambodia," 2012 年 12 月 28 日。http://news.xinhuanet.com/english/china/2012-12/28/c_132069193.htm　2014 年 6 月 9 日瀏覽。

[84] "Start-up for refinery construction," *Khmer Times*, May 4, 2017, https://opendevelopmentcambodia. net/tag/china-perfect-machinery-industry-corp-sinomach/　2019 年 1 月 18 日瀏覽。

[85] 「柬 2012 年底開始產油」，南洋星洲聯合早報（新加坡），2010 年 7 月 2 日。

圖 6-5　紅色高棉的戰士

資料來源：http://www.mekong.net/cambodia/cambodia-preview1.htm　2014 年 10 月 10 日
瀏覽。

　　1994 年 3 月，「赤棉」在柬、泰邊境發動一連串攻勢，與金邊政府
軍進行地盤爭奪戰。施亞努呼籲和解，雙方於 5 月 27-31 日在北韓平壤
舉行和談，「赤棉」拒絕停火，要求解散金邊政權，結果談判破裂。6 月
15-16 日，柬埔寨各黨派在金邊舉行圓桌委員會會議，「赤棉」也派代表
出席，結果也告破裂。金邊政府內政部下令關閉「赤棉」駐金邊代表處，
要求「赤棉」代表在兩天內撤出金邊。金邊此舉立場相當明確，即欲與
「赤棉」劃清界限，和則遵守憲法規範，否則即以武力清剿。

　　7 月 6 日，柬埔寨國會討論有關「赤棉」是否為非法組織之提案，
結果以 98 票對 1 票通過「赤棉」為非法組織。此一法案不僅使「赤棉」
無法在金邊政府控制區內公然活動，而且可以阻斷外國對「赤棉」的援
助，因為外國援助「赤棉」將被視為公然干涉柬埔寨內政。

　　柬國在 1996 年 10 月 3 日要求泰國政府逮捕「赤棉」政治委員農謝、
「赤棉」臨時政府前防長宋成以及宋成的兄弟司令員尼根等人，並將他
們驅逐出境。[86]

---

[86]　南洋星洲聯合早報（新加坡），1998 年 2 月 18 日，頁 28。

　　1996 年 8 月 8 日，約 3 千多名「赤棉」游擊隊向政府投誠，使得「赤棉」實力大減。[87]7 月下旬，洪森訪問中國，就傳出洪森與英薩利進行和解談判。8 月 10 日，「赤棉」內部分裂，親英薩利的部隊包括 250 團和415（師長密錢）、450（師長索皮耶）、498 三師倒戈，與親波布派爆發衝突。英薩利向政府投誠，並與政府達成停火協議。[88]政府官員並進駐馬德望省的拜林和普農馬崍，安排將該兩地區重新納入民政管理的事宜。[89]8 月 18 日，「赤棉」的 4 個游擊隊與金邊政府達成停火協議，使「赤棉」的勢力削減。[90]9 月 14 日，英薩利獲得施亞努的特赦。11 月，約有4,000 名英薩利派「赤棉」游擊隊員編入政府軍。

　　1997 年 6 月 11 日，「赤棉」秘密電台宣布「赤棉」強硬派領導層指責兩名高幹通敵和幹下諜報的勾當。喬森潘說，前任國防部長宋成及其主管宣傳和教育事務的夫人雲雅（Yun Yat），跟共產主義越南及其傀儡洪森狼狽為奸。喬森潘說：「在 6 月 9 日，民主柬埔寨國民軍逮捕宋成和雲雅的恐怖活動線人。」[91]隨後波布殺害宋成及其 11 名家庭成員，並挾持喬森潘等人逃離「赤棉」基地安隆汶（Anlong Veng），沿柬、泰邊境向東逃亡。6 月 13 日，雷納里德表示，波布屠殺代表「赤棉」與柬國政府談判的前國防部長宋成及其家人 11 口，其罪名為叛變且充當洪森的奸細。隨後波布夥同其他「赤棉」要員，包括「赤棉」領袖喬森潘、財政部長馬克邦、國土統一部部長戴昆納共 200 人離開安隆汶大本營，進入泰國東北部四色菊省，並於 6 月 8 日抵達曼谷。波布的脫逃和赴中國尋求政治庇護，是柬國兩位首相的居間協議。而協議的唯一條件是，「赤棉」的所有據點和部隊必須向金邊政府投誠。中國外交部在 6 月 12 日澄清北

[87]　南洋星洲聯合早報（新加坡），1996 年 8 月 9 日，頁 37。
[88]　聯合報（台北市），民國 85 年 8 月 17 日，頁 10。
[89]　南洋星洲聯合早報（新加坡），1996 年 8 月 10 日，頁 23。
[90]　南洋星洲聯合早報（新加坡），1996 年 8 月 19 日，頁 24。
[91]　南洋星洲聯合早報（新加坡），1997 年 6 月 12 日，頁 33。

京不會給波布政治庇護。[92]寮國和泰國亦表示不會收容波布。7 月 28 日，「赤棉」領袖塔莫克（Ta Mok）組成法庭公審波布和 3 名同黨，以謀殺宋成等人及叛國罪判處終身監禁。[93]

　　1998 年 3 月 28 日，有 530 名「赤棉」游擊隊員在安隆汶西南方 250 公里薩姆勞特的西部市鎮向政府軍投降。4 月 16 日，波布因心臟病死於柬埔寨北部叢林中，「赤棉」亦瀕臨瓦解。殘餘的「赤棉」軍隊 1,500 人由前參謀長塔莫克率領。5 月初，政府軍進攻「赤棉」根據地，迫使塔莫克率領約 25,000 名平民越界進入泰國境內避難。[94]12 月 25 日，「赤棉」領袖喬森潘和理論家前副秘書長農謝（1940 年代曾留學泰國，是柬埔寨共黨的創始人之一）及他們的家人 10 人在拜林向柬埔寨政府投誠。拜林是由 1996 年投誠的英薩利負責管轄。

　　1999 年 2 月 9 日，「赤棉」的殘餘軍隊 1,700 人在柬國北部向政府軍投誠，並加入政府軍。3 月 6 日，塔莫克被政府軍逮捕。「赤棉」終於走入歷史的盡頭。「赤棉」投誠人員是否受國際法庭審判，美國、國際特赦組織（Amnesty International）和聯合國駐柬人權代表主張以國際法庭審判，柬國政府雖基於民族和解立場，不主張將這些投誠份子加以審判，但抵不過國際壓力，柬國國民議會在 2001 年 1 月初，通過設立一個國際法庭的法案，目的在起訴和審判涉嫌種族滅絕的「赤棉」領袖。1 月 15 日，參議院又通過該一法案。憲法會議在 22 日開始討論該法案，最後由國王批准為法律。[95]

---

[92]　中央日報（台北市），民國 86 年 6 月 13 日，頁 11；6 月 14 日，頁 11。
[93]　中央日報（台北市），民國 86 年 7 月 30 日，頁 11。Henry Kamm, *op.cit.*, p.241.
[94]　*The Straits Times*, May 4, 1998, p.20.
[95]　*Keesing's Record of World Events*, Vol.47, No.1, 2001, p.43948

審判「赤棉」戰犯

自從「赤棉」在 1998 年瓦解後，對於「赤棉」領袖的審判就成為國際社會關注的議題。聯合國主張成立國際審判庭，但洪森政府反對，因為此一作法違反柬埔寨主權，亦可能促使殘餘的「赤棉」份子做出反擊，再度引發內戰。柬國政府在經過兩年的談判，最後和美國、歐盟、日本及聯合國的法律專家達成協議，同意由柬國制訂一項法律來審判「赤棉」領袖。2001 年 8 月，柬國國民議會通過一項「審判赤棉戰犯法」（Khmer Rouge Tribunal Law），由施亞努簽署生效。該一法庭與原先西方國家的主張不同，該法庭是混合法庭，由柬國和西方國家的法官和檢察官組成。

12 月，柬國政府擬利用該「審判赤棉戰犯法」赦免英薩利的罪刑，以及依據國際標準給予公平審判，而與聯合國法律專家意見相反。聯合國法律專家威脅假如柬國政府不能按照國際標準審判「赤棉」領袖，將不支持及參與審判。洪森則表示將邀請或不邀請聯合國法官參與審判，柬國將維持自主司法體系。[96]中國亦暗中施壓柬國政府，勿對以前「赤棉」領袖進行審判。[97]英薩利在 2013 年 3 月 14 日去世，免除遭審判之刑責。

2003 年 6 月，柬埔寨政府和聯合國簽署「聯合國與柬埔寨王國政府關於起訴民主柬埔寨時期違反柬埔寨刑事法者協議」（Agreement Between The United Nations and The Royal Government of Cambodia Concerning The Prosecution Under Cambodian Law of Crimes Committed During The Period of Democratic Kampuchea），該協議規定審判法庭的組成如下：

初級審判庭，包含三位柬埔寨法官、兩位國際法官。

---

[96] Kheang Un and Judy Ledgerwood, "Cambodia in 2001: Towards Democratic Consolidation?," *Asian Survey*, Vol.42, No.1, January/February 2002, pp.100-106, at p.101.

[97] Kheang Un and Judy Ledgerwood, "Cambodia in 2001: Towards Democratic Consolidation?," p.103.

最高審判庭，是上訴法院也是終審法院，包含四位柬埔寨法官和三位國際法官。聯合國秘書長可提名至少七名法官，然後由「國際法官最高委員會」（Supreme Council of Magistracy）（由聯合國秘書長委任產生）從中挑選五名擔任初級審判庭和最高審判庭的法官。初級審判庭依據四位法官的同意做成判決。最高審判庭需至少有五位法官的同意才能做出判決。[98]

在 2004 年 10 月 4 日柬國國會批准與聯合國簽訂的協議，同意設立國際法庭，審判在 1975~1979 年間殘殺 170 萬人的「赤棉」10 名領袖。設立國際法庭的費用將由聯合國尋求有關國家捐助。柬國國會在 10 月 5 日通過一項法案，禁止政府給予「赤棉」涉嫌者寬赦。[99]2006 年，正式成立審訊「赤棉」領袖的特別法庭。

2007 年 7 月，種族滅絕罪行特別法庭傳喚了曾經是「赤棉」負責首都金邊監獄首位涉案嫌疑人康克由（Kaing Guek Eav）（又名杜赫），並控告他違反人道罪名。11 月 19 日，柬埔寨拘捕了前「赤棉」國家主席喬森潘，以違反人道罪行將其送往種族滅絕罪行特別法庭接受審判。在這之前被捕者尚有前「赤棉」外長英薩利、社會部長英蒂里絲、人民代表議會議長農謝和金邊 S21 集中營負責人康克由。康克由從 1999 年起就一直被關押在軍事監獄裏，但沒有受到審訊。在「赤棉」統治時期，超過 1 萬 4,000 人被送進 S-21 集中營，但是僥倖活著出來的只有 10 餘人。大多數受害人被嚴刑拷打，逼迫承認各種罪行，甚至婦女、孩子和嬰兒也難逃厄運。[100]

美國副國務卿內格羅蓬特（John Negroponte）於 2008 年 9 月 16 日訪問金邊，他表示美國將為柬埔寨的種族滅絕罪行特別法庭提供 180 萬美元的資金，協助該法庭審判前「赤棉」領袖涉嫌犯下的違反人權罪。[101]2009 年 1 月，日本又捐助聯合國 2,100 萬美元作為特別法庭之用。

---

[98] http://www.senate.gov.kh/agreement_UN.php　2011 年 10 月 7 日瀏覽。

[99] *Keesing's Record of World Events*, Vol.50, No.10, 2004, pp.46258-46259.

[100] 「種族滅絕特別法庭開審　前紅高棉酷刑中心頭目首先受審」，南洋星洲聯合早報（新加坡），2007 年 11 月 21 日。

[101] 「美向柬特別法庭提供資金　助審判前紅高棉領袖」，南洋星洲聯合早報（新加坡），

　　2009 年 11 月 26 日，柬埔寨種族滅絕罪行特別法庭結束「赤棉」時期金邊監獄長康克由案的結案陳詞。檢方要求法庭判處康克由 40 年有期徒刑。康克由是第一名接受審判的「赤棉」領導人，被控犯下戰爭罪和反人類罪。他坦承他看管的杜斯蘭監獄（或 S-21 監獄）有 1 萬 7 千人遭殺害。2010 年 7 月 27 日，康克由被判處 35 年有期徒刑。在這之前，他已被監禁 16 年，所以他尚須服 19 年徒刑。2011 年檢控官提出上訴，康克由被改判為無期徒刑。2014 年 8 月 7 日，該戰犯法庭再度判決農謝和喬森潘無期徒刑。

　　該法庭之經費來自美國、歐盟、澳洲、法國、德國、日本和英國的捐助，每年約需花費 5,000 萬美元。東方法庭雇用的人員包括法官、檢控官、司機及庶務人員，總數約 270 人，故花費龐大。但從成立以來至 2014 年年底，該法庭總共花費將近 2 億美元，而只完成康克由、農謝和喬森潘三案的判決，該法庭之效率一直遭到批評。

第四節　柏威夏古廟之爭[102]

　　暹羅在 1796 年曾佔領柏威夏（Préah Vihéar）（泰國名為考帕威寒 Khao Phra Viharn）古廟周圍 4.6 平方公里的地區。1806 年，柬埔寨安贊二世（Ang Chan II）奪回該古廟。法國在 1907 年與泰國進行了邊界勘定，負責繪製地圖的法國人把柏威夏寺歸於柬埔寨境內。自從法國軍隊於 1954 年撤離柬埔寨之後，柬、泰兩國就不斷爭奪建於第 11 世紀的柏威

2008 年 9 月 17 日。

[102] 該節因內容涉及泰國，史事相同，故部分內容係節錄自陳鴻瑜著泰國史第七章第六節。

夏古廟、達莫安寺（Ta Moan）、達格拉貝寺（Ta Krabei）和這三座古寺周圍扁擔山脈（Dangrek）森林的主權。柬埔寨堅持它們位在其國境內，泰國卻宣稱它們位於泰國的素林府。柏威夏古廟位於柬埔寨北邊的泰、柬邊界地區海拔 650 公尺高的懸崖峭壁之上，古寺正門在泰國一側，從柬埔寨進入則需要爬峭壁的石階，非常險峻。

柏威夏古廟位在扁擔山脈的東段，南邊是柬埔寨，北邊是泰國，該廟位在峭壁上，泰國認為峭壁是兩國的自然邊界，所以堅持該廟屬於泰國所有。兩國各提出自然環境、歷史、宗教和考古的證據。柬埔寨的代表提出下述三點理由，證實其擁有該廟。第一，根據 1904 年的公約和 1907 年條約等國際條約，在劃定柬埔寨和泰國邊界上，已明確將柏威夏古廟劃在屬於柬埔寨的扁擔山山脈。第二，柬埔寨從未放棄該爭議領土的主權，反而持續根據條約所取得的權利名義對該爭議領土行使有效的管轄權。第三，泰國從未在該爭議的領土行使有效的主權行為。[103]

泰國曾在 1929 年 9 月 20 日聲明在互惠條件下接受國際常設法院（Permanent Court of International Justice）之強制仲裁，泰國在 1940 年 5 月 3 日延長該承諾之效期十年。而國際常設法院已於 1946 年 4 月 19 日廢止，因此泰國政府在 1950 年 5 月 20 日聲明基於互惠，該項強制仲裁承諾延長十年。

自從法國軍隊於 1954 年撤離柬埔寨之後，柬、泰兩國就不斷爭奪建於 11 世紀的柏威夏（Préah Vihéar）古廟（泰國名為 Khao Phra Viharn）、達莫安寺（Ta Moan）、達格拉貝寺（Ta Krabei）和這三座古寺周圍扁擔（Dangrek）山脈森林的主權。柬埔寨堅持它們位在本國境內，泰國卻宣稱它們位於泰國的素林府。

---

[103] Ronald Bruce St John, "Preah Vihear and the Cambodia-Thailand Borderland," *IBRU Boundary and Security Bulletin*, January 1994, pp.64-68, at pp.64-65. https://www.dur.ac.uk/resources/ibru/publications/full/bsb1-4_john.pdf　2014 年 5 月 27 日瀏覽。

　　泰國不承認法國在 1907 年繪製的有關柏威夏地圖，在 1954 年出兵佔領泰、柬邊境的柏威夏古廟，柬埔寨提出抗議。柬埔寨副首相兼外長宋山（Son Sann）在 1958 年 9 月 4 日前往曼谷談判，結果談判破裂，隔天雙方宣布將把柏威夏古廟的所有權糾紛送交國際法院仲裁。宋山表示，根據 1904 年法國與暹羅條約，該古廟屬於柬埔寨之領土，1954 年被暹羅邊境警察強佔。但泰國外長衛塔雅康王子（Prince Wan Waithayakon）認為，依據自然水道分水線規則，該古廟應屬於泰國所有。9 月 7 日，在曼谷爆發反柬埔寨示威活動，約有 5 萬名示威群眾前進至柬埔寨大使館，遭警察驅離，雙方發生衝突，約有 100 人受傷。[104]

　　1958 年 11 月 24 日，柬埔寨駐泰國大使向泰國提出一份照會，要求暫時事實（de facto）停止兩國外交關係。次日，泰國召回其駐柬埔寨大使、關閉柬埔寨邊境、停止金邊和曼谷之間的航線。11 月 28 日，柬埔寨政府宣布若與泰國的關係惡化，將關閉其駐泰國大使館，並批評泰國的新聞媒體侮辱柬埔寨的國王、政府和人民。29 日，柬埔寨政府宣布第二個聲明，柬埔寨準備在曼谷維持代辦，假如泰國也這樣做的話。但泰國拒絕恢復外交關係，除非柬埔寨釋放被逮捕的 32 名泰國公民，他們被以入侵邊境罪名遭柬埔寨警察逮捕。同樣地，柬埔寨也要求泰國釋放被捕的 14 名柬埔寨人。

　　12 月 3 日，柬埔寨政府致函聯合國秘書長哈瑪紹（Dr. Hammarskjöld），表示泰國在柬、泰邊境部署重兵，威脅該地的和平。隨後兩國要求哈瑪紹派遣特使協調解決糾紛，哈瑪紹於是派遣退休的瑞典外交官貝克福里斯（Baron Johan Beck-Friis）擔任調人，調解工作從 1959 年 1 月 20 日開始，雙方政府釋放被捕者。2 月 6 日，柬、泰雙方發表公報，宣布兩國將恢復外交關係、重新開放邊境。[105]2 月 20 日，柬、泰恢復外交關係。

---

[104] *Keesing's Contemporary Archives*, August 8-15, 1959, p.16949. 該資料說柬埔寨是以 1907 年法國和暹羅條約做為證據，實則是以 1904 年法國和暹羅條約做為證據。
[105] *Keesing's Contemporary Archives*, August 8-15, 1959, p.16949.

　　1959 年 10 月 6 日，柬埔寨控告泰國，訴請國際法院仲裁柏威夏古廟主權。泰國政府提出第一個反對國際法院受理該案之理由是，認為國際常設法院解散後，泰國政府在 1929 年 9 月 20 日的聲明沒有被更新；而泰國在 1950 年 5 月 20 日的聲明是自始無效的；柬埔寨根據泰國在 1950 年 5 月 20 日的聲明而要求國際法院受理該案是無效的。泰國政府提出第二個反對理由是，泰國從未承認國際法院擁有強制管轄權，除非經過泰國政府的同意。而該種同意不能片面根據柬埔寨政府對於「國際爭端和平解決一般法案」（General Act for the Pacific Settlement of International Disputes）之解釋或推論。[106]最後泰國認為國際法院應撤銷受理該案。然而國際法院在 1961 年 5 月駁回泰國之反對要求，認為其有權管轄該案。柬埔寨的法律顧問是美國前任國務卿艾奇遜（Dean Acheson）。泰國的法律顧問是英國前任總檢察長梭士基士（Sir Frank Soskice）。

　　1961 年 9 月 7 日，在曼谷爆發反柬埔寨示威活動，約有 5 萬名示威群眾在柬埔寨大使館前示威。沙立（Sarit Thanarat）政府指控柬埔寨成為中國進攻泰國和南越的基地。柬埔寨國家元首施亞努則反控泰國和南越計畫入侵柬埔寨，並迫使柬埔寨加入東南亞公約組織（Southeast Asia Treaty Organization, SEATO）。[107]10 月 23 日，兩國中斷外交關係，

　　國際法院在 1962 年 4 月 10 日開庭，6 月 15 日，國際法院對於該案做出判決，國際法院是根據 1904 年 2 月 13 日法國和暹羅簽訂的條約，該條約規定法國和暹羅兩國疆界，國際法院法官最後以 9 票對 3 票，判決該廟位在柬埔寨領土內，應屬於柬埔寨所有；以 9 票對 3 票，判決泰國有義務撤出在該廟及其附近的軍隊、警察或看守人員；3 個投反對票的法官是阿根廷的金塔納（Señor Lucio Moreno Quintana）、中華民國的顧維鈞（Dr. V. K. Wellington Koo）和澳洲的司噴德（Sir Percy Spender）。

---

[106] "Preliminary objections of the Government of Thailand," pp.135-140. http://www.icj-cij.org/docket/files/45/9259.pdf　2014 年 7 月 20 日瀏覽。

[107] *Keesing's Contemporary Archives*, August 18-25, 1962, p.18931.

國際法院另以 7 票對 5 票，判決泰國有義務歸還柬埔寨其自 1954 年佔領該廟後所有取走的物品，包括雕刻品、石碑、紀念物殘片和古瓷。[108]

　　國際法院之判決理由是，泰國既然接受 1904 年條約的條件，現在不能否認曾接受該約。換言之，泰國政府不能說享有超過五十年因為該約所獲得的好處，然後五十年後說不接受該約之約束。法院進而指出自從 1904 年後，泰國出版的地圖都顯示柏威夏古廟位在柬埔寨境內。

　　泰國社會對於國際法院之判決群情激憤，數千名大學生示威遊行，法政大學（Thammasart University）學生要求將施亞努的名字從校史上消除，同時撤回頒給他的榮譽學位。隨後施亞努將該榮譽學位證書託印尼大使還給法政大學。泰國首相宣稱將遵守聯合國憲章，才使兩國衝突降溫。三星期後，泰國將懸掛在柏威夏古廟的國旗降下，送交博物館保存，並移走旗桿。

圖 6-6　柏威夏寺 1

資料來源：http://friendspvtw.blogspot.com/p/preah-vihear-info.html　2014 年 10 月 10 日
　　　　　瀏覽。

---

[108] Covey Oliver, "Case Concerning the Temple of Preah Vihear (Cambodia v. Thailand)," *The American Journal of International Law*, Vol. 56, No. 4 (Oct., 1962), pp. 1033-1053.

圖 6-7　柏威夏寺 2

資料來源：http://www.mekong.net/cambodia/cambodia-preview24.htm　2014 年 10 月
　　　　10 日瀏覽。

圖 6-8　柏威夏寺 3

資料來源：http://www.mekong.net/cambodia/cambodia-preview24.htm　2014 年 10 月 10
　　　　日瀏覽。

　　2007 年，柬埔寨將柏威夏寺向聯合國教科文組織申報世界文化遺
產，遭到泰國反對。當時由軍人委任的蘇拉育（Surayud Chulanont）政

府稱，古寺周圍 4.6 平方公里範圍內的地區是雙方爭議區，柬埔寨無權
單方面提出申報。

　　柬埔寨於 2008 年再次提出為柏威夏寺申遺的申請，但申報範圍縮小
至古寺本身，不包括周邊地區。

　　2008 年 6 月 17 日，泰國沙瑪（Samak Sundaravej）政府未經國會批
准，與柬埔寨政府簽署一項支持柬埔寨向聯合國教科文組織申報柏威夏
古廟為世界文化遺產的聯合聲明，而引起泰國人民的不滿。柬埔寨和泰
國一直聲稱擁有這座古寺四周 4.6 平方公里的土地。7 月 2 日，該古廟獲
得聯合國教科文組織列為文化遺產。柬埔寨認為法國於 1907 年繪製的地
圖將柏威夏寺歸於柬埔寨境內，泰國認為這個地區從未劃清國界，激烈
反對教科文組織的決定。[109]「黃衫軍」領袖素瓦等 13 人以不符合法律程
序為由向行政法院提出控訴，行政法院在 2008 年 6 月 28 日發出臨時禁
令，制止政府支持柬埔寨申請把兩國邊界的柏威夏古寺列入世界文化遺
產；泰國外長那帕丹（Noppadon Pattama）因與柬埔寨簽署聯合聲明同
意柬埔寨申請聯合國文化遺產而受到批評，於 7 月 9 日辭職下台。2009
年 12 月 30 日，憲法法院宣判該一聯合聲明違反憲法程序，應予廢止，
因為未與國會商議。[110]

　　2008 年 7 月 15 日，泰國軍隊和柬埔寨軍隊在古廟地區進行駁火，
並派兵駐守古廟附近地區。7 月 19 日，中國和越南的軍事參贊以及法國
和美國駐柬埔寨官員由金邊搭乘直升機抵達柏威夏古廟；他們巡視柏威
夏古廟一帶並且拍攝了照片，他們試圖解決該一衝突。7 月 28 日，泰國
外長特傑（Tej Bunnag）和柬埔寨外長何南宏在暹粒舉行超過 12 小時的

[109] 澳洲學者波拉（Bora Touch, Esq）在 2008 年寫了一篇文章，認為泰國已同意接受 1962
年國際法院判決案附件一所附地圖，1907 年法國和暹羅混合委員會中泰國代表亦看過地
圖，顯示地圖本身沒有問題。該文批評泰國對於國際法院的判決的瞭解有錯誤。參見 Bora
Touch, Esq, "Preah Vihear Temple and the Thai's Misunderstanding of the World Court
Judgment of 15 June 1962," in http://www.preah-vihear.com/　2014 年 10 月 26 日瀏覽。
[110]「行庭判決廢除泰柬神廟聲明」，世界日報（泰國），2009 年 12 月 31 日。

會談，雙方同意撤退部署在該古廟附近的 800 名柬軍和 400 名泰軍。8 月 2 日，約 70 名泰國軍人，佔領了柬埔寨西北部邊界地區的一座 13 世紀古廟達莫托寺（Ta Moan Thom Temple），它位在柏威夏古廟以西 150 公里處，引起柬埔寨的抗議。10 月 3 日，泰、柬軍人在柏威夏古廟以西 3 公里處駁火，導致兩名泰國軍人、一名柬國軍人受傷。10 月 13 日，泰國外長特傑和柬埔寨外長何南宏在金邊舉行談判，沒有結論。

2009 年 4 月，泰、柬雙方又發生衝突，造成 7 名軍人死亡。4 月 3 日，泰國軍人武裝攻擊柏威夏神廟遺址附近的貿易市集，柬埔寨外交部於 5 月 12 日正式發文給泰國政府，要求泰國政府就該一事件提供賠償，具體的賠償金額為 7,400 萬銖（215 萬 500 美元）。而在此之前，柬埔寨一個民間機構曾向泰國駐柬埔寨大使館提出 900 萬美元的賠償要求。該邊境市集有 264 間店鋪被焚毀，319 戶人家因此喪失工作和收入。該事件造成的經濟損失達到 7,400 萬銖。[111]

11 月，柬埔寨聘請遭罷黜的泰國前首相塔信出任首相洪森的個人顧問和政府的經濟顧問，引起泰國政府不滿，立即在 11 月 5 日召回駐金邊大使，柬埔寨政府也同樣召回駐曼谷大使。2010 年 8 月，塔信辭去柬埔寨經濟顧問，8 月 24 日，泰國和柬埔寨恢復外交關係。

2011 年 1 月 31 日，泰、柬兩軍在柏威夏古廟附近發生戰鬥，導致一名泰國士兵喪命。2 月 4-7 日，泰、柬兩軍在柏威夏附近爆發激戰，導致 11 人喪命。柬埔寨首相洪森促請聯合國安理會召開緊急會議，以及呼籲聯合國派出維和部隊到爭議地點駐守。泰國則反對由聯合國調停，有關爭端應該由兩國自行解決。[112]

聯合國安理會於 2 月 14 日發表公報，敦促柬、泰雙方實現永久性停火，但並未接受柬埔寨所提出的、派遣維持和平部隊至爭執地點的建議。

---

[111] 「泰邊境衝突 柬索賠 215 萬美元」，世界日報（泰國），2009 年 5 月 13 日。
[112] 南洋星洲聯合早報（新加坡），2011 年 2 月 14 日。

2月22日，東協外長集會討論泰、柬邊境糾紛，同意接受印尼觀察員到衝突地區視察。但是泰國軍方在3月表示，由於當地太危險，而且觀察員會把事情複雜化，而拒絕觀察員前往衝突地區的古廟。柬、泰兩國的高級官員在4月初在印尼西爪哇省的茂物（Bogor）就糾紛舉行的會談也沒有成果。[113]

4月22日，泰、柬兩軍再次交火，打破了維持了兩個月的平靜。駁火地點距離柏威夏古廟約250公里的達莫安寺和達格拉貝寺。一名泰國軍人被打死；泰軍已有5人戰死，31人受傷。柬軍已有7人死亡，17人受傷。[114]4月25日，泰、柬雙方再度交火。泰軍發射了1,000枚炮彈和迫擊炮，一些炮彈深入柬國境內20公里，導致一所農村學校和10間房子被炸毀，約1萬7,000名村民被疏散。柬埔寨國防部也指責泰國的炮火破壞了寺廟。[115]4月28日，泰、柬達成停火協議。29日，雙方又駁火，造成一名泰國軍人死亡、4人受傷。

5月初東協在印尼舉行高峰會，印尼總統尤多約諾（H.E. Dr Susilo Bambang Yudhoyono）為了化解泰、柬邊界衝突，還特地安排與泰、柬領導人舉行會談，但還是未能取得任何突破。在峰會結束後，印尼外長馬蒂（Dr. R.M. Marty M. Natalegawa）與泰國外長甲西（Kasit Piromya）和柬埔寨外長何南宏三人在雅加達外交部舉行了特別會議。馬蒂提出「一攬子解決方案」。在泰國簽署印尼提出的「受委託事項」文件之後，印尼將根據這項文件立即派出觀察團到泰、柬邊境的衝突地區執行任務。[116]

柬埔寨在4月28日向國際法院提出申請書，要求國際法院解釋其於1962年把柏威夏古廟判歸柬埔寨的判詞含義，同時要求國際法院下令泰國立即無條件地從有主權爭執的柏威夏古廟一帶撤軍，以及停止損害柬

---

[113] 南洋星洲聯合早報（新加坡），2011年4月10日。
[114] 南洋星洲聯合早報（新加坡），2011年4月26日。
[115] 南洋星洲聯合早報（新加坡），2011年4月26日。
[116] 南洋星洲聯合早報（新加坡），2011年5月31日。

埔寨領土主權的行為。柬埔寨要求國際法院澄清有關判決的含義和範圍，以及解釋「將約束柬埔寨和泰國……相關文句，作為最終以談判或其他任何和平手段解決這起糾紛的基礎。」[117]

5 月 30 日，國際法院舉行公聽會，有 16 名法官聽審，柬埔寨外長何南宏在會上說：「泰國有義務把寺廟周圍地區的軍隊撤走。」他堅持，泰國一定要「尊重柬埔寨的主權和領土。」但泰國外交部長甲西在庭外對記者表示，泰國並沒有質疑國際法院在 1962 年對柏威夏古廟所做出的裁決。泰國是對該古廟周圍 4.6 平方公里的地區主張為泰國所有，法院對此並未做出有關判決。1962 年，國際法院裁決柏威夏寺歸柬埔寨所有，但並未對該寺四周 4.6 平方公里的土地做出裁決。[118]

泰國國防部長帕維（Prawit Wongsuwon）於 6 月 4 日在新加坡舉行的亞太安全會議（香格里拉對話）場外對記者說，國際法院沒有權力下令泰國從柏威夏寺周圍 4.6 平方公里的領土主權糾紛地區撤軍及停止在該範圍內的一切軍事活動，如果它當真作出這樣的裁決，泰國將不會遵守。泰國外交部長甲西較早時也曾說過，如果國際法院下令泰國撤軍，對柬埔寨也應當下達同樣指令。[119]

7 月 18 日，國際法院以 11 票對 5 票，下令柬埔寨和泰國軍警同時離開柏威夏寺周圍地區。法院也呼籲泰、柬允許東協官員進入該地區，以實現由聯合國安理會在 2011 年 2 月提出的永久性停火協議。為了讓泰、柬撤軍，國際法院在柏威夏寺周圍劃定「臨時非軍事地帶」，以迫使泰國從佔領多時的地點撤軍，柬埔寨軍隊也必須同時離開寺廟的鄰近地區。國際法院也下令泰國，不得阻擋柬埔寨人民自由進出柏威夏寺，也不能阻止柬埔寨向那裏的非軍事人員發放補給。[120]

[117] 南洋星洲聯合早報（新加坡），2011 年 5 月 4 日。
[118] 南洋星洲聯合早報（新加坡），2011 年 5 月 31 日。
[119] 南洋星洲聯合早報（新加坡），2011 年 6 月 6 日。
[120] 「古寺周邊主權爭議下判 國際法院下令 泰柬兩國同時撤軍」，南洋星洲聯合早報（新加坡），2011 年 7 月 19 日，頁 4。

圖 6-9　柬埔寨軍隊從柏威夏古廟撤軍儀式

資料來源：南洋星洲聯合早報（新加坡），2012 年 7 月 19 日。

　　9 月 15 日，泰國新首相穎拉訪問金邊，與首相洪森達致協議，雙方同意兩國從柏威夏寺地區撤軍。2012 年 4 月 29 日，柬軍在柏威夏邊境地區巡邏時，遭到泰國軍隊攻擊，雙方以步槍和手榴彈駁火了約 10 分鐘，造成一名柬軍受傷。泰國軍方發言人汕森指出，由於柬埔寨的非法伐木工在泰國境內向泰國安全部隊開槍後逃走，泰方才做出反擊。在國際法院下令柬、泰兩國從柏威夏古廟地區撤軍後的一週年，柬埔寨和泰國於 7 月 18 日分別從柏威夏古廟地區撤出了數百名軍事人員，改派員警和保安人員駐守。泰、柬並設立聯合小組，研究印尼觀察員在該地駐守的職責範圍。印尼將派出觀察小組，負責監控這片面積 4.6 平方公里有爭議地區的局勢。[121]

　　2013 年 11 月 11 日，國際法院宣讀泰國與柬埔寨之間考帕威寒山柏威夏神廟周邊領土爭議案判決，否決柬埔寨提出的以殖民時期地圖劃定泰、柬邊境要求，使古神廟遺址周邊大片領土仍然屬於泰國。但國際法院要求泰方檢討執行 1962 年判決的古神廟遺址邊界範圍，並要求泰、柬

---

[121] 「柬泰軍隊撤出邊界爭議地區」，南洋星洲聯合早報（新加坡），2012 年 7 月 19 日。

兩國共同保護作為世界文化遺產的考帕威寒山神廟古蹟。對柬方提出使
用法國殖民時期「1:20 萬比例地圖」作為劃定兩國國界的要求，國際法
院作出裁定，此案審理不涉及解決兩國邊界爭端問題，國際法院沒有必
要對兩國邊界進行裁定。所以柬方自稱古神廟以西大約 4.6 平方公里山
區以及普瑪克山（茄子山）制高點屬於柬埔寨的說法，法院不予認同，
以上區域目前屬於泰國的控制範圍。[122]此案終於塵埃落定。

　　泰國和柬埔寨為了古廟發生糾紛，過去也曾為了吳哥窟是否為泰國
所有而發生衝突。2003 年，泰國報章引述一名電視女藝人的談話，指吳
哥窟屬於泰國所有，激怒柬埔寨人群起抗議，甚至放火焚燒在金邊的泰
國大使館。柏威夏古廟之領土爭端，應該是當年國際法院只解決問題的
一部份，而留下未決的領土的後遺症。

---

[122]「泰柬神廟領土案 國際法院判雙贏」，世界日報（泰國），2013 年 11 月 12 日。

第七章
柬埔寨文化

第一節　宗教信仰

　　柬埔寨人種之來源是緣起於印度人和湄公河下游土著的混血種，因此從第 2 世紀開始建國起，就引進印度的婆羅門教，以後流傳將近一千多年，才逐漸由印度教和佛教取代。就宗教起源而論，柬埔寨與其他原始部落社會不同，它從進入歷史文獻記載中就是流傳婆羅門教，而在這之前，也許也流傳著拜物教信仰。以後，這兩種信仰並存很長一段時間，在第 13 世紀元朝周達觀所寫的真臘風土記一書就曾有這樣的記載。

　　據倫尼之說法：「在第 5 世紀時，印度的印度教和佛教傳入柬埔寨，且在柬埔寨的皇宮中使用印度梵文，開始有書寫制度、法律、文學和普遍的君主制度。」[1]另據布里格斯（Lawrence Palmer Briggs）亦說真臘出土的碑文記載在巴瓦瓦曼一世（Bhavavarman I, 550-611）時，崇祀林伽，可知是信奉濕婆教。[2]

　　第 9 世紀初，吳哥王朝開始初期，賈亞瓦曼二世以神君自況，顯然是受到印度教的影響。吳哥時期，不僅流行濕婆教和毗濕奴教，也有佛教，最重要的，當時人們還有祖先崇拜。第 10 世紀，拉仁德拉瓦曼二世信奉濕婆教，並興建濕婆神廟（Phimeanakas）（又稱空中宮殿），至蘇亞瓦曼一世（Suryavarman I, 1006-1050）時完工，根據周達觀的著作，真臘國王經常到該神廟與女蛇精幽會。該神廟是一座三層金字塔形狀的建

---

[1]　Dawn F. Rooney, *Angkor, An Introduction to the Temples*, Airphoto International Ltd., Hongkong, 2002, p.22.

[2]　Lawrence Palmer Briggs, *The Ancient Khmer Empire*, The American Philosophical Society, Philadelphia, 1951, p.43,

築，每一層有迴廊，但無壁雕。其週有 600 公尺乘以 250 公尺的圍牆，有五座入口的小塔。[3]

　　第 11 世紀的蘇亞瓦曼一世，應是高棉帝國第一個佛教國王，他信奉的是大乘佛教。當時柬埔寨民間流行的是印度教或小乘佛教。換言之，當時柬埔寨宗教信仰相當自由，流行著各種宗教，國王和庶民各有其信仰，不相干涉。至 1295 年，英德拉瓦曼三世執政時期，小乘佛教成為真臘的國家宗教。以後柬埔寨才普遍信仰小乘佛教。由於吳哥作為柬埔寨的首都長達六百多年，歷經各種不同宗教信仰的統治者，所以暹粒地區聳立的吳哥時期的建築物，即呈現著婆羅門教、印度教和佛教色彩，具有混合宗教的特色。

　　小乘佛教的教義為：正確思想、正確目標、說正確的話、做正確的事、以正確的方式謀生、正確努力、機敏、沈思。[4]

圖 7-1　拉仁德拉瓦曼二世（941-968）建的濕婆神廟

資料來源："Phimeanakas," *Wikipedia*, https://en.wikipedia.org/wiki/Phimeanakas　2019 年 1 月 3 日瀏覽。

---

[3]　"Phimeanakas," *Wikipedia*, https://en.wikipedia.org/wiki/Phimeanakas　2019 年 1 月 3 日瀏覽。

[4]　"Cambodia: Language, Culture, Customs and Etiquette," http://www.kwintessential.co.uk/resources/global-etiquette/cambodia.html　2014 年 9 月 6 日瀏覽。

從第 13 世紀以後，柬埔寨跟泰國一樣，流傳小乘佛教，各地也廣建佛廟，在暹粒的吳哥地區，佛教寺廟將近有 200 座。和尚穿著茶紅色（蕃紅花）袈裟，晨起沿門托缽，遵守一日兩頓飯、過午不食的教規，也不喝酒和食肉；平時為民祈福、禳災、解厄。佛教已成為人民日常生活的一部份，養生送死都脫離不了佛教及其儀式。

高僧受到人民的景仰，也享有一定的政治地位。依據 1993 年憲法第 13 條之規定，柬埔寨王國新國王應由皇家王位會議選舉產生。皇家王位會議應由下述人員組成：國會議長、首相、佛教領袖、國會第一和第二副議長。柬埔寨是個佛教國家，但與泰國不同，在憲法中並未規定國王是佛教的保護者，在王位會議中卻規定佛教高僧須出席，對於國王之選任亦有參與權。

寺廟是地方活動的中心，在雨季時，和尚須一直待在廟中，在該閉關廟中的起始和結束，都會舉行儀式。在波布統治時期，全柬國和尚僅剩下 7 人。柬埔寨重新建國後，和尚人數逐漸增加，至 2008 年，全柬國總共有 4,300 座寺廟，55,000 多名和尚。[5]

柬人也保留祖先崇拜和土地神信仰，在寺廟的角落有守護神的祭壇。在婚禮或葬禮，都融合著佛教和拜物教的特色。

密教在柬國也頗為流行，例如懂得傳統醫療術的人稱為 *krou*（或 *krou khmaer*），他們懂得畫符，與精靈溝通。*Thmuap* 是 *krou* 的一種，擅長魔法。*roup* 或 *roup arâkk*，則是靈媒，可以與精靈溝通。在拳擊比賽前，拳擊手會有祈禱儀式，稱為 Kun Krou。

其他尚有幾個重要節日，例如，為亡靈祈禱的「亡靈節」（Pchum Ben）；敬獻袈裟給寺廟和尚的「朝聖節」（Kâthin）；5 月的佛誕日；2 月的佛陀最後講道日節。

---

[5]　「柬首相促僧侶　須遵守佛家戒條」，南洋星洲聯合早報（新加坡），2008 年 12 月 20 日。

　　柬埔寨也使用佛曆，是以佛陀圓寂的公元前 544 年為佛曆紀元。此與泰國的佛曆不同，泰國是以佛陀圓寂的公元前 543 年為佛曆紀元。

　　住在柬埔寨東北部的越南邊境有占族（Chams），人數約 50 萬，主要信仰伊斯蘭教，屬於遜尼教派（Sunni）。另外有約 6 萬人天主教徒。[6]華人則大都信仰佛教和道教。

　　吳哥窟在 1992 年獲得聯合國教科文組織通過的人類物質文化資產。柏威夏寺則在 2008 年 7 月 7 日獲得人類物質文化資產。

第二節　文字與文學

　　柬埔寨最早的文字約在第三世紀出現，係源自印度的文字，然後加以改良。柬埔寨文字可能早於孟族（Mon）文字。第一塊石碑出土，記載的是第 7 世紀的事蹟。當時的文字是南印度的巴利文[7]，學習該類語文的場所主要在寺廟，和尚成為該類語文的教師。除了巴利文外，早期柬埔寨文字也受到印度梵文的影響，所以語彙中也含有梵文。柬埔寨語由 33 個聲母、23 個韻母和 12 個獨立的元音組成。

---

[6] "Culture in Cambodia," http://www.world66.com/asia/southeastasia/cambodia/culture　2014 年 9 月 6 日瀏覽。

[7] 巴利文是一種對佛教經典做註釋評論的文字，而且認為他們的註釋文本才是正本佛經的用語，這是由在瓦晉（Vajiian）的和尚開其端。巴利文是位在印度比哈爾邦（Bihar）的摩揭陀國（Magadh）使用的語文，錫蘭國王瓦他迦瑪尼（King Vaṭṭagāmaṇi Abhaya，29-17 BC）召開第四屆佛教大會，決議將佛陀的口語訓諭使用巴利文加以紀錄註釋，也就是確立了以巴利文撰寫小乘佛教的經文。Bimala Churn Law, *A History of Pali Literature*, Rekha Printers Pvt. Ltd., New Delhi, India, 1933, reprinted in 2000, pp.18-21.

$$\text{អក្សរក្រមខ្មែរ}$$

圖 7-2　柬埔寨文字

資料來源：“Khmer alphabet,” Wikipedia, http://en.wikipedia.org/wiki/Khmer_alphabet
　　　　2019 年 1 月 20 日瀏覽。

　　法國在 1944-1945 年積極推動高棉文字改革，目標在使柬埔寨文字羅馬化，特別是在政府出版品和學校。但柬埔寨文字羅馬化並未推動到宗教經文。1945 年 3 月日軍驅逐在柬埔寨的法國勢力後，柬埔寨恢復其原先的文字。

　　柬國的主要方言有：[8]

　　馬德望語（Battambang）：主要分佈地區在西北部。

　　金邊語：主要分佈在金邊及附近省分。

　　北高棉語：又稱為 *Khmer Surin* 語，是住在泰國東北部的柬埔寨人的語言。

　　南高棉語：又稱為 Khmer Krom 語，是住在湄公河三角洲的土著講的語言。

　　卡達蒙高棉語（Cardamom Khmer）：是住在柬國西部卡達蒙山脈土著講的語言。

　　柬國早期的文學來自印度的拉瑪耶那（*Ramayana*）和瑪哈哈拉塔（*Mahabharata*）兩部史詩的故事或佛教的故事。柬埔寨版的拉瑪耶那稱為拉瑪之光（*Reamker* or *Ram Ker*，Rama's fame）。拉瑪之光是一部有韻律的詩文，常以舞蹈加以表現，成為柬國最古老的戲劇。根據該書所編的一齣舞蹈 *Robam Sovann Maccha*，是柬國有名的古典舞蹈之一。[9]有關佛教、戰爭或王朝統治法令的故事大都刻在石碑或寺廟的牆壁上。

---

[8]　“Khmer Language,” http://en.wikipedia.org/wiki/Khmer_language　2019 年 1 月 20 日瀏覽。

[9]　“Cambodian Literature,” in http://en.wikipedia.org/wiki/Cambodian_literature　2014 年 9

圖 7-3　吳哥寺的瑪哈哈拉塔的史詩故事

資料來源："Cambodian Language," in http://en.wikipedia.org/wiki/Cambodian_literature
　　　　　2014 年 9 月 16 日瀏覽。
說　　明：兩位兄弟 Sunda 和 Upasunda 為了美貌的 Tilottama 而爭吵。

　　安敦國王是一位有名的散文作家。他的小說母烏鴉（*Kakey* or *Ka key*）是受到印度的佛陀前世故事集（*Jātakas*）的影響。母烏鴉的內容是描述一位女性不忠於其丈夫，最後被其丈夫懲罰。該故事成為柬國教育的教材內容。安敦的故事亦可能受到另一本傳奇故事書普替生和孔蕾小姐（*Puthisen Neang Kong Rey*）（又稱為十二姊妹）的影響，該故事講的是一位忠貞的妻子準備為其丈夫犧牲生命。高棉的詩人和詞曲作家常以 *Kakey* 一詞指不貞的妻子，而以 Neang Kong Rey 一詞指忠貞的妻子。[10]

月 27 日瀏覽。
[10]　"Cambodian Literature," in http://en.wikipedia.org/wiki/Cambodian_literature　2014 年 9 月 27 日瀏覽。
　　　"Jataka tales, " http://en.wikipedia.org/wiki/Jataka　2014 年 9 月 27 日瀏覽。

民間口耳相傳的故事有一本故事集瓦望和梭望（*Vorvong and Sorvong*）將之記錄下來，故事內容是有兩位王子受到侮辱，經過一連串考驗後，恢復其地位。一位法國殖民地官員奧古斯都（Auguste Jean-Marie Pavie）最早將該故事寫下來，他是用馬德望語寫的。[11]

東恩蒂威（Tum Teav）是一本第 19 世紀中葉的愛情悲劇故事，最早是用詩寫成，被比喻為柬埔寨的羅蜜歐與朱莉葉，1950 年代被列入中學教科書的教材。該故事內容如下：東恩（Tum）是一位有才幹的初出家的和尚，有一天他到特包恩・科穆姆（Tbaung Khmum）省，尋找竹製米容器，遇見美貌的蒂威，蒂威為他的歌聲所吸引，她送給東恩檳榔和衣物作為愛的信物。東恩返回其故鄉後，因思念蒂威，又回到特包恩・科穆姆省，兩人暗中同居。不久，國王宣召東恩到王宮唱歌，東恩離開蒂威。蒂威的母親不知道其女兒與東恩相愛，而同意將其女兒許配給特包恩・科穆姆省長阿忠（Archoun）的兒子。國王的使節亦對蒂威之美貌印象深刻，乃向蒂威的母親說項，堅持蒂威嫁給柬埔寨國王。阿忠省長同意取消他兒子和蒂威結婚的計畫。蒂威與柬埔寨國王進行婚禮時，國王要東恩唱歌祝賀，東恩卻唱歌表達他對蒂威的愛，拉瑪國王忍住憤怒，成全該對戀人，最後同意東恩和蒂威結婚。當蒂威的母親知道蒂威要與東恩結婚，佯裝生病，騙蒂威返回其故鄉，強迫蒂威嫁給阿忠省長的兒子。蒂威將此消息告知東恩，東恩攜帶國王的命令前往阻止蒂威與阿忠的兒子的婚禮，東恩喝醉了酒，宣稱他是蒂威的丈夫，且在大眾面前親吻蒂威。阿忠憤怒地命令其衛兵將東恩打死。蒂威哀傷過度吐血而死在東恩的身上。當國王聽到該一慘案，處罰阿忠七族親戚，將阿忠等人埋至頸部，然後用鐵犁和耙，將他們的頭鏟下。[12]

---

[11] "Cambodian Literature," in http://en.wikipedia.org/wiki/Cambodian_literature 2014 年 9 月 27 日瀏覽。

[12] "Tum Teav," http://en.wikipedia.org/wiki/Tum_Teav 2019 年 1 月 20 日瀏覽。

　　法國統治時期，也出現一些有名的小說，例如，1911年出版的舞動的水和舞動的花（*Dik ram phka ram,* The Dancing Water and the Dancing Flower）和1915年出版的柬恩蒂戚；1900年，女性小說家索西施（Sou Seth）所寫的賓瑪的訴苦（*Bimba bilap,* Bimba's Lamentation）；1942年，諾康（Nou Kan）所寫的 *Dav Ek*。

　　在波布統治時期，許多作家被殺害或者逃離外國，因此幾乎沒有文學著作產生。在1980年代的文學著作，帶有社會主義色彩。1991年後，有較大的寫作空間，寫作風格較為自由，但限於經費，並未出版新的文學著作。小報紙蓬勃出版，也出現諷刺小說。反而在海外出版有不少柬埔寨的文學作品。

第三節　表演戲劇

　　柬埔寨的音樂和舞蹈連接著天和地，是積累兩千年的文化沈澱而成，聽其音樂、觀其舞蹈，使人有平和、和諧之感。柬埔寨的舞蹈以柔和著稱，舞者以手、頭和肢體的柔和擺動，傳達舞蹈內容。舞者的動作較為保守，沒有大幅度的手足舞動。臉部表情亦很豐富，尤其是眼神的傳達更具優雅、從容。舞者的衣服華麗，五顏六色，頭戴長尖帽，形狀如佛塔的尖頂。高棉的古典舞蹈（*robam preah reachtrop*）是在宮殿中表演，主要目的是酬神、對王室或個人敬獻。在表演時通常會伴以樂器演奏。

　　宮廷舞在20世紀中葉後，逐漸變成大眾化的舞蹈，通常會在節慶時表演。較有名的兩個宮廷舞蹈，一個是仙女舞（Robam Tep Apsara），是吳哥王朝時期流傳的宮廷舞蹈，其內容摻雜了泰國舞蹈特色。另一個是希望舞（Robam Chun Por）。

圖7-4　宮廷舞蹈

資料來源：http://en.wikipedia.org/wiki/Dance_in_Cambodia　2014年9月12日瀏覽。

　　此外，各地也有其特殊的民俗舞蹈，特別是少數民族，都有其具民族特性的舞蹈。這類舞蹈沒有穿著華麗的衣服，通常是穿著屬於各民族的服飾，舞蹈動作節奏也較宮廷舞要快速。較有名的民俗舞蹈有：[13]

　　小跑步舞蹈（Trot Dance）：這是有關獵人和鹿之間的故事，舞蹈之目的在消除厄運。

　　潛行打獵舞蹈（Sneak Toseay Dance）：是一種圍獵老虎、鹿、孔雀和其他動物的舞蹈。起源自菩薩省（Pursat Province）的普農卡拉萬區（Phnum Kravanh District）。

　　竹竿舞（Robam Kom Araek）：使用兩隻或多隻竹竿在地上擺動，舞者在竹竿間跳動。據說該項舞蹈是諾羅敦國王（King Norodom，1834-1904）訪問菲律賓時帶回來的舞蹈。

　　拜林孔雀舞（Robam Kngaok Pailin，Pailin peacock dance）：是在拜林的庫拉（Kula）族的舞蹈，與一對孔雀共舞的舞蹈。

---

[13]　"Dance in Cambodia," in http://en.wikipedia.org/wiki/Dance_in_Cambodia　2011/9/12瀏覽

圖 7-5　柬埔寨類似胡琴的樂器

資料來源：“Khmer Music and Dance in Cambodia,” http://www.1stopcambodia.net/culture/
music_dance　2014 年 9 月 17 日瀏覽。

查揚舞（Chhayam）：舞者以一種喜劇的方式跳舞，戴面具，手持打
擊樂器，另有長鼓伴奏，舞者有時還會自唱自答，以娛觀眾。

柬埔寨的音樂帶有印度的色彩，樂器則有些從中國引入，例如，竹
製木琴（Roneat）樣子像中國的胡琴。竹製木琴是在寺廟節慶時演奏的
樂器，也是在宮廷舞蹈的場合時伴奏之用，它是由打擊樂器組成，包括：
鉛製木琴（roneat ek）、低音竹製木琴（roneat thung）、大銅鑼（kong vong
touch）和小銅鑼（kong vong thom）、兩面鼓（sampho）、兩個大型的鼓
（skor thom）和四片簧的樂器（sralai）。[14]

高棉皇家芭蕾舞（Khmer Royal Ballet），是 1960 年代由施亞努國王
的女兒蒂威公主（Princess Norodom Bopha Devi）推動的古典舞蹈，她將
現代的芭蕾舞和傳統舞蹈結合。[15]

---

[14] “Cambodia Culture”, http://www.cambodiatips.com/culture/　2011/9/6 瀏覽

[15] http://www.tourismcambodia.org/contents/about_cambodia/index.php?view=tradition_culture

圖 7-6　皮影戲

資料來源：http://www.uutuu.com/tops/contentsatic/67/four/one_1.html　2014 年 9 月 27 日
　　　　瀏覽。

　　柬埔寨皇家芭蕾舞（仙女舞）在 2003 年獲得聯合國教科文組織的非
物質文化世界資產。斯貝克托姆柬埔寨皮影戲在 2005 年獲得聯合國教科
文組織的非物質文化世界資產。斯貝克托姆是 sbek thom 的譯音，指一
大塊的牛皮，從中裁剪出皮影戲的人偶。皮影戲從吳哥時期即已存在，
戲劇內容大都取材自印度史詩拉瑪耶那的故事內容。通常會在國王生日
或特定節慶日舉行皮影戲表演。

　　2018 年 11 月，聯合國教科文組織將柬國的拉空柯勒面具舞（Lakhon
Khol）列入人類非物質文化世界資產，該舞蹈是起源於第九世紀，是由
男性在宮廷表演的面具舞蹈，在柬國的拉瑪耶那版的拉瑪之光有記載。
該舞蹈在敘述拉瑪之光書中的故事，同時有拼皮特（Pin Peat）管樂隊伴
奏。目前唯一的劇團是距離金邊 15 公里的干丹（Kandal）省斯衛安得特
寺廟（Wat Svay Andet）的劇團。柬國的國家劇院也表演該舞蹈。[16]

　　2014 年 5 月 28 日瀏覽。

[16]　"Lakhon Khol gets Unesco Heritage status," *The Phnom Penh Post*, 29 November, 2018.

圖 7-7　拉空柯勒面具舞

資料來源："Lakhon Khol gets Unesco Heritage status," *The Phnom Penh Post*, 29 November, 2018.

第四節　日常生活與節慶

　　柬埔寨人跟泰國人一樣，見面時以雙手合十向對方表示友誼，並口說：「窮力普蘇爾」（Chumreap Suor）的問候語。通常舉手越高、鞠躬越低，傳達越多的尊重。對長輩和官員通常會將合十雙手舉得較高。惟受西化影響，在大城市也流行握手禮。

　　柬埔寨人視出生為快樂之事，但母親和嬰兒在生產時易受惡靈傷害。在生產中去世的母親，在越過高棉的河流時，據信會變成惡靈。孕婦對於食物會有許多禁忌。柬埔寨人相信人死後投胎轉世，所以大都在死後第七天或一百天行火葬。骨灰則存放在廟中的舍利塔。通常會在喪宅外懸掛一支白旗幡，稱為「白鱷魚旗」（white Crocodile Flag）。死者的配偶和子女會理髮、穿白衣。

柬埔寨人的日常主食是米和魚。吃飯時，男性和客人為先，女性則在後。在鄉下地區，通常都是席地或坐在竹製桌子旁吃飯。在廟會時，信眾會準備食物到廟中供養和尚，等和尚吃過後，才由俗人享用。

柬埔寨從 1877 年起才允許農民擁有私有土地，農民維持著勉強的自足耕作生活。但波布政權卻在 1975 年將土地收歸國有，採取集體耕作方式，造成糧產不足，餓死人無數之悲劇。1989 年，恢復私人所有農地制度，也歡迎外國人投資。從 1990 年起，稻米生產充足，成為重要出口物產。

一般人民不相信警察和司法體系，認為他們都是貪污的。交通糾紛或其他衝突案件，都尋求法庭之外的調解。一般人也相信有權力者和有錢人可免除法律的制裁。政府對於反對份子和新聞記者，採取鎮壓手段，有時採取暴力手段，予以身體傷害。

傳統農村生活中，男性從事捕魚、種田、脫穀粒、製作或修補工具、照顧牛隻；女性則負責種苗、整理家務、育兒、採買，並將自家生產的東西拿到市場去賣。在波布統治時期，打破這種男女分工，女性被迫從事各種粗重工作。波布政權瓦解之後，重新恢復社會秩序，有不少外國工廠雇用許多女工，但女性在政治的參與較少。

柬埔寨人和中國人相似，注重面子，有損顏面之事，猶如遭到侮辱，會引起怨恨。利用幽默，可以化解人與人之間的緊張性。人們習慣於保持微笑，態度從容，具有相當程度的宿命論傾向。見面打招呼，是稍微鞠躬，合掌在胸前，柬人稱為 Sompiah。

在柬埔寨，只有男性可以出家當和尚，女性不可以。即使她們在廟中修行，亦被認為是俗人。

柬埔寨採雙系親族體系，但因採取女家長制，而使女性在家中地位較強勢。不過，家庭中對女性的約束大過男性。家中對女性施暴亦很多，缺乏法律保護女性。

　　過去男女婚姻都是由父母決定，近年都是自由戀愛而結婚。通常會請媒婆去說媒，經女方同意後，會請算命者看好結婚日期。傳統上，在婚前男方須至女方父母家住一段時間，以證明他有持家能力。經女方家長同意後，男方才能正式與女方結婚。婚禮是在女方家籌辦，傳統上要辦三天，今天已縮短為一天或半天。婚禮進行要演奏三首傳統歌曲，第一首歌曲是歡迎新郎，第二首歌曲是贈送嫁妝，第三首是邀請長輩吃檳榔。最後是奉茶儀式，由新郎和新娘奉茶給祖先神靈。[17]

　　結婚時男方要付給女方聘金，以作為購買嫁妝之用。在 1989 年以前，一夫多妻制是合法的，以後則禁止。1993 年憲法，禁止重婚。離婚在法律上有規定，但一般人不願輕易離婚。子女繼承父母之財產是平等的，不分男女和長幼。

圖 7-8　結婚儀式

資料來源：http://www.mekong.net/cambodia/cambodia-preview16.htm　2014 年 10 月 10
　　　　　日瀏覽。

---

[17]　「柬埔寨傳統及文化」，柬埔寨旅遊部網站，http://www.tourismcambodia.org/contents/
　　　about_cambodia/index.php?view=tradition_culture&lang=zh-tw　2014 年 9 月 27 日瀏覽。

　　由於長期戰亂，教育制度遭到破壞，尤其在波布統治時期，大學都停辦。1979 年後才恢復大學，先開辦醫學系、藥學系和牙醫系。1980 年開辦師範大學。1981 年開辦技術學院。1984 年開辦經濟學院。1985 年開辦農業學院。1988 年，重開金邊大學（University of Phnom Penh）。[18]

　　柬埔寨語有複雜的語言系統，分尊卑不同等級，和尚或王族人員說的是較高級的語言，一般人則說的是通俗的市場語言。

　　柬埔寨民風保守，嚴格男女之別。跟泰國一樣，禁止摸別人的頭，亦不可用腳指東西或踢東西。

　　男性進寺廟，忌盤腿而坐。男性須著長褲，禁露腿毛。女性需著有袖衣服，禁露肩膀。

　　跟其他東南亞國家一樣，左手為穢，禁用左手拿東西給他人。

　　進別人房子和寺廟，須脫鞋。

　　重要的節慶有：

　　新年（Chaul Chnam Thmey），是定在稻米收割後的季節，約在每年 4 月 13 或 14 日之間，通常過新年的歡樂期間是三天。

　　金邊的水節(Water Festival)，每年 11 月 21-23 日舉辦彩色龍舟競賽，夜晚有照明的船隻遊河。

　　獨立紀念日，每年 11 月 9 日。

　　施哈穆尼國王生日，每年 5 月 14 日。

　　柬埔寨人不重視生日，因為老一輩人忘記其出生日期，故不慶生。

　　受邀到別人家晚餐，通常會攜帶水果、甜點、糕點或花作為伴手禮。柬人重視尊卑關係，因此就座入席，需注意尊卑座位。而且需等年老者先開動，才能取食物。

---

[18]　"Culture of Cambodia," http://www.everyculture.com/Bo-Co/Cambodia.html　2014 年 9 月 27 日瀏覽。

　　柬埔寨的食物是不加辣的泰國菜，也是泰國菜、中國菜和印度菜的綜合。米食是主食，偶而也吃麵。此外，也吃海產和魚、牛肉、豬肉和雞肉。柬人習慣在菜中加上各種香料，包括薑、薑黃、羅望子、大蒜、檸檬、椰子粉、丁香、桂皮、八角茴香、肉荳蔻、小荳蔻、高良薑、青蔥、檸檬香草、香菜。由摻雜各種香料混合而成的香料稱為 Kroeung。此外，柬埔寨人還喜歡吃辛辣發酵的魚醬，稱為 Pra-hok，以及發酵的蝦糊，稱為 Kapi。魚醬和蝦糊是作為醮醬料使用。總之，柬人和泰國人相近，喜食酸甜辣等重口味的食物。

　　柬埔寨的傳統工藝表現在紡織、絲織、石雕、漆器、陶器、壁畫、風箏製作。石雕和壁畫表現在吳哥的建築上。紡織、絲織、漆器、陶器等則表現在日常用品上。在波布統治時期，許多工藝家被殺害，導致工藝技術落後。

　　在農村地區，農民的住家跟其他東南亞國家很相像，大都興建干欄式農舍，下面一層作為養牛、雞、鴨之用。也有很多沒有興建干欄式農舍，只有一層建築，應是經濟條件較差的建築。

圖 7-9　柬埔寨干欄式農舍

資料來源：http://en.wikipedia.org/wiki/Rural_Khmer_house　2014 年 5 月 20 日瀏覽。

　　洞里薩湖上的安龍陳（Koh Anlong Chen）村（中國島）和乾拉省有世代相傳的銅匠，他們製作銅裝飾劍和其他裝飾品工藝精湛，頗富盛名。

　　柬埔寨金邊南部省份坎達爾的一個村莊，在 2011 年 1 月 3 日舉行了一場別開生面的婚禮，新人是一對蟒蛇。重 90 公斤、長達 4.8 米的雌蟒蛇與雄蟒蛇在完成婚禮後，被主人送入洞房。近千名村民出席了這場婚禮，他們相信這對蟒蛇結為夫婦，將為村民擋災減煞、消除病痛，並帶來好運與幸福。該事件起因於一個占卜師向村民表示，一定要讓雄蟒蛇與雌蟒蛇結婚，否則村民就會遭受惡運和染上疾病。老一輩的村民乃遵循占卜師的勸告，並請僧侶為兩條蟒蛇主持婚禮。[19]柬國村民民智未開，至今占卜師仍可利用迷信影響著村民。

　　早期柬埔寨人日常生活中的娛樂，除了舞蹈外，有鬥雞、鬥象和鬥豬，此可見於吳哥寺的石雕作品中。在巴揚寺中，浮雕上的鬥雞場面很生妙的反映了當時柬埔寨人的休閒生活。這些休閒活動傳統已流傳一千多年。惟鬥象和鬥豬等活動已失傳。1970 年代波布統治期間禁止出版有關鬥雞等的書籍，以防止這類活動帶來的賭博。現在則是開放，成為觀光的景點，吸引不少外國觀光客前往參觀。

圖 7-10　鬥雞場

資料來源：http://www.roadjunky.com/1717/happy-pizza-and-cockfighting-in-phnom-penh/
　　　　　2014 年 5 月 20 日瀏覽。

---

[19] 「蟒蛇“結婚”可擋災？」，南洋星洲聯合早報（新加坡），2011 年 1 月 4 日。

圖 7-11　柬埔寨摔角

資料來源：http://www.tourismcambodia.org/contents/about_cambodia/index.php?view=
tradition_culture　2014 年 5 月 20 日瀏覽。

　　在吳哥寺的浮雕中亦可見到柬埔寨人的武術（Bokator），基本上是
利用手、腳甚至頭部作為搏擊對手的工具，有時會使用短棍打擊對方。

　　摔角比賽（Baok Chambab），也是柬埔寨傳統的武術表演之一，比
賽的兩人利用身體相互摔角，以將對手摔倒使其背部觸地為獲勝，比賽
以三回合決定勝負。通常在進行摔角時，會同時有敲鑼打鼓助陣。摔角
比賽通常在柬埔寨新年或重要節慶舉行。

　　腳擊（Pradal Serey），是柬埔寨較為特別的武術比賽，比賽的兩人
使用腳部相互攻擊。在比賽前，兩位選手舉行祈禱儀式（Kun Krou）。比
賽以五回合決定勝負。比賽者需穿戴皮手套和鞋子，比賽過程中會播放
柬埔寨音樂以助興。該種比賽類似泰國拳賽，手腳並打。被擊倒者，由
裁判數至十下，判定其為輸者。

圖 7-12　柬埔寨腳擊

資料來源：http://www.tourismcambodia.org/contents/about_cambodia/index.php?view=
　　　　　tradition_culture　2014 年 5 月 20 日瀏覽。

　　傳統草藥，柬埔寨跟中國或其他東南亞國家一樣，早期都使用樹葉、
樹根或樹皮做成草藥以治病。據稱從吳哥王朝開始即有以草藥治病，從
事該種治療者被稱為 Krou Khmer。有關該種草藥之記載，散見於各寺廟，
大都以巴利文記載的文書中。目前國立傳統醫藥中心（National Center of
Traditional Medicine）正致力於蒐集、整理和解釋這些蒐集的草藥文獻，
並希望具有草藥知識的各界人士提供資訊，使草藥知識能達到科學的標
準。[20]

20　http://www.tourismcambodia.org/contents/about_cambodia/index.php?view=tradition_culture
　　2014 年 5 月 29 日瀏覽。

第八章

結論

　　柬埔寨是一個古國，因為中國和印度交通的開展，而在第 2 世紀起
成為該一航線上的重要國家，其人民和文化與印度息息相關，舉凡種族、
典章制度、宗教和習慣，深受印度文化影響。柬埔寨跟其他東南亞國家
一樣，其吸收的印度人和文化逐漸本土化，而形成其獨特的柬埔寨人種
和文化。

　　柬埔寨人生活在印度支那半島的南端，湄公河下游三角洲地帶，依賴
海洋貿易和內陸河流，繁衍人口，而形成國家。早期泰國沿岸地帶，可能
人煙稀少，只有少數的孟族人和海人居住，柬埔寨人以較高文化的地位而
入侵佔領今天泰國灣沿岸地帶，所以從克拉地峽到柬埔寨的沿岸地區都被
柬埔寨控制。由於人口稀少，這種控制僅是鬆散的型態。在第 6 世紀以前，
柬埔寨因為受印度婆羅門教的影響，而成為一個信仰婆羅門教的國家。

　　早期印度人移入湄公河下游，與當地土著混血而形成新的柬埔寨族
群，他們活動的地點在湄公河下游和今天越南南部和中部順化以南地
區，從這些地區遺留下來的古代婆羅門教遺跡，即可知道早期印度文化
對於該地區的影響頗深。在中國古籍提及古代扶南國能造大船，其發音
為「舶」，因此，中國古稱大船為「舶」，亦指其為外國船之意，舶來品
即是指外國貨。從而亦可知，早期柬埔寨人擅長航海貿易。扶南國存立
時期，與中國之貿易頻繁，成為中國對外重要貿易伙伴。

　　至第 6 世紀，泰國南部的佛統一帶出現新興的佛教國家墮羅鉢底，
勢力逐漸擴張，往南沿著泰南半島進入猜耶（Chaiya），往東發展至湄南
河流域的華富里（Lopburi），形成羅斛國家。柬埔寨逐漸退縮其領地至
湄公河下游地區，第 7 世紀被來自柬埔寨和寮國邊境的山岳民族真臘所
兼併。第 8 世紀，爪哇軍隊沿著湄公河進入襲擊，殺其國王，俘虜其王
子賈亞瓦曼二世，將柬埔寨變成爪哇的屬國。第 8 世紀末，賈亞瓦曼二
世獲釋返回柬埔寨，在吳哥重建新帝國，開啟吳哥王朝盛世。

　　吳哥王朝在柬埔寨原先的婆羅門教基礎上引進佛教和印度教，這些
混合的宗教文化表現在吳哥的建築上。吳哥建築的偉大處，在於其使用

石砌方法，建構宮殿、廟宇和紀念物，然後用精湛的石雕技術雕刻人物和事蹟故事，相當精緻優美。此外，吳哥建築也具有水力灌溉工程規模，有蓄水池、水道，甚至類似今天的下水道工程。

在該一時期，柬埔寨宗教如何改變？是因為真臘入侵才消滅原先扶南人信奉的婆羅門教？還是在成為爪哇的屬國才改變宗教信仰？這是難以釐清之處。不過，可以確定的，在吳哥脫離爪哇之統治後，才轉向佛教和印度教混合信仰，賈亞瓦曼二世建立了國王和濕婆神結合的「神君」觀念。如此說來，吳哥時期的佛教和印度教信仰可能是受到爪哇的賽連德拉（Sailendra）王朝的影響。在吳哥寺的建築群落中，可看出該一混合宗教的色彩。

吳哥王朝勢力達顛峰的時間約在第 11 世紀到 12 世紀，西邊領土擴展到泰國中部湄南河谷地，東邊到越南中部的占城。吳哥王朝的盛世，以吳哥寺的建築群落為典型的代表。在中國文獻中，除了真臘風土記一書對於吳哥寺有詳盡記載外，在其他中文書裡對於真臘國勢的記載卻不多見。原因可能是吳哥位處內陸，並非在沿海航線上，從中國到印度的商旅，除非目的地去吳哥外，並不會經過吳哥，以致於對於真臘的描述就不會很多。第 13 世紀周達觀去吳哥，因被派去偵察吳哥虛實的情報人員，所以才會對真臘國家作了全面的描述。

自從泰族在 1238 年建立素可泰王朝後，柬埔寨在湄南河的勢力退至華富里以南。1350 年阿瑜陀耶王朝建立後，吳哥王朝更經常遭到暹羅的攻擊。至 1431 年，暹羅軍隊甚至攻佔吳哥，毀其城邑，迫使柬埔寨往東遷都到金邊。占城在 1471 年被越南滅國，越族勢力南下，至第 17 世紀，原先為高棉族居住的湄公河下游三角洲地區被越南佔領。高棉族退縮至內陸的洞里薩湖周圍地區。

柬埔寨在泰族和越族兩面夾擊下，不僅領土縮小，而且要對該兩國朝貢，國王受這兩國的控制，成為暹羅和越南之屬國。柬埔寨之所以落至此境地，主要原因是國家沒有現代化，沒有受到現代科技和文明的洗

禮。統治階級和人民沈湎於農業社會和佛教儀式中，安於現狀，軍隊訓練不足，在軍力落敗後，遂成為兩個強鄰的附庸，其悲劇下場在東南亞國家中莫此為甚。一國國力衰弱，招致外敵入侵，柬埔寨即是該一歷史殷鑑例子。

　　法國從 1859 年起陸續佔領越南湄公河下游地區，進而圖謀柬埔寨。柬埔寨初欲借法國之力以擺脫暹羅和越南的控制，乃在 1863 年與法國簽約接受法國的保護，法國有權在柬埔寨的金邊駐紮軍艦和軍隊，法國人可在柬埔寨自由傳教、自由貿易。柬埔寨可在西貢派駐一名代表。柬埔寨人可與法國人自由貿易。法國保證佛教為柬埔寨國教。柬埔寨本欲利用與法國的關係，擺脫暹羅和越南的控制，但暹羅不願放棄對柬埔寨的控制，還想干預柬埔寨事務，法國乃出面和暹羅談判，在 1864 年逼迫暹羅承認法國對柬埔寨的保護。1867 年 7 月，暹羅與法國在巴黎達成協議簽署條約，暹羅同意柬埔寨成為法國的保護國；法國同意不將柬埔寨王國併入交趾支那殖民地；將吳哥和馬德望兩省割讓給暹羅作為交換條件。法國直至 1907 年才從暹羅手裡取回吳哥、馬德望和詩梳楓三省的領土。今天柬埔寨的領土範圍大概是該一時期所確定下來。柬埔寨原先欲借法國之力脫離暹羅和越南的控制，結果反落入法國的牢籠，成為法國的殖民地。

　　在法國殖民統治之下，柬埔寨國王的任免由法國操縱，不過，柬埔寨國王與法國維持相當友好的關係，柬埔寨國王反抗法國的情況不多，此一情形和越南不同，越南有數位國王因反抗法國，而遭流放非洲的厄運。法國為了便於操縱安南政局，大都扶植年幼的小孩出任國王，像保大從小就被帶到法國受教育，其一生受法國的影響。施亞努從小也是接受法國教育，在高中時被法國人選中出任國王。法國人以為一個從小接受法國保護和教育的施亞努，有助於法國繼續操縱柬埔寨政局。但沒有想到施亞努卻利用從法國學來的外交手腕，成功地使柬埔寨脫離法國之控制而獨立。

　　柬埔寨位在印度支那半島南端，距離中國的市場較遠，其西邊有暹羅，西南邊有英國人控制的新加坡和馬來半島，法國人在柬埔寨能獲取的戰略地位有限，至多把柬埔寨當成與暹羅之間的緩衝地帶，以免暹羅勢力東進影響法國在越南的利益。再加上柬埔寨缺乏發展工商業的條件，主要依賴的是農業，所以法國在柬埔寨的統治，跟在交趾支那的統治方式一樣，偏重經濟作物的種植，像橡膠、胡椒、稻米、玉蜀黍等，法國並沒有在這些地區發展工業的計畫，所以在整個法國統治期間，柬埔寨變成經濟作物的生產地，沒有工業，連輕工業都很少發展。唯一稱得上工業的是 1920-1930 年代建造的製造橡膠的工廠。

　　由於農民缺乏生產工具，收入低，在高稅率下，無法生活，因此經常爆發農民抗稅風潮。在基礎建設方面，法國開築了從金邊到馬德望、再到柬、泰邊境的鐵路以及其他公路。法國大量引入外來人口，例如越南人，他們擔任橡膠園的工人、政府的文書人員，亦有從事商業活動和漁業活動。另一個大量移入的是華人，他們大都從事商業，控制當地的經濟和金融。法國對華人的職業並沒有加以限制，使得華人的商業活動發展迅速。其實，這也是法國繁榮當地經濟的一個策略，而華人正是該一勤勞民族對於法國殖民經濟做出貢獻，而為法國所歡迎。

　　太平洋戰爭爆發前，日軍在 1940 年 9 月進駐越北的諒山和同登，以及海防，與法國形成共治越北局面。此時日本勢力還未進入柬埔寨。1941年 1 月初，泰國和法國在柬埔寨西部邊境發生戰爭，在日本安排下，泰國與法國分別在西貢外海的日本巡洋艦和東京舉行談判，於 1941 年 5 月 9 日在東京簽訂和平條約，法國將馬德望和暹粒兩省割讓給泰國，泰國正式取得該兩省的土地。1941 年 12 月 7 日，爆發日軍偷襲珍珠港事件，日軍從柬埔寨的陸路進入馬德望省，以飛機轟炸曼谷的廊曼（Don Mueang）機場。此後，柬埔寨境內就存在著法軍和日軍共存的局面。直至 1945 年 3 月 9 日晚上 9 點 30 分，日軍發動攻勢，控制柬埔寨。當日軍驅逐法軍後，柬埔寨政府立即取消高棉文字羅馬化的政策。3 月 13 日，

經日本的要求，施亞努國王宣布柬埔寨是一個獨立的國家，並將其法文的國名 Cambodge 改為高棉語發音的 Kampuchea，同時下令廢止柬埔寨與法國簽署的條約，保證與日本合作。

第二次世界大戰結束後，法國重回柬埔寨，此時柬埔寨跟其他發展中國家一樣，民族主義高漲，反對法國重新控制柬埔寨，於是爆發一連串抗法運動。法國為了抑制該股反法浪潮，被迫與柬埔寨在 1946 年 1 月 7 日簽署一項臨時協議，法國允許柬埔寨人局部自治權，可自由組織政黨，所以在 1946 年夏天通過選舉法，柬埔寨可據此自由組織政黨。9 月 1 日，舉行制憲會議選舉，1947 年公布柬國第一部憲法。

施亞努為了爭取柬埔寨獨立，積極與法國交涉，他並沒有採取武力抗法之手段，而是透過他的靈活的外交手腕，在 1949 年 11 月 8 日和法國簽署條約，柬埔寨獲得部分外交權力，以及軍事區的自主權，包括在馬德望和暹粒兩省的軍事自主權。但財政、國防、關稅仍由法國掌控。柬埔寨成為法國聯邦內的「獨立國家」。至 1953 年 10 月 17 日，柬埔寨和法國簽署移轉軍事權力協議，柬國才真正獲得獨立地位。

施亞努做為法國培養的國王，採取和平手段爭取獨立，可見他仍相當尊重法國，他之所以能夠成功，可歸納如下的原因：

第一，施亞努的個性因素，一般的評論認為施亞努善變，其實他是一位務實主義者，不會為理想所惑，他觀察局勢有其獨到之處，反應機敏，慣以他的笑容去因應，他與法國周旋，動之以情，甚至耍性子，例如，他在 1953 年 6 月 21 日住在吳哥附近的國王別墅，拒絕與金邊的法國官員會談。他甚至表示，若未能獲得完全獨立，他不返回金邊。最後成功的說服法國。

第二，當時柬國已有共產黨活動，他向美國、加拿大和日本遊說，一再公開強調，柬埔寨若未能獲得獨立，則將為共黨顛覆。施亞努強調柬埔寨之完全獨立，關係到印度支那和東南亞的和平。這些說法剛好迎合冷戰的氛圍，獲得許多西方陣營國家的支持。

　　第三，就柬埔寨與越南的情況相比較，顯然可見，法國在越南與胡志明領導的「越盟」經歷了長達七年多的戰爭，法國才在奠邊府戰爭潰敗後退出越南。法國是不情願退出越南的，也不同意越南獨立。嚴格而言，越南的地理位置優於柬埔寨，天然資源亦較柬埔寨為多，法國在越南之戰爭前景不樂觀，法國不願在柬埔寨再度引發戰爭，以免腹背受敵、兩面作戰，所以寧可讓柬埔寨和平獨立。

　　不過，柬埔寨獨立後，難以避免當時冷戰所形成的親西方和親東方的意識形態之爭，其內政陷入左右兩派鬥爭的漩渦中，施亞努雖倡議中立主義，實則政治立場忽左忽右，大體上他在內政上傾右，外交上傾左，尤其在越南戰爭升高時，柬埔寨允許越共在其東境設立避難基地，引起美國不滿。美國還派飛機入境轟炸越共基地。

　　1970 年 3 月，趁施亞努出國訪問之際，右派的龍諾首相和馬塔克副首相在美國之支持下發動政變，推翻施亞努王權政府，改行共和體制，外交路線傾向美國。龍諾政府在柬國東境要面對越共的入侵，在西境卻開始遭到「赤色高棉」的游擊隊的攻擊。1973 年 1 月，越南戰爭告一段落，美軍退出越南，影響了美國對柬埔寨的政策。北越軍繼續在柬埔寨境內支持「越共」，提供武器和裝備給「越共」，並指導其作戰。美國於是經常派遣飛機予以轟炸。

　　「赤色高棉」背後獲得中國的援助，終於在 1975 年 4 月 17 日攻陷金邊，結束了短暫的共和政權。波布等領袖受到極左思想之影響，實施社會主義體制，並屠殺迫害反對份子，導致人口銳減 1 百多萬人、經濟衰退、各項建設停頓。「赤棉」政權犯下了「種族滅絕」的國際公罪，引起國際的譴責。

　　柬埔寨東境的軍事指揮官橫山林招引越南軍隊進入金邊，越軍於1979 年 1 月佔領柬埔寨，驅逐波布勢力，另扶植親越南的橫山林政權。然而，越南該項行動嚴重涉及干涉柬國內政問題，引起東協國家和世界其他國家的批評。國際社會開始抵制越南，不僅其所扶植的金邊政權無

法獲得聯合國的席次，而且西方國家在經濟上抵制越南。中國且在 2 月 17 日對越南北部進行一次教訓戰爭，即是鑑於越南意圖消滅中國扶植的柬埔寨政權。中國若不出兵，而坐視越南勢力擴張，情況可能會如同越南在 1471 年滅了中國的朝貢國占城一樣，而使越南勢力南下進抵湄公河流域北緣地帶，進而在 18 世紀中葉再將其勢力延伸進入佔領湄公河下游三角洲柬埔寨領土。中國若不阻止越南的擴張主義，則越南將兼併柬埔寨，這是中國所不願見到的後果。因此，在中國、東協及其他國家之壓力下，最後迫使越南自 1982 年開始逐步從柬埔寨撤兵，至 1989 年撤完。在東協和法國的協調下，抗越三派系，包括施亞努派、「赤棉」、宋山派和越南、金邊政權在 1991 年簽署巴黎協議，同意和平解決柬埔寨問題，越南退出柬埔寨事務。

在聯合國出面監督下，柬埔寨從 1991 年到 1993 年由「聯合國駐柬埔寨臨時權力機關」負責維持柬國安全及籌辦全國選舉。柬埔寨在 1993 年舉行國會選舉，波布領導的「赤棉」沒有參加，該黨沒有參加民主選舉，注定了它走一個繼續革命的路線，它仍侷促在柬國西境進行反政府活動。選舉結果組成了新政府，頒佈新憲法，採取君主立憲體制，施亞努重新出任國王，但已無實權。有九命怪貓之稱的施亞努，在政海翻滾半個世紀後，重新擔任國王，亦可謂異數。從其被推翻後，柬埔寨所走的共和、專制、種族大屠殺等道路，幾乎可說是白走了，白白犧牲了 1 百多萬人的生命。

在東亞地區，沒有一個國家像柬埔寨這樣遭逢浩劫，其何以致此？尤有值得探討之處。當柬埔寨在第 9 世紀創建吳哥王朝時，越南尚是中國的殖民地，屬於中國的地方郡縣。位在越南中部的占城，亦是一個力量不強的國家，尚無力量對抗柬埔寨。西邊的泰國中部，仍屬於柬埔寨的勢力範圍。至第 13 世紀以後，西邊的暹羅勢力往南發展，東邊的越南也往南發展，柬埔寨遂受到東、西兩方的壓迫夾擊，國勢江河日下。從湄公河下游和湄南河谷地的霸主地位墮落成越南和暹羅的屬國。

　　柬埔寨人民所居住的洞里薩湖和湄公河流域，可謂魚米之鄉，稻米和魚蝦供應人民日常生活所需，人民生活安逸，久之，疏於戰鬥力，無力抗拒外來入侵者。最為嚴重者，大概從第 19 世紀初以後，柬國統治階層內部就出現親越派和親暹羅派，彼此爭奪權力，抵銷實力，國王遂隨著兩派勢力消長而在越南或暹羅之間打轉。經過一百五十多年後，歷史重演，柬國分裂為親越派和親中國、西方派，施亞努流亡中國，結果柬埔寨再度遭到越南的入侵。從而可知，當柬國的領袖和知識份子分裂不團結時，則其將導致國勢凌夷，引發外敵入侵。

　　柬埔寨軍隊缺乏現代化教育和訓練，武器裝備陳舊，無法打敗入侵的暹羅和越南的軍隊。暹羅從第 16 世紀起就與西方國家交手，深知西方國家的優勢，尤其是軍事武器裝備，因此開始引進西方（主要是葡萄牙和法國）的軍事教育和操典，以及現代武器裝備。越南也是從第 18 世紀末期接受法國的軍事援助，引進法國的軍事戰術和武器裝備，阮福映才能統一越南，建立阮氏政權。近現代的柬埔寨王朝卻沒有這樣的機會和經驗，在法國統治前，柬埔寨沒有從西方引進現代的科技和軍事技術的現代化運動。柬埔寨維持著一個保守封閉的農業社會型態，人民禮佛敬王，過著與西方世界隔離的生活。柬埔寨缺乏對西方科學技術的認知和引進實踐，以致於國勢日趨衰敗，而為外來勢力入侵和操控。

　　今天柬埔寨在聯合國協助下，重建國家，驅除越南的併吞野心。泰國已成為現代化國家，只防護本國的疆域，未有侵略柬埔寨之野心，柬埔寨不用再擔心泰國的入侵。在越南入侵柬埔寨時，泰國還庇護抗越三派系游擊隊，泰國支援柬埔寨抗越游擊隊保衛其國土具有貢獻。此也是過去一百多年來少見的情況。近年柬埔寨和泰國為了邊境的柏威夏古廟的主權而發生衝突，應是兩國劃界時發生的衝突，跟侵略問題沒有關係。

　　柬埔寨是世界上最貧窮國家之一，近年雖努力吸引外商前往投資，然效果不佳，經濟發展速度趕不上越南。柬國地理位置不在國際交通樞紐上，此與泰國曼谷不同，因此，要借用國際觀光手段吸引外資，不如

泰國。越南的胡志明市從第 17 世紀以來，就成為湄公河三角洲出海的貨物集散中心，包括來自洞里薩湖附近的農產品也是經由胡志明市出口。柬埔寨的金磅遜港（Kompongsom, Sihanouville）（已改名為施亞努港）雖係深水港，但貨物吞吐量及效率皆不高，中國在 2016 年開始協助其發展成國際大港，投資興建經濟特區和通往金邊的高速公路。

　　吳哥寺是柬埔寨的國家精神象徵，其國旗上有吳哥寺圖樣，崇尚佛教也是柬埔寨人民的生活方式，物質要求並非其人民的首要目標。地理的侷限性和對佛教的執著性，將影響著柬埔寨的發展道路和目標，使其經濟發展受到限制。

　　柬埔寨長期以來夾在越南和泰國之間，只要國力出現不足，即遭到這兩國的覬覦和入侵。柬國加入東協，至少在東協集團的制約下，可保持獨立地位。從柬國近現代史的發展來觀察，柬國若要繼續維持獨立自主地位，內部菁英的團結是最重要的條件之一，不然，內部的權力鬥爭往往引發外力介入，導致國破家毀。柬國的近代史充滿著悲劇色彩，吳哥盛世不再，柬國重啟吳哥寺的觀光事業，只有使世人緬懷其過往的文化之燦爛而已，其繼續開化及現代化應是不得不然之選擇。

徵引書目

一、中文專書

〔五代後晉〕劉昫等撰，舊唐書，卷一百九十七，列傳，第一百四十七，真臘
　　國條。

〔五代後晉〕劉昫等撰，舊唐書，卷十一，本紀第十一，代宗。

〔五代後晉〕劉昫等撰，舊唐書，卷十二，德宗紀上。

〔元〕周達觀，真臘風土記，總敘，參見金榮華校注，真臘風土記校注，正中
　　書局，台北市，民國 65 年。

〔元〕脫脫等撰，宋史，卷四百八十九，列傳二百四十八，外國五，真臘傳。

〔元〕脫脫等撰，宋史，卷四百八十九，列傳第二百四十八，占城條。

〔元〕脫脫等撰，宋史，卷四百八十九，列傳第二百四十八，外國五，占城傳。

〔元〕脫脫等撰，宋史，卷四百八十九，真臘國條。

〔宋〕王欽若、楊億等奉敕撰，冊府元龜，卷 968，外臣部十三，朝貢第一。

〔宋〕王欽若、楊億等奉敕撰，冊府元龜，卷 995，外臣部，交侵。

〔宋〕王欽若、楊億等奉敕撰，冊府元龜，卷九七一，外臣部一十六，朝貢第四。

〔宋〕王欽若、楊億等奉敕撰，冊府元龜，卷九七六，外臣部，褒異 3。

〔宋〕王欽若、楊億等撰，冊府元龜，卷 970，外臣部，朝貢 3。

〔宋〕王溥撰，唐會要，卷九十八，真臘國條。

〔宋〕歐陽修、宋祁撰，新唐書，卷二〇七，宦者傳。

〔宋〕歐陽修、宋祁撰，新唐書，卷二百二十二下，列傳第一四七下，南蠻下，
　　扶南條。

〔宋〕歐陽修、宋祁撰，新唐書，卷二百二十二下，列傳第一四七下，南蠻下，
　　真臘條。

〔宋〕歐陽修、宋祁撰，新唐書，卷二百二十二下，列傳第一百四十七下，環
　　王條。

〔明〕佚名撰，四夷館考，卷之下，暹羅館，東方學會印本，廣文書局，台北
　　市，民國 61 年重印。

〔明〕柯邵忞撰，新元史，卷之二百五十三，列傳第一百五十，占城條。

〔明〕溫體仁等纂修，明實錄（神宗顯皇帝實錄），中央研究院歷史語言研究所校勘，台北市，1984 年。

〔明〕楊士奇等纂修，明實錄（太宗文皇帝實錄），卷之三十六，中央研究院歷史語言研究所校勘，台北市，1984 年。

〔明〕徐學聚編，國朝典彙，卷七十，吏部三十七，冊使，頁 7。

〔明〕譚希思撰，明大政纂要（二），卷之十四，頁 6。

〔明〕張燮，東西洋考，卷三，柬埔寨條。

〔明〕陳循等撰，寰宇通志（九），國立中央圖書館出版，台北市，民國 74 年重印，卷 118。

〔明〕黃省曾著，謝方校注，西洋朝貢點錄校注，中華書局，北京市，2000 年。

〔唐〕李延壽撰，北史，卷九十五，列傳第八十三，真臘國條。

〔唐〕李延壽撰，北史，卷十二，隋本紀下第十二。

〔唐〕李延壽撰，南史，卷七十八，列傳第六十八，夷貊上，扶南國條。

〔唐〕李延壽撰，南史，卷七十八，列傳第六十八，扶南國條。

〔唐〕房玄齡等撰，晉書，卷九十七，列傳第六十七，四夷，林邑國條。

〔唐〕姚思廉，梁書，卷五四，中華書局，1973 年。

〔唐〕姚思廉撰，梁書，卷五十四，列傳第四十八，海南諸國，扶南條。

〔唐〕姚思廉撰，梁書，卷五四，列傳第四八，諸夷。

〔唐〕歐陽詢撰，藝文類聚，卷八四，寶玉部下，琉璃，收錄在欽定四庫全書。

〔唐〕魏徵撰，隋書，卷八十二，列傳第四十七，真臘國條。

〔唐〕魏徵撰，隋書，卷四，帝紀第四，煬帝下；

〔晉〕陳壽撰，三國志，卷六十，吳書，賀全昌周鍾離傳第十五。

〔泰〕黎道綱，泰國古代史地叢考，中華書局，北京市，2000 年。

〔梁〕沈約撰，宋書，卷九十七，列傳第五十七，夷蠻條。

〔梁〕蕭子顯撰，南齊書，卷五十八，列傳第三十九，東南夷，扶南條。

〔梁〕蕭子顯撰，南齊書，卷五十八，列傳第三十九，東南夷，林邑條。

〔清〕徐延旭，越南輯略，越南吞併各國，光緒三年，無出版地和出版公司。

〔清〕徐松，宋會要輯稿，第一百九十七冊，蕃夷四，占城條。

〔清〕陳夢雷，古今圖書集成（電子版），曆象彙編乾象典，真臘部，彙考，煬帝大業，乾象典，第 101 卷，第 217 冊，第 56 頁之 2。

〔越〕阮仲和等纂，大南寔錄，第十五冊，正編第四紀——翼宗寔錄，卷二。

〔越〕高春育等纂，大南寔錄，第二十冊，大南正編列傳二集，卷二十。

〔越〕張登桂等纂，大南寔錄，第三冊，正篇第一紀，卷三十三。

〔越〕張登桂等纂，大南寔錄前編，第一冊，卷五，慶應義塾大學語學研究所重印，東京，1961。

〔越〕陳踐誠等纂，大南寔錄，第十四冊，正篇第三紀，卷五十二。

〔越〕陳重金著，戴可來譯，越南通史，商務印書館，北京，1992。

王頲著，西域南海史地研究，上海古籍出版社，上海，2005 年。

冷溶，鄧小平年譜 1975-1997（上），中央文獻出版社，北京市，2004 年。

馬司培羅著，馮承鈞譯，占婆史，台灣商務印書館，台北市，民國 62 年。

陳佳榮、謝方、陸峻嶺編，古代南海地名匯釋，中華書局，北京，1986 年。

陳鴻瑜，越南近現代史，鼎文書局，台北市，民國 98 年。

陳顯泗、許肇琳、趙和曼、詹方瑤、張萬生編，中國古籍中柬埔寨史料，河南
　　人民出版社，中國河南，1985 年。

景振國主編，中國古籍中有關老撾資料匯編，河南人民出版社，中國河南，1985。

欽定大南會典事例（一），禮部柔遠，卷一百三十二，Bo Van-Hoa Giao-Duc, Sai-gon,
　　1965。

欽定大南會典事例（一），禮部柔遠，卷一百三十三，Bo Van-Hoa Giao-Duc, Sai-gon,
　　1965。

欽定大南會典事例（二），禮部柔遠，卷一百三十四，Bo Van-Hoa Giao-Duc, Sai-gon,
　　1965。

費瑯著，馮承鈞譯，崑崙及南海古代航行考，台灣商務印書館，台北市，民國
　　51 年。

鄂盧梭著，馮承鈞譯，秦代初平南越考，台灣商議印書館，台北市，民國 60 年。

馮承鈞編譯，西域南海史地考證譯叢，乙集，台灣商務印書館，民國 61 年。

蘇繼卿（蘇繼廎），南海鈎沈錄，台灣商務印書館，台北市，民國 78 年。

蘇繼廎，南海鈎沈錄，台灣商務印書館，台北市，民國 78 年。

二、英文專書

Briggs, Lawrence Palmer, *The Ancient Khmer Empire*, The American Philosophical
　　Society, Philadelphia, 1951.

Chanda, Nayan, *Brother Enemy: The War after the War*, Bangkok: Asia Books, 2004.

Chandler, David P., *A History of Cambodia*, O. S. Printing House, Bangkok, Thailand,
　　1993.

Chandler, David P., *A History of Cambodia*, Silkworm Books, Chiang Mai, Thailand, 1993.

Chinwanno, Chulacheeb, *Thai-ChineseRelations : Security and Strategic Partnership*,
　　S. Rajaratnam School of International Studies, Nanyang Technological University,
　　Singapore, 2008.

Chomchai, Prachoom, *Chulalongkorn The Great*, Sobunsha, Co., Ltd., Tokyo, Japan, 1965.

Cœdès, George, translated by H.M. Wright, *The Making of Southeast Asia*, University of California Press, California, 1966.

Colbert, Evelyn, *Southeast Asia in International Politics, 1941-1956*, Cornell University Press, Ithaca and London, 1977.

Fall, Bernard B., *The Two Viet-nams, A Political and Military Analysis*, revised edition, Frederick A. Praeger, New York, London, 1964.

Goscha, Christopher E., "Vietnam, the Third Indochina War and the Meltdown of Asian Internationalism," in Odd Arne Wastad and Sophie Quinn-Judge eds., *The Third Indochina War: Conflict between China, Vietnam and Cambodia, 1972-1979*, London and New York: Routledge, 2006, pp.173-181.

Haas, Michael, *Genocide by Proxy: Cambodian Pawn on a Superpower Chessboard*, Praeger, New York, 1991.

Hammer, Ellen J., *The Struggle for Indochina 1940-1955*, Stanford University Press, California, 1968.

Higham, Charles, *The Archaeology of Mainland Southeast Asia*, Cambridge University Press, Cambridge, New York, 1989.

Higham, Charles, *The Civilization of Angkor*, Phoenix, UK, 2001.

John., Ronald Bruce St., Clive H. Schofield, *The Land Boundaries of Indochina: Cambodia, Laos and Vietnam*, International Boundaries Research Unit, University of Michigan, 1998.

Kamm, Henry, *Cambodia, Report from a Stricken Land*, Arcade Publishing, New York, 1998.

Kampuchea in the Seventies, Report of a Finnish Inquiry Commission, Finland, 1982.

Keesing's Contemporary Archives, October 18-25, 1941, p.4844.

Keesing's Contemporary Archives, November 23-30, 1946, p.8276.

Keesing's Contemporary Archives, July 5-12, 1952, p.12328.

Keesing's Contemporary Archives, June 20-27, 1953, p.12983.

Keesing's Contemporary Archives, June 20-27, 1953, pp.12983-12984.

Keesing's Contemporary Archives, June 6-13, 1953, p.12963.

Keesing's Contemporary Archives, July 18-25, 1953, p.13035.

Keesing's Contemporary Archives, August 15-22, 1953, p.13084.

Keesing's Contemporary Archives, November 7-14, 1953, p.13230.

Keesing's Contemporary Archives, December 19-26, 1953, p.13319.

Keesing's Contemporary Archives, May 22-29, 1954, p.13584.

Keesing's Contemporary Archives, March 19-26, 1955, p.14116.

Keesing's Contemporary Archives, April 23-30, 1955, p.14161.

Keesing's Contemporary Archives, August 10-17, 1957, p.15707.

Keesing's Contemporary Archives, August 8-15, 1959, p.16949; August 22-29, 1959, p.16964.

Keesing's Contemporary Archives, August 18-25, 1962, p.18931.

Keesing's Contemporary Archives, September 15-22, 1962, p.18986.

Keesing's Contemporary Archives, Sept. 30-Oct.7, 1967, pp.22283-22284.

Keesing's Contemporary Archives, December 1-7, 1975, p.27469.

Keesing's Contemporary Archives, December 1-7, 1975, p.27470.

Keesing's Contemporary Archives, May 25 1979, p.29613.

Keesing's Contemporary Archives, May 25 1979, p.29616.

Keesing's Contemporary Archives, May 25 1979, p.29619.

Keesing's Contemporary Archives, May 25 1979, p.29620.

Keesing's Contemporary Archives, May 25 1979, pp.29620-29621.

Keesing's Contemporary Archives, May 25, 1979, p.29614.

Keesing's Contemporary Archives, January 23, 1981, p.30675.

Keesing's Contemporary Archives, April 9, 1982, p.31416.

Keesing's Contemporary Archives, January 1983,Vol.XXIX, pp.31885-31890.

Keesing's Contemporary Archives, Vol.XXX, February 1984, p.32672.

Keesing's Contemporary Archives, July 1985,Vol.XXXI, p.33734.

Keesing's Contemporary Archives, Vol.XXXII, June 1986, p.34425.

Keesing's Record of World Events, June 1990, p.37533.

Keesing's Record of World Events, October 1990, p.37777.

Keesing's Record of World Events, November 1995, p.40827.

Keesing's Record of World Events, January 1998, p.42010.

Keesing's Record of World Events, November 1998, p.42618.

Keesing's Record of World Events, Vol.47, No.1, 2001, p.43948.

Keesing's Record of World Events, Vol.49, No.7/8, 2003, p.45556.

Keesing's Record of World Events, Vol.50, No.1, 2004, pp.45793-45794.

Keesing's Record of World Events, Vol.50, No.10, 2004, pp.46258-46259.

Kroef, Justus M. Van der, *Kampuchea: The Endless Tug of War,* Occasional Papers/ Reprint Series in Contemporary Asian Studies, No.2, 1982.

Khoo, Nicholas, *Collateral Damage: Sino-Soviet Rivalry and the Termination of the Sino- Vietnamese Alliance*, Columbia University Press, New York, 2011.

Landon, Kenneth Perry, *Southeast Asia, Crossroad of Religions*, University of Chicago Press, Chicago, 1969.

Law, Bimala Churn, *A History of Pali Literature*, Rekha Printers Pvt. Ltd., New Delhi, India, 1933, reprinted in 2000.

Mabbett, Ian and David Chandler, *The Khmers*, Blackwell Publishers Led., UK, 1996.

MacFarquhar, Roderick , Michael Schoenhals, *Mao's Last Revolution*, Belknap Press of Harvard University Press, Cambridge Mass., 2006.

Martin, Marie Alexandrine, *Cambodia: A Shattered Society*, University of California Press, California, 1994.

Mehta, Harish C. and Julie B. Mehta, *Hun Sen, Strongman of Cambodia*, Graham Brash, Singapore, 1999.

Nguyên Dinh Dâu, *From Saigon to Ho Chi Minh City 300 Year History*, Land Service Science and Technics Publishing House, Ho Chi Minh City, 1998.

Penth, Hans, *A Brief History of Lan Na, Civilizations of North Thailand*, Silkworm Books, Bangkok, 2000.

Raszelenberg, Patrick, Peter Schier, Jeffry G. Wong, *The Cambodia Conflict, Search for a Settlement, 1979-1991: An Analytical Chronology*, ZeitgemäBer Druck CALLING P.O.D., Hamburg, 1995

Robert, Green, *Cambodia*, Lucent Books, Farmington Hills, MI, USA, 2003.

Roberts, David W., *Political Transition in Cambodia 1991-99*, Curzon Press, UK, 2001.

Roberts, David W., *Political Transition in Cambodia, 1991-1999: Power, Elitism and Democracy*, Palgrave Macmillan, 2001.

Roberts, Priscilla Mary, *Behind the Bamboo Curtain: China, Vietnam and the World Beyond Asia*, Stamford University Press, USA, 2006.

Rooney, Dawn F., *Angkor, An Introduction to the Temples*, Airphoto International Ltd., Hong Kong, 2002.

Saraya, Dhida, *(Sri)Dvaravati, The Initial Phase of Siam's History*, Muang Boran Publishing House, Bangkok, 1999.

Sastri, K. A. Nilakanta, *History of Sri Vijaya*, University of Madras, India, 1949.

Syamananda, Rong, *A History of Thailand*, Thai Watana Panich Co., Ltd., Bangkok, Thailand, 1973.

Terwiel, B. J., *Thailand's Political History from the Fall of Ayutthaya in 1767 to Recent Times*, River Books Co.,Ltd., Bangkok, 2005.

Tully, John, *A Short History of Cambodia, From Empire to Survival*, Allen & Unwin, Australia, 2005.

Vella, Walter F., (ed.), *The Indianized States of Southeast Asia by G. Coedès*, An East-West Center Book, the University Press of Hawaii, Honolulu, 1968.

Wastad, Odd Arne and Sophie Quinn-Judge eds., *The Third Indochina War: Conflict between China, Vietnam and Cambodia, 1972-1979*, London and New York: Routledge, 2006.

Willmott, W. E., *The Political Structure of the Chinese Community in Cambodia*, University of London, Humanities Press Inc., New York, 1970.

Wyatt, David K., *Thailand: A Short History*, Yale University Press, Thai Watana Panich Co., Ltd., 1984.

三、泰文專書

Rajani, Mom Chao Chand Chirayu, *Sri-vijaya in Chaiya*, Madsray Printling, Bangkoknoi, Bangkok, 1999.

四、中文期刊短文

方國瑜，「宋代入貢之真里富國」，南洋學報，新加坡南洋學會出版，第四卷，第二輯，1947 年 12 月。

王頲，「徑行半月：文單國新探及真臘疆域問題」，載於王頲著，西域南海史地研究，上海古籍出版社，上海，2005 年，頁 129-146。

伯希和撰，馮承鈞譯，「中國載籍中之賓童龍」，馮承鈞編譯，西域南海史地考證譯叢，乙集，台灣商務印書館，民國 61 年。

許雲樵，「墮羅鉢底考」，南洋學報，新加坡南洋學會出版，第四卷，第一輯，1947 年 3 月，頁 1-7。

張青，「鄧小平與柬埔寨和平進程」，世界知識，2004 年第 14 期，頁 62-63。

蘇繼𡣡，「後漢書究不事人考」，南洋學報，新加坡南洋學會出版，第六卷，第一輯，1950 年 8 月，頁 17-19。

五、英文期刊短文

"Tough talk in ASEAN," *Asiaweek*, July 11, 1980, pp.16-22.

"Cambodia: Interview with Heng Samrin," *Asiaweek,* April 10, 1981, pp.25-29.

"Security: Chernenko Lands the Counter-Pinch," *Asiaweek,* February 24, 1984, pp.10-11.

Awanohara, Susumu," A Soldier Out of Step," *Far Eastern Economic Review*, Vol.123, No.13, 29 March, 1984, pp.15-17.

Briggs, Lawrence Palmer, "The Khmer Empire and The Malay Peninsula," *The Far Eastern Quarterly*, Vol.3, No.3, May 1950, pp.256-305.

Briggs, Lawrence Palmer, "The Treaty Of March 23, 1907 Between France and Siam and the Return of Battambang and Angkor to Cambodia," *The Far Eastern Quarterly*, Vol. 5, No. 4 (Aug., 1946), pp. 439-454.

Chandler, David P., "Revising the Past in Democratic Kampuchea: When Was the Birthday of the Party?," *Pacific Affairs*, Vol.56, No.2, Summer 1983, pp.288-300.

D'Abain, J. G. G., "Report to the American Geographical Society of New York on the Kingdom of Cambodia, the Ruins of Angkor and the Kingdom of Siam," *Journal of American Geographical Society of New York*, Vol.7, 1875, pp.333-356.

Gordon, Bernard K., Kathryn Young, "Khmer Republic: That Was the Cambodia That Was, " *Asian Survey*, Vol.11, No.1, January 1971,pp.26-40.

Jackson, Karl D., "Cambodia 1977: Gone to Pot," *Asian Survey*, Vol.18, No.1, January 1978, pp.76-90, at p.79.

Jackson, Karl D., "Cambodia 1978: War, Pillage and Purge in Democratic Kampuchea," *Asian Survey*, Vol.19, No.1, January 1979, pp.72-84.

Kroef, Justus M. van der, "ASEAN, Hanoi, and the Kampuchean Conflict: Between 'Kuantan' and a 'Third Alternative,'" *Asian Survey,* Vol.XXI, No.5, May 1981, pp.515-535.

Kroef, Justus M. van der, "Cambodia: From 'Democratic Kampuchea' to 'People's Republic'," *Asian Survey*, Vol.19, No.8, August 1979, pp.731-750.

Kroef, Justus M. Van der, "Kampuchea: The Diplomatic Labyrinth," *Asian Survey,* Vol.XXII, No.10, October 1982, pp.1009-1033.

Kroef, Justus M. van der, "Dynamics of the Cambodian conflict," *Conflict Studies*, No.183, 1986, pp.1-27.

Lau Teik Soon, "ASEAN and the Cambodian Problem," *Asian Survey,* Vol.XXII, No.6, June 1982, pp.548-560.

LeoGrande, William M., "Evolution of the Nonaligned Movement," *Problems of Communism,* Vol.XXIX, Jan-Feb.,1980, pp.35-52.

Miksic, John N., "Heterogenetic Cities in Premodern Southeast Asia," *World Archaeology*, Vol.32, No.1, June 2000, pp.106-120.

Morello, Ted, "Carry on, Coalition," *Far Eastern Economic Review,* Vol.122, No.43, October 27, 1983, p.34.

Morello, Ted, "The World Says No to Hanoi," *Far Eastern Economic Review,* Vol.110, No.45, October 31, 1980, p.21.

Mosyakov, Dmitry, "The Khmer Rouge and the Vietnamese Communists: A History of Their Relations as Told in the Soviet Archives," https://www.files.ethz.ch/isn/46645/GS20.pdf　2019 年 1 月 10 瀏覽。

Oliver, Covey, "Case Concerning the Temple of Preah Vihear (Cambodia v. Thailand)," *The American Journal of International Law*, Vol. 56, No. 4 (Oct., 1962), pp. 1033-1053.

Poole, Peter A., "Cambodia 1975: The GRUNK Regime," *Asian Survey*, Vol. 16, No. 1, A Survey of Asia in 1975: Part I (Jan., 1976), pp. 23-30.

Sacerdoti, Guy, "The Troubleshooter's Trip," *Far Eastern Economic Review,* Vol.113, No.40, Sep. 25, 1981, p.12.

Simon, Sheldon W., "The Indochina Imbroglio and External Interests," *Australian Outlook,* Vol.37, No.2, August 1983, pp.89-93.

Thayer, Carlyle A., "Vietnam: Beleaguered Outpost of Socialism," *Current History,* Vol.79, No.461, December 1980, pp.165-168, 197.

Thomson, R. Stanley, "Establishment of the French Protectorate Over Cambodia," *The Far Eastern Quarterly*, Vol. 4, No. 4 (Aug., 1945), pp. 313-340.

Un, Kheang and Judy Ledgerwood, "Cambodia in 2001: Towards Democratic Consolidation?," *Asian Survey*, Vol.42, No.1, January/February 2002, pp.100-106.

Weggel, Oskar, "Cambodia in 2006: Self-Promotion and Self-Deception," *Asian Survey*, Vol.47, No.1, January/February 2007, pp.141-147.

Wolters, O. W., "Tāmbralinga," *Bulletin of the School of Orient and African Studies*, University of London, Vol.21, Issue 1/3(1958), pp.587-607.

六、中文報紙

「反對黨抗議新法不透明　柬國會仍通過反貪汙法」，南洋星洲聯合早報（新加坡），2010 年 3 月 12 日。

「古寺周邊主權爭議下判　國際法院下令　泰柬兩國同時撤軍」，南洋星洲聯合早報（新加坡），2011 年 7 月 19 日，頁 4。

「行庭判決廢除泰柬神廟聲明」，世界日報（泰國），2009 年 12 月 31 日。

「施亞努表演活劇　召集群眾大會　通過拒絕美援」，中央日報，民國 52 年 11 月 20 日，版 2。

「政黨法修正案生效 沈良西呼籲黨員勿接受參政權」，柬中時報（金邊），2019
　　年 1 月 8 日。
「柬 2012 年底開始產油」，南洋星洲聯合早報（新加坡），2010 年 7 月 2 日。
「柬恢復反對黨領袖 桑連西議會豁免權」，南洋星洲聯合早報（新加坡），2009
　　年 3 月 12 日。
「柬首相促僧侶 須遵守佛家戒條」，南洋星洲聯合早報（新加坡），2008 年 12
　　月 20 日。
「柬埔寨大選執政黨料穩勝‧反對黨斥最骯髒選舉」，星洲日報（馬來西亞），
　　2013 年 7 月 28 日。
「柬埔寨政府下令 撤銷華僑組織 將設華僑事務管理處」，中央日報，民國 47
　　年 5 月 3 日，版 2。
「柬埔寨國王提警告 促法接受獨立要求 柬埔寨為達目的不惜犧牲生存」，中央
　　日報，民國 42 年 6 月 25 日，版 2。
「柬埔寨國王稱完成動員計劃 柬王拒絕接見歐丹尼」，中央日報，民國 42 年 7
　　月 3 日，版 2。
「柬埔寨國王錫哈諾逃往泰國避難」，中央日報，民國 42 年 6 月 15 日，版 2。
「柬埔寨望今年 8 月能準確估計油田儲量」，南洋星洲聯合早報（新加坡），2007
　　年 1 月 20 日。
「柬埔寨總理宣布要求充分主權」，中央日報，民國 42 年 6 月 18 日，版 2。
「柬控美越曾經越界」，，中央日報，民國 57 年 1 月 20 日，版 2。
「柬新政府獲得支持 鄭興呼籲人民鎮靜 國會嚴詞譴責施亞努賣國行徑」，中央
　　日報，民國 59 年 3 月 20 日，版 2。
「柬境法越聯軍 交柬埔寨指揮 法與柬埔寨達成協議」，中央日報，民國 42 年 9
　　月 17 日，版 2。
「洪森申報個人資產」，南洋星洲聯合早報（新加坡），2011 年 4 月 2 日。
「美向柬特別法庭提供資金 助審判前紅高棉領袖」，南洋星洲聯合早報（新加
　　坡），2008 年 9 月 17 日。
「美軍行使自衛權時 仍可追敵至柬埔寨 彭岱解釋美柬所獲協議」，中央日報，
　　民國 57 年 1 月 14 日，版 2。
「美國眾議院制裁柬 17 高官顯要」，柬埔寨星洲日報，2018 年 7 月 27 日。
「泰柬神廟領土案 國際法院判雙贏」，世界日報（泰國），2013 年 11 月 12 日。
「泰邊境衝突 柬索賠 215 萬美元」，世界日報（泰國），2009 年 5 月 13 日。
「馬塔克拒任 柬埔寨總理」，中央日報，民國 57 年 1 月 5 日，版 2。
「提供 2.6 億美元貸款‧中國援建金邊外環公路」，柬埔寨星洲日報，2018 年 7
　　月 22 日。

「對施亞努行動　美國頗感困惑　否認曾支持柬反叛份子　美將撤回軍經援助人員」，中央日報，民國 52 年 11 月 21 日，版 2。

「種族滅絕特別法庭開審　前紅高棉酷刑中心頭目首先受審」，南洋星洲聯合早報（新加坡），2007 年 11 月 21 日。

「蟒蛇"結婚"可擋災？」，南洋星洲聯合早報（新加坡），2011 年 1 月 4 日。

大公報（香港），1981 年 7 月 9 日。

中央日報（台北市），民國 86 年 6 月 13 日，頁 11；6 月 14 日，頁 11。

中央日報（台北市），民國 86 年 7 月 15 日，頁 11。

中央日報（台北市），民國 86 年 7 月 21 日，頁 4。

中央日報（台北市），民國 86 年 7 月 30 日，頁 11。

中央日報（台北市），民國 87 年 11 月 14 日，頁 9。

中國時報（台北市），民國 87 年 7 月 29 日，頁 13。

中國時報（台北市），民國 87 年 8 月 6 日，頁 13。

仲力，「西里武為什麼要強行回國？」，南洋星洲聯合早報（新加坡），1997 年 4 月 18 日，頁 26。

仲力，「把柬越歷史恩怨留給本世紀」，南洋星洲聯合早報（新加坡），1999 年 7 月 16 日，頁 17。

南洋星洲聯合早報（新加坡），1982 年 10 月 8 日、10 月 25 日。

南洋星洲聯合早報（新加坡），1982 年 6 月 23 日。

南洋星洲聯合早報（新加坡），1983 年 3 月 13 日，頁 1。

南洋星洲聯合早報（新加坡），1983 年 3 月 27 日。

南洋星洲聯合早報（新加坡），1983 年 6 月 26 日。

南洋星洲聯合早報（新加坡），1983 年 7 月 8 日、1984 年 4 月 7 日。

南洋星洲聯合早報（新加坡），1983 年 9 月 28 日。

南洋星洲聯合早報（新加坡），1984 年 11 月 1 日，頁 2。

南洋星洲聯合早報（新加坡），1984 年 2 月 17 日。

南洋星洲聯合早報（新加坡），1984 年 2 月 21 日。

南洋星洲聯合早報（新加坡），1987 年 10 月 16 日，頁 1。

南洋星洲聯合早報（新加坡），1987 年 8 月 20 日，頁 36。

南洋星洲聯合早報（新加坡），1988 年 10 月 19 日，頁 1。

南洋星洲聯合早報（新加坡），1988 年 7 月 8 日，頁 36。

南洋星洲聯合早報（新加坡），1995 年 11 月 21 日，頁 31。

南洋星洲聯合早報（新加坡），1995 年 7 月 11 日，頁 30。

南洋星洲聯合早報（新加坡），1996 年 10 月 5 日，頁 33。

南洋星洲聯合早報（新加坡），1996 年 8 月 10 日，頁 23。

南洋星洲聯合早報（新加坡），1996 年 8 月 19 日，頁 24。

南洋星洲聯合早報（新加坡），1996 年 8 月 9 日，頁 37。

南洋星洲聯合早報（新加坡），1997 年 3 月 31 日，頁 2。

南洋星洲聯合早報（新加坡），1997 年 4 月 16 日，頁 2。

南洋星洲聯合早報（新加坡），1997 年 4 月 20 日，頁 39。

南洋星洲聯合早報（新加坡），1997 年 5 月 28 日，頁 33。

南洋星洲聯合早報（新加坡），1997 年 6 月 12 日，頁 33。

南洋星洲聯合早報（新加坡），1997 年 6 月 28 日，頁 39。

南洋星洲聯合早報（新加坡），1997 年 6 月 8 日，頁 43。

南洋星洲聯合早報（新加坡），1998 年 12 月 27 日，頁 2。

南洋星洲聯合早報（新加坡），1998 年 2 月 18 日，頁 28。

南洋星洲聯合早報（新加坡），1998 年 3 月 23 日，頁 23。

南洋星洲聯合早報（新加坡），1998 年 6 月 21 日，頁 30。

南洋星洲聯合早報（新加坡），1998 年 7 月 2 日，頁 33。

南洋星洲聯合早報（新加坡），1998 年 8 月 2 日，頁 39。

南洋星洲聯合早報（新加坡），2000 年 11 月 25 日，頁 3；11 月 27 日，頁 27。

南洋星洲聯合早報（新加坡），2000 年 12 月 20 日，頁 32。

南洋星洲聯合早報（新加坡），2000 年 6 月 23 日，頁 25；6 月 24 日，頁 41。

南洋星洲聯合早報（新加坡），2004 年 7 月 12 日。

南洋星洲聯合早報（新加坡），2007 年 3 月 19 日。

南洋星洲聯合早報（新加坡），2011 年 2 月 14 日。

南洋星洲聯合早報（新加坡），2011 年 4 月 10 日。

南洋星洲聯合早報（新加坡），2011 年 4 月 26 日。

南洋星洲聯合早報（新加坡），2011 年 5 月 31 日。

南洋星洲聯合早報（新加坡），2011 年 5 月 4 日。

南洋星洲聯合早報（新加坡），2011 年 6 月 6 日。

南洋星洲聯合早報（新加坡），黃彬華撰，「金蘭灣成為蘇聯前進基地」，1984
　　年 3 月 2 日，頁 16。

南洋商報（新加坡），1982 年 1 月 31 日。

南洋商報（新加坡），1982 年 2 月 22 日，頁 1。

南洋商報（新加坡），1982 年 6 月 17 日，頁 6。

南洋商報（新加坡），1982 年 6 月 23 日，頁 1。

星暹日報（泰國），1985 年 4 月 20 日，頁 4。

星暹日報（泰國），1985 年 6 月 1 日，頁 4。

曼梳撰：「印尼的『雙程外交』政策」，南洋星洲聯合早報（新加坡），1984 年 2
　　月 28 日，頁 14。

陳加昌，「同床異夢的結合：激盪的柬埔寨政局之二」，南洋星洲聯合早報（新加坡），1997 年 5 月 6 日，頁 15。

陳加昌，「紅吉蔑分裂的背景：柬埔寨政局縱橫談之一」，南洋星洲聯合早報（新加坡），1996 年 10 月 15 日，頁 17。

貿易快訊（台北），民國 84 年 10 月 2 日，頁 3。

貿易快訊（台北），民國 84 年 11 月 23 日，頁 10。

董南亞，「柬埔寨局勢的決定性因素」，大公報（香港），1981 年 8 月 1 日。

董南亞撰：「政治解決柬埔寨問題展望」，大公報（香港），1981 年 4 月 26 日。

蔡錫梅，「波博後悔已太遲」，南洋星洲聯合早報（新加坡），1997 年 6 月 29 日，頁 19。

蔡錫梅，「柬埔寨將在君主立憲制基礎上實現和解」，南洋星洲聯合早報（新加坡），1996 年 9 月 18 日，頁 14。

蔡錫梅，「洪森問鼎首相寶座面對重重障礙」，南洋星洲聯合早報（新加坡），1998 年 7 月 22 日，頁 13。

蔡錫梅，「紅高棉隨著波博去世走出歷史」，南洋星洲聯合早報（新加坡），1998 年 4 月 18 日，頁 17。

聯合日報（菲律賓），1986 年 3 月 18 日，頁 8。

聯合日報（菲律賓），1987 年 8 月 24 日，頁 9。

聯合早報（新加坡），1986 年 11 月 17 日，頁 31。

聯合報（台北市），民國 80 年 10 月 24 日，頁 8。

聯合報（台北市），民國 85 年 6 月 7 日，頁 10。

聯合報（台北市），民國 85 年 8 月 17 日，頁 10。

龔耀文，「柬埔寨局勢將進入新階段」，大公報（香港），1981 年 5 月 10 日。

七、英文報紙

Beecher, William, " Raids in Cambodia by U.S. unprotested; Cambodia raids go unprotested," *New York Times*, May 9, 1969.

Chheng, Niem, "UN: large number of voters 'alienated'," *The Phnom Penh Post*, August 20, 2018, p.1.

Mech Dara, "Embassy denies US role in Lon Nol coup d'etat," *The Phnom Penh Post*, February 1, 2019.

"EU to review Cambodia's EBA status," *The Phnom Penh Post*, May 1, 2018.

Hor Kimsay, "Cambodian rice to lose EU duty-free status," *The Phnom Penh Post*, January 17, 2019.

Lee, Matthew, "Cambodia's Sihanouk," *The Straits Times*, October 31, 1996, p.36.

Savi, Khorn, "Agreements with China inked," *The Phnom Penh Post*, January 24, 2019.

Sokhean, Ben, "Final poll results confirm first single-party Assembly," *The Phnom Penh Post*, August 16, 2018.

South China Morning Post, July 8, 1981.

The Jakarta Post, December 1, 1998, p.13.

The Straits Times(Singapore), November 23, 1995, p.26.

The Straits Times, April 21, 1997, p.16.

The Straits Times, May 4, 1998, p.20.

Toye, Jeremy, "Cambodia dominates ASEAN meet," *Hongkong Standard*, June 18, 1981.

Young, Karen De, "Cambodian Issue Splits Nonaligned Talks in Havana," *Washington Post,* 2 September, 1979.

"Jailed CNRP 14 receive royal pardon," *The Phnom Penh Post*, 28 August 2018.

"JICA continues to aid the Kingdom," *The Phnom Penh Post*, 25 October 2018.

"Lakhon Khol gets Unesco Heritage status," *The Phnom Penh Post*, 29 November, 2018.

八、網路資源

http://www.ezilon.com/maps/asia/cambodia-physical-maps.html　2014 年 5 月 24 日下載。

http://www.ezmapfinder.com/en/map-79988.html　2014 年 5 月 24 日下載。

http://countryeconomy.com/demography/population/cambodia　2014 年 7 月 15 日瀏覽。

http://www.embassyofcambodia.org.nz/cambodia.htm　2014 年 3 月 15 日瀏覽。

http://news.sinchew-i.com/cam/special/camchinese/　2005 年 3 月 15 日瀏覽。

http://www.cambodiazone.com/cambodia/culture/cambodia-ethnic.htm　2005 年 3 月 15 日瀏覽。

www.ianblanchard.com/Golden_Khersonese/Text-4.PDF　2014 年 6 月 2 日瀏覽。

https://www.youtube.com/watch?v=B-M6BGZ32do　2014 年 4 月 30 日瀏覽。

https://www.youtube.com/watch?v=B-M6BGZ32do　2014 年 4 月 30 日瀏覽。

"Pre-Angkor Era," in http://theangkor.net/pre-angkor-era　2014/7/18 瀏覽。

"The Development of the Printed Atlas, Part 2: Ptolemaic Atlases," http://www.mapforum.com/02/ptolemy1.htm　2014 年 8 月 15 日瀏覽。

http://angkoriansociety.com/joomla/index.php?option=com_content&task=view&id=
　　181　2011 年 2 月 14 日瀏覽。

http://angkoriansociety.com/joomla/index2.php?option=com_content&do_pdf=1&id
　　=183　2011 年 2 月 14 日瀏覽。

http://angkoriansociety.com/joomla/index2.php?option=com_content&do_pdf=1&id
　　=183　2011 年 4 月 15 日瀏覽。

http://en.wikipedia.org/wiki/Ruler_of_Cambodia　2014 年 4 月 28 日瀏覽。

"Angkor," Wikipedia, http://en.wikipedia.org/wiki/Angkor　2019 年 1 月 4 日瀏覽。

http://www.taxivantha.com/1_Cambodia/1501_angkor_wat.htm　2007 年 7 月 16 日
　　瀏覽。

http://www.orientalarchitecture.com/cambodia/angkor/angkorwat_gallery.php?p=ang
　　korwat12.jpg　2014 年 7 月 16 日瀏覽。

http://www.orientalarchitecture.com/cambodia/angkor/angkorwat_gallery.php?p=ang
　　korwat29.jpg　2014 年 7 月 29 日瀏覽。

"Elephants and warriors marching to war(west to east)," Dharma Records blog,
　　http://www.photodharma.net/Cambodia/02-Bayon-Walls/East-Wall-02.htm 2019
　　年 1 月 4 日瀏覽。

" Facts And Maybes About The Bayon's Sculpture At Angkor Thom," Brian Holihan,
　　http://brianholihan.com/southeast-asian-cultures/cambodia-southeast-asia-buddh
　　ist-art-facts-and-maybes-about-the-bayons-sculpture-at-angkor-thom/　2019 年
　　1 月 4 日瀏覽。

"Naval battle scene, Angkor War," Redbubble, http://www.redbubble.com/people/
　　docnaus/works/9647161-naval-battle-scene-angkor-wat　2019 年 1 月 4 日瀏覽。

"Crocodiles and conservation: how evolution gets it right," Fauna & Flora International,
　　http://www.fauna-flora.org/crocodiles-and-conservation-how-evolution-gets-it-right/
　　2019 年 1 月 4 日瀏覽。

"Buddhism in Cambodia - decline of Angkor,"　in http://en.wikipedia.org/wiki/Buddhism
　　_in_Cambodia#Decline_of_Angkor_.26_the_Emergence_of_a_Theravada_Kingdom
　　2014 年 6 月 27 日瀏覽。

http://www.culturefocus.com/cambodia-angkor.htm　2014 年 3 月 29 日瀏覽。

http://www.orientalarchitecture.com/angkor/angkorwatindex.htm　2014 年 6 月 16
　　日瀏覽。

"The Bayou," Tien Chiu, http://www.tienchiu.com/travels/cambodia/the-ruins-of-
　　angkor/the-bayon/　2019 年 1 月 4 日瀏覽。

http://www.culturefocus.com/cambodia-angkor.htm　2014 年 3 月 29 日瀏覽。

"Angkor Thom: the great city of the Khmer Empire with Bayon and Ta Phnom," *Treasures of Cambodia*, http://treasuresofcambodia.blogspot.tw/2013/03/angkor-thom-great-city-of-khmer-empire.html 2019 年 1 月 4 日瀏覽。

http://www.orientalarchitecture.com/bagan/shwezigonindex.htm 2014 年 7 月 20 日瀏覽。

"Norodom of Cambodia," http://en.wikipedia.org/wiki/Norodom_of_Cambodia 2019 年 1 月 5 日瀏覽。

"Chronology of Cambodia History, 1940-1949," *Chronology of Cambodia History*, http://www.geocities.ws/khmerchronology/1940.htm 2019 年 1 月 5 日瀏覽。

"Thonburi and Bangkok period (1768-1932)," *Only Chaam.com*, https://www.onlychaam.com/history-thailand-thonburi/ 2019 年 1 月 5 日瀏覽。

http://battambangbuzz.blogspot.tw/2011/05/old-stone-bridge.html 2014 年 3 月 10 日瀏覽。

http://www.cambodia.org/facts/?page=independence 2014 年 5 月 20 日瀏覽。

http://www.law.fsu.edu/library/collection/limitsinseas/ibs020.pdf 2014 年 6 月 14 日瀏覽。

http://www.cambodia.org/facts/?page=independence 2014 年 5 月 27 日瀏覽。

http://withfriendship.com/images/i/43887/Norodom-Sihanouk-picture.jpg 2014 年 6 月 10 日瀏覽。

Khieu Samphan, *Underdevelopment in Cambodia*, in http://www.scribd.com/doc/58800629/Underdevelopment-in-Cambodia-by-Khieu-Samphan 2014 年 6 月 17 日瀏覽。

http://en.wikipedia.org/wiki/Communist_Party_of_Kampuchea 2014 年 7 月 19 日瀏覽。

http://www.people.com.cn/GB/historic/1031/3652.html 2014 年 6 月 23 日瀏覽。

"Cambodia Social Study textbook," http://www.d.dccam.org/Projects/Document_Projects/Cambodia_Social_Studies_Textbook.htm 2014 年 5 月 24 日瀏覽。

"Tuol Sleng Museum," http://www.lonelyplanet.com/cambodia/phnom-penh/sights/museums-galleries/tuol-sleng-museum 2014 年 3 月 9 日瀏覽。

http://en.wikipedia.org/wiki/Pol_Pot 2014 年 5 月 25 日瀏覽。

http://www.mekong.net/cambodia/cambodia-preview6.htm 2014 年 6 月 10 日瀏覽。

http://www.cja.org/section.php?id=456 2014 年 7 月 18 日瀏覽。

http://www.peacehall.com/forum/lishi/2580.shtml 2014 年 3 月 7、日瀏覽。

http://www.seasite.niu.edu/khmer/ledgerwood/biographies.htm 2014 年 6 月 17 日瀏覽。

"The Search for Peace," http://countrystudies.us/cambodia/84.htm　2014 年 5 月 20
　　日瀏覽。

http://www.talkvietnam.com/2012/06/part-3-an-unavoidable-war/　2014 年 5 月 20
　　日瀏覽。

http://www.adnet-sakigake.com/kyo/interview/akashi/akashi.html　2014 年 10 月 25
　　日瀏覽。

http://en.wikipedia.org/wiki/Royal_Palace,_Phnom_Penh　2014 年 10 月 11 日瀏覽。

http://www.cnv.org.kh/personInfo/biography_of_hun_sen.htm　2011 年 10 月 11 日
　　瀏覽。

http://en.wikipedia.org/wiki/Hun_Sen　2014 年 5 月 30 日瀏覽。

http://www.necelect.org.kh/Press_release/08-2003/Press_Release_09_516_03.htm
　　2005 年 3 月 15 日瀏覽。

http://en.wikipedia.org/wiki/Cambodian_general_election,_2003　2014 年 6 月 15 日
　　瀏覽。

http://en.wikipedia.org/wiki/Cambodian_parliamentary_election,_2008　2014 年 10
　　月 9 日瀏覽。

http://www.senate.gov.kh/history.htm　2011 年 3 月 15 日瀏覽。

"Senate Election Law," http://www.senate.gov.kh/senate_election_law.php　2011 年
　　10 月 7 日瀏覽。

http://en.wikipedia.org/wiki/Senate_of_Cambodia　2014 年 10 月 7 日瀏覽。

http://globaledge.msu.edu/ibrd/CountryEconomy.asp?CountryID=16&RegionID=3
　　2005 年 3 月 15 日瀏覽。

"The World Bank in Cambodia," *The World Bank*, http://www.worldbank.org/
　　en/country/cambodia/overview　2019 年 1 月 15 日瀏覽。

"Cambodia: Economy," *Asian Development Bank*,　http://www.adb.org/countries/
　　cambodia/economy　2019 年 1 月 15 日瀏覽。

"Members of the Royal Families in Cambodia participating in the series of
　　'Bridges'," International Peace Foundation,

http://peace-foundation.net.7host.com/gallery_show.asp?ab_id=13　2019 年 1 月 10
　　日瀏覽。

http://www.scmp.com/news/asia/article/1282020/exiled-opposition-leader-sam-rainsy
　　-return-cambodia-poll　2014 年 7 月 28 日瀏覽。

http://www.phnompenhpost.com/business/oil-dispute-flares　2014 年 7 月 9 日瀏覽。

http://www.phnompenhpost.com/national/oil-companies-line-drill-shore　2014 年 7
　　月 9 日瀏覽。

http://www.phnompenhpost.com/business/no-oil-five-years-cambodian-government
2014 年 7 月 9 日瀏覽。

http://www.phnompenhpost.com/business/block-oil-partner-inks-finance-deal 2014
年 7 月 9 日瀏覽。

http://news.xinhuanet.com/english/china/2012-12/28/c_132069193.htm 2014 年 6
月 9 日瀏覽。

http://www.mekong.net/cambodia/cambodia-preview1.htm 2014 年 10 月 10 日瀏覽。

http://www.senate.gov.kh/agreement_UN.php 2011 年 10 月 7 日瀏覽。

http://friendspvtw.blogspot.com/p/preah-vihear-info.html 2014 年 10 月 10 日瀏覽。

http://www.mekong.net/cambodia/cambodia-preview24.htm 2014 年 10 月 10 日瀏覽。

http://www.mekong.net/cambodia/cambodia-preview24.htm 2014 年 10 月 10 日瀏覽。

http://www.preah-vihear.com/ 2014 年 10 月 26 日瀏覽。

"Cambodia: Language, Culture, Customs and Etiquette," http://www.kwintessential.
co.uk/resources/global-etiquette/cambodia.html 2014 年 9 月 6 日瀏覽。

"Culture in Cambodia," http://www.world66.com/asia/southeastasia/cambodia/culture
2014 年 9 月 6 日瀏覽。

"Khmer alphabet," *Wikipedia*, http://en.wikipedia.org/wiki/Khmer_alphabet 2019
年 1 月 20 日瀏覽。

"Khmer Language," http://en.wikipedia.org/wiki/Khmer_language 2019 年 1 月 20
日瀏覽。

"Cambodian Literature," in http://en.wikipedia.org/wiki/Cambodian_literature 2014
年 9 月 27 日瀏覽。

"Cambodian Literature," in http://en.wikipedia.org/wiki/Cambodian_literature 2014
年 9 月 27 日瀏覽。

"Jataka tales, " http://en.wikipedia.org/wiki/Jataka 2014 年 9 月 27 日瀏覽。

"Cambodian Literature," in http://en.wikipedia.org/wiki/Cambodian_literature 2014
年 9 月 27 日瀏覽。

"Cambodian Language," in http://en.wikipedia.org/wiki/Cambodian_literature 2014
年 9 月 16 日瀏覽。

"Tum Teav," http://en.wikipedia.org/wiki/Tum_Teav 2019 年 1 月 20 日瀏覽。

http://en.wikipedia.org/wiki/Dance_in_Cambodia 2014 年 9 月 12 日瀏覽。

"Khmer Music and Dance in Cambodia," http://www.1stopcambodia.net/culture/
music_dance 2014 年 9 月 17 日瀏覽。

http://www.uutuu.com/tops/contentsatic/67/four/one_1.html 2014 年 9 月 27 日瀏覽。

http://www.tourismcambodia.org/contents/about_cambodia/index.php?view=tradition_
culture&lang=zh-tw 2014 年 9 月 27 日瀏覽。

http://www.mekong.net/cambodia/cambodia-preview16.htm　2014 年 10 月 10 日瀏覽。

"Culture of Cambodia," http://www.everyculture.com/Bo-Co/Cambodia.html　2014 年 9 月 27 日瀏覽。

Ronald Bruce St John, "Preah Vihear and the Cambodia-Thailand Borderland," *IBRU Boundary and Security Bulletin*, January 1994, pp.64-68.　https://www.dur.ac.uk/resources/ibru/publications/full/bsb1-4_john.pdf　2014 年 5 月 27 日瀏覽。

http://history.state.gov/countries/cambodia　2014 年 7 月 20 日瀏覽。

"Preliminary objections of the Government of Thailand," pp.135-140. http://www.icj-cij.org/docket/files/45/9259.pdf　2014 年 7 月 20 日瀏覽。

"Coalition Government of Democratic Kampuchea," http://countrystudies.us/cambodia/72.htm　2014 年 7 月 1 日瀏覽。

"S-21 Prison and Choeung Ek Killing Fields: *Facing death*," http://www.killingfieldsmuseum.com/s21-victims.html　2016 年 9 月 24 日瀏覽。

Wikipedians(ed.), "History of Cambodia," in *Cambodia*, Pedia Press, no date of publication, p.57. https://books.google.com.tw/books?id=5oGnZRd4GKwC&printsec=frontcover&hl=zh-TW#v=onepage&q&f=false　2019 年 1 月 3 日瀏覽。

"Phimeanakas," *Wikipedia*, https://en.wikipedia.org/wiki/Phimeanakas　2019 年 1 月 3 日瀏覽。

"Khmer Empire," *Wikipedia*, https://en.wikipedia.org/wiki/Khmer_Empire　2019 年 1 月 4 日瀏覽。

"Khmer Issarak," *Wikipedia*, https://en.wikipedia.org/wiki/Khmer_Issarak　2019 年 1 月 9 日瀏覽。

"Son Ngoc Thanh, Chronology of Cambodian History," *Tripod*, Cambodian Information Center, http://angkor1431.tripod.com/index/id21.html　2019 年 1 月 8 日瀏覽。

Kenneth T. So, "The road to Khmer independence,"　http://www.cambodia.org/facts/?page=independence　2019 年 1 月 9 日瀏覽。

"Pracheachon," *Wikiwand*, http://www.wikiwand.com/en/Pracheachon#/Formation 2019 年 1 月 9 日瀏覽。

"36. Cambodia (1954-present)," University of Central Arkansas, http://uca.edu/politicalscience/dadm-project/asiapacific-region/cambodia-1954-present/　2019 年 1 月 9 日瀏覽。

"Khmer Rouge taxation in Kompong Cham Province; Cambodian approval of Viet Cong hospitals in border areas," Declassified CIA Documents on the Vietnam War, University of Saskatchewan Library, Canada, https://library.usask.ca/vietnam/index.php?state=view&id=777　2019 年 1 月 17 日瀏覽。

"$170,000 in Cash On Mrs. Lon Non Is Seized in Paris," *The New York Times*, September 23, 1973. https://www.nytimes.com/1973/09/23/archives/170000-in-cash-on-mrs-lon-non-is-seized-in-paris.html　2019 年 1 月 20 瀏覽。

"Start-up for refinery construction," *Khmer Times*, May 4, 2017, https://opendevelopmentcambodia.net/tag/china-perfect-machinery-industry-corp-sinomach/　2019 年 1 月 18 日瀏覽。

「柬埔寨新選舉法獲國王批准 救國黨完了？」，每日頭條，環球，2017 年 10 月 27 日，https://kknews.cc/world/z248mnp.html　2018 年 8 月 9 日瀏覽。

「柬埔寨首相洪森訪華，碩果累累！」，中國搜狐，2019 年 1 月 23 日。http://www.sohu.com/a/290998016_120043455?scm=1002.44003c.fd00fe.PC_ARTICLE_REC　2019 年 1 月 29 日瀏覽。

索引

六劃

九劃

Do歷史86　PC0825

柬埔寨史（第二版）

作　　者／陳鴻瑜
責任編輯／鄭伊庭
圖文排版／莊皓云
封面設計／楊廣榕

出版策劃／獨立作家
發 行 人／宋政坤
法律顧問／毛國樑　律師
製作發行／秀威資訊科技股份有限公司
　　　　　地址：114 台北市內湖區瑞光路76巷65號1樓
　　　　　電話：+886-2-2796-3638　傳真：+886-2-2796-1377
　　　　　服務信箱：service@showwe.com.tw
展售門市／國家書店【松江門市】
　　　　　地址：104 台北市中山區松江路209號1樓
　　　　　電話：+886-2-2518-0207　傳真：+886-2-2518-0778
網路訂購／秀威網路書店：https://store.showwe.tw
　　　　　國家網路書店：https://www.govbooks.com.tw

出版日期／2019年6月　第二版　定價／550元

|獨立|作家|
Independent Author

寫自己的故事，唱自己的歌

柬埔寨史 / 陳鴻瑜著. -- 第二版. -- 臺北市：獨立作家,
　2019.06
　　面；　公分. -- (Do歷史 ; 86)
　ISBN 978-986-97800-0-1(平裝)

　1. 柬埔寨史

738.41   108008515

國家圖書館出版品預行編目

讀者回函卡

感謝您購買本書，為提升服務品質，請填妥以下資料，將讀者回函卡直接寄回或傳真本公司，收到您的寶貴意見後，我們會收藏記錄及檢討，謝謝！
如您需要了解本公司最新出版書目、購書優惠或企劃活動，歡迎您上網查詢或下載相關資料：http:// www.showwe.com.tw

您購買的書名：_____

出生日期：_____年_____月_____日

學歷：□高中 (含) 以下　　□大專　　□研究所 (含) 以上

職業：□製造業　□金融業　□資訊業　□軍警　□傳播業　□自由業
　　　□服務業　□公務員　□教職　　□學生　□家管　　□其它____

購書地點：□網路書店　□實體書店　□書展　□郵購　□贈閱　□其他

您從何得知本書的消息？

　　□網路書店　□實體書店　□網路搜尋　□電子報　□書訊　□雜誌
　　□傳播媒體　□親友推薦　□網站推薦　□部落格　□其他_____

您對本書的評價：(請填代號　1.非常滿意　2.滿意　3.尚可　4.再改進)

　　封面設計____　版面編排____　內容____　文／譯筆____　價格____

讀完書後您覺得：

　　□很有收穫　□有收穫　□收穫不多　□沒收穫

對我們的建議：_____

_____

_____

_____

11466
台北市內湖區瑞光路 76 巷 65 號 1 樓

獨立作家讀者服務部　　　　收

....

（請沿線對折寄回，謝謝！）

姓　　名：＿＿＿＿＿＿＿＿　年齡：＿＿＿＿　性別：□女　□男

郵遞區號：□□□□□

地　　址：＿＿＿＿＿＿＿＿＿＿＿＿＿＿＿＿＿＿＿＿＿＿

聯絡電話：(日) ＿＿＿＿＿＿＿＿＿＿　(夜) ＿＿＿＿＿＿＿＿＿＿

E-mail：＿＿＿＿＿＿＿＿＿＿＿＿＿＿＿＿＿＿＿＿＿